La conscience est la seule réalité - L'œuvre de Neville Goddard

Traduction en allemand des 10 livres

Rédigé par : Neville Lancelot Goddard
Traduit en allemand par : Hamid Al Sino

Publication : 24.01.2021

Neville Goddard (1905-1972) a commencé sa carrière dans le mysticisme en 1932, et après sa mort en 1972, il a laissé derrière lui 10 livres qui nous introduisent au monde du mysticisme d'une manière inédite. Chacun de ces dix livres est d'une profondeur et d'une sagesse incroyables, tout en donnant des conseils pratiques, clairs et concis sur la façon de retrouver sa propre vie et de vivre une vie en plénitude - grâce au pouvoir inhérent à chaque être humain, un pouvoir oublié à redécouvrir. Notre vie peut être comme nous le souhaitons et comme nous la rêvons, et il n'y a aucune raison de se contenter de moins que le meilleur.

Table des matières

Sous votre commandement

Sous votre commandement

L'Homme peut-il ordonner quelque chose et le faire se réaliser ? Sans aucun doute ! L'homme a toujours commandé les choses qui sont apparues dans son monde, aujourd'hui il commande celles qui apparaissent dans son monde, et il le fera tant qu'il sera conscient d'être un Homme. Il n'y a pas une seule chose qui apparaisse dans le monde de l'Homme qu'il n'ait pas réalisée lui-même. Vous pouvez le nier, mais essayez donc et vous verrez que vous ne pouvez pas le réfuter. Ce principe de commandement ne peut être modifié.

Votre parole seule ou des affirmations fortes ne donnent pas vie aux choses. Ces répétitions futiles vous amènent plutôt à réaffirmer le contraire de ce que vous voulez réellement atteindre. Le commandement se produit toujours dans votre conscience. C'est-à-dire que chaque être humain est conscient d'être comme il l'a ordonné. L'individu stupide n'a pas besoin de mots pour se rendre compte qu'il est stupide. Il a lui-même mi en avant sa propre stupidité.

Si la Bible est vue sous le bon éclairage, c'est le plus grand livre scientifique jamais écrit. Plutôt que de voir la Bible comme un livre d'histoire racontant les civilisations passées, ou comme une biographie de la vie extraordinaire de Jésus, vous devriez la voir comme un grand drame psychologique se déroulant au cœur de la conscience de l'Homme. Revendiquez-le comme votre propre drame et vous transformerez votre monde du désert aride de l'Egypte à la terre promise de Canaan.

La plupart des gens seraient d'accord avec l'affirmation que toutes les choses sont créées par Dieu, et que sans Lui rien de ce qui a été créé n'aurait été créé. Mais l'Homme contredit l'affirmation selon laquelle il est lui-même Dieu. Chaque Église dans le monde contredit cette identité et cette vraie nature de Dieu. La Bible prouve sans aucun doute que Moïse et les prophètes portent en eux 100% de l'identité et de la nature de Dieu. Et la vie et les enseignements de Jésus sont conformes aux découvertes des anciens prophètes.

Moïse a découvert que Dieu est la conscience de l'Homme lorsqu'il a proclamé ces mots souvent mal compris : "Je SUIS m'a envoyé vers vous". David a chanté dans ses psaumes, "Arrêtez, et sachez que JE SUIS Dieu." Esaïe a proclamé : "JE SUIS l'Éternel, et il n'y en a point d'autre. Hors MOI, il n'y a point de Dieu; je t'ai ceint avant que tu me connusses. Je forme la lumière et je crée les ténèbres, je donne la prospérité et je crée l'adversité; MOI, l'Éternel, je fais toutes ces choses".

Le fait que la conscience humaine soit Dieu est expliqué cent fois dans le Nouveau Testament. Pour n'en citer que quelques-uns : "JE SUIS le berger, JE SUIS la porte ; JE SUIS la résurrection et la vie ; JE SUIS le chemin ; JE SUIS l'Alpha et l'Oméga ; JE SUIS le début et la fin" ; et "Qui dites-vous que JE SUIS ?"

Il n'est pas dit non plus : "Moi, Jésus, je suis la porte. Moi, Jésus, je suis le chemin", ni "Qui dis-tu que je suis, Jésus ? Il est clairement indiqué : "JE SUIS le chemin". La conscience est la porte par laquelle les manifestations de la vie intègrent le monde objectif.

La conscience est le pouvoir de résurrection - la résurrection de ce que l'Homme est conscient d'être. L'Homme est toujours à l'extérieur ce qu'il est conscient d'être. C'est la vérité qui rachète l'Homme, car l'Homme est toujours esclave de lui-même ou affranchi de lui-même.

Si vous abandonnez toutes vos anciennes croyances en un Dieu extérieur à vous-même et que vous reconnaissez Dieu comme votre conscience - comme l'ont fait Jésus et les prophètes - alors vous transformerez votre monde et réaliserez : "Moi et le Père sommes un. Cette déclaration "moi et le Père sommes un, mais le Père est plus grand que moi" semble assez confuse - mais si nous l'examinons à la lumière du fait que Dieu est la conscience humaine, la déclaration devient tout à fait révélatrice. La conscience, Dieu, est le "Père". Ce dont vous êtes conscient, c'est du "Fils" qui reconnaît son Père. C'est comme le Concepteur et son Concept. Le Concepteur est toujours plus grand que son Concept, et pourtant le Concepteur et le Concept ne font qu'un. Pour la compréhension ; avant d'être conscient d'être humain, on est conscient d'être. Ce n'est qu'alors que vous prenez conscience d'être humain. Et pourtant, vous restez le Concepteur, ce qui est plus grand que le Concept - l'être humain.

Jésus a découvert cette glorieuse vérité et a proclamé qu'il ne fait qu'un avec Dieu. Il n'a jamais reconnu un Dieu créé par l'Homme. Il a dit : "Si quelqu'un vous dit alors: le Christ est ici, ou: Il est là, ne le croyez pas.“ Le ciel est en vous. Ainsi, quand il est dit "Il est allé vers son Père", cela signifie que lui, Jésus, est monté en conscience au point où il n'était plus que conscient d'être - laissant derrière lui toutes les restrictions de son état actuel.

Toutes les choses sont possibles à la conscience et c'est pourquoi Jésus a dit : "Ce que vous ferez, il vous le fera faire". Faire quelque chose - s'élever dans la conscience jusqu'à ce que le désir soit complètement naturel. Ou comme il l'a dit : "Et moi, quand je serai élevé de la terre, je tirerai tous les Hommes à moi." Lorsque je m'élève dans la conscience au point où mon désir me semble tout à fait naturel, je tire à moi la manifestation du désir. Car il proclame : "Nul ne peut venir à moi, si le Père qui l'a envoyé ne l'attire, et moi et mon Père sommes un“. La conscience est donc le Père qui tire à vous les manifestations de la vie.

De ce point de vue, vous dessinez ce dont vous êtes actuellement conscient dans votre monde. Voyez maintenant ce que signifie "vous devez renaître". Si vous n'êtes pas satisfait de votre situation actuelle, il n'y a qu'une seule façon de la changer : Détournez votre attention de ces circonstances apparemment réelles et montez en conscience vers ce que vous désirez. Vous ne pouvez pas servir deux maîtres et devez détourner votre attention de l'état actuel et la porter sur ce que vous désirez. Vous laissez un État mourir et pour en vivre un autre.

La question "Qui dites-vous que JE SUIS" n'est pas une question adressée par un homme nommé Jésus à un homme nommé Pierre. C'est l'éternelle question de votre être véritable, adressée à vous-même. En d'autres termes, "Qui dites-vous que vous êtes ?" est votre croyance en vous-même - votre image de soi détermine ce que vous exprimez dans votre monde. Il dit : "Vous croyez en Dieu – croyez aussi en moi." En d'autres termes, Dieu est le "moi" en vous.

Prier, c'est donc se considérer comme ce que l'on veut, ou posséder ce que l'on désire. Prier ne signifie pas demander quelque chose à un Dieu qui n'existe pas.

Sous votre commandement

Voyez-vous maintenant pourquoi des millions de prières restent sans réponse ? Les gens prient un Dieu qui n'existe pas. Pour explication : le fait d'être conscient que vous êtes pauvre et de supplier un Dieu pour la richesse est récompensé par ce dont vous êtes conscient - la pauvreté. Prier avec succès signifie réclamer, pas mendier. Ainsi, lorsque vous priez pour la richesse, détournez votre attention de l'état de pauvreté en repoussant les preuves apportées par vos sens, et endossez l'état de richesse jusqu'à ce que cela vous semble tout à fait naturel.

On nous dit : "Quand tu pries, entre dans ta chambre, ferme ta porte et prie ton Père qui est là dans le lieu secret ; et ton Père, qui voit dans le secret, te le rendra." Nous avons identifié le "Père" comme étant la conscience. Nous avons également identifié la porte comme étant la conscience. Fermer la porte signifie donc verrouiller ce dont je suis maintenant conscient et accepter ce que je demande. Dès que mon postulat deviendra une conviction, je le tirerai à moi et je me le prouverai à moi-même.

Ne vous demandez pas comment ces choses apparaissent dans votre monde, car personne ne connaît le chemin. L'Homme, qui est aussi une manifestation de la conscience, ne peut pas savoir comment Dieu, la conscience, appelle ce qui est désiré à exister.

La conscience est la voie ou la porte par laquelle les choses sont amenées à la vie. Il a dit : "JE SUIS le Chemin" - pas "Moi, Johannes Schmidt, je suis le Chemin", mais "JE SUIS", la conscience est le chemin par lequel les choses prennent vie. Les signes suivent. Ils n'avancent jamais. Les choses n'ont leur réalité que dans la conscience. Invitez donc d'abord ce qui est désiré dans votre conscience et il sera obligé de se montrer dans votre monde.

Il est dit : "Cherchez premièrement le royaume de Dieu, et toutes ces choses vous seront données par-dessus." Prenez d'abord conscience des choses que vous désirez, puis laissez-les reposer. C'est ce qu'on entend par "Tout ce que vous demanderez, il vous l'accordera".

Sous votre commandement

Appliquez ce principe et vous saurez ce que signifie "testez-moi, SEIGNEUR, et testez-moi". L'histoire de Marie est l'histoire de chaque personne. Marie n'était pas une femme qui a miraculeusement donné naissance à un garçon nommé Jésus. Marie est la conscience vierge de l'Homme, quels que soient les désirs qu'il a fait naître. Identifiez-vous à la Vierge Marie - imprégnée par vous-même par le biais du désir, ne faisant qu'un avec votre désir jusqu'à la naissance de votre désir.

Pour explication : il est dit que Marie (que vous identifiez à vous-même) n'a pas connu d'Homme. Et pourtant, elle l'a reçue. Vous, Johannes Schmidt, n'avez aucune raison de croire que ce que vous demandez est possible, mais vous avez découvert que votre conscience est Dieu. Faites de cette conscience votre mari et concevez un enfant (manifestation) de Dieu ; "Car ton mari est celui qui t'a faite ; l'Éternel des armées est Son nom ; il se nomme Dieu de toute la terre !" Votre idéal est la conception. Le premier commandement que Marie - c'est-à-dire vous-même - a reçu est "Ne le dis à personne". Cela signifie que vous ne discutez de votre idéal ou de votre désir avec personne, car vos semblables ne feront que refléter vos craintes actuelles. Le secret est le premier commandement pour réaliser votre désir.

Le deuxième commandement nous est raconté dans l'histoire de Marie : "Louez le Seigneur". Nous avons identifié le Seigneur comme étant votre conscience. Louer le Seigneur signifie donc améliorer ou remplacer l'état actuel - au point que cela semble tout à fait naturel. Lorsque vous aurez atteint ce naturel, avec lequel vous ne ferez plus qu'un, votre conscience naîtra.

L'histoire de la création nous est racontée dans le premier chapitre de Jean.

"Au commencement était le Verbe." Le "commencement" signifie maintenant, cette seconde. C'est le début d'un désir. "La Parole" est le désir qui flotte dans votre conscience et aspire à être exprimé. Puisque le "JE SUIS", ou la conscience, est la seule réalité, le désir lui-même n'a pas de réalité. Les choses n'existent que tant que j'en suis conscient ; maintenant, pour donner vie à ce désir, nous devons regarder la deuxième ligne de ce premier verset de Jean : "Et le Verbe était auprès de Dieu.“ Le mot, ou le désir, doit être ancré dans la conscience ou ne faire qu'un la conscience afin de lui donner une réalité. Vous devez prendre conscience d'être ce que vous voulez être - c'est ainsi que vous lui donnez vie. Vous faites revivre le désir ou le souhait qui était auparavant passé ou insatisfait. "Si deux d'entre vous s'accordent sur la terre pour demander une chose quelconque, elle leur sera accordée par mon Père qui est dans les cieux."

Cet accord n'a jamais été conclu entre deux personnes. Il s'agit d'un accord entre la conscience et ce qui est demandé. Vous êtes conscient en ce moment que vous l'êtes, et vous vous dites, sans utiliser de mots, "JE SUIS". Si vous aspirez à un état de santé, vous devez vous sentir en bonne santé avant de constater des signes de votre état de santé. Dès que le sentiment "JE SUIS en bonne santé" est obtenu, les deux parties sont d'accord. Le JE SUIS et l'état de santé ne font plus qu'un et vous allez porter un enfant - dans ce cas, la santé. Comme j'ai conclu cet accord, je vais exprimer ce qui a été convenu (santé). Vous comprenez donc pourquoi Moïse a proclamé : "Je suis, m'a envoyé vers vous". Qu'est-ce qui pourrait exprimer quelque chose si ce n'est le JE SUIS ? Rien. "Je suis le chemin – il n'y a de salut en aucun autre." Que vous preniez les ailes du matin et vous envoliez vers les régions les plus éloignées du monde, ou que vous fassiez votre lit en enfer, vous serez toujours conscient que vous l'êtes. Vous exprimerez toujours quelque chose à travers votre conscience et ce que vous exprimez est toujours ce dont vous êtes conscient.

Moïse a proclamé : "JE SUIS celui qui SUIS". Voici quelque chose que vous devez toujours garder à l'esprit. Vous ne pouvez pas verser du bon vin dans de vieux récipients ou raccommoder de vieux vêtements. Autrement dit, vous ne pouvez pas faire entrer les croyances de votre ancien moi dans la nouvelle conscience. Toutes vos croyances, craintes et restrictions actuelles sont des vices qui vous lient à votre état de conscience actuel. Pour quitter cet état, il faut laisser derrière soi tout ce que l'on est maintenant. Pour ce faire, vous vous éloignez de tous vos problèmes ou restrictions actuels et vous vous contentez d'être. Dites-vous tranquillement, mais avec émotion : "JE SUIS". Ne conditionnez pas cette prise de conscience. Soyez simple. Faites-le jusqu'à ce que vous vous perdiez dans le sentiment d'être sans visage, sans forme. Lorsque cette expansion de la conscience est réalisée, vous pouvez former cet être sans forme en ce que vous voulez être en SENTANT que vous êtes ce que vous voulez être.

Dans cette profondeur de vous-même, vous trouverez tout ce qui est possible pour Dieu. Tout ce que vous pouvez imaginer est une réalité tout à fait naturelle pour vous dans cette conscience sans forme. L'invitation qui nous est faite dans les Écritures est la suivante : "quitter ce corps et demeurer auprès du Seigneur". Le "corps" est votre ancien état, et "le Seigneur" est votre conscience. C'est ce que Jésus a voulu dire lorsqu'il a dit à Nicodème : "A moins de naître de nouveau, personne ne peut voir le royaume des cieux". Autrement dit, si vous ne laissez pas derrière vous votre condition actuelle et votre certitude actuelle de vous-même, et si vous n'acceptez pas le naturel de la renaissance, vous continuerez à exprimer vos restrictions actuelles dans votre monde.

La seule façon de changer ce que vous exprimez dans votre vie est de changer votre conscience. La conscience est la seule réalité qui soit éternellement solidifiée dans votre monde extérieur. Le monde humain - jusqu'au plus petit détail - est sa conscience exprimée. La tentative de changer votre environnement ou votre monde par la destruction ou la violence est aussi infructueuse que la tentative de changer ce qui est reflété en détruisant le miroir. Votre environnement, et tout ce qui lui appartient, reflète ce que vous êtes dans votre conscience. Tant que vous garderez cela dans votre conscience, vous continuerez à exprimer ce que vous trouvez dans votre monde actuel.

Sachant cela, vous commencez à vous revaloriser. L'Homme s'est donné trop peu de valeur. Dans Genèse 4, vous lirez : "Il y avait des géants sur la terre à cette époque là, et nous étions à nos yeux et aux leurs petits comme des sauterelles." Cela ne fait pas référence à une époque du sombre passé où il y avait des géants. Aujourd'hui, ici et maintenant, les circonstances qui vous entourent ont atteint la taille de géants (chômage, attaques militaires, vos problèmes personnels et tout ce qui vous tracasse). Ce sont les géants à côté desquels on se sent comme une sauterelle. Mais, comme on vous le dit, vous vous êtes senti comme une sauterelle au début, et c'est pourquoi les géants vous voient comme vous vous êtes présenté - une sauterelle. En d'autres termes, vous ne pouvez être aux yeux des autres que ce que vous êtes d'abord pour vous-même. En vous revalorisant et en vous sentant comme un géant, un centre de pouvoir, vous laissez les géants dans votre vie, vos problèmes, rétrécir et vous les transformer en sauterelles. "Tous les habitants de la terre ne sont à côté de lui que néant ; il agit comme il lui plaît avec l'armée des cieux et avec les habitants de la terre, et il n'y a personne qui résiste à sa main et lui dise "Que fais-tu ?" Nous ne parlons pas ici d'un Dieu assis dans les nuages, mais du seul et unique Dieu - le Père immortel, votre conscience. Alors, réveillez en vous la puissance que vous êtes, non pas en tant qu'être humain, mais en tant que votre véritable moi, une conscience sans visage et sans forme, et libérez-vous de votre propre prison.

"Je suis le bon berger et je connais mes brebis et elles me connaissent. Elles entendront ma voix et il y aura un seul troupeau, un seul berger". La conscience est le bon berger. Ce dont je suis conscient, c'est de la "brebis" qui me suit. Le "berger", votre conscience, est si bon qu'il n'a jamais perdu une de ses "brebis", la chose que vous êtes conscient d'être.

Je suis une voix qui appelle dans le désert de la confusion, de la conscience humaine, et il n'arrivera jamais que je ne sois pas ce que je suis convaincu d'être. "JE SUIS" est une porte ouverte pour tout ce que je pénètre. Votre conscience est le Seigneur et le Pasteur de votre vie. "Le Seigneur est mon berger, je ne manque de rien" représente ainsi votre conscience. Vous ne pouvez jamais vouloir la preuve de quelque chose que vous êtes conscient d'être.

Sachant cela, pourquoi ne pas prendre conscience d'être grand, pieux, riche, en bonne santé et de toutes les choses que vous convoitez ?

Être conscient de ces choses est aussi simple que de faire le contraire. Parce que vos croyances actuelles ne sont pas le résultat de votre monde. Votre monde est tel qu'il est à cause de vos croyances actuelles. Simple, n'est-ce pas ? Trop simple pour l'Homme qui essaie de compliquer les choses.

Paul dit au sujet de ce principe : "Pour les Grecs" (ou les sages de ce monde) "la folie". "Pour les Juifs" (ou ceux qui cherchent des signes) "une pierre d'achoppement" ; avec pour conséquence que l'Homme continue à tâtonner dans les ténèbres au lieu de s'éveiller à l'être qu'il est. L'Homme idolâtre les images qu'il a créées depuis si longtemps qu'il trouve cette révélation blasphématoire au premier abord - car elle fait mourir toutes ses idées antérieures sur un Dieu extérieur à lui-même. Cette révélation apporte la connaissance, "moi et le Père sommes un mais le Père est plus grand que moi". Vous ne faites qu'un avec votre conviction actuelle de vous-même. Mais vous êtes plus grand que ce que vous savez ou croyez actuellement.

Avant que l'Homme ne puisse transformer son monde, il doit affirmer : "JE SUIS le Seigneur". C'est-à-dire que la conscience humaine, la conscience de l'être, est Dieu. Cette prise de conscience doit être profondément consolidée, de sorte qu'aucun argument avancé par d'autres ne puisse l'ébranler. Sinon, l'Homme redeviendra l'esclave de ses anciennes croyances. "Si vous ne croyez pas ce que JE SUIS, vous mourrez dans vos péchés." Vous continuerez à être confus et frustré si vous ne reconnaissez pas la cause de votre confusion. Lorsque vous aurez élevé le Fils de l'Homme, vous saurez que JE SUIS, il EST - cela signifie que moi, Johannes Schmidt, je ne fais rien, mais que le Père, ou l'état de conscience avec lequel je suis maintenant uni, fait le travail.

Lorsque cela aura été assimilé, chaque désir qui bouillonne en vous se déploiera dans votre monde. "Voici, je me tiens à la porte et je frappe. Si quelqu'un entend ma voix et ouvre la porte, j'entrerai chez lui, je souperai avec lui, et lui avec moi." Le "je" qui frappe à la porte est le désir.

La porte est votre conscience. Ouvrir la porte signifie s'unir à ce qui frappe à la porte, en donnant l'impression D'ETRE déjà ce que l'on veut être. Considérer son désir comme quelque chose d'impossible, c'est claquer la porte, ou interdire au désir de s'exprimer. S'élever dans la conscience jusqu'au point où ce qui est désiré semble tout à fait naturel signifie ouvrir grand la porte et inviter ce qui est désiré dans votre monde.

Sous votre commandement

C'est la raison pour laquelle il est écrit que Jésus a quitté le monde de la manifestation et est monté vers le Père. Jésus, comme vous et moi, a identifiées toutes les choses impossibles pour lui, Jésus, en tant qu'être humain. Mais en réalisant que le Père est l'état de conscience du désiré, il a laissé derrière lui sa "Conscience de Jésus" et s'est élevé en conscience jusqu'à l'état de conscience désiré, jusqu'à ce qu'il ne fasse plus qu'un avec elle. A l'instant où il n'a plus fait qu'un avec elle, il l'a exprimée en tant qu'être humain.

C'est le simple message de Jésus pour l'Homme : l'Homme est le vêtement avec lequel s'habille l'Être impersonnel, JE SUIS, ou Dieu. Chaque vêtement a ses propres limites. Pour dépasser ces limites et exprimer ce que l'être humain - comme Johannes Schmidt - n'est pas capable de faire, détournez votre attention de vos limites actuelles et fusionnez avec le sentiment d'être déjà ce que vous voulez être. On ne sait pas comment cela entre dans votre monde et s'exprime. Le JE SUIS, ou l'état de conscience nouvellement atteint, connaît des voies que vous ne connaissez pas ; ses voies sont impénétrables. Ne spéculez pas sur la manière dont ce que vous avez connaissance à présent se manifestera. Personne n'est assez sage pour savoir comment. La spéculation n'est que la preuve que vous n'avez pas atteint le naturel d'être déjà ce que vous voulez être, ou du souhait que vous avez réalisé. Vous doutez.

Il est dit : "Si quelqu'un d'entre vous manque de sagesse, qu'il la demande à Dieu, qui donne à tous simplement et sans reproche, et elle lui sera donnée." Mais il la demande dans la foi, et ne doute pas, car celui qui doute est comme la vague de la mer, qui est poussée et agitée par le vent. Cette déclaration montre qu'une foi solide comme le roc est nécessaire pour obtenir quelque chose. Si vous n'êtes pas conscient d'être ce que vous voulez être, il vous manque la cause, le fondement sur lequel quelque chose est construit.

Les mots "Merci, mon Père" sont la preuve de votre ascension en conscience. Si le fait de rendre grâce vous remplit de joie, si vous vous sentez reconnaissant d'avoir déjà atteint ce qui n'est pas encore visible pour vos sens, alors vous pouvez être sûr que votre conscience et ce pour quoi vous rendez grâce sont unis. On ne peut pas se moquer de

Dieu (votre conscience). Vous recevez toujours ce que vous êtes convaincu d'être, et personne ne vous remercie pour quelque chose qu'il n'a pas reçu. "Merci, mon Père" n'est pas une formule magique telle qu'elle est utilisée par beaucoup aujourd'hui. Vous n'avez jamais besoin de dire les mots "Merci, mon Père" à haute voix. Lorsque vous appliquez ce principe d'ascension en conscience au point d'être réellement reconnaissant et heureux que votre souhait ait été exaucé, vous vous réjouissez et exprimez vos remerciements intérieurement tout seul. Vous avez déjà accepté le cadeau, le cadeau qui n'était qu'un désir jusqu'à votre ascension en conscience, et votre foi est maintenant la substance qui habillera votre désir.

Cette ascension en conscience est le mariage spirituel entre deux personnes qui acceptent de ne faire qu'un et où votre image est projetée dans le monde extérieur.

"Tout ce que vous demanderez en mon nom, je le ferai." "Peu importe" laisse une marge assez importante. C'est inconditionnel, sans réserve. Peu importe que la société considère le désir comme bon ou mauvais, elle vous laisse le choix. Le voulez-vous vraiment ? Le demandez-vous vraiment ? C'est la seule chose qui compte. La vie vous le donnera si vous le demandez "en son nom".

Son nom n'est pas un nom que l'on prononce avec les lèvres. Vous pouvez implorer pour toujours Dieu ou Jéhovah ou Jésus-Christ - et ce sera en vain. "Nom" signifie être. Donc, si vous demandez en substance, les résultats suivront. Demander en son nom, c'est s'élever en conscience jusqu'à l'essence, la nature de la chose, et ainsi on devient cette chose et on l'exprime. Ainsi, "Tout ce que vous demandez avec foi par la prière, vous le recevrez."

Prier, comme nous vous l'avons montré, signifie reconnaître - la croyance que vous recevez en première personne, la présence. Cela signifie que vous devez avoir l'être que vous demandez avant de pouvoir le recevoir.

Le pardon est nécessaire pour y parvenir facilement. On nous dit : "Si vous pardonnez aux Hommes leurs fautes, votre Père céleste vous pardonnera aussi." Cela peut ressembler à un Dieu personnel qui est satisfait ou insatisfait de vos actions, mais ce n'est pas le cas.

La conscience est Dieu. Si vous vous accrochez à quelque chose dans votre conscience contre une autre personne, vous consolidez cela dans votre monde. Libérer une personne de toute condamnation signifie que vous vous libérez vous-même - et que vous pouvez ainsi accéder à tout état de conscience nécessaire ; il n'y a donc pas de condamnation par Jésus-Christ.

Un très bon exercice avant d'entrer en méditation est de parler sans culpabilité à tout le monde. La LOI n'est jamais violée, et vous pouvez donc vous reposer sur la certitude que chaque certitude qu'une personne a d'elle-même sera sa récompense. Vous n'avez donc pas à vous soucier de savoir si une personne aura ce que vous pensez qu'elle mérite. Parce que la vie ne fait pas d'erreurs et donne toujours à une personne ce qu'elle se donne en premier lieu à elle-même.

Cela nous amène à la déclaration de la Bible, si mal utilisée, sur le paiement de la dîme. Des enseignants de toutes sortes ont asservi l'Homme à cette question de la dîme parce que vous-même n'avez pas compris la nature de la dîme et avez amené vos disciples à croire que vous deviez donner un dixième de vos revenus au Seigneur. Vous voulez dire que si quelqu'un donne un dixième de ses revenus à votre organisation, il donne le commandement de payer la dîme au Seigneur. Mais souvenez-vous, "JE SUIS" le Seigneur. Votre conscience est Dieu, à qui vous donnez, et vous donnez toujours à Sa manière.

Donc, si vous prétendez être quelque chose, vous avez donné Dieu. Et votre conscience sans jugement vous rendra - dans la qualité et la plénitude que vous avez revendiquées pour vous-même.

La conscience n'est rien que l'on puisse nommer. Dire que Dieu est riche, grand, aimant, sage, définirait ce qui ne peut être défini. Dieu n'est rien qui ne puisse jamais être nommé.

La dîme est nécessaire, et vous faites cela avec Dieu. Mais désormais, vous ne donnez qu'à un seul Dieu, à qui vous donnez les qualités et la plénitude de ce que vous, en tant qu'être humain, désirez et voulez être, à qui vous prétendez être grand, prospère, aimant et sage.

Ne spéculez pas sur la façon dont ces choses vont entrer dans votre vie, car la vie connaît des chemins que vous, en tant qu'être humain, ne connaissez pas. Ces voies sont impénétrables. Mais je vous assure que le jour où vous revendiquerez ces qualités jusqu'à ce que vous en soyez convaincu, ces qualités seront honorées. Il n'y aura rien de caché qui ne devra pas être révélé. Ce que vous dites en secret sera proclamé sur les toits des maisons. Vos croyances secrètes sur vous-même - cette revendication secrète, que personne ne connaît, si vous y croyez vraiment, sera criée du toit des maisons dans votre monde. Car les certitudes que vous avez de vous-même sont les paroles du Dieu qui est en vous - ces paroles sont le souffle de vie, qui ne peut vous revenir vide. Elles doivent être réalisées.

À cet instant, vous choisissez parmi l'infinité de possibilités celles dont vous avez conscience. Et pas un mot ou une certitude ne vous parviendra.

"JE SUIS la vigne, et vous les sarments." La conscience est "la vigne", et les qualités dont vous êtes maintenant conscient sont "les sarments", qui vous nourrissent et vous soutiennent. Tout comme la vigne ne vit que lorsqu'elle est enracinée dans le sol, les choses n'ont pas de vie si on ne les garde pas en conscience. Tout comme une vigne se flétrit et meurt la sève ne l'irrigue plus, les choses de votre monde meurent lorsque vous en retirez votre attention - car votre attention est la sève de la vie qui maintient les choses en vie dans votre monde.

Pour résoudre un problème qui vous semble si réel, il vous suffit d'attirer votre attention sur le problème. Même si cela vous semble si réel, détournez votre conscience de cette réalité. Devenez indifférent à vos problèmes et commencez à sentir que vous êtes déjà la solution au problème.

Pour explication ; si vous étiez emprisonné, personne n'aurait à vous dire que vous devez exiger la liberté. La liberté, ou le désir de liberté, viendrait automatiquement. Alors pourquoi fixer les murs de votre cellule de prison ? Détournez votre attention de l'enfermement et commencez à vous sentir libre. RESSENTEZ-le au point qu'il vous semble tout à fait naturel - à ce moment-là, les murs de la prison s'écrouleront. Appliquez ce principe à tout problème.

J'ai vu des gens qui étaient endettés jusqu'au cou, et en un rien de temps, ces montagnes de dettes ont disparu. J'ai vu ceux qui ont été abandonnés par les médecins en raison de maladies incurables, et qui ont détourné leur attention de leur maladie et ont commencé à se sentir en parfaite santé - bien que vos sens le nient. En peu de temps, ces maladies dites "incurables" ont disparu et n'ont même pas laissé de séquelles.

Votre réponse à la question "Qui dites-vous que JE SUIS" détermine toujours votre monde extérieur. Tant que vous aurez conscience d'être enfermé, ou malade ou pauvre, vous exprimerez ces choses dans votre monde.

Lorsque l'Homme se rendra compte qu'il est maintenant ce qu'il aspire à être, et qu'il commencera à prétendre qu'il l'est, il en recevra la preuve. Cela apparaît clairement dans les mots "Qui cherchez-vous ?" et vous avez répondu "Jésus". Et la voix a répondu : "Je suis lui." "Jésus" signifie ici rédemption ou sauveur. Vous cherchez le salut de ce qui n'est pas votre problème.

"Je suis" est celui qui vous sauvera. Lorsque vous avez faim, la nourriture est votre sauveur. Si vous êtes pauvre, la richesse est votre sauveur. Si vous êtes enfermé, la liberté est votre sauveur. Si vous êtes malade, aucun homme du nom de Jésus ne vous sauvera - la santé est votre sauveur. Alors prétendez "Je suis lui", ou en d'autres termes, prétendez être ce que vous voulez être. Réclamez-le en conscience - et non en paroles - et la conscience vous récompensera de votre revendication. Elle dira : "Vous me trouverez si vous me cherchez de TOUT VOTRE COEUR." Maintenant, RESSENTEZ la revendication en conscience jusqu'à ce que vous SENTIEZ que vous l'êtes déjà. Lorsque vous vous perdez dans le sentiment d'être, ou de voir votre souhait se réaliser, il s'exprimera à travers vous dans votre monde.

Sous votre commandement

Vous êtes guéri de votre problème lorsque vous touchez à la solution du problème. "Quelqu'un m'a touché, car je sais qu'il est sorti de moi de la puissance." Oui, le jour où vous toucherez cet être en vous - SENTANT que vous êtes guéri, une puissance sortira de vous et se concrétisera dans votre monde sous forme de guérison.

Il est écrit : "Vous croyez en Dieu - croyez aussi en moi, parce que je suis lui." Ayez foi en Dieu. "Il possédait depuis toujours la condition divine, mais il n'a pas voulu demeurer de force l'égal de Dieu" Faites la même chose. Oui, commencez à croire que votre conscience est Dieu. Revendiquez pour vous-même toutes les qualités que vous avez attribuées à un Dieu extérieur pour vous-même et vous commencerez à exprimer ces qualités.

"Suis-je un Dieu qui ne considère que les réalités proches, ne suis-je pas un Dieu qui voit aussi de plus loin". Je suis votre conscience. Je suis celui dans lequel tout ce dont je suis conscient a son début et sa fin. "Car avant que le monde fût, JE SUIS ; Et quand le monde prendra fin, JE SUIS ; Avant qu'Abraham fût, JE SUIS." Ce JE SUIS est votre conscience.

"Si l'Éternel ne bâtit pas la maison, ceux qui la bâtissent travaillent en vain." Ce que vous désirez, "l'Éternel", votre conscience, doit d'abord le recevoir, sinon vous tenterez en vain de le trouver. Toutes les choses ont leur début et leur fin dans la conscience.

Heureux l'homme qui a confiance en lui - car la foi de l'Homme en Dieu se mesure toujours à sa foi en lui-même. Vous croyez en un Dieu, croyez aussi en MOI.

Ne faites pas confiance à vos semblables, car ils ne peuvent vous donner que ce que vous avez donné vous-même auparavant - vous êtes le reflet de ce que vous êtes.

"Personne ne me l'ôte (ma vie), mais je la donne de moi-même. J'ai le pouvoir de la donner, et j'ai le pouvoir de la reprendre".

Peu importe ce qui arrive aux gens dans ce monde, ce n'est jamais une coïncidence. Tout se passe selon cette loi infaillible et immuable.

"Nul" (manifestation) "ne peut venir à moi si le Père qui l'a envoyé ne l'attire", et "moi et le Père sommes un". Croyez en cette vérité et vous êtes libre. L'Homme a toujours blâmé les autres pour sa situation, et il continuera de le faire jusqu'à ce qu'il réalise qu'il est lui-même la cause de tout. Le "JE SUIS" ne vient pas pour détruire, mais pour accomplir. "JE SUIS", votre conscience, ne détruit pas, elle remplit toujours ce que chacun croit de lui-même.

Il est impossible pour une personne pauvre de trouver la prospérité dans ce monde, même si elle est entourée de prospérité - si elle ne se la donne pas d'abord à elle-même. Les signes suivent, ils ne précèdent jamais. Se plaindre de la pauvreté tout en restant dans l'état de conscience de la pauvreté est le jeu d'un imbécile. Les changements ne peuvent pas se produire à partir de cet état de conscience, car la vie exprime toujours l'état habité.

Suivez la parabole du fils prodigue. Reconnaissez que vous avez créé les états de gaspillage et de besoin et prenez la décision de vous élever en conscience jusqu'à l'endroit où le veau engraissé, la bague et la robe attendent votre réclamation.

Le fils prodigue n'a pas été condamné lorsqu'il a réclamé cet héritage pour lui-même. Les autres ne nous jugeront que tant que nous nous jugerons nous-mêmes. Car : "Béni soit celui qui vient au nom du Seigneur. "Car la vie ne condamne rien. Tout est dit.

La vie ne se soucie pas de savoir si vous vous dites pauvre ou riche, fort ou faible. Elle vous récompensera à jamais avec ce que vous estimez être vrai à votre sujet.

La division entre le bien et le mal n'est soumise qu'à l'être humain. Il n'y a pas de bien et de mal pour la vie. Comme Paul l'a souligné dans ses lettres aux Romains : "Je sais et je suis convaincu par notre Seigneur Jésus qu'il n'y a rien de sale en soi - mais celui qui pense qu'une chose est sale, cette chose est sale à ses yeux." Cessez de vous demander si vous êtes digne d'obtenir ce que vous voulez. Vous, en tant qu'être humain, n'avez pas créé ce désir ou ce souhait. Votre désir est toujours créé en vous en fonction de votre état de conscience actuel.

Quand l'Homme a faim, il demande (sans y penser) de la nourriture. Lorsqu'il est enfermé, il demande automatiquement la liberté, etc. Le désir contient en lui-même tous les moyens de se réaliser.

Laissez donc de côté tout jugement et montez en conscience par votre désir, en ne faisant qu'un avec lui, sachant qu'il en est déjà ainsi. "Ma grâce te suffit, car ma puissance s'accomplit dans la faiblesse".

Ayez confiance en cette affirmation invisible jusqu'à ce qu'elle atteigne la certitude qu'elle l'est déjà. Votre foi en cette réclamation sera récompensée. Après un court laps de temps, le souhait sera exprimé. Mais sans la foi, il est impossible de réaliser quoi que ce soit. Le monde a été formé par la foi, parce que "la foi est une manière de posséder déjà ce que l'on espère, un moyen de connaître des réalités que l'on ne voit pas".

Ne soyez pas inquiet ou angoissé par le résultat. Il suivra aussi clairement que le jour succède à la nuit. Voyez votre désir - n'importe quel désir - comme une parole de Dieu. Et chaque mot ou désir est une promesse. La raison pour laquelle la plupart d'entre nous ne réalisent pas leurs rêves est que nous les conditionnons constamment. Ne conditionnez pas votre désir. Prenez-le comme il vient à vous. Remerciez jusqu'à ce que vous vous sentiez reconnaissant qu'il soit déjà accompli - puis suivez votre chemin en paix.

Le désir d'accepter est comme le fait de planter une graine - une graine fertile - dans une terre préparée. Car lorsque vous prenez le désir dans votre conscience, convaincu qu'il s'exprimera dans votre monde, vous avez fait tout ce qu'il était exigé de vous. Cependant, si vous vous inquiétez de la manière dont il va entrer dans votre monde, vous déterrez la graine fertile à nouveau - comme si vous ne l'aviez jamais plantée dans la terre de confiance.

La raison pour laquelle les gens conditionnent leur désir est qu'ils partent toujours de ce qu'ils vivent dans votre monde - et le considèrent comme une réalité. Ils oublient que la seule réalité est leur conscience des choses qui s'expriment dans leur monde.

Voir le monde extérieur comme réel, c'est rejeter le fait que pour Dieu tout est possible. L'Homme qui est emprisonné et qui considère les murs de la prison comme réels rejettera la promesse que Dieu lui donne à travers son désir - la liberté.

Une question fréquemment posée est la suivante : si le désir est un don de Dieu, comment le désir d'une personne de tuer une autre personne peut-il être un don de Dieu, et donc bon ? Pour répondre à cela, laissez-moi vous dire que personne n'a le désir de tuer un autre. Ce qu'il désire, c'est être libéré d'un autre être humain. Mais parce qu'il ne croit pas que le désir d'être libéré de quelqu'un a déjà tous les moyens de se réaliser en lui, il conditionne ce désir et voit le meurtre comme la seule issue. Il oublie que la vie qui porte le désir en soi connaît des voies que l'Homme ne peut pas connaître. Ils sont impénétrables. Ainsi, l'Homme déforme le don de Dieu par son manque de foi.

Les problèmes sont comme les montagnes, qui peuvent être soulevées si quelqu'un porte cette croyance en lui. Les gens font face à leurs problèmes comme la vieille dame qui, pendant l'office, a entendu le prêtre dire : "Si vous aviez la foi d'un grain de sénevé, vous diriez à ce sycomore « déracine-toi et plante-toi dans la mer », et il vous obéirait."

La nuit où elle a récité ses prières, elle a cité ce verset et s'est endormie, en supposant qu'elle allait maintenant croire. Quand elle s'est réveillée le lendemain matin, elle s'est précipitée à la fenêtre et a dit : "Je savais que le sycomore serait encore là." C'est ainsi que l'Homme fait face à ses problèmes. Il sait que ses problèmes continueront à le confronter. Et parce que la vie ne porte pas de jugement, n'est pas destructrice, elle maintient en vie les choses qui vivent dans la conscience.

Sous votre commandement

Les choses ne disparaissent que lorsque la personne change de conscience. Niez-le si vous le souhaitez, mais il reste que la conscience est la seule réalité et que votre monde extérieur n'est qu'un miroir de ce que vous êtes dans la conscience. L'état céleste auquel vous aspirez ne peut se trouver que dans la conscience. Le Royaume des Cieux est en vous. Puisque la volonté du Ciel se réalise toujours sur la Terre, vous vivez aujourd'hui dans le Ciel que vous avez d'abord établi en vous. Sur la Terre, votre ciel est révélé. Le Royaume des Cieux est à votre disposition. C'est MAINTENANT le bon moment. Créez donc un nouveau Ciel, entrez dans un nouvel état de conscience et une nouvelle Terre apparaîtra.

"Les choses anciennes sont passées. "On ne se souviendra plus des premiers événements, ils ne viendront plus à l'esprit.“ Car rappelez-vous, moi", votre conscience, "venez vite et ma récompense viendra avec moi.

Je suis sans nom, mais j'endosserai n'importe quel nom (condition) que vous me donnerez. Souvenez-vous, c'est vous, vous-même, quand je parle de "je". Chaque image de soi que vous avez de vous-même - c'est-à-dire chaque conviction profonde - est ce que vous appelez l'être. Car le JE SUIS ne peut être trompé, on ne peut se moquer de Dieu.

Laissez-moi maintenant vous présenter l'art de la pêche. On dit que les disciples pêchaient toute la nuit et ne pêchaient rien. Puis Jésus apparut et leur dit de jeter une fois de plus leur filet - dans les mêmes eaux qui n'avaient rien donné auparavant. Cette fois, les filets étaient pleins de prises.

Cette histoire se déroule en ce moment même au milieu de vous. Parce que vous portez en vous tous les outils nécessaires à la pêche. Mais tant que vous ne reconnaîtrez pas Jésus Christ, votre conscience, comme le Seigneur, vous continuerez à pêcher dans les ténèbres, comme l'ont fait les disciples. En d'autres termes, vous pêchez des choses, en supposant que ces choses sont réelles. Ils pêchent avec des appâts humains - lutte et effort - et essaient d'atteindre ceci ou cela. Et tous ces efforts seront vains. Mais lorsque vous découvrirez que Jésus-Christ est votre conscience, vous lui permettrez de vous montrer comment pêcher. Et ainsi vous pêcherez dans votre conscience les choses que vous désirez et souhaitez. Votre désir est le poisson que vous attrapez. Votre conscience est la seule réalité existante et vous allez donc pêcher dans les eaux profondes de votre conscience.

Si vous voulez attraper ce qui est au-delà de vos capacités actuelles, vous devez aller dans des eaux plus profondes, car dans votre état de conscience actuel, le poisson, ou le désir, ne peut pas nager. Pour atteindre des eaux plus profondes, mettez de côté tous vos problèmes et limites actuels en retirant votre CONNAISSANCE. Tournez le dos à tous les problèmes et à toutes les limites.

Habitez l'être même où vous vous dites "JE SUIS", "JE SUIS", "JE SUIS", "JE SUIS". Affirmez que vous l'êtes tout simplement. Ne conditionnez pas cela, continuez simplement à SENTIR que vous l'êtes. Sans avertissement, vous sentirez l'ancre qui vous a lié à la surface de vos problèmes actuels se défaire et vous irez plus loin.

Cela s'accompagne généralement d'un sentiment d'expansion. Vous vous SENTIREZ en pleine expansion, comme si vous étiez en pleine croissance. N'ayez pas peur, le courage est nécessaire. Aucune partie de vous-même ne mourra lorsque vous laisserez derrière vous vos restrictions antérieures - vos restrictions antérieures mourront lorsque vous les laisserez derrière vous, car elles ne vivent que dans votre conscience. Dans cette conscience profonde et élargie, vous sentirez en vous une puissance dont vous n'avez pas osé rêver.

Une fois que vous avez quitté le rivage de vos limites, le désir ou l'envie est le poisson que vous attrapez dans les profondeurs. Parce que vous avez perdu toute conscience de vos problèmes et de vos obstacles, il est maintenant complètement naturel de SENTIR que vous êtes déjà ce que vous voulez être.

Le JE SUIS (votre conscience) est la résurrection et la vie, et vous devez donc lier ce pouvoir revitalisant à votre désir de le déployer et d'en faire l'expérience dans votre monde. Acceptez maintenant le naturel du désir déjà satisfait en vous sentant "JE SUIS prospère" ; "JE SUIS libre" ; "JE SUIS fort". Une fois ce SENTIMENT ancré au cœur de vous-même, votre être informe commence à former ces choses ressenties. Vous êtes crucifié aux états de prospérité, de liberté et de force. Consolidez ces croyances dans le calme qui règne en vous. Puis, comme un voleur dans la nuit quand vous vous y attendez le moins, ces qualités s'élèveront et apparaîtront comme une réalité dans votre monde.

Vous récolterez les fruits du naturel de ces qualités dans l'enveloppe de chair et de sang que vous êtes dans ce monde. C'est l'art de réussir la pêche aux manifestations de la vie.

L'histoire de Daniel dans la fosse aux lions raconte également la réalisation des souhaits. On dit que pendant que Daniel était dans la fosse aux lions, il a tourné le dos aux lions et a regardé vers la lumière ; les lions étaient impuissants et la foi de Daniel en Dieu l'a sauvé.

C'est aussi votre histoire et vous devez faire la même chose que Daniel. Si vous vous retrouviez dans la fosse aux lions, vous n'auriez d'autres préoccupations que les lions qui vous font face.

Vous ne penseriez à rien d'autre qu'à votre problème - dans ce cas, aux lions.

On dit que Daniel a tourné le dos aux lions et a regardé vers la lumière qui était Dieu. Si nous prenons la parabole de Daniel comme exemple, alors que nous sommes piégés dans une fosse de pauvreté ou de maladie, nous détournerons notre attention de la pauvreté ou de la maladie pour voir et habiter l'état auquel nous aspirons. Si nous ne regardons pas en arrière vers nos problèmes dans la conscience, mais que nous avançons dans la foi - en croyant que nous sommes déjà ce que nous voulons être - nous verrons nous aussi les murs de la prison être démolis et nous verrons le désir - oui, "quoi que ce soit" - se réaliser.

On nous raconte une autre histoire, celle de la veuve et des trois gouttes d'huile. Le Prophète demanda à la veuve : "Qu'as-tu à la maison ?" Et elle a répondu : "Ta servant n'a rien du tout à la maison qu'un vase d'huile." Il a répondu : "Va demander au dehors des vases. "Quand tu seras rentrée, tu fermeras la porte sur toi et tes enfants; ils lui présentaient les vases et elle versait." Et ainsi la veuve de trois gouttes d'huile a rempli complètement tous les vases empruntés jusqu'à ce qu'ils dégoulinent d'huile.

Vous, le lecteur, êtes la veuve. Vous n'avez pas de mari pour vous inséminer - car l'état de veuve décrit un état infertile. Votre conscience est maintenant le Seigneur - ou le prophète, dont vous avez fait votre mari. Suivez l'exemple de la veuve qui, au lieu de dire qu'elle n'a rien, a affirmé qu'elle avait trois gouttes d'huile. L'ordre qu'elle a reçu par la suite, "quand tu seras rentrée tu fermeras la porte", signifie que vous fermez la porte à vos sens extérieurs - car ils veulent vous dire que vous avez des manques, que vous êtes endetté et que vous avez des ennuis.

Une fois que vous avez complètement retiré votre attention de vos sens, vous commencez à RESSENTIR la joie (symbolisée par l'huile) comme si vous aviez déjà reçu ce que vous vouliez. Lorsque cet arrangement sera conclu en vous, de sorte que tous les doutes et toutes les craintes auront disparu, alors vous remplirez vous aussi les vases vides de votre vie - en abondance.

Ce monde est créé par le pouvoir des hypothèses. Chaque hypothèse, chaque état que vous avez assumé s'est manifesté dans le monde extérieur. Ce qui vous semble vrai aujourd'hui, c'est ce que vous vivez dans votre monde. Alors, soyez comme la veuve, et constatez la joie, aussi petite soit-elle au départ - et vous serez généreusement récompensé. Car le monde est un miroir qui reflète votre conscience pour toute l'éternité.
"JE SUIS l'Éternel, ton Dieu, qui t'ai fait sortir du pays d'Égypte, de la maison de servitude ; tu n'auras pas d'autre Dieu devant ma face." Quelle glorieuse découverte, votre conscience en tant que Seigneur, votre Dieu ! Réveillez-vous du rêve d'être emprisonné. Reconnaissez que la Terre est à vous, "dans toute sa plénitude ; le monde et tout ce qu'il contient".

Vous vous êtes tellement empêtré dans la croyance d'être humain que vous avez complètement oublié quel être merveilleux vous êtes. Maintenant que votre mémoire a été rafraîchie, DECIDEZ l'invisible et

Sous votre commandement

il deviendra visible - car toutes choses sont obligées de répondre à la voix de Dieu - votre conscience. Le monde est SOUS VOTRE COMMANDEMENT !

Votre foi est votre destin

Chapitre 1 : Avant qu'Abraham fût

En vérité, en vérité, je vous le dis,
Avant qu'Abraham fût, je suis.
...Jean 8:58

"Au commencement était la Parole, et la Parole était avec Dieu, et la Parole était Dieu."

Au début, il y avait la conscience inconditionnelle, et cette conscience inconditionnelle s'est vue donner une forme par l'imagination. Et la conscience inconditionnelle devint ce qu'elle imaginait être ; ainsi commença la création.

Par cette loi - recevoir d'abord quelque chose, puis devenir ce qui a été reçu - tout naît du néant. Et rien, c'est un fait, n'a été fait sans respecter cet ordre.

Avant Abraham ou que le monde soit - était le JE SUIS. Quand la fin des temps arrive - JE SUIS. Je suis la conscience sans forme qui a pris conscience d'être humain. Selon ma loi éternelle, je suis obligé d'exprimer tout ce que je crois être.

JE SUIS le néant éternel, qui porte en lui les possibilités d'être tout et de prendre toute forme. JE SUIS le réceptacle où toutes mes convictions sur moi-même vivent, se déplacent et sont, et en dehors de celui-ci, elles ne sont rien.

Je porte en moi toutes mes convictions ; depuis être intérieur, je m'efforce toujours de transcender mes convictions. Selon la loi de mon être, je ne transcende mes convictions sur moi-même que lorsque je crois être déjà ce qui satisfait cette prémisse.

JE SUIS la loi de l'être et il n'y a pas de loi en dehors de MOI. JE SUIS qui JE SUIS.

Chapitre 2 : Vous décidez

Ainsi en est-il de ma parole, qui sort de ma bouche :
elle ne retourne point à moi sans effet,
sans avoir exécuté ma volonté, et accompli mes desseins.
...Esaïe 55:11

L'Homme peut décider d'une chose, et elle arrivera.

L'Homme a toujours décidé des choses qui sont apparues dans son monde. Il décide aujourd'hui de ce qui apparaît dans son monde, et il continuera à le faire tant qu'il aura conscience d'être un Homme.

Jamais rien n'est apparu dans le monde de l'Homme qu'il n'ait décidé au préalable. Vous pouvez le nier ; mais essayez donc, vous ne pouvez pas le réfuter. Ce principe d'arrangement est basé sur un principe immuable. L'Homme ne donne pas vie aux choses par des mots, car les mots ne sont généralement qu'une affirmation de ses doutes et de ses craintes. Une décision est toujours prise en conscience.

Chaque personne exprime automatiquement ce qu'elle a conscience d'être. Sans aucun effort, et sans utiliser de mots, l'Homme se commande d'être et de posséder ce dont il est conscient, d'être et de posséder - à tout moment.

Ce principe d'expression immuable est dramatiquement représenté dans toutes les Bibles du monde. Les auteurs de nos saintes écritures étaient des mystiques éclairés, anciens maîtres dans l'art de la psychologie. En racontant l'histoire de l'âme, ils ont donné vie à ce principe impersonnel sous la forme d'une histoire éternelle - pour le préserver et le protéger des yeux des non-initiés.

Ceux à qui ce grand trésor a été confié aujourd'hui, à savoir le sacerdoce de ce monde, ont oublié que la Bible est un drame psychologique qui se déroule au cœur de la conscience humaine. Dans leur oubli aveugle, ils apprennent maintenant à leurs disciples à vénérer les personnages dépeints comme des hommes et des femmes qui ont vécu dans l'espace et le temps.

Si l'Homme comprend la Bible comme un grand drame psychologique, dans lequel tous les personnages et acteurs personnifiés représentent les qualités et les états de sa conscience, il recevra - et alors seulement - la lumière du symbolisme révélé dans la Bible.

Ce principe impersonnel de la vie, qui a fait toutes les choses qui sont, est personnifié en tant que Dieu.

Ce Seigneur Dieu, créateur du Ciel et de la Terre, est la conscience humaine.

Si l'Homme devenait moins dépendant des enseignements de l'orthodoxie, et devenait plutôt un observateur intuitif, il réaliserait, en lisant la Bible, que la conscience est représentée au centuple dans ce livre.

Pour n'en citer que quelques-uns, "JE SUIS m'a envoyé vers vous". "Arrêtez et sachez que JE SUIS Dieu." "Moi, JE SUIS l'Éternel, et il n'y en a point d'autre." "JE SUIS le berger." "JE SUIS la porte." "JE SUIS la résurrection et la vie.“ "JE SUIS le Chemin.“ "JE SUIS le début et la fin.“

JE SUIS ; la conscience humaine, inconditionnelle, est révélée comme le Seigneur et le Créateur de tout état d'être conditionné. Si l'Homme renonçait à sa croyance en un Dieu extérieur à son monde, réalisant que Dieu est sa conscience humaine (cette conscience se forme dans l'image qu'il a de lui-même), il transformerait son monde - d'une rigidité inutile en un champ fertile, conforme son goût.

Le jour où l'Homme fera cela, il saura que lui et le Père ne font qu'un - mais le Père est plus grand que lui. Il saura que sa conscience est cohérente avec ce qu'il est conscient d'être, mais que sa conscience inconditionnelle est plus grande que son état conditionné ou sa croyance en lui-même.

Votre foi est votre destin

Lorsque l'Homme réalisera que sa conscience est le pouvoir impersonnel qui exprime tout, entièrement selon les croyances qu'il a sur lui-même, alors il assumera l'état de conscience qu'il veut exprimer dans son monde. Ce faisant, il exprimera son état.

"Tu décideras une chose, et elle te réussira." Cette citation peut maintenant être vue sous cet angle. Vous devez prendre conscience d'être ou de posséder ce que vous voulez être ou posséder, pour l'exprimer dans le monde.

La loi de la conscience est la seule loi qui s'exprime. "JE SUIS le Chemin". "JE SUIS la résurrection." La conscience est à la fois le chemin et la puissance qui donne vie et exprime tout ce que l'Homme est conscient d'être.

Détournez-vous de l'aveuglement de l'homme ignorant, qui essaie d'exprimer et de posséder ces qualités dont il n'a pas conscience d'être et de les posséder ; et soyez comme le mystique éclairé qui décide des choses sur la base de la loi immuable. Acceptez consciemment d'être ce que vous voulez être ; confisquez la conscience de ce que vous voyez ; et ainsi vous connaîtrez vous aussi le vrai mysticisme, comme on le dit.

J'ai pris conscience de l'être. Je suis toujours conscient de l'être. Et je resterai conscient de l'être jusqu'à ce qu'elle s'exprime parfaitement dans mon monde.

Oui, je dois décider d'une chose et elle se produira.

Chapitre 3 : Le principe de vérité

Vous connaîtrez la vérité,
et la vérité vous affranchira.
...Jean 8:32

"Vous connaîtrez la vérité, et la vérité vous affranchira."

La vérité qui rend l'Homme libre est la connaissance que sa conscience est la résurrection et la vie, que sa conscience rend vivant et ressuscite tout ce qu'il est conscient d'être. En dehors de la conscience, il n'y a pas de résurrection et pas de vie.

Lorsque l'Homme abandonnera sa croyance en un Dieu extérieur à lui-même et commencera à réaliser que sa conscience est Dieu, comme l'ont fait Jésus et les prophètes, alors il transformera son monde. Il comprendra : "Moi et le Père sommes un" mais "le Père est plus grand que moi". Il saura que sa conscience est Dieu et que ce qu'il est conscient d'être est le Fils engendré de Dieu le Père.

Le concepteur et son concept ne font qu'un, mais le concepteur est plus grand que son concept. Avant qu'Abraham ne fût, JE SUIS. Oui, j'étais déjà conscient d'être avant de devenir conscient d'être humain - et le jour où je perdrai la conscience d'être humain, je continuerai à être conscient d'être.

La conscience ne dépend pas de la conscience d'être quoi que ce soit. Elle est au-dessus de toute croyance qu'elle a en elle-même et continuera de l'être si toutes les croyances qu'elle a sur elle-même disparaissent. "JE SUIS le début et la fin." Cela signifie que toutes mes croyances ont leur début et leur fin en moi, mais moi, la conscience sans forme, j'existe pour toujours.

Jésus a découvert cette grande vérité et a révélé qu'il ne fait qu'un avec Dieu - pas le Dieu que les hommes ont créé, car il n'a jamais mentionné un tel Dieu. Jésus a nommé Dieu comme sa conscience, et a dit aux autres que le Royaume de Dieu et les Cieux se trouvent en eux-mêmes.

Quand on dit que Jésus a quitté le monde et est retourné auprès du Père, cela signifie seulement qu'il a retiré son attention du monde des sens et qu'il est monté en conscience jusqu'à l'état qu'il voulait exprimer.

Il y est resté jusqu'à ce qu'il ne fasse plus qu'un avec l'état de conscience désiré. Lorsqu'il est retourné dans le monde des hommes, il a pu marcher avec la confiance positive d'être ce qu'il voulait être. Un état de conscience que personne ne peut ressentir ou voir à part lui-même. Celui qui ignore cette loi éternelle d'expression appellera de tels événements des miracles.

S'élever en conscience au niveau du souhait déjà réalisé et y rester jusqu'à ce que cet état semble complètement naturel est la voie de tous les soi-disant miracles. "Et moi, quand je serai élevé de la Terre, je tirerai tous les hommes à moi." Lorsque je m'élèverai en conscience jusqu'à ressentir comme naturel le souhait réalisé, je tirerai la manifestation dans la vie.

"Nul ne peut venir à moi si le Père qui m'a envoyé ne l'attire", et "Le Père et moi sommes un". Ma conscience est le Père qui attire la manifestation dans ma vie. La nature de la manifestation dépend de l'état de conscience que j'habite. Je puise toujours dans ma vie ce que je suis conscient d'être ou d'avoir.

Si vous n'êtes pas satisfait de vos conditions de vie actuelles, vous devez renaître. La renaissance signifie abandonner l'état de conscience dont vous êtes insatisfait et s'élever à l'état que vous souhaitez exprimer dans votre monde.

Vous ne pouvez pas servir deux maîtres - ou deux états de conscience. En retirant votre attention d'un état et en la dirigeant vers un autre, vous permettez à l'un de mourir et à l'autre de revivre, c'est celui avec lequel vous êtes maintenant uni - et vous l'exprimez dans votre monde.

L'Homme ne peut pas comprendre qu'il est si facile d'exprimer et d'atteindre ce qu'il veut exprimer et atteindre - simplement en affirmant en conscience qu'il est déjà ce qu'il veut être. La raison de ce manque de confiance est que l'Homme envisage son désir à partir de son état de conscience actuel, avec toutes ses limites. Il considère donc qu'il est impossible d'obtenir ce qu'il veut.

L'une des premières choses que l'Homme doit comprendre est qu'en appliquant cette loi spirituelle de la conscience, il est impossible de verser du vin frais dans de vieux contenants, ou de raccommoder de vieux vêtements. Vous ne pouvez rien faire passer de votre état de conscience actuel au nouvel état. Un état de conscience est toujours complet en soi et ne nécessite pas d'ajustements. Chaque état de conscience s'exprime en dehors de lui-même.

Accepter un nouvel état de conscience signifie automatiquement l'exprimer dans le monde. Mais pour atteindre l'état de conscience que vous souhaitez exprimer dans votre monde, vous devez laisser derrière vous tout ce à quoi vous vous identifiez actuellement. Ce n'est que lorsque vous aurez quitté votre état actuel que vous pourrez en intégrer un nouveau. N'ayez pas peur. Lâcher prise de votre ancienne identité n'est pas aussi difficile que cela puisse paraître au premier abord. L'invitation de l'Écriture "étant absent de corps, mais présent en esprit" n'est pas une chose donnée à quelques élus, c'est un appel à tous. Le corps que vous êtes invité à quitter est la conviction que vous avez déjà eue de vous-même - avec toutes ses limites. L'esprit avec lequel vous êtes présent est votre conscience.

Pour accomplir cet exploit apparemment impossible, détournez votre attention de votre problème et restez simple. Dites-vous doucement mais avec émotion, "JE SUIS". Ne conditionnez pas cette prise de conscience, mais insistez tranquillement, "JE SUIS - JE SUIS". Sentez que vous êtes une conscience informe, sans visage, et continuez ainsi jusqu'à ce que vous vous y perdiez et qu'un sentiment de flottement s'installe.

"Flotter" est un état psychologique qui exclut le physique. En pratiquant la relaxation et en refusant délibérément de réagir aux impressions sensorielles, il est possible d'atteindre un état de conscience de pure réceptivité. C'est incroyablement simple. Dans cet état de détachement absolu, une pensée déterminée peut être gravée de façon indélébile dans votre conscience informe. Cet état de conscience est nécessaire pour une bonne méditation.

Cette merveilleuse expérience d'ascension et de flottaison est un signe certain que vous êtes physiquement absent et que vous n'êtes plus conscient de vos problèmes. Vous êtes maintenant avec l'esprit ; dans cet état d'expansion, vous n'avez conscience que de votre état (JE SUIS - JE SUIS) ; vous n'avez conscience que de votre état d'être.

Lorsque cette expansion de la conscience est réalisée, au cœur des profondeurs informes de vous-même, vous pouvez donner forme au nouvel état. Acceptez et sentez que vous êtes ce que vous vouliez être avant d'entrer dans cet état. Vous constaterez qu'au cœur de cette profondeur informe de vous-même, tout semble possible pour Dieu. Tout ce que vous ressentez comme vrai dans cet état élargi s'exprimera, avec le temps, dans votre monde.

Et Dieu dit : "Qu'il y ait un firmament au milieu des eaux." Oui, qu'il y ait un firmament, ou une conviction au cœur de cette expansion de conscience, en sachant et en sentant que vous êtes (JE SUIS) ce que vous voulez être.

En vous sentant comme si vous étiez déjà ce que vous voulez être, vous cristallisez la lumière liquide informe que vous êtes en une image, une image selon votre conscience de qui vous êtes.

Maintenant que vous avez découvert la loi de l'être, vous commencez à changer votre monde en vous changeant vous-même. Pendant trop longtemps, l'Homme s'est accroché à la croyance qu'il était né dans la misère et qu'il devait se sauver par le travail et la sueur de son front. Dieu est impersonnel et ne porte pas de jugement. Tant que l'Homme marchera en croyant qu'il est né dans la misère, il marchera dans un monde de misère et de confusion, car le monde est, jusqu'au moindre détail, la conscience humaine sous forme exprimée.

Dans le quatrième livre de Moïse, il est dit : "Nous y avons vu des géants, nous étions des sauterelles à nos yeux et aux leurs comme des sauterelles".

Aujourd'hui est le jour, l'éternel maintenant, où les circonstances du monde ont atteint la taille de géants. Le chômage, les armées de l'ennemi, la concurrence au travail, etc. sont les géants qui vous font vous sentir comme une sauterelle impuissante.

On nous dit qu'au début, nous étions comme des sauterelles à nos yeux, et parce que nous avions cette conviction de nous-mêmes, nous étions aussi comme des sauterelles aux yeux de nos ennemis.

Pour les autres, nous ne pouvons être que ce que nous sommes pour nous-mêmes. Donc, si nous évoluons et que nous commençons à nous sentir comme des géants, un centre de pouvoir, nous changerons automatiquement notre relation avec les géants - nous rétréciront ces anciens monstres à leur taille normale, à la taille de sauterelles sans défense.

Paul a dit à propos de ce principe : "Les Juifs crient au scandale ; pour les Grecs c'est un non-sens ridicule ; ils tâtonnent dans les ténèbres là où il n'y a point de lumière : "JE SUIS la lumière du monde.

L'Homme idolâtre ses propres images depuis si longtemps qu'il trouve cette découverte blasphématoire à première vue. Mais le jour où l'Homme réalisera et acceptera que ce principe est la base de sa vie, est le jour où l'Homme laissera derrière lui sa croyance en un Dieu extérieur à lui-même.

L'histoire de la trahison de Jésus dans le jardin de Gethsémani illustre parfaitement la découverte humaine de ce principe. On nous dit que dans l'obscurité de la nuit, la foule, armée de bâtons et de lanternes, a supplié Jésus. Lorsqu'ils ont demandé où se trouvait Jésus (le Sauveur), la voix a répondu "JE SUIS", après quoi toute la foule est tombée à terre. Lorsqu'ils ont retrouvé leur calme, vous avez de nouveau posé des questions sur le lieu caché du Sauveur, et le Sauveur a de nouveau dit : "JE VOUS ai dit que c'est moi. Si donc c'est moi que vous cherchez, laissez aller ceux-ci".

L'Homme dans l'obscurité de l'ignorance humaine est à la recherche de Dieu, soutenu par la lumière vacillante de la sagesse humaine. Lorsqu'il est révélé à l'Homme que son JE SUIS, sa conscience, est son Rédempteur, le choc est grand, il perd son sang-froid et tombe mentalement à terre alors que toutes ses croyances vacillent et qu'il réalise que sa conscience est le seul Sauveur. Le fait de savoir que son JE SUIS est Dieu oblige l'Homme à renoncer à tout le reste - car il est impossible de servir deux dieux. D'une part, l'Homme ne peut pas accepter que sa conscience soit Dieu, et d'autre part, il ne peut pas croire en une autre puissance.

Par cette révélation, l'ouïe humaine (la compréhension) est coupée par l'épée de la foi (Pierre), et son ouïe parfaitement disciplinée (la compréhension) est restaurée par (Jésus) la connaissance que JE SUIS le Seigneur et le Sauveur.

Avant que l'Homme puisse transformer son monde, il doit d'abord en poser les fondations ou en comprendre les fondements. "JE SUIS le Seigneur." L'Homme doit savoir que sa conscience est Dieu. Tant que cela ne sera pas véritablement établi, de sorte qu'aucun argument ou suggestion d'autrui ne puisse l'ébranler, il se retrouvera à nouveau esclave de ses anciennes croyances.

"Si vous ne croyez pas ce que JE SUIS, vous mourrez dans vos péchés." Tant que l'Homme ne réalisera pas que sa conscience est la cause de tout dans son monde, il continuera à chercher la cause de sa confusion dans le monde, et mourra donc dans sa recherche infructueuse.

"Je suis la vigne et vous êtes les sarments." La conscience est la vigne et ce dont vous êtes conscient, ce sont les sarments qui vous nourrissent et vous maintiennent en vie. Tout comme la vigne n'a pas de vie si elle n'est pas enracinée par le cep, les choses n'ont pas de vie si l'on n'en est pas conscient. Une vigne se flétrit et meurt lorsque la sève de la vigne cesse de couler. Les choses et les états meurent lorsque vous en retirez votre attention - car votre attention est la sève de la vie qui soutient votre monde extérieur exprimé.

Chapitre 4 : Qui cherchez-vous ?

Je vous ai dit que c'est moi.
Si donc c'est moi que vous cherchez, laissez aller ceux-ci !
...Jean 18:8

Lorsque Jésus leur eut dit : c'est moi,
ils reculèrent et tombèrent par terre.
...Jean 18:6

Aujourd'hui, on dit tellement de choses sur le Maître et les frères aînés qu'une multitude de chercheurs de vérité s'égarent sur de fausses pistes. La plupart de ces pseudo-enseignants proposent à leurs étudiants, contre rémunération, une introduction au mystique - avec la promesse de les guider et de les orienter. La faiblesse de l'Homme pour les dirigeants, ainsi que sa faiblesse à idolâtrer les idoles, en font une proie facile pour ces institutions et ces enseignants. Pour la plupart de ces étudiants, le bien vient ; après des années d'attente et de lutte, ils découvriront qu'ils ont suivi une illusion.

Ils seront alors désillusionnés, et cette déception vaudra le prix et les efforts qu'ils ont payés pour leur quête infructueuse. Ils se détourneront alors de l'idolâtrie des hommes, et découvriront que ce qu'ils cherchent ne peut être trouvé chez un autre - car le royaume des cieux est en eux. Cette réalisation sera leur première et véritable instruction. La leçon apprise sera la suivante : il n'y a qu'un seul Maître et ce Maître est Dieu, le JE SUIS en chacun d'eux.

"JE SUIS l'Éternel ton Dieu, c'est moi qui t'ai fait sortir d'Égypte où tu étais esclave." Le JE SUIS, votre conscience, est le seigneur et le maître, et à côté de votre conscience il n'y a pas de seigneur ou de maître. Vous êtes maître de tout ce dont vous aurez toujours conscience.

Vous le savez, n'est-ce pas ? Savoir que vous êtes est le seigneur et le maître de ce que vous savez être. Vous pourriez être complètement isolé de tout ce que vous savez être ; et pourtant, contre toutes les barrières humaines, vous ramèneriez sans effort dans votre vie toutes les choses dont vous êtes conscient. La personne qui a conscience d'être pauvre n'a pas besoin de l'aide des autres pour exprimer son état de pauvreté. La personne qui a conscience d'être malade, même si elle est isolée dans une zone sans danger, exprimera la maladie.

Il n'y a pas de barrières à Dieu, et Dieu est votre conscience. Quoi que vous sachiez, vous pouvez l'exprimer et vous le ferez - sans aucun effort. N'attendez plus le Maître, il est toujours avec vous. "JE SUIS toujours avec vous, jusque la fin du monde."

Au fil du temps, vous prendrez conscience d'une grande partie de vous-même. Mais vous n'avez besoin de rien pour savoir que vous l'êtes. Vous pouvez, si vous le souhaitez, vous détacher du corps que vous portez ; vous réaliserez alors que vous êtes une conscience sans visage et sans forme et que vous n'êtes pas dépendant de la forme que vous incarnez dans votre monde extérieur.

Vous saurez que vous l'êtes ; vous découvrirez aussi que cette connaissance est Dieu, le Père, qui est au-dessus de tout ce dont vous avez jamais été conscient. Avant que le monde ne soit, vous étiez conscient d'être, et donc vous avez dit "JE SUIS", et JE SUIS après tout ce que vous savez que vous êtes disparaît.

Il n'y a pas de maîtres ascensionnés. Bannissez cette superstition. Vous vous élèverez pour toujours d'un état de conscience (maître) à un autre ; ce faisant, vous manifesterez l'étape ascendante, exprimant l'état de conscience nouvellement atteint.

Puisque la conscience est le seigneur et le maître, vous êtes des maîtres magiciens, évoquant ce que vous êtes maintenant conscients d'être. "Dieu (la conscience) considèrent les choses qui ne sont pas comme si elles étaient : Les choses qui ne sont pas visibles deviennent visibles au moment où vous prenez conscience d'être ce qui n'est pas encore visible.

L'ascension d'un état de conscience à un autre est la seule ascension que vous connaîtrez jamais. Aucun être humain ne peut vous élever au niveau que vous désirez. Le pouvoir d'ascension est en vous ; c'est votre conscience. Vous confisquez l'état de conscience que vous souhaitez exprimer en ayant le sentiment d'exprimer cet état maintenant. C'est l'Ascension. Elle est sans limite, car vous n'épuiserez jamais votre capacité à atteindre des états de conscience supérieurs. Tournez le dos à votre image erronée de l'ascension et des maîtres humains et trouvez le seul et éternel Maître en vous.

"Celui qui est en vous est plus grand que celui qui est dans le monde." Croyez-le. N'avancez pas à l'aveuglette en suivant l'illusion des maîtres. Je vous assure que votre recherche ne peut que se terminer par une déception.

"Si tu me renies (ta conscience), je te renierai aussi." "Tu n'auras pas d'autre Dieu que MOI." "Arrêtez et sachez que JE SUIS Dieu." "Mettez moi ainsi à l'épreuve, et vous verrez si je n'ouvre pas pour vous les fenêtres du ciel si je ne déverse pas sur vous la bénédiction en abondance."

Pensez-vous que le JE SUIS est capable de faire cela ? Alors, prétendez que le JE SUIS est ce que vous voulez exprimer dans votre monde. Prétendez être ce que vous voulez être et vous le serez. Ce n'est pas à cause des Maîtres que je vous le donne, mais parce que vous m'avez reconnu (vous-même) comme tel, je vous le donnerai, car JE SUIS tout pour tous.

Jésus n'a pas voulu qu'on l'appelle un bon maître. Il savait qu'il n'y a qu'un seul bien et qu'un seul maître. Il savait que c'était le père aux cieux, sa conscience. Le "Royaume de Dieu" (le Bien) et le Royaume des Cieux sont en vous.

Votre croyance en des maîtres ou des seigneurs est un aveu de votre esclavage. Seuls les esclaves ont des maîtres. Changez vos convictions sur vous-même et, sans l'aide des maîtres ou de toute autre personne, vous façonnerez automatiquement votre monde en fonction de vos nouvelles convictions sur vous-même.

Dans le quatrième livre de Moïse, il est dit qu'il fut un temps où les gens étaient comme des sauterelles à leurs propres yeux. Cette croyance en eux-mêmes leur a permis de voir des géants dans le pays. C'est aussi vrai aujourd'hui qu'à l'époque. L'Homme a une image de lui-même qui est celle d'une sauterelle, de sorte qu'il fait apparaître automatiquement les circonstances qui l'entourent comme des géants ; dans son aveuglement, il supplie des maîtres de l'aider à combattre ces énormes problèmes.

Jésus a essayé de montrer aux gens que le salut était en eux-mêmes, et les a avertis de ne pas chercher le Sauveur dans des endroits ou des personnes. "On vous dira : regardez ici, regardez là, mais n'y allez pas, n'y courez pas, car comme l'éclair resplendit et brille d'une extrémité du ciel à l'autre, ainsi sera le Fils de l'homme en son jour."

Non seulement Jésus a refusé d'être appelé un bon Maître, mais il a aussi averti ses disciples : "Ne saluez personne en chemin." Il a clairement indiqué que vous ne devez exercer aucune autre autorité ou pouvoir supérieur - pas plus que Dieu le Père.

Jésus a établi l'identité du Père en tant que conscience de l'Homme. "moi et le Père nous sommes un, mais le Père est plus grand que moi." Je suis un avec tout ce que je suis conscient d'être. Je suis plus grand que ce que je suis conscient d'être. Le Créateur est plus grand que sa création.

"Comme Moïse éleva le serpent dans le désert, il faut de même que le Fils de l'Homme soit élevé." Le serpent symbolise l'état de conscience actuel de l'Homme - un ver dans le désert vivant dans la confusion humaine. Tout comme Moïse s'est élevé de son ver dans le désert pour réaliser que sa conscience est Dieu, "JE SUIS m'a envoyé", vous aussi devez être élevés. Le jour où vous revendiquerez ce que Moïse a revendiqué, "JE SUIS le JE SUIS" - ce jour-là, votre revendication fleurira dans le désert.

Leur conscience est celle du maître magicien qui conjure toutes choses en étant ce qu'il veut conjurer. Ce seigneur et maître que vous êtes peut et fait tout ce dont vous êtes conscient pour être visible dans votre monde.

"Nul ne peut venir à moi si le Père qui m'a envoyé ne l'attire bet si moi et le Père sommes un". Ils attirent continuellement vers vous ce que vous êtes convaincu d'être. Changez votre conception de vous-même, de l'esclave, pour celle du Christ. N'ayez pas honte de le revendiquer ; en revendiquant "JE SUIS le Christ", vous ferez le travail du Christ.

"Celui qui croit en moi fera aussi les œuvres que je fais, et il en fera de beaucoup plus grandes, car je m'en vais au Père." "Il possédait depuis toujours la condition divine, mais il n'a pas voulu demeurer de force l'égal de Dieu." Jésus savait que toute personne qui osait accepter d'être le Christ obtiendrait automatiquement la capacité de faire le travail d'accepter le Christ. Jésus savait aussi que cet usage exclusif du principe d'expression ne lui était pas donné à lui seul. Il se référait constamment au Père qui est aux cieux. Il a clairement indiqué que celui qui ose imaginer qu'il est plus grand que ce qu'il (Jésus) s'imaginait être ne ferait pas seulement son travail, mais le surpasserait.

Jésus, en précisant que lui et le Père étaient un mais que le Père était plus grand que lui, a découvert que sa conscience (Père) ne faisait qu'un avec ce qu'il croyait être. Il se voyait comme le père ou une conscience plus grande que ce qu'il était, comme Jésus, convaincu d'être. Vous et la conviction que vous avez de vous ne faites qu'un. Vous êtes et resterez toujours plus grand que la conviction que vous aurez jamais de vous-même.

L'Homme ne parvient pas à faire le travail de Jésus-Christ parce qu'il essaie de le faire à partir de son état de conscience actuel. Vous ne dépasserez jamais vos réalisations actuelles par le renoncement et la lutte. Votre niveau de conscience actuel ne sera dépassé que si vous abandonnez votre état actuel et que vous vous élevez à des états supérieurs.

Vous vous élevez à un état de conscience supérieur en retirant votre attention des restrictions actuelles et en les remplaçant par ce que vous voulez être. Essayez d'y parvenir non pas en rêvant ou en faisant des vœux pieux, mais de manière positive. Supposez que vous êtes ce que vous voulez être. JE SUIS cela ; pas de renoncement, pas de régime, pas de tromperie humaine. Tout ce qui vous est demandé est d'accepter votre désir. Si vous osez l'accepter, vous l'exprimerez.

Méditez sur ceci : "Je me réjouis maintenant dans mes souffrances pour vous." "Ce n'est ni par la puissance, ni par la force, mais par mon esprit." "Demandez et l'on vous donnera" "Venez, mangez et buvez sans argent"

Le travail est terminé. Tout ce qu'il vous faut pour exprimer ces qualités, c'est de supposer – JE le SUIS. Supposez que vous êtes ce que vous voulez être, et vous le serez. L'expression donne l'impression qu'elle ne va jamais de l'avant. La preuve que vous êtes suit l'hypothèse que vous êtes, elle n'avance jamais.

"Laissez tout derrière vous et suivez-moi" est une double invitation à votre attention. Premièrement, il vous invite à laisser tous vos problèmes derrière vous et deuxièmement, il vous invite à continuer à avancer en supposant que vous êtes déjà ce que vous voulez être. Ne soyez pas comme la femme de Lot qui a regardé en arrière et qui est préservée dans le passé mort (Genèse 19). Soyez comme Lot qui ne regarde pas en arrière et gardez le cap sur sa vision de la Terre promise, la Terre demandée.

Faites cela et vous saurez que vous avez trouvé le maître, le maître magicien qui rend l'invisible visible à demande. "JE SUIS CELA".

Chapitre 5 : Et vous, leur dit-il

Qui dites-vous que JE SUIS ?
...Matthieu 16:15

"JE SUIS l'Éternel, c'est là mon nom ;
Et je ne donnerai pas ma gloire à un d'autre."
"JE SUIS l'Éternel, le Dieu de toute chair."

C'est le JE SUIS en vous, le lecteur, cette conscience est l'Éternel, le Dieu de toute chair. JE SUIS celui qui doit venir ; cessez de chercher un autre. Tant que vous croyez en un Dieu extérieur à vous-même, vous renoncerez à votre pouvoir de faire naître les choses, oubliant que vous êtes le Constructeur.

Le pouvoir d'assumer et l'assumé ne font qu'un, mais le pouvoir d'assumer est plus grand que l'assumé. Jésus a découvert cette glorieuse vérité en disant : "Moi et le Père sommes un, mais le Père est plus grand que moi". Le pouvoir d'assumer d'être humain est plus grand que l'hypothèse elle-même. Toutes les hypothèses sont des limites du conceptuel, de l'acceptation.

"Avant qu'Abraham ne fût, JE SUIS." Avant que le monde ne soit, JE SUIS.

La conscience précède toute manifestation, et elle est le support sur lequel repose toute manifestation. Pour supprimer une manifestation, il suffit d'en retirer l'attention. Au lieu de "hors de vue, hors d'esprit", cela signifie en fait "hors de mémoire, hors de vue".

La manifestation ne reste visible que tant que l'accepteur - le JE SUIS - maintient sur elle l'attention qui a donné naissance à cette manifestation. Cela s'applique à toute la création, du petit électron à l'univers infini.

"Arrête, et sache que JE SUIS Dieu." Oui, ce JE SUIS, votre conscience, est Dieu, le seul Dieu. JE SUIS l'Éternel - le Dieu de toute chair - le Dieu de toute manifestation.

Cette présence, votre conscience inconditionnelle, ne connaît ni début ni fin ; les restrictions n'existent que dans les manifestations. Lorsque vous comprendrez que cette conscience est votre véritable vous, vous saurez qu'avant qu'Abraham ne fut, JE SUIS.

Commencez à comprendre pourquoi c'est "J'irai et je ferai". Commencez maintenant à vous identifier à cette présence, à votre conscience, à la seule réalité qui existe. Toutes les manifestations semblent réelles ; vous, en tant qu'être humain, n'avez pas d'autre réalité que celle de votre vrai vous, JE SUIS, croit être vrai.

"Qui dit-on que JE SUIS ?" Ce n'est pas une question qui a été posée il y a deux mille ans. C'est l'éternelle question adressée par l'accepteur à la manifestation. C'est votre vrai vous, votre conscience, qui vous demande - votre croyance actuelle en vous-même - "Qui est votre conscience, selon vous ? C'est une réponse que vous ne pouvez trouver que vous-même, indépendamment de l'influence des autres.

Le JE SUIS (ou le vrai moi) ne s'intéresse pas aux opinions des gens. La seule chose qui l'intéresse est ce dont vous êtes convaincu. Que dit-on du JE SUIS en vous ? Pouvez-vous répondre par "JE SUIS le Christ" ? Votre réponse détermine le rôle que vous jouez dans la vie. Croyez-vous être une personne d'une certaine race, nationalité, etc. Y croyez-vous vraiment ? Si c'est le cas, votre vrai vous apportera ces choses dans votre monde et vous les considérerez comme réelles.

"JE SUIS la porte." "JE SUIS le chemin." "JE SUIS la résurrection et la vie." "Nul Homme (ou manifestation) ne viendra à moi si le Père ne l'attire pas."

Le JE SUIS (votre conscience) est la seule porte par laquelle tout peut entrer dans votre monde. Ne cherchez pas de signes. Les signes suivent, ils ne précèdent jamais. Remplacez la déclaration "Je crois ce que je vois" par "Je vois ce que je crois". Commencez à croire dès maintenant, non pas à une foi chancelante fondée sur des preuves extérieures trompeuses, mais à une foi inébranlable en la loi immuable selon laquelle vous pouvez être tout ce que vous voulez être. Vous verrez que vous n'êtes pas une victime du destin, mais une victime de la foi (votre propre foi).

Ce n'est que par une porte que ce que vous désirez peut entrer dans le monde des manifestations. "JE SUIS la porte". Votre conscience est la porte, vous devez donc prendre conscience d'avoir et d'être ce que vous avez et voulez être. Toute tentative de réaliser votre désir qui ne passe pas par la porte de la conscience est un vol et un vol envers soi-même. Tout ce qui n'est pas ressenti n'est pas naturel. Avant que quelque chose n'apparaisse, Dieu, le JE SUIS, sentira qu'Il est déjà ce qu'Il désire être ; et alors l'accomplissement du souhait ressenti apparaîtra. Il est ressuscité, il est sorti du néant.

JE SUIS riche, pauvre, en bonne santé, malade, libre, tous ces états ont d'abord été ressentis avant de devenir des états visibles. Votre monde est votre conscience objectivée. Ne perdez pas de temps à essayer de changer le monde extérieur ; changez le monde intérieur, ou l'impression ; et le monde extérieur, ou ce qui est exprimé, prend soin de son propre épanouissement. Lorsque cette vérité vous viendra, vous saurez que vous avez trouvé le mot perdu ou la clé de chaque porte. JE SUIS (votre conscience) est le mot magique perdu qui s'est incarné à l'image de vos croyances en vous-même.

Je suis lui. En ce moment, je vous éclipse, vous, le lecteur, mon temple vivant, par ma présence, vous invitant à exprimer quelque chose de nouveau. Votre désir est ma parole. Mes paroles sont spirituelles et elles sont vraies, et elles ne doivent pas me revenir vides, mais doivent être réalisées là où elles ont été envoyées. Il n'y a pas besoin de travailler pour elles. Ce sont des vêtements que je porte, moi, votre moi sans visage et sans forme. Regardez ! Moi, revêtu de votre désir, je me tiens à la porte (de votre conscience) et je frappe. Lorsque vous entendrez ma voix et que vous m'ouvrirez la porte, me reconnaissant comme Sauveur, je viendrai à vous et j'entrerai en communion avec vous, et vous avec moi.

Votre foi est votre destin

La façon dont mes paroles, votre désir, se réalisent ne vous concerne pas. Mes mots connaissent des chemins que vous ne connaissez pas. Ils sont impénétrables. Tout ce que l'on vous demande, c'est de croire. Croyez que vos désirs sont des vêtements portés par votre Sauveur. Votre foi dans le fait que vous êtes maintenant ce que vous voulez être est la preuve que vous acceptez les dons de la vie. Vous avez ouvert la porte au Seigneur, revêtu de votre désir de le réaliser.

"Tout ce que vous demanderez en priant, croyez que vous l'avez reçu, et vous le verrez s'accomplir." "Tout est possible à celui qui croit". Par votre foi, vous rendez l'impossible possible ; et l'impossible (pour les autres) se réalisera dans votre monde.

Chaque homme a la preuve du pouvoir de la foi. La foi qui peut déplacer des montagnes est la foi en soi-même. Aucun homme qui manque de confiance en soi n'a la foi en Dieu. Votre foi en Dieu est déterminée par la foi en vous-même. Le Père et moi sommes un, l'Homme et son Dieu sont un, la conscience et la manifestation sont un.

Et Dieu dit : "Qu'il y ait un firmament au milieu des eaux." Au milieu de tous les doutes et opinions des autres, qu'il y ait une conviction, un firmament de foi, et vous verrez la terre ferme ; votre conviction se manifestera. Récompensé est celui qui va jusqu'au bout. Une croyance n'est pas une croyance si l'on peut en douter. Votre désir est comme un nuage sans pluie si vous ne croyez pas.

Sa conscience inconditionnelle, JE SUIS, est la Vierge Marie, qui n'avait pas de mari, et pourtant, non touchée par un homme, a conçu un fils. Marie, la conscience inconditionnelle, avait un désir, et supposait être déjà ce qu'elle désirait, et il s'est donc manifesté, d'une manière qu'aucun homme ne connaît. Ressemblez-lui ; acceptez d'être déjà ce que vous voulez être, et vous aussi donnerez naissance à votre Rédempteur. Lorsque la proclamation est là, lorsque vous demeurez dans votre acceptation, marchez dans la ferme foi que c'est la Parole de Dieu qui s'exprime à travers vous. Ne parlez à personne de votre acceptation. Gardez ce secret pour vous et louez le Seigneur, louez votre désir en tant que Sauveur qui vient être avec vous.

Si cette croyance est si forte que vous êtes sûr que ce que vous souhaitez se réalisera, elle se réalisera. Personne ne sait comment il arrive. Moi, votre désir, je connais des voies que vous ne connaissez pas ; mes voies sont impénétrables. Votre désir est comme une graine, et les graines portent en elles à la fois le pouvoir et tous les moyens de réalisation. Leur conscience est le sol. Les semences ne sont plantées avec succès que lorsque vous êtes convaincu d'être et d'avoir ce que vous êtes et voulez être - avec la certitude du résultat, sans aucun doute.

Si je monte en conscience jusqu'à ce que mon désir soit complètement naturel, alors j'attirerai automatiquement la manifestation à moi. La conscience est la porte par laquelle la vie se révèle. La conscience s'objective toujours.

Présumer d'être ou d'avoir quelque chose, c'est l'être ou l'avoir. Montez en conscience jusqu'au souhait déjà réalisé et vous verrez comment il s'exprimera automatiquement dans votre monde.

Pour cela, vous devez nier votre identité actuelle. "Si quelqu'un veut venir après moi, qu'il renonce à lui-même" (Marc 8:34). Vous niez une chose en vous en désintéressant. Pour laisser une chose, un problème ou l'ego tomber de la conscience, vous vivez avec Dieu - Dieu qui est le JE SUIS.

Arrêtez, et sachez que JE SUIS Dieu. Croyez, ressentez le JE SUIS ; ce moi qui se connaît, votre conscience, c'est Dieu. Fermez les yeux et sentez vous sans visage et sans forme, sans aucune forme. Attardez-vous dans ce silence comme si c'était la chose la plus facile au monde. Cette attitude sera garante de votre succès.

Lorsque toute pensée de problème ou de vous-même a été abandonnée parce que vous vous êtes maintenant perdu dans le sentiment d'ÊTRE, du JE SUIS, vous commencez à sentir, dans cet état informe, que vous êtes déjà ce que vous voulez être, "JE SUIS le JE SUIS".

Dès l'instant où vous vous êtes convaincu, ce nouvel état de conscience a été décidé et s'exprimera, avec le temps, dans votre monde. Il s'exprimera aussi naturellement que votre état actuel s'est exprimé.

Pour exprimer un état de conscience de façon tout à fait naturelle, il faut l'habiter. Ne faites plus qu'un avec lui. Sentir quelque chose intensément et se reposer ensuite sur la confiance en son accomplissement fera que ce que vous ressentez s'exprimera dans votre monde. "Ouvre mes yeux pour que je contemple les merveilles de ta loi." Je veillerai sur mes sentiments, convaincu qu'ils sont déjà, et je verrai ce qu'on me demande dans mon monde.

"Un homme ne peut recevoir que ce qui lui a été donné du ciel" Rappelez-vous, le ciel est votre conscience ; le royaume des cieux est en vous. C'est pourquoi il vous est interdit d'appeler un autre le Père ; votre conscience est le Père de tout ce que vous êtes. On vous dit encore une fois : "Ne saluez personne en chemin." Ne voyez personne comme votre autorité. Pourquoi demander une autorisation à une personne alors que tout votre monde, jusque dans les moindres détails, trouve son origine en vous ?

Votre monde entier peut être comparé à un espace objectivé qui reflète vos croyances et ce que vous croyez être vrai - reflète, à travers la présence sans forme et sans visage, JE SUIS. Réduisez tout à sa substance originelle, et il ne reste plus que vous, une présence sans dimension, l'Accepteur.

L'accepteur est une loi en soi. Les hypothèses de cette loi ne doivent pas être mesurées par les expériences passées ou les restrictions actuelles, car chaque hypothèse trouvera, de manière impénétrable, son chemin dans le monde.

Rentrez secrètement en vous-même et acceptez la nouvelle hypothèse. Sentez-le, et toutes vos anciennes restrictions s'effaceront aussi facilement que la neige par une chaude journée d'été. Vous ne vous souviendrez même pas des anciennes restrictions ; elles n'ont jamais fait partie du nouvel état de conscience. C'est ce que Jésus entendait par "renaissance" lorsqu'il a dit à Nicodème : "Tu dois naître de nouveau". Cela ne signifie rien d'autre que de passer d'un état de conscience à un autre.

"Tout ce que vous demanderez en mon nom je le ferai." Cela ne veut pas dire qu'il faut demander avec des mots - des millions de personnes ont demandé à Dieu ou à Jésus-Christ avec des mots, et elles n'ont pas obtenu de réponse. Demander en son nom, c'est sentir que vous êtes déjà quelque chose. JE SUIS est la présence sans nom. Sentir que l'on est riche, c'est demander en son nom la prospérité.

JE SUIS est inconditionnel. Elle n'est ni riche ni pauvre, forte ou faible. En d'autres termes : En Lui, il n'y a ni Grecs ni Juifs, esclaves ou libres, hommes ou femmes. Ce sont des idées ou des limites de l'infini, et donc des noms de l'innommable.

Sentir que l'on est déjà quelque chose signifie demander à l'Ennuyeux, JE SUIS, et s'exprimer à travers lui.

"Demandez ce que vous voulez en mon nom en acceptant le sentiment que vous l'avez déjà, et je vous le donnerai".

Chapitre 6 : Je suis lui

C'est pourquoi je vous ai dit que vous mourrez dans vos péchés,
car si vous ne croyez pas ce que je suis,
vous mourrez dans vos péchés
...Jean 8:24

"Il est avant toutes choses, et toutes choses subsistent en lui." C'est une pilule difficile à avaler pour ceux qui croient en une religion orthodoxe, mais c'est écrit. Toutes les choses, bonnes, mauvaises et indifférentes, sont faites par Dieu. "Dieu a fait l'homme (la manifestation) à son image ; selon son bon plaisir, il l'a fait." Pour ajouter à toute la confusion, "Et Dieu vit que cela était bon."

Comment réagissez-vous à cette anomalie apparente ? Comment l'Homme peut-il considérer toutes choses comme bonnes si ce qu'il a appris le nie ? Soit la vision de Dieu de ce qui est bon est erronée, soit quelque chose ne va pas du tout dans les enseignements de l'Homme.

"Toutes choses sont bien pures pour ceux qui sont purs." C'est une autre pièce du puzzle. Toutes les bonnes personnes, les personnes pures, les personnes saintes, sont les plus grands prohibitionnistes. Reliez la citation précédente à celle-ci : "Pour Jésus-Christ, il n'y a pas de condamnation", et vous verrez la barrière insurmontable pour tous les juges autoproclamés de ce monde. De telles déclarations n'ont aucune signification pour les juges bien-pensants qui, dans leur aveuglement, ne changent et ne détruisent rien d'autre que des ombres. Ils poursuivent leur action avec la ferme conviction qu'ils font du monde un endroit meilleur.

L'Homme, ne sachant pas que son monde est sa conscience réifiée, s'efforce en vain de faire justice aux opinions des autres, au lieu de faire justice à la seule opinion réellement existante, à savoir son propre jugement.

Lorsque Jésus a découvert que cette merveilleuse loi d'autodétermination est sa conscience, il a proclamé : "Je me sanctifie moi-même pour eux, afin qu'eux aussi soient sanctifiés par la vérité." Il savait que la conscience était la seule réalité, que le monde extérieur réifié n'était rien d'autre que des états de conscience. Jésus a exhorté ses disciples à chercher d'abord le Royaume des Cieux (l'état de conscience qui remplit ce qui est requis) - et toutes choses leur seraient données. Il a également dit : "JE SUIS la vérité". Il savait que la conscience de l'Homme était la vérité et la cause de tout ce que l'Homme voyait dans son monde.

Jésus a reconnu que le monde a été fait à l'image de l'Homme. Il savait que l'Homme voyait son monde tel qu'il était parce qu'il était ce qu'il était. En bref, la conviction de l'Homme de lui-même détermine la façon dont il voit son monde.

Toutes les choses sont faites par Dieu (conscience) et sans lui, rien de ce qui a été fait n'aurait été fait. La création est bonne, très bonne, parce qu'elle est l'image parfaite de la conscience qui l'a produite. Être conscient d'être une chose et en exprimer ensuite une autre est une violation de la loi de l'être ; ce ne serait pas bon. La loi de l'être n'est jamais violée ; l'Homme exprime toujours ce qu'il a conscience d'être. Qu'elle soit bonne, mauvaise ou indifférente, elle est toujours le reflet parfait de ses propres convictions ; ce qui est bon, très bon.

Toutes les choses sont faites par Dieu. Toutes les choses sont des enfants de Dieu. Dieu est Un. Les choses ou les divisions sont des projections de l'Unique. Dieu, étant Un, doit se commander d'être la manifestation autre - car il n'y a pas d'autre. L'Absolu ne peut contenir en soi rien qui ne soit pas lui-même. Parce que si c'était le cas, ce ne serait pas absolu, ce ne serait pas le seul, l'unique.

Les ordres, pour être efficaces, doivent s'adresser à eux-mêmes. "JE SUIS le JE SUIS" est le seul ordre efficace. "JE SUIS l'Éternel, et il n'y en a point d'autre." Vous ne pouvez pas commander ce qui ne l'est pas. Et comme il n'y en a pas d'autre, vous devez vous ordonner d'être ce que vous voulez être.

Permettez-moi de préciser ce que j'entends par commandement efficace. Vous ne répétez pas "JE SUIS QUI JE SUIS" comme si vous étiez un perroquet ; de telles répétitions vides de sens seraient stupides et inutiles. Ce ne sont pas les mots qui la rendent efficace, c'est la conscience de l'être qui la rend efficace. Quand vous dites "JE SUIS", vous vous dites que vous l'êtes. Le mot "le" dans la déclaration, "JE SUIS le JE SUIS", indique ce que vous seriez. Le deuxième "JE SUIS" de la citation est le cri de victoire.

Tout le drame se déroule à l'intérieur - avec ou sans paroles. Taisez-vous et sachez que vous l'êtes. Le silence que l'on obtient en observant l'observateur. Répétez tranquillement mais en le ressentant "JE SUIS - JE SUIS" jusqu'à ce que vous ayez perdu la conscience du monde extérieur et que vous sachiez simplement que vous l'êtes. La conscience est le Dieu Tout-Puissant ; JE SUIS.

Lorsque cela est fait, définissez-vous comme ce que vous voulez être en ressentant ce que vous ressentiriez si vous l'étiez déjà : JE SUIS le. Le fait de comprendre que vous êtes déjà ce que vous voulez être créera un frisson naturel en vous. Lorsque vous vous serez convaincu et que vous croirez vraiment que vous êtes ce que vous voulez être, le deuxième "JE SUIS" sera prononcé comme un cri de victoire. Cette découverte mystique de Moïse peut être vue comme trois étapes distinctes : JE SUIS ; JE SUIS libre ; JE SUIS réel !

Peu importe votre situation. Toutes choses font place au Seigneur. JE SUIS le Seigneur, venant en apparence de ce que je suis conscient d'être. Toute l'humanité est incapable d'arrêter ou de remettre en question le fait que je suis en train de devenir l'expression de ce dont le JE SUIS conscient, que JE SUIS.

"JE SUIS la lumière du monde", qui prend la forme de mes convictions sur moi-même. La conscience est la lumière infinie, qui ne s'exprime que par le biais des images que vous avez de vous-même. Changez l'image que vous avez de vous-même et vous changez automatiquement le monde dans lequel vous vivez. N'essayez pas de changer les gens ; ce ne sont que des messagers qui vous disent qui vous êtes. Changez-vous, et ils confirmeront ce changement.

Vous comprenez maintenant pourquoi Jésus s'est sanctifié lui-même et non les autres, pourquoi pour la pureté toutes choses sont pures, pourquoi il n'y a pas de condamnation par Jésus-Christ (la conscience éveillée). Réveillez-vous du sommeil de la condamnation et prouvez le principe de la vie. Ne jugez pas seulement les autres, mais aussi vous-même.

Écoutez la proclamation des illuminés : "Je sais, et je suis persuadé par le Seigneur Jésus que rien n'est impur en soit, et qu'une chose n'est impure que pour celui qui la croit impure", et plus loin, "Heureux celui qui ne se condamne pas lui-même dans ce qu'il approuve".

Arrêtez de vous demander si vous êtes digne d'accepter que vous êtes ce que vous voulez être. Le monde ne vous jugera que tant que vous vous jugerez vous-même.

Vous n'avez pas besoin de gagner de l'argent ou de faire de l'exercice. Le travail est terminé. Le principe selon lequel tout a été fait, et sans lequel il n'y a rien qui existe, est un principe éternel. Vous êtes ce principe. Votre conscience est la loi de l'immortalité. Vous n'avez jamais rien exprimé dont vous n'étiez pas conscient, et vous ne le ferez jamais. Supposez que vous êtes déjà ce que vous voulez être. Restez dans cette hypothèse jusqu'à ce qu'elle devienne une manifestation tout à fait naturelle. Ressentez-le et vivez ce sentiment jusqu'à ce qu'il devienne partie intégrante de votre nature.

Voici une formule simple. Détournez votre attention de vos convictions actuelles et dirigez-la vers votre image idéale, l'image idéale que vous pensiez auparavant impossible. Supposez que vous êtes votre idéal, pas quelque chose que vous serez dans le futur, mais quelque chose que vous êtes en ce moment même. Faites-le et votre monde actuel avec toutes ses limites se désintégrera et votre nouvelle acceptation renaîtra comme un phénix des cendres.

Ne soyez pas effrayés ou consternés à cause de l'immense montagne ; car ce n'est pas votre combat, mais le combat de Dieu. Vous ne luttez pas contre vos problèmes ; vos problèmes ne sont maintenus en vie que tant que vous en êtes conscient. Détournez votre attention de vos problèmes et des nombreuses raisons pour lesquelles vous ne pouvez pas atteindre votre idéal. Concentrez votre attention uniquement sur l'état souhaité.

"Laissez tout derrière vous et suivez-moi." Revendiquez votre liberté face à des obstacles apparemment insurmontables. La conscience de la liberté est le père de la liberté. Elle connaît des moyens d'expression qu'aucun homme ne connaît. "Vous n'aurez point à combattre en cette affaire: présentez-vous, tenez-vous là, et vous verrez la délivrance que l'Éternel vous accordera."

"JE SUIS le Seigneur." JE SUIS (votre conscience) est le Seigneur. La conscience qu'elle est terminée, que le travail est terminé, est le Seigneur de toute situation. Écoutez attentivement la promesse : "Vous n'aurez point à combattre en cette affaire: demain, sortez à leur rencontre et l'ETERNEL sera avec vous."

Avec vous ! L'état de conscience auquel vous êtes identifié est le maître de l'accord. Sans aucune aide, il exprimera ce qui a été convenu dans le monde. Pouvez-vous, face à une armée de raisons pour lesquelles une chose ne peut être faite, conclure tacitement un accord avec le Seigneur pour qu'elle soit faite ?

Maintenant que vous savez que le Seigneur est votre conscience, pouvez-vous vous rendre compte que la bataille est gagnée ? Aussi proche et menaçant que l'ennemi puisse paraître, pouvez-vous rester en confiance, rester immobile, en sachant que la victoire est vôtre ? Si vous le pouvez, vous verrez la rédemption du Seigneur.

N'oubliez pas que la récompense est donnée à celui qui persévère. Ne bougez pas. Ayez la conviction profonde que tout va bien, c'est fini. Peu importe ce que vous entendez ou voyez, vous restez immobile, conscient que vous finirez par gagner. Toutes les choses sont faites par cet accord, et sans cet accord, rien n'est fait qui soit fait. "JE SUIS le JE SUIS".

Les révélations disent qu'un nouveau ciel et une nouvelle terre vont apparaître. On a dit à John, à qui cette vision a été révélée, d'écrire :

"C'est fini". Le ciel est votre conscience et la Terre est votre état solidifié. Vous acceptez donc, comme l'a fait John, "C'est fini".

Tout ce qui est exigé de vous, si vous aspirez à un changement, est de vous élever en conscience jusqu'à l'état du souhait déjà réalisé. Sans penser à la façon dont il est exprimé, retenez qu'il est fini en laissant le sentiment du souhait déjà réalisé devenir tout à fait naturel.

Voici une analogie qui peut vous aider à comprendre ce mystère. Supposons que vous arriviez en retard à une projection de film, c'est-à-dire vers la fin. Tout ce que vous avez vu était une fin heureuse. Mais comme vous vouliez voir le film en entier, vous êtes allé à une autre projection. Le héros est présenté comme le coupable et est entouré de faux faits. Alors que tout le public est enthousiaste et appréhensif, vous êtes complètement calme et détendu, sachant que tout ira bien à la fin. Vous savez que quelle que soit la direction apparente de l'histoire, la fin est déjà fixée.

Allez jusqu'au bout de la même manière ; témoignez de la fin heureuse en vous sentant comme si vous étiez déjà ou aviez ce que vous voulez être ou avoir ; ainsi, par votre foi connaissant la fin, vous tirerez confiance de cette connaissance. Cette connaissance que la fin est déjà certaine vous fera passer l'intervalle de temps nécessaire jusqu'à la manifestation. Ne demandez pas d'aide aux humains ; *sentez* que "c'est fini" en supposant être *maintenant* ce que vous, en tant qu'humain, espérez être.

Chapitre 7 : Que votre volonté soit faite

Toutefois, que ce ne soit pas ma volonté mais la tienne qui soit faite
...Luc 22:42

"Que ce ne soit pas ma volonté, mais la tienne qui soit faite." Cette démission n'est pas une prise de conscience aveugle qui dit : "Je ne peux rien faire, le Père en moi fait le travail". Quand l'Homme est prêt, il essaie de faire apparaître dans le temps et l'espace quelque chose qui n'existe pas encore. Trop souvent, nous ne sommes pas conscients de ce que nous faisons réellement. Nous affirmons inconsciemment que nous n'avons pas les moyens d'exprimer quelque chose. Nous reportons notre souhait dans l'espoir d'acquérir les compétences nécessaires à l'avenir. "JE ne SUIS pas, mais je serai".

Comme l'Homme ne comprend pas que sa conscience est le père qui fait le travail, il essaie d'exprimer dans son monde ce qu'il n'est pas conscient d'être. Une telle lutte est vouée à l'échec ; seul le présent s'exprime. Tant que je n'aurai pas conscience d'être déjà ce que je veux être, je ne le trouverai pas.

Dieu (votre conscience) est la substance et la plénitude de toute chose. La volonté de Dieu est la reconnaissance de ce qui est, et non de ce qui sera. Au lieu de "Ta volonté soit faite", voyez plutôt "Ta volonté est faite". C'est déjà le cas.

Le principe selon lequel toutes les choses sont rendues visibles est éternel. "Dieu l'a préparé pour ceux qu'ils aiment – ce que l'oeil n'a pas vu, ce que l'oreille n'a pas entendu, et ce qui n'est pas monté au coeur de l'homme. “

Lorsqu'un sculpteur regarde un morceau de marbre informe, il voit déjà son œuvre achevée, son art, enfoui à l'intérieur. Le sculpteur ne réalise pas son chef-d'œuvre, il le crée seulement à partir du morceau de marbre informe en enlevant les parties qui font obstacle à son travail. Il en va de même pour vous. Dans votre conscience informe se trouve enfoui tout ce que vous pourrez jamais prétendre sur vous-même. Reconnaître cette vérité vous transformera d'un travailleur non qualifié essayant de le faire de cette façon à un grand artiste reconnaissant qu'il en est déjà ainsi.

Votre supposition que vous êtes maintenant ce que vous voulez être lèvera le voile des ténèbres humaines et révélera parfaitement votre supposition ; c'est ce que JE SUIS. La volonté de Dieu a été exprimée par les mots de la veuve : "C'est bon". La volonté humaine serait : "Ce sera bon". Déclarer "Je vais me rétablir", c'est dire "Je suis malade".

Dieu, l'éternel maintenant, ne peut être raillé par des mots ou des répétitions vides de sens. Dieu personnifie constamment ce qui est. La démission de Jésus (qui s'est fait l'égal de Dieu) a été un détournement du manque ("Je serai") vers la reconnaissance de la provision par l'acceptation du "JE SUIS ceci ; c'est déjà ainsi ; merci, Père".

Vous reconnaîtrez maintenant la sagesse dans les paroles du prophète lorsqu'il proclame : "Que le faible dise : JE SUIS fort", Joël 3:10. Dans son aveuglement, l'Homme ne tient pas compte du conseil du prophète ; il continue à supposer qu'il est faible, pauvre, misérable, et toutes les autres conditions indésirables - dont il essaie de se libérer par ignorance, en supposant qu'il sera libéré de ces choses à l'avenir. De telles pensées contredisent la seule loi qui puisse rendre l'Homme libre.

Il n'y a qu'une seule porte par laquelle ce que vous souhaitez peut entrer dans votre monde. "JE SUIS la porte." Quand vous dites "JE SUIS", vous réalisez que vous êtes - à la première personne du singulier, présent ; il n'y a pas de futur. Sachez que JE SUIS est la conscience. La conscience est la seule porte. Tant que vous ne serez pas conscient d'être ce que vous voulez être, vous attendrez en vain.

Si vous en jugez par les apparences extérieures, vous continuerez à être asservi par la preuve de vos sens. Pour rompre ce charme hypnotique des sens, on vous dit : "Entrez et fermez la porte". La porte des sens doit être fermée avant que votre nouvelle hypothèse ne soit entendue. Fermer la porte des sens n'est pas aussi difficile qu'il y paraît à première vue. Cela se fait sans aucun effort de volonté.

Il est impossible de servir deux maîtres en même temps. Le maître que l'Homme sert est ce qu'il est conscient d'être. Je suis le seigneur et le maître de ce dont je suis conscient. Il ne me faut aucun effort de volonté pour provoquer la pauvreté lorsque je suis dans l'état de conscience de la pauvreté. Mon serviteur (la pauvreté) est obligé de me suivre (la conscience de la pauvreté) tant que mon JE SUIS (le Seigneur) est conscient d'être pauvre.

Au lieu de combattre les preuves que vos sens vous présentent, supposez que vous êtes ce que vous voulez être. Lorsque votre attention est concentrée sur cette hypothèse, les portes des sens se ferment automatiquement, excluant vos anciens maîtres (ceux dont vous saviez qu'ils étaient). Alors que vous vous perdez dans le sentiment d'un souhait déjà réalisé, les portes des sens s'ouvrent à nouveau, révélant votre monde comme l'image parfaite de ce que vous êtes conscient d'être.

Suivons l'exemple de Jésus qui a réalisé que, en tant qu'être humain, il ne pouvait rien faire pour changer son image actuelle du manque. Il a fermé la porte de ses sens et a laissé son problème derrière lui. Il est allé voir le Père, le seul à qui tout est possible. Niant l'évidence de ses sens, il a supposé être tout ce que ses sens lui avaient dit un instant auparavant qu'il ne l'était pas.

Sachant que la conscience s'exprime comme une image parfaite dans le monde, il est resté dans la nouvelle acceptation jusqu'à ce que les portes (ses sens) s'ouvrent et confirment le règne du Seigneur. Souvenez-vous, JE SUIS le Seigneur par-dessus tout. N'utilisez plus jamais la volonté de la personne qui assume : "Je serai". Résignez-vous, comme l'a fait Jésus, et acceptez : "JE SUIS cela".

Chapitre 8 : Pas d'autre Dieu

Je suis le premier et je suis le dernier,
et hors de moi, il n'y a point de Dieu
...Esaïe 44.6

Je suis l'Éternel, ton Dieu,
qui t'ai fait sortir du pays d'Égypte
de la maison de servitude.
Tu n'auras point d'autres dieux devant ma face.
...Deutéronome 5:6,7

"Tu n'auras point d'autres dieux devant ma face." Tant que l'Homme maintient sa foi en un dieu extérieur à lui-même, il se prive de sa véritable identité. Toute croyance en des pouvoirs au-delà de soi, bons ou mauvais, prendra forme dans l'image sculptée de l'idolâtré.

La croyance dans le potentiel des pilules à guérir, à nourrir, à renforcer, à sécuriser l'argent, sont ces changeurs de donne qui doivent être démunis pour que les qualités tant désirées puissent ensuite se manifester infailliblement. Cette compréhension fait fuir les changeurs de donne du temple. "Vous êtes le temple du Dieu vivant" "Quel rapport y a-t-il entre le temple de Dieu et les idoles ? Car nous sommes le temple du Dieu vivant ; comme Dieu l'a dit, j'habiterai et je marcherai au milieu d'eux ; je serai leur Dieu et ils seront mon peuple" ; Un temple fait sans main. Il est écrit : "Ma maison sera appelée une maison de prière, mais vous, vous en faites une caverne de voleurs".

Les voleurs qui vous volent sont vos propres et fausses croyances. C'est votre croyance dans une cause qui vous aide, et non la cause elle-même. Il n'y a qu'un seul pouvoir : JE SUIS lui. Parce que vous croyez aux choses extérieures, vous transférez le seul pouvoir, le vôtre, dans ces choses extérieures. Comprenez que vous êtes vous-même le pouvoir que vous avez donné par inadvertance à des circonstances extérieures.

La Bible compare l'homme autoritaire au chameau, qui ne pouvait pas passer par le chas de l'aiguille. Le chas de l'aiguille était une petite porte dans le mur de Jérusalem qui était si étroite qu'un chameau n'aurait pas pu la franchir sans se séparer du troupeau. L'homme riche, celui qui est accablé de fausses idées humaines, ne peut entrer dans le royaume des cieux que s'il se libère de ses fardeaux - tout comme le chameau ne peut pas passer par la porte étroite.

L'Homme se sent tellement en sécurité dans ses lois, ses opinions et ses croyances qu'il leur attribue une autorité qu'ils ne possèdent pas. Il ignore totalement que tous les phénomènes extérieurs ne sont que des états de conscience exprimés. Il faut qu'il se rende compte qu'un état (santé, prospérité), en tant qu'état de conscience assumé, serait réalisé dans le monde par lui-même - sans l'aide des autres ou d'autres aides, mais par la seule véritable aide - la conscience.

"Le Seigneur est dans ce temple saint." La conscience réside là où elle a conscience d'être. JE SUIS le Seigneur et l'Homme, son temple. Sachant que la conscience se réifie, l'Homme doit pardonner à tous les gens pour ce qu'ils sont.

Il doit comprendre que chacun exprime (sans l'aide des autres) ce qu'il est conscient d'être. Pierre, l'homme éclairé ou discipliné, savait qu'un changement de conscience signifiait un changement dans le monde. Au lieu de sympathiser avec les mendiants de la vie à la porte du temple, il a proclamé : "Je n'ai ni argent ni or, mais ce que j'ai (la conscience de la liberté), je te le donne."

"Ranimez le don qui est en vous." Arrêtez de mendier et prétendez être ce que vous choisissez d'être. Faites cela et vous passerez vous aussi d'un monde paralysé à un monde de liberté, en louant le Seigneur JE SUIS. "Celui qui est en vous est plus grand que celui qui est dans le monde." C'est le cri de quiconque se rend compte que sa conscience est Dieu. Votre reconnaissance de ce fait entraînera automatiquement une purification du temple, de votre conscience, une purification des voleurs et des brigands. Cette domination sur les choses sera rétablie en vous. Cette domination que vous avez perdue au moment où vous avez oublié l'injonction : "Tu n'auras pas d'autres dieux que MOI".

Chapitre 9 : La première pierre

Selon la grâce de Dieu, qui a été donnée, j'ai posé le fondement comme un sage architecte, et un autre bâtit dessus. Mais que chacun prenne garde à la manière dont il bâtit dessus. Car personne ne peut poser un autre fondement que celui qui a été posé, savoir Jésus-Christ. Or, si quelqu'un bâtit sur ce fondement avec de l'or, de l'argent, des pierres précieuses, du bois, du foin, du chaume, l'œuvre de chacun sera manifestée, car le jour la fera connaître.
Corinthiens 3:10,11,12,13

La pierre angulaire de toute expression est la conscience. L'Homme ne peut trouver d'autre cause de manifestation que celle de sa propre conscience. L'Homme croit avoir trouvé la cause de la maladie dans les microbes, la cause de la guerre dans les conflits politiques, idéologiques et l'avidité. Toutes ces découvertes de l'Homme qu'il croit sages sont une folie aux yeux de Dieu. Il n'y a qu'un seul pouvoir, et ce pouvoir est Dieu (votre conscience.) Il tue ; il apporte la vie ; il blesse ; il guérit ; il fait toutes choses, bonnes, mauvaises ou neutres.

L'Homme évolue dans un monde qui n'est autre que sa conscience réifiée. Ne le sachant pas, il lutte contre ses propres reflets tout en gardant vivantes les lumières et les images qui créent ces reflets. "JE SUIS la lumière du monde." JE SUIS (votre conscience) est la lumière. Ce que je suis conscient d'être (mes convictions sur moi-même) - comme "je suis riche", "je suis en bonne santé", "je suis libre" - sont ces images. Le monde est un miroir, magnifiant ce dont je suis conscient.

N'essayez pas de changer le monde, car il n'est qu'un miroir. La tentative de l'Homme de changer le monde par la force est aussi inutile que de détruire un miroir dans l'espoir qu'il change de visage. Laissez le miroir tranquille et changez de visage. Laissez le monde tranquille et changez vos convictions sur vous-même. La réflexion qui en résultera sera satisfaisante.

La liberté ou la captivité, le contentement ou la frustration ne diffèrent que par la conscience. Si vous suivez ces instructions, quel que soient votre problème, sa durée ou son ampleur, même les souvenirs de ce problème disparaîtront complètement en très peu de temps. Demandez-vous : "Comment me sentirais-je si j'étais libre ? Au moment où vous poserez cette question, la réponse vous viendra.

Personne ne peut expliquer à une autre personne la satisfaction d'un souhait réalisé. Chacun doit faire cette expérience lui-même - celle du sentiment de joie de ce changement automatique de conscience. Le sentiment que l'on reçoit lorsque l''on est interrogé est le père, l'état de conscience, la fondation sur laquelle le changement de conscience est construit. Personne ne sait comment ce sentiment s'exprime dans votre monde, mais il s'exprimera. Le Père (votre conscience) connaît des voies que personne ne connaît ; c'est la loi immuable.

Toutes les choses s'expriment selon leur nature. En portant un sentiment, il devient votre nature. Cela peut prendre un instant ou un an - cela dépend entièrement de votre degré de conviction. Lorsque les doutes disparaissent et que vous ressentez vraiment ; "JE SUIS ceci", vous commencez à déployer les fruits ou la nature de votre désir. Lorsque quelqu'un achète un nouveau chapeau ou une nouvelle paire de chaussures, il croit que tout le monde sait que qu'ils sont nouveaux. Au début, cela semble contre nature jusqu'à ce qu'il s'habitue. Il en va de même pour le port d'un nouvel état de conscience.

Si vous vous posez la question "Comment je me sentirais si mon souhait était déjà réalisé maintenant ?", une réponse apparaîtra automatiquement en vous - ce qui est dérangeant au début jusqu'à ce que cela semble naturel avec le temps et l'usage. Cette période d'adaptation est comparable au port d'un nouveau vêtement. Ne sachant pas que la conscience se déploie toujours - de l'intérieur de vous-même - sous la forme de circonstances de vie dans votre monde, regardez vos problèmes, comme l'a fait la femme de Lot, et laissez-vous hypnotiser par leur apparente naturalité.

Notez les paroles de Jésus (Sauveur) : "Laissez tout derrière vous et suivez-moi." "Laissez les morts enterrer les morts." Votre problème peut vous avoir tellement hypnotisé par son apparente naturalité et sa réalité qu'il vous est difficile de porter le nouveau sentiment ou la nouvelle conscience du Sauveur. Vous devez accepter le vêtement si vous voulez des résultats. La pierre (votre conscience) que les constructeurs ont refusé (ne veulent pas la porter) est la principale pierre de fondation - la seule sur laquelle l'Homme peut compter.

Chapitre 10 : Celui qui a

Prenez donc garde à la manière dont vous écoutez,
car on donnera à celui qui a, mais à celui qui n'a pas, on ôtera même ce qu'il croit avoir.
...Luc 8:18

La Bible, le plus grand livre psychologique jamais écrit, prévient l'Homme d'écouter attentivement, et ajoute à cet avertissement : "on donnera à celui qui a, mais à celui qui n'a pas, on ôtera même ce qu'il croit avoir". Bien que beaucoup considèrent cette déclaration comme l'une des plus cruelles et injustes attribuées à Jésus, elle reste une loi juste et miséricordieuse basée sur le principe immuable de la vie.

L'ignorance de l'Homme sur le fonctionnement de cette loi ne l'excuse pas - ni ne le sauve de son résultat. La loi est impersonnelle et ne porte donc pas de jugement. L'Homme est exhorté à être sélectif dans ce qu'il entend et l'accepte comme vrai. Tout ce que l'Homme entend laisse une impression dans sa conscience, et doit se définir au fil du temps comme une preuve ou une réfutation.

L'écoute attentive est le moyen idéal pour enregistrer des impressions. Il doit se discipliner pour n'entendre que ce qu'il veut entendre, en toute indépendance des rumeurs ou des preuves des sens qui disent le contraire. Grâce à une écoute attentive et appliquée, il ne répondra qu'aux impressions qu'il aura choisi d'entendre. La loi n'échoue jamais. Par la pratique, l'Homme devient incapable d'entendre autre chose que ce qui correspond à son désir.

Comme vous l'avez appris, Dieu est votre conscience inconditionnelle qui vous donne tout ce dont vous êtes conscient d'être. Être conscient d'être ou d'avoir quelque chose, c'est être ou avoir quelque chose. Tout repose sur ce principe immuable. Il est impossible d'être autre chose que ce que l'on est conscient d'être.

"A celui qui a (ce qu'il sait être) il sera donné." Bon, mauvais ou indifférent - peu importe - l'Homme reçoit cent fois plus que ce qu'il est conscient d'être. Conformément à cette loi immuable, "on donnera à celui qui a, mais à celui qui n'a pas, on ôtera même ce qu'il croit avoir". Les riches s'enrichissent et les pauvres s'appauvrissent. Vous ne pouvez qu'augmenter les choses dont vous êtes conscient.

Toutes les choses sont attirées par cet état de conscience avec lequel elles s'harmonisent. Ainsi, toutes les choses sont arrachées à un état de conscience avec lequel elles ne s'harmonisent pas. Si tout l'argent du monde était divisé en parts égales entre chaque personne, la répartition serait la même qu'aujourd'hui après seulement un court laps de temps. La prospérité se retrouve dans les portefeuilles de ceux à qui elle a été enlevée.

Au lieu de chanter avec ceux qui n'ont rien et d'insister pour détruire ceux qui ont, vous reconnaissez cette loi d'expression immuable. Définissez-vous consciemment comme ce que vous voulez être.

Une fois définie et l'affirmation consciente consolidée, vous restez dans cette confiance jusqu'à ce que la récompense soit reçue. Aussi sûrement que le jour suit la nuit, chaque attribut qui est consciemment affirmé se manifestera. Ainsi, ce qui est une loi cruelle et injuste pour le monde orthodoxe endormi est l'une des déclarations de vérité les plus miséricordieuses et les plus justes pour les éclairés.

"Je ne suis pas venu pour abolir, mais pour accomplir." Rien n'est détruit. Toute destruction apparente est le résultat d'un changement de conscience. La conscience exprime toujours parfaitement l'état dans lequel elle réside. L'état dont la conscience se détache semble destructeur pour ceux qui ne connaissent pas la loi. Cependant, il ne fait que préparer le nouvel état de conscience.

Prétendez être ce par quoi vous voulez être comblé. "Rien n'est détruit. Tout est accompli". "A celui qui a, il sera donné."

Chapitre 11 : Noël

Voir : Voici, la vierge sera enceinte, elle enfantera un fils, et on lui donnera le nom d'Emmanuel, qui signifie traduit : Dieu avec nous
...Matthieu 1:23

L'une des déclarations les plus controversées du Nouveau Testament concerne la conception et la naissance de Jésus, une conception dans laquelle aucun homme n'a été impliqué. On dit qu'une vierge a conçu un fils sans l'aide d'un homme - une naissance secrète et sans effort. C'est le fondement sur lequel repose le christianisme.

Le monde chrétien est appelé à croire à cette histoire, car la foi dans l'incroyable est nécessaire pour reconnaître sa propre magnificence.

D'un point de vue scientifique, l'Homme peut rejeter la Bible et la qualifier de fausse parce qu'il ne peut pas croire qu'une naissance vierge est physiologiquement possible - mais la Bible est un message de l'âme et doit être interprétée psychologiquement pour découvrir le vrai symbolisme. L'Homme doit voir cette histoire comme un drame psychologique, et non un fait physique. Ce faisant, il réalisera que la Bible est fondée sur une loi qui, lorsqu'elle est appliquée par elle-même, donne une expression manifeste aux choses qui dépassent ses rêves les plus fous. Pour appliquer cette loi d'expression, l'Homme doit être discipliné dans la croyance que "pour Dieu, tout est possible".

Les événements marquants et dramatiques du Nouveau Testament, tels que la naissance, la mort et la résurrection de Jésus, ont été établis et datés pour coïncider avec certains phénomènes astronomiques. Les mystiques qui ont enregistré ces événements ont constaté qu'à certaines périodes de l'année, les changements dans le monde coïncidaient avec les changements astronomiques.

En écrivant le drame psychologique, ils ont personnifié l'histoire de l'âme comme la biographie de l'Homme. En utilisant ce changement cosmique, ils ont clairement montré que la naissance et la résurrection de Jésus entraînent les mêmes changements bénéfiques qui se produisent psychologiquement dans la conscience de l'Homme lorsqu'il obéit à la loi.

Même pour ceux qui ne le comprennent pas, l'histoire de Noël est l'une des plus belles histoires qu'ils connaissent. Si cette histoire est lue à la lumière du symbolisme mystique, elle révèle la véritable naissance de chaque manifestation dans ce monde.

On dit que la naissance vierge a eu lieu le 25 décembre ou, pour certains, la veille de Noël, le 24. Les mystiques ont choisi cette date comme celle de la naissance de Jésus parce qu'elle était en harmonie avec les grands bienfaits terrestres que ce changement astronomique apporte.

Les observations astronomiques qui ont conduit les auteurs de ce drame à utiliser cette date ont été faites dans l'hémisphère nord. D'un point de vue astronomique, le contraire aurait donc été le cas s'ils avaient été observés à partir de la latitude sud. Comme cette histoire a été enregistrée dans le nord, elle est basée sur une observation nordique.

L'Homme a découvert très tôt que le soleil joue un rôle important dans sa vie et que la vie physique telle qu'il la connaît ne serait pas possible sans le soleil. Ainsi, ces importantes terminaisons dans la vie de Jésus sont basées sur la position du Soleil vu depuis les latitudes nord.

Après que le soleil a atteint son point culminant en juin, il descend progressivement vers le sud, emportant avec lui la vie du monde végétal, si bien qu'en décembre, la nature s'immobilise presque entièrement. Si le soleil continuait à descendre vers le sud, la nature mourrait complètement. Cependant, le 25 décembre, le soleil commence à se déplacer à nouveau vers le nord, apportant avec lui la promesse du salut et du renouveau pour le monde. Chaque jour qui passe, le soleil se lève de plus en plus haut dans le ciel, renforçant la confiance de l'Homme dans le fait qu'il sera sauvé de la mort par le froid et la faim - car il sait que lorsque le soleil se déplacera vers le nord, en traversant l'équateur, la nature refleurira - sortant de sa longue hibernation.

Notre jour se mesure de minuit à minuit, et comme le jour visible commence à l'est et se termine à l'ouest, les anciens disaient que le jour naissait de la constellation qui occupait l'horizon oriental à minuit. La veille de Noël, à minuit le 24 décembre, la constellation de la Vierge s'élève à l'horizon oriental.

On dit que ce Fils et Sauveur du monde est né par une vierge. On dit aussi que cette vierge mère errait dans la nuit et s'arrêtait dans une auberge où on lui donnait la seule place disponible - et là, dans une étable où les animaux étaient nourris, les bergers trouvaient le Saint Enfant.

Les animaux avec lesquels la Sainte Vierge était hébergée sont les animaux sacrés du zodiaque. Au milieu du cercle sans cesse renouvelé des animaux astronomiques, la Sainte Mère, la Vierge, se tient debout, et nous la voyons à minuit le 24 décembre, debout à l'horizon oriental, tandis que le Soleil, le Sauveur du monde, commence son voyage vers le nord.

D'un point de vue psychologique, cette naissance a lieu dans l'être humain - le jour où il réalise que sa conscience est ce soleil, ce sauveur de son monde. Lorsqu'il réalisera l'importance de l'affirmation mystique "Je suis la lumière du monde", il comprendra que son JE SUIS, sa conscience, est le soleil de sa vie, ce soleil qui diffuse des images sur l'écran du monde. Ces images sont l'image de ce que l'Homme est conscient d'être. Les qualités et les attributs qui apparaissent sur l'écran de son monde sont en réalité des projections de la lumière en lui-même.

Les nombreux espoirs et ambitions insatisfaits de l'Homme sont des graines enfouies dans la conscience, ou dans le ventre de la vierge. Ils s'y attardent, comme les graines de la terre, retenues dans les déchets gelés de l'hiver, en attendant que le soleil se déplace vers le nord - ou que l'Homme retrouve la connaissance de son identité. En retrouvant cette connaissance, il se dirige vers le nord, vers la connaissance de son vrai moi, affirmant "JE SUIS la lumière du monde". Lorsque l'Homme découvrira sa conscience ou que JE SUIS comme Dieu, le Sauveur de son monde, il sera comme le soleil à son point le plus septentrional. Tous ses besoins et ambitions enfouis seront alors réchauffés et inspirés à la naissance par cette connaissance de son vrai moi. Il prétendra être ce qu'il avait espéré être jusqu'à présent.

Sans l'aide de chaque être humain, il se définira comme ce qu'il veut exprimer. Il va découvrir que son JE SUIS est la vierge réceptrice qui n'a pas eu besoin de l'aide d'un homme. Il se rendra compte que tous ses idéaux, lorsqu'ils seront ressentis et fixés dans la conscience, trouveront leur expression dans son monde aussi facilement que sa réalité actuelle.

Un jour, l'Homme réalisera que tout ce drame se déroule dans sa conscience, que sa conscience inconditionnelle, son JE SUIS, est la Vierge Marie, qui désire s'exprimer. Il réalisera qu'à travers cette loi de l'expression de soi, il se définira comme ce qu'il veut être, et que sans l'aide de personne d'autre, il exprimera dans son monde ce qu'il prétendait consciemment être auparavant.

Il comprendra alors pourquoi Noël a une date fixe et Pâques une date tournante ; pourquoi tout le christianisme repose sur la conception vierge ; que sa conscience est le ventre vierge du Seigneur, qui reçoit des impressions comme un acte de grossesse par lui-même, puis, sans aucune aide, apporte ces impressions dans son monde comme expression.

Chapitre 12 : Crucifixion et résurrection

JE SUIS la résurrection et la vie ;
celui qui croit en moi vivra,
quand même il serait mort.
...Jean 11:25

Les mystères de la crucifixion et de la résurrection sont tellement imbriqués que, pour être compris, ils doivent être expliqués ensemble, car l'un détermine l'autre. Ce mystère est symbolisé sur terre par le Vendredi Saint et Pâques. Vous avez certainement remarqué que les anniversaires de ces deux événements ne sont pas soumis à une date fixe, comme c'est généralement le cas pour les jours de naissance et de décès. Ici, les jours varient d'une année à l'autre dans une période possible allant du 22 mars au 25 avril.

Le jour de la résurrection est déterminé de la manière suivante. Le premier dimanche après la pleine lune du Bélier est célébré Pâques. Le bélier commence le 21 mars et se termine environ le 19 avril. L'entrée du soleil dans le bélier détermine le début du printemps. La lune, lors de son passage mensuel autour de la terre, est en contraste avec le soleil pendant la période du 21 mars et du 25 avril - ce contraste est appelé la Pleine Lune. Le premier dimanche suivant ce phénomène est célébré comme Pâques ; le vendredi précédent est le Vendredi Saint.

Cette date variable mériterait que toute personne attentive s'assoie et cherche une autre interprétation que celle généralement connue. Ces jours ne représentent pas les anniversaires de la mort et de la résurrection d'un homme qui a vécu sur terre.

Vu de la terre, le soleil atteint son point le plus septentrional au printemps pour franchir la ligne imaginaire que l'Homme appelle l'équateur. Les mystiques disent que l'Homme est croisé ou crucifié pour qu'il puisse vivre. Il est significatif que peu après ce passage du soleil et de l'équateur, toute la nature commence à s'épanouir et à sortir de sa longue hibernation. On peut donc supposer que le tumulte de la nature à cette époque de l'année est dû à ce croisement. On pense donc que le soleil doit verser son sang sur le chemin.

Si ces jours signifiaient la mort et la résurrection d'un être humain, ils seraient fixes, c'est-à-dire qu'ils tomberaient le même jour chaque année - comme tous les autres événements historiques. Mais il est évident que ce n'est pas le cas. Ces jours ne représentent pas l'anniversaire de la mort et de la résurrection de Jésus, l'être humain. Les écritures sont des drames psychologiques et ne révèlent leur sens que lorsqu'elles sont interprétées psychologiquement.

Ces jours doivent coïncider avec les changements cosmiques de cette saison, la mort de l'ancienne année et le début, ou la résurrection, de la nouvelle année ou du printemps. Ces jours symbolisent la mort et la résurrection du Seigneur ; mais ce Seigneur n'est pas un être humain, c'est votre conscience. On dit qu'il a donné sa vie pour que vous puissiez vivre, JE SUIS vient pour que vous ayez la vie, et que vous l'ayez en abondance. La conscience se tue en se libérant d'un état afin de pouvoir assumer l'état qu'elle désire.

Le printemps est la période de l'année où des millions de graines, enfouies dans le sol pendant tout l'hiver, deviennent soudainement visibles pour que l'Homme puisse vivre. Parce que ce drame mystique de la crucifixion et de la résurrection ressemble à ce changement annuel de nature, il est célébré au moment du printemps, mais en réalité il se produit à tout instant, à tout moment. Le Crucifié est votre conscience. La croix est la conception que vous avez de vous-même. La résurrection est la mise en évidence de cette idée de soi.

Loin d'être un jour de deuil, le Vendredi Saint devrait être un jour de réjouissance - car sans une crucifixion ou une représentation préalable, il ne peut y avoir de résurrection et d'expression dans le monde. Ce qui est à ressusciter est ce que vous souhaitez être ou avoir. Pour cela, vous devez sentir que vous êtes déjà ce que vous voulez être. Vous devez ressentir "JE SUIS la résurrection et la vie du désir". JE SUIS (votre conscience) est la puissance qui ressuscite et donne vie à vos désirs.

"Si deux d'entre vous s'accordent sur la terre pour demander une chose quelconque, elle leur sera accordée par mon Père qui est dans cieux." Les deux choses qui vont s'unir sont vous (votre conscience désireuse) et le désir. Lorsque cet accord est conclu, la crucifixion est terminée ; deux personnes se sont croisées ou crucifiées. JE SUIS et CELA - la conscience, et ce que vous êtes conscient d'être - se sont unis et sont Un ; JE SUIS maintenant fixé et cloué à la croyance que JE SUIS la Fusion.

Jésus ou JE SUIS est cloué sur cette croix. Le clou qui vous attache à la croix est le clou du sentiment. L'union mystique est maintenant complète et le résultat sera la naissance d'un enfant, ou la résurrection d'un fils, témoignant de son Père. La conscience est unie à ce qu'elle est consciente d'être. Le monde de l'expression est l'enfant qui confirme cette union. Le jour où vous cessez d'être conscient d'être ce que vous êtes actuellement conscient d'être est le jour où votre enfant ou votre expression mourra et retournera au sein de son père, la conscience sans visage et sans forme.

Toutes les expressions du monde sont le résultat de ces associations mystiques. Les prêtres ont donc raison lorsqu'ils disent que les vrais mariages ont lieu au ciel et qu'on ne peut divorcer qu'au ciel. Mais je tiens à préciser ici que le ciel n'est pas un lieu localement identifiable ; c'est un état de conscience.

Le Royaume des Cieux est en vous. Au ciel (conscience), Dieu est touché par ce qu'il est conscient d'être. "Quelqu'un m'a touché, car je n'ai connu qu'une vertu".

Au moment de toucher (sentir) surgit un descendant ou une sortie dans la visibilité. Le jour où l'Homme se sent "JE SUIS libre", "JE SUIS prospère", "JE SUIS fort", Dieu est touché ou crucifié par ces qualités ou vertus.

Le résultat de ce toucher ou de cette crucifixion devient visible dans la naissance ou la résurrection de ces qualités ressenties - car l'Homme reçoit toujours une confirmation visible de ce dont il est conscient. Vous savez maintenant pourquoi l'Homme, la manifestation, est toujours fait à l'image de Dieu. Votre conscience imagine tout ce que vous êtes conscient d'être et l'exprime dans le monde.

"JE SUIS le Seigneur et il n'y a pas de Dieu devant ma face." "JE SUIS la résurrection et la vie. Vous vous fixez sur la croyance que vous êtes déjà ce que vous voulez être. Avant d'obtenir des preuves extérieures de ce que vous êtes maintenant, vous saurez déjà que vous êtes, par conviction profonde, ce que vous vous êtes senti fixé en vous ; et ainsi, sans attendre une confirmation de vos sens, vous crierez : "Je suis prêt".

Alors, par la foi née de la connaissance de cette loi immuable, vous serez comme un mort et un enterré ; vous serez immobile et immobile dans votre conviction et votre confiance que vous ressusciterez ces qualités que vous avez fixées et ressenties en vous.

Chapitre 13 : L'expression du JE SUIS

Et de même que nous avons porté l'image du terrestre,
nous porterons aussi l'image du céleste.
...Corinthiens 15:49

Votre conscience ou JE SUIS est le potentiel illimité à travers lequel les impressions sont faites. Les impressions sont des états définis qui sont imprimés sur votre JE SUIS.

Votre conscience ou votre JE SUIS peut être comparée à un film sensible. À l'état vierge, il est potentiellement illimité. Vous pouvez imprimer ou enregistrer un message d'amour ou un hymne de haine, une merveilleuse symphonie ou du jazz dissonant. Peu importe la nature de l'impression ; votre JE SUIS exprimera toutes les impressions de son plein gré et sans râler.

Esaïe 53:3-7 fait référence à votre conscience.

"Méprisé et délaissé par les hommes, homme de douleur, habitué à la souffrance, il était pareil à celui face auquel on détourne la tête : nous l'avons méprisé, nous n'avons fait aucun cas de lui".

"Pourtant, ce sont nos souffrances qu'il a portées, c'est de nos douleurs qu'il s'est chargé. Et nous, nous l'avons considéré comme puni, frappé par Dieu et humilié".

"Mais lui, il était blessé à cause de nos transgressions, brisé à cause de nos fautes : la punition qui nous donne la paix est tombé sur lui, et c'est par ses blessures que nous sommes guéris."

"Nous étions tous comme des brebis égarées, chacun suivait sa propre voie, et l'Éternel a fait retomber sur lui nos fautes à tous."

"Il a été maltraité, il s'est humilié et n'a pas ouvert la bouche. Pareil à un agneau qu'on mène à l'abattoir, à une brebis muette devant ceux qui la tondent, il n'a pas ouvert la bouche."

Votre conscience inconditionnelle est impersonnelle ; elle n'a aucune valeur. Sans aucune réflexion ni effort, elle exprime automatiquement toutes les impressions qu'elle reçoit. Elle ne contredit aucune impression qui lui a été donnée ; bien qu'elle soit capable de maintenir et d'exprimer tous les états définis, elle reste à jamais un potentiel sans faille et illimité.

Votre JE SUIS est le fondement sur lequel repose l'état défini de vous-même ; mais il ne peut être défini par ces états, ni n'en dépend. Votre JE SUIS ne s'étend pas et ne se contracte pas ; rien ne change ni ne s'ajoute. Avant que chaque état ne soit défini, il EST. Lorsque tous les états disparaissent, c'est le cas. Tous les états ou notions définis de vous ne sont que des expressions éphémères de votre être infini.

Une impression signifie qu'il faut imprimer quelque chose sur le JE SUIS. Toutes les expressions sont le résultat d'une impression. Ce n'est qu'en prétendant être ce que vous voulez être que vous exprimerez ces choses. Que tous les désirs soient des impressions de qualité qui sont, et non qui seront. JE SUIS (votre conscience) est Dieu et Dieu est la plénitude de tout, l'infini MAINTENANT, JE SUIS.

Ne pensez pas à demain ; les expressions de demain sont déterminées par les impressions d'aujourd'hui.

"Voici le temps tant attendu." "Le royaume des cieux est à portée de main." Jésus (Sauveur) a dit : "Je suis avec vous pour toujours." Votre conscience est le Sauveur, qui est toujours avec vous, mais si vous le rejetez, il vous rejettera aussi. Vous le rejetez en prétendant qu'il va apparaître, tout comme des millions de personnes aujourd'hui prétendent que le Sauveur va venir ; cela équivaut à dire : "Nous ne nous sommes pas rachetés." Vous devez cesser d'attendre que votre Sauveur apparaisse et commencer à prétendre que vous êtes déjà racheté - et les signes de cette prétention suivront.

Lorsqu'on a demandé à la veuve ce qu'elle avait dans sa maison, on a reconnu la substance ; elle a affirmé qu'il s'agissait de quelques gouttes d'huile. On a prétendu à juste titre qu'il s'agissait de quelques gouttes d'une source bouillonnante. Sa conscience multiplie toute conscience. Prétendre que j'aurai de l'huile (de la joie), c'est avouer que certaines de mes dimensions sont vides. De telles impressions de manque produisent du manque.

Dieu, votre conscience, ne porte pas de jugement. Complètement impersonnelle, Dieu, cette conscience de tout être, reçoit des impressions, des qualités et des attributs définissant la conscience - vos impressions.

Votre désir doit être déterminé par la nécessité. Les besoins, qu'ils soient apparents ou réels, sont automatiquement satisfaits s'ils sont accueillis comme des états définis avec une intensité de détermination suffisante. Sachant que votre conscience est Dieu, vous devez considérer chaque souhait comme la Parole de Dieu qui vous dit ce qui est déjà.

"Cessez de vous appuyer sur l'homme dont la vie n'est qu'un souffle ! Quelle peut être sa valeur ?" Nous sommes toujours ce qui est défini par notre conscience. Ne dites jamais "je le serai". Que toutes les revendications soient désormais "JE SUIS le JE SUIS". Avant de demander, nous aurons une réponse. La solution à chaque problème qui accompagne un souhait est évidente. Chaque problème produit automatiquement le souhait de la solution.

L'Homme est entraîné à croire que les souhaits sont quelque chose qu'il doit combattre. Dans son ignorance, il rejette le Sauveur qui frappe constamment à la porte de la conscience pour être laissé entrer (JE SUIS la porte). Si votre souhait était exaucé, cela ne vous libérerait-il pas de votre problème ? Laisser entrer votre Sauveur est la chose la plus facile au monde. Il faut laisser entrer les choses.

Vous êtes conscient d'un souhait ; le souhait est quelque chose dont vous êtes conscient en ce moment. Votre souhait, bien qu'il ne soit pas visible, doit être accepté par vous comme quelque chose de réel. "Dieu appelle à l'existence ce qui n'est pas, (non visible) ce qui peut être."

JE SUIS ce que je souhaite - je prétends laisser entrer le Rédempteur. "Voici, je me tiens à la porte et je frappe. Si quelqu'un entend ma voix et ouvre la porte, j'entrerai chez lui, je souperai avec lui, et lui avec moi." Chaque souhait est le coup de poing du Sauveur à la porte. Tout le monde entend ces coups. Il ouvre la porte quand il dit : "JE SUIS lui". Assurez-vous de laisser entrer votre Sauveur. Laissez le désir s'emparer de vous jusqu'à ce que vous soyez imprégné de la renommée de votre Sauveur ; puis prononcez le cri de victoire : "Je suis prêt."

Chapitre 14 : Circoncision

C'est en lui aussi que vous avez été circoncis d'une circoncision qui n'est pas faite par la main de l'Homme, mais de la circoncision du Christ.
...Colossiens 2.11

La circoncision est l'opération qui consiste à enlever le voile qui recouvre la tête de la création. L'acte physique n'a rien à voir avec l'acte spirituel. Le monde entier pourrait être physiquement circoncis, et pourtant ils seraient des dirigeants impurs et aveugles de l'aveugle. Les circoncis spirituels ont levé le voile des ténèbres et savent qu'ils sont le Christ, la lumière du monde.

Laissez-moi maintenant vous réaliser une circoncision spirituelle, sur vous, le lecteur. Cet acte est accompli le huitième jour après la naissance, non pas parce que ce jour est spécial ou différent des autres jours, mais parce que le chiffre 8 n'a ni début ni fin. De plus, les anciens voyaient dans le chiffre 8 le symbole de la clôture ou du voile qui se trouvait en eux, derrière lequel se cache le mystère de la création. Ainsi, le secret de l'opération du huitième jour réside dans la nature de l'acte, l'acte qui révèle la tête de la création - la chose immuable dans laquelle toutes les choses ont leur début et leur fin, et qui reste son moi infini même lorsque toutes les choses cessent d'être. Ce Quelque chose de mystérieux est votre conscience.

En ce moment, vous êtes conscient d'être, mais vous êtes aussi conscient d'être quelqu'un. Cette personne est le voile qui obscurcit votre vraie nature. On est d'abord conscient d'être, puis on est conscient d'être humain. Une fois que le voile de l'être humain est posé sur votre moi sans visage, vous prenez conscience d'être membre d'une certaine race, nation, famille, groupe religieux, etc. Le voile à lever par la circoncision spirituelle est le voile de l'Homme.

Mais avant cela, il faut d'abord couper les appartenances de race, de nation, de famille, etc. "Avec le Christ, il n'y a plus ni Grec ni Juif, il n'y a plus ni esclave ni homme libre, il n'y a plus ni homme ni femme" "Vous devez quitter père, mère et frère et me suivre" Pour mettre cela en pratique, cessez de vous identifier à ces divisions en devenant indifférents à de telles revendications. L'indifférence est le couteau qui coupe. Le sentiment est le lien qui unit.

Si vous pouvez voir les gens comme une grande fraternité, sans aucune division en termes de race ou de croyance, alors vous savez que vous avez rompu ces liens. Après ces coupes, la seule chose qui vous sépare de votre vraie nature est votre croyance en l'être humain.

Pour lever ce dernier voile, laissez tomber l'idée que vous vous faites de vous-même en tant qu'être humain, sachant que vous êtes simple. Au lieu de la conscience "JE SUIS humain", laissez simplement le "JE SUIS" - sans visage et sans forme et sans visage. Vous êtes spirituellement circoncis lorsque l'état de conscience humaine a été abandonné et que votre conscience inconditionnelle vous est révélée comme étant votre chef immortel de la création - une présence omnisciente, sans forme et sans visage. Alors, dévoilé et éveillé, vous proclamerez et vous saurez que : JE SUIS Dieu et qu'à côté de moi, à côté de cette conscience, il n'y a pas de Dieu.

Ce mystère est raconté dans la Bible sous forme symbolique dans l'histoire de Jésus lavant les pieds de ses disciples. On dit que Jésus a mis ses vêtements de côté, a pris une serviette et l'a enroulée autour de lui. Puis, après avoir lavé les pieds de ses disciples, il les a séchés avec la serviette qu'il avait enroulée autour de lui. Pierre protesta contre le lavage des pieds, et on lui dit que tant que ses pieds n'étaient pas lavés, il n'avait aucune part à Jésus. Pierre répondit : "Seigneur, non pas mes pieds seulement, mais aussi mes mains et ma tête !" Jésus a alors dit : "Celui qui s'est baigné est entièrement pur, il lui suffit de se laver les pieds. Or vous, vous êtes purs – mais pas tous."

Le bon sens dirait au lecteur que l'Homme n'est pas complètement propre juste parce que ses pieds sont lavés. Il doit donc soit rejeter cette histoire, soit chercher un message caché. Chaque histoire de la Bible est un drame psychologique qui se déroule dans l'esprit de l'Homme - et cette histoire ne fait pas exception. Le lavement des pieds des disciples est l'histoire mystique de la circoncision spirituelle, ou la révélation des secrets du Seigneur.

Jésus est appelé le Seigneur. On leur a dit que le nom du Seigneur est JE SUIS - Je Suis. "JE SUIS l'Éternel, c'est mon nom", Ésaïe 42:8 L'histoire explique que Jésus était nu - à l'exception de la serviette qui lui couvrait les reins, ou de ses secrets. Jésus ou Seigneur symbolise votre conscience, dont les secrets sont couverts par la serviette (conscience d'être humain). Le pied symbolise la compréhension, qui doit être lavée par le Seigneur de toute croyance ou idée humaine.

Lorsque la serviette est retirée pour sécher les pieds, les secrets du Seigneur sont révélés. En bref, le fait de retirer la conviction que vous êtes humain révèle votre conscience en tant que chef de la création. L'Homme est le prépuce qui couvre la tête de la création. JE SUIS le Seigneur, caché par le voile de l'Homme.

Chapitre 15 : Intervalle de temps

Que votre cœur ne se trouble point. Croyez en Dieu, croyez en moi.
Il y a plusieurs demeures dans la maison de mon Père.
Si cela n'était pas, je vous l'aurais dit. Je vais vous préparer une place. Et, lorsque je m'en serai allé, et que je vous aurai préparé une place, je reviendrai, et je vous prendrai avec moi, afin que là où je suis, vous y soyez aussi.
...Jean 14:1-3

"Que votre cœur ne se trouble point. Croyez en Dieu, croyez en moi. Il y a plusieurs demeures dans la maison de mon Père. Si cela n'était pas, je vous l'aurais dit. Je vais vous préparer une place. Et, lorsque je m'en serai allé, et que je vous aurai préparé une place, je reviendrai, et je vous prendrai avec moi, afin que là où je suis, vous y soyez aussi."

Le MOI, vous devez le comprendre, est votre conscience, le JE SUIS ; c'est Dieu. C'est aussi la maison du Père, qui contient tous les états de conscience imaginables. Chaque état de conscience conditionné représente une habitation.

Cette conversation se déroule en vous. Votre JE SUIS, la conscience inconditionnelle est Jésus-Christ, qui parle au moi conditionné ou à la conscience de Johannes Schmidt. "JE SUIS Jean", sont, d'un point de vue mystique, deux, le Christ et Jean. Je vais vous préparer l'endroit, en puisant dans votre état de conscience actuel et dans celui du souhait réalisé. C'est une promesse de votre Christ ou de votre conscience à votre conception actuelle de vous-même que vous quitterez votre état de conscience actuel et que vous en saisirez un autre.

L'Homme est un esclave du temps quand, après avoir confisqué un état de conscience qui n'est pas encore vu dans le monde à l'heure actuelle parce qu'il ne s'est pas encore exprimé, il perd la foi en son affirmation invisible. Il abandonne l'état et retourne à l'ancien.

En raison de cette limitation de l'être humain, j'ai trouvé très utile d'utiliser un certain intervalle de temps dans ce voyage vers un logement préparé.

"Attendez un peu."

Nous avons tous déjà été perdus par le jour de la semaine, le mois et la saison. J'entends par là que vous et moi, nous avons souvent dit : "Pourquoi aujourd'hui ressemble-t-il à un dimanche" ou à un "- lundi" ou à un "- samedi". Nous avons également dit, au milieu de l'été, "Pourquoi est-ce que cela ressemble à l'automne ?

C'est la preuve définitive que vous et moi avons des idées précises que nous associons à des jours, des mois ou des saisons différents. Grâce à cette association, nous pouvons toujours nous attarder consciemment sur le jour ou la saison que nous avons choisi. Ne définissez pas égoïstement cet intervalle de temps en jours ou en heures parce que vous vous inquiétez de savoir si vous allez recevoir - mais persistez à croire qu'il est prêt. Le temps est purement relatif et doit donc être complètement éliminé - et votre souhait sera réalisé.

Cette possibilité de s'attarder à tout moment nous permet de passer du temps dans notre voyage vers le domicile souhaité. Je (conscience) vais maintenant à un moment donné et prépare un endroit. Lorsqu'à moment précis j'irai et que je préparerai un lieu, je reviendrai au moment où je suis parti ; et je vous reprendrai et vous emmènerai avec moi dans l'endroit que j'ai préparé, afin que vous aussi puissiez être là où JE SUIS.

Laissez-moi vous donner un exemple de ce voyage. Supposons que vous ayez un désir intense Comme la plupart des personnes qui sont esclaves du temps, vous pouvez avoir l'impression de ne pas pouvoir satisfaire un désir aussi fort dans un intervalle de temps limité. Mais en admettant que Dieu est tout ce qui est possible et en croyant que Dieu est le MOI en vous, ou votre conscience, vous pouvez dire : "En tant que Jean, je ne peux rien faire ; mais puisque Dieu est tout ce qui est possible, et que je sais que Dieu est ma conscience, je peux réaliser mon désir en peu de temps. Je ne sais pas comment mon souhait sera réalisé (comme Jean), mais par la loi de mon être, je sais qu'il le sera".

Fort de cette conviction, décidez de ce qui serait un intervalle de temps rationnel dans lequel un tel désir pourrait se réaliser. Une fois de plus, permettez-moi de vous rappeler qu'il ne faut pas raccourcir l'intervalle de temps parce que vous êtes soucieux de recevoir la satisfaction de votre désir ; prenez un intervalle naturel. Personne ne peut vous donner un intervalle de temps. Vous seul pouvez déterminer ce que serait pour vous un intervalle naturel. L'intervalle de temps est relatif, parce qu'il n'y a pas deux personnes qui donneraient le même temps nécessaire pour réaliser le souhait.

Le temps est toujours conditionné par l'idée que l'Homme se fait de lui-même. La confiance en soi par la conscience conditionnée raccourcit toujours l'intervalle de temps. Si vous étiez toujours habitué aux grandes réalisations, vous vous accorderiez un intervalle beaucoup plus court pour réaliser vos souhaits qu'une personne entraînée à la défaite.

Si nous étions mercredi, et que vous décidiez qu'il est tout à fait possible que votre souhait se réalise le dimanche, alors le dimanche serait le moment de votre visite. Pour faire cette visite, on enchaîne directement de mercredi à dimanche. Pour ce faire, il suffit de supposer que le dimanche est un jour férié. Entendez les cloches de l'église ; Sentez le calme du jour et tout ce que le dimanche représente pour vous ; Sentez que le dimanche est.

Lorsque cela sera accompli, vous ressentirez la joie du vœu déjà réalisé, qui mercredi encore, n'était qu'un vœu. Ressentez l'excitation de l'avoir reçu et revenez ensuite au mercredi, le temps que vous avez laissé derrière vous. En allant du mercredi au dimanche, vous avez créé un vide dans la conscience. La nature, qui abhorre le vide, s'empresse de le remplir - créant une forme qui reflète ce que vous pourriez créer, la joie du souhait déjà réalisé.

Lorsque vous reviendrez à mercredi, vous serez comblé par une joyeuse attente, car vous avez consolidé votre conscience de ce qui doit se passer dimanche prochain. Lorsque vous traversez l'intervalle du jeudi, du vendredi et du samedi, quelles que soient les circonstances, rien ne peut vous déranger, car vous avez déjà prédestiné ce que vous serez le jour du sabbat, et cela reste une conviction inaltérable.

Après avoir préparé l'endroit, vous êtes retourné vers Jean, et maintenant vous l'emmenez avec vous dans l'intervalle des trois jours, dans l'endroit préparé, afin qu'il puisse partager votre joie avec vous - afin que vous aussi puissiez être là où JE SUIS.

Chapitre 16 : Le Dieu trinitaire

"Puis Dieu dit : Faisons l'Homme
à notre image, selon notre ressemblance !"
...Genèse 1.26

Ayant découvert Dieu comme notre conscience, et cette réalité inconditionnelle et immuable (le JE SUIS) comme le seul Créateur, voyons maintenant pourquoi la Bible appelle une Trinité du Créateur de ce monde. Dans le 26ème verset du premier chapitre du livre de la Genèse, il est dit : "Puis Dieu dit : 'Faisons l'Homme à notre image, selon notre ressemblance !" Les églises appellent cette pluralité "Dieu le Père, Dieu le Fils et Dieu le Saint-Esprit". Mais ils n'ont jamais essayé d'expliquer ce que cela signifie, car ils sont dans l'ignorance de ce mystère.

Le Père, le Fils et le Saint-Esprit sont trois aspects ou conditions de la conscience inconditionnelle, pour l'appeler Dieu. La conscience d'être précède toujours la conscience d'être quelque chose. Cette conscience inconditionnelle qui précède tous les états de conscience est Dieu - JE SUIS. Les trois aspects conditionnés ou divisions de lui-même peuvent être expliqués au mieux comme suit :

L'attitude réceptive de l'esprit est l'aspect qui reçoit les impressions et peut donc être comparé à un utérus - ou une mère.

L'aspect pressant qui fait les impressions est l'aspect masculin, et donc nommé comme père.

Avec le temps, l'impression devient une expression, qui est toujours l'image de l'impression ; ainsi, cet aspect objectivé peut être appelé un fils, qui témoigne de son père, de sa mère. La compréhension de ce mystère de la Trinité permet à celui qui sait transformer complètement son monde et le façonner selon ses désirs.

Voici une application pratique de ce secret.

Asseyez-vous calmement et décidez ce que vous souhaitez le plus exprimer ou posséder dans votre monde. Une fois que vous avez pris votre décision, fermez les yeux et retirez complètement votre attention de tout ce qui pourrait empêcher la réalisation du souhait ; adoptez une attitude réceptive de l'esprit et jouez le jeu de l'acceptation, en imaginant ce que vous ressentiriez si votre souhait avait déjà été réalisé. Écoutez comme si la pièce vous parlait et vous disait que vous êtes maintenant ce que vous voulez être.

Cette attitude réceptive est l'état de conscience que vous devez endosser avant qu'une impression puisse être faite. Après avoir atteint cet état de conscience souple et impressionnant, commencez à vous montrer le fait que vous êtes maintenant ce que vous vouliez être en prétendant et en sentant que vous exprimez et possédez maintenant ce que vous avez choisi d'être et d'avoir. Le frisson qui en résulte devient plus intense à mesure que l'on ressent la joie d'être ce que l'on prétend être. Puis, accompagné d'un dernier souffle profond, votre être tout entier explosera dans la joie de l'accomplissement, et vous saurez et sentirez que vous avez été fécondé par Dieu le Père. Dès que l'impression a été créée, ouvrez les yeux et retournez dans le monde que vous avez complètement exclu quelques instants plus tôt.

Dans cette attitude réceptive de votre moi, dans laquelle vous avez considéré être ce que vous vouliez être, vous avez accompli l'acte spirituel de la création. Vous revenez maintenant de votre méditation silencieuse, une femme enceinte portant un enfant, ou une impression - cet enfant conçu sans l'aide d'un autre.

Le doute est la seule force qui peut perturber la graine ou l'impression ; pour éviter la fausse couche d'un enfant aussi merveilleux, il faut garder secret ce qui a été accompli pendant le temps qu'il faut pour que l'impression devienne une expression. Ne parlez à personne de votre romance spirituelle. Fermez votre secret dans la joie et la confiance, et soyez heureux qu'un jour vous portiez le fils de votre bien-aimé, exprimant et possédant votre impression dans sa pleine nature.

Vous connaîtrez alors le mystère qui dit : "Dieu dit alors : Faisons l'Homme à notre image."

Vous savez que la pluralité de Dieu à laquelle il est fait référence décrit trois aspects de votre propre conscience, et que vous êtes la Trinité, vous réunissant dans une assemblée spirituelle et secrète pour faire du monde le reflet de ce que vous êtes conscient d'être.

Chapitre 17 : La prière

Mais quand tu pries, entre dans ta chambre, ferme ta porte et prie ton Père qui est là dans le lieu secret ; et ton Père qui voit dans le secret te le rendra.
...Matthieu 6:6

Tout ce que vous demanderez en priant - croyez que vous l'avez reçu et cela vous sera accordé.
...Marc 11:24

La prière est l'expérience la plus merveilleuse qu'une personne puisse avoir. Contrairement au murmure quotidien de la grande majorité des gens dans tous les pays, qui espèrent atteindre l'oreille de Dieu par une répétition vide, la prière est l'extase d'un mariage spirituel, qui se déroule dans les profondeurs et le silence de la conscience. Dans sa forme réelle, la prière est la cérémonie de mariage de Dieu. Tout comme une femme renonce au nom de sa famille le jour de son mariage pour prendre celui de son mari, la personne qui prie doit renoncer à son nom ou à sa nature actuelle et assumer la nature de ce pour quoi elle prie.

L'évangile a clairement instruit l'Homme de procéder à cette cérémonie : "Mais quand tu pries, entre dans ta chambre, ferme ta porte, et prie ton Père, qui est là dans le lieu secret, et ton Père qui voit dans le secret te le rendra." Entrer dans la chambre, c'est entrer dans la chambre nuptiale. Tout comme personne d'autre que les mariés n'est autorisé à entrer dans cette salle sainte la nuit de la cérémonie de mariage, personne d'autre que celui qui prie, et ce pour quoi il prie, n'est autorisé à entrer à l'heure sainte de la prière. Dans la même mesure où les époux entrent dans la chambre en toute sécurité et ferment la porte du monde extérieur derrière eux, celui qui entre dans l'heure sainte de la prière doit également fermer la porte des sens, excluant ainsi complètement le monde extérieur qui l'entoure.

On y parvient en détournant complètement l'attention de tout ce qui n'est pas ce que l'on aime (le désir).

La deuxième phase de cette cérémonie spirituelle est décrite par les mots suivants : "Tout ce que vous demanderez en priant - croyez que vous l'avez reçu et cela vous sera accordé." En acceptant avec joie que vous êtes et possédez ce que vous souhaitez être et posséder, vous avez franchi la deuxième étape et accompli ainsi l'acte spirituel du mariage et de la création.

L'attitude réceptive de l'esprit pendant la prière peut être comparée à celle d'une mariée ou d'un utérus, car c'est cet aspect de l'esprit qui reçoit l'impression. Ce que vous acceptez d'être, c'est l'époux, puisque c'est le nom ou la nature que vous acceptez, et donc conduit à la fécondation ; on laisse donc mourir la virginité ou la nature présente en acceptant le nom et la nature de la fécondation.

En vous perdant dans une contemplation concentrée, et en assumant le nom et la nature de la chose contemplée, tout votre être bouillonnera d'enthousiasme - l'enthousiasme de l'être. L'excitation, le frisson qui traverse tout votre être en acceptant l'état de désir déjà satisfait, est la preuve que vous êtes à la fois marié et fécondé. Après votre retour de cette méditation silencieuse, la porte du monde que vous avez laissé derrière vous est à nouveau ouverte. Mais cette fois, vous revenez en tant que mariée fécondée. Vous entrez dans le monde comme un être changé, et bien que personne d'autre que vous ne soit au courant de cette merveilleuse romance, le monde verra bientôt les signes de votre grossesse, car vous commencerez à exprimer ce que vous avez ressenti pendant votre heure de silence.

La Mère du monde ou l'Épouse du Seigneur est consciemment appelée Marie ou eau, car l'eau perd son identité lorsqu'elle prend la nature de ce à quoi elle est mêlée ; Marie, l'attitude réceptive de l'Esprit doit perdre son identité pour prendre la nature de ce qui est désiré. Ce n'est que si l'on est prêt à renoncer à ses limites passées et à son identité présente que l'on peut devenir ce que l'on veut devenir. La prière est la formule par laquelle ces divorces et mariages sont réalisés.

"Si deux d'entre vous s'accordent sur la terre pour demander une chose quelconque, elle leur sera accordée par mon Père qui est dans les cieux." Les deux personnes qui sont d'accord sont vous, la mariée, et le souhait, le marié. Une fois cet accord conclu, un fils naîtra, qui témoignera de cet accord. Vous exprimerez et posséderez ce que vous êtes conscient d'être. Prier, c'est reconnaître. Reconnaître être ce que l'on veut être - cela ne veut pas dire supplier Dieu pour ce que l'on veut être.

Des millions de prières restent sans réponse chaque jour parce que l'Homme prie un Dieu qui n'existe pas.

Étant conscient que l'on est Dieu, le désir doit être recherché dans la conscience en acceptant la conscience de la qualité désirée. Ce n'est qu'ainsi que les prières peuvent être exaucées. Prier pour la richesse tout en étant conscient que l'on est pauvre est récompensé par ce que l'on est conscient d'être : la pauvreté. Les prières réussies doivent être réclamées et reconnues. Acceptez la conscience positive de la chose que vous voulez.

Une fois que vous avez défini votre désir, rentrez tranquillement en vous-même et fermez la porte derrière vous. Perdez-vous dans votre désir ; ne faites qu'un avec votre désir d'être ; demeurez dans cette fixation jusqu'à ce que vous ayez complètement absorbé la vie et le nom, en prétendant et en sentant que vous êtes et avez ce que vous désirez. Lorsque vous sortez de l'heure de prière, vous devez être conscient d'être et de posséder ce que vous avez désiré jusqu'à présent.

Chapitre 18 : Les douze disciples

Puis, ayant appelé ses douze disciples, il leur donna le pouvoir de chasser les esprits impurs, et de guérir toute maladie et toute infirmité.
...Matthieu 10:1

Les douze disciples représentent les douze qualités de l'esprit, que chaque personne peut contrôler et discipliner. Lorsqu'elles sont disciplinées, elles obéissent toujours aux ordres de celui qui les a disciplinées.

Ces douze qualités chez l'Homme sont des possibilités de chaque esprit. Indisciplinées, leurs actions ressemblent plus à celles d'une foule qu'à celles d'une armée entraînée et disciplinée. Toutes les tempêtes et la confusion qui engloutissent l'Homme peuvent être directement attribuées à ces douze caractéristiques de l'esprit humain, liées à la maladie, dans son état de sommeil actuel. Tant qu'elles ne seront pas éveillées et disciplinées, elles laisseront toute rumeur et toute émotion sensuelle les émouvoir.

Lorsque ces douze qualités seront disciplinées et maîtrisées, celui qui les contrôlera leur dira : "Je ne vous appelle plus serviteurs, parce que le serviteur ne sait pas ce que fait son maître. Mais je vous ai appelés amis". Il sait qu'à partir de ce moment, toute qualité d'esprit disciplinée acquise le liera et le protégera.

Les noms des douze qualités révèlent leur nature. Ces noms ne leur sont donnés que lorsqu'elles sont appelées à devenir des disciples. Il s'agit de Simon, appelé plus tard Pierre, André, Jacques, Jean, Philippe, Barthélemy, Thomas, Matthieu, Jacques, fils d'Alphée, Thaddée, Simon et Judas.

La première qualité à nommer et à discipliner est Simon ; ou l'attribut de l'audition. Cette capacité, lorsqu'elle est élevée au niveau d'un disciple, ne permet de laisser entrer dans la conscience que les impressions que son ouïe a commandées. Peu importe ce que la sagesse de l'Homme suggère ou ce que les preuves de ses sens peuvent suggérer, si les suggestions et les idées ne sont pas en accord avec ce qu'il entend, il reste impassible. Il a été instruit par son Seigneur et a indiqué que toute suggestion qu'il laisse passer par sa porte pour atteindre le Seigneur et Maître (sa conscience) laissera une impression - et cette impression doit être exprimée dans le temps.

L'instruction donnée à Simon est qu'il ne doit laisser entrer dans la maison (conscience) de son Seigneur que des visiteurs ou des impressions dignes et honorables. Aucune faute ne peut être cachée ou occultée à son Maître, car chaque expression de la vie montre au Seigneur qui il a reçu, consciemment ou inconsciemment.

Lorsque Simon se révèle être un vrai et fidèle disciple par son travail, on lui donne le surnom de Pierre, ou le rocher, le disciple non affecté, celui qui ne peut être soudoyé ou forcé par aucun visiteur. Il est appelé Simon-Pierre par son maître, celui qui n'obéit fidèlement qu'aux ordres de son maître, et qui, en dehors de ces ordres, n'entend rien.

C'est ce Simon-Pierre qui découvre que le JE SUIS est le Christ, et pour cette découverte il a reçu les clés du ciel et est devenu la pierre de fondation sur laquelle repose le temple de Dieu. Les bâtiments doivent être construits sur des fondations solides, et seul l'auditeur discipliné, en apprenant que le JE SUIS le Christ, peut rester ferme et imperturbable dans la connaissance que ; JE SUIS le Christ et qu'il n'y a pas d'autre sauveur que MOI.

La deuxième qualité du disciple est André, ou le courage. Après la création de la première qualité, la confiance en soi, il appelle automatiquement la deuxième qualité comme son frère, le courage. La confiance en soi ne demande l'aide de personne, mais s'approprie tranquillement et seule la conscience de la qualité souhaitée. Et malgré sa raison ou l'évidence contraire de ses sens, il reste patiemment dans l'attente en sachant que son affirmation invisible, si elle est maintenue, doit être réalisée. Une telle foi développe un courage et une force de caractère au-delà des rêves les plus fous de l'Homme indiscipliné qui croit aux choses visibles.

La foi de l'Homme indiscipliné ne peut pas vraiment être appelée foi. Car si les armées, la médecine ou la sagesse humaine auxquelles il croit lui sont enlevées, sa foi et son courage disparaissent avec ces choses. La personne disciplinée, en revanche, pourrait se voir retirer le monde entier, et pourtant elle resterait fidèle en sachant que l'état de conscience dans lequel elle se trouve doit s'incarner au bon moment. Ce courage, c'est le frère de Pierre, André, le disciple qui sait ce que signifie oser faire et se taire.

Les deux suivantes (troisième et quatrième) sont également liées. Ce sont les frères Jacques et Jean, Jacques le Juste, le juste juge, et son frère Jean, le Bien-Aimé. La justice, pour être sage, doit être exercée avec amour, en tendant toujours l'autre joue, en rendant toujours le bien pour le mal, l'amour pour la haine, et la non-violence pour la violence.

Le disciple de Jacques, symbole du jugement discipliné, lorsqu'il est élevé à la haute fonction de juge suprême, doit agir les yeux bandés afin de ne pas être influencé par la chair et de ne pas juger sur la base des apparences. Celui qui a appelé les frères à devenir des disciples reste fidèle à son commandement de n'entendre que ce qu'il a ordonné d'entendre, c'est-à-dire seulement ce qui est bon. La personne qui a discipliné cette qualité de l'esprit est incapable d'entendre et d'accepter comme vrai - que ce soit sur elle-même ou sur autrui - tout ce qui ne remplit pas son cœur d'amour.

Ces deux disciples ou aspects de l'esprit sont, lorsqu'ils sont éveillés, un et inséparables. Une personne aussi disciplinée pardonne à chacun pour ce qu'il est. En tant que juge sage, il sait que chaque personne est l'expression parfaite de ce dont elle est consciente en tant qu'être humain. Il sait que toute manifestation repose sur le fondement immuable de la conscience, et que les changements d'expression ne sont possibles que par des changements de conscience.

Sans aucune condamnation ni critique, ces qualités disciplinées de l'esprit permettent à chacun d'être ce qu'il est. S'ils accordent à chacun cette liberté de choix totale, ils sont néanmoins toujours vigilants à ce qu'eux-mêmes ne prophétisent et ne fassent - pour les autres et pour eux-mêmes - que les choses qui, lorsqu'elles sont exprimées, glorifient, apprécient et réjouissent ceux qui les expriment.

La cinquième qualité du disciple est Philippe. Il a demandé à voir le Père. L'Homme éveillé sait que le Père est l'état de conscience dans lequel il réside, et qu'il ne peut voir le Père que lorsqu'il s'exprime. Il sait être l'image parfaite de l'état de conscience auquel il est identifié. Il proclame donc : "Personne n'a jamais vu Dieu ; le Fils est unique, qui est dans le sein du Père, est celui qui l'a fait connaître ; Si vous me connaissiez, vous connaîtriez aussi mon Père. Et dès maintenant, vous le connaissez, et vous l'avez vu" ; moi et mon Père, la conscience et son expression, Dieu et l'Homme, sommes Un.

Cet aspect de l'esprit, lorsqu'il est discipliné, reste constant jusqu'à ce que les idéaux, les ambitions et les désirs deviennent réalité. C'est la qualité qui dit : "Quand je n'aurai plus de chair, je verrai Dieu". Elle sait comment faire en sorte que la parole se fasse chair, comment donner forme à l'informe.

Le sixième disciple est Bartolomé. Cette qualité est la capacité de l'imagination. Cette qualité d'esprit qui, lorsqu'elle est éveillée, distingue l'individu des masses. Une imagination éveillée élève l'éveillé au-dessus de l'Homme moyen, et le fait apparaître comme un phare dans un monde de ténèbres. Aucune qualité ne distingue une personne d'une autre autant qu'une imagination disciplinée. C'est la séparation de l'ivraie et du blé. Ceux qui ont le plus donné à la société sont nos artistes, scientifiques, inventeurs et autres personnes à l'imagination débordante.

Si une enquête était menée pour découvrir pourquoi tant d'hommes et de femmes apparemment instruits échouent dans les années qui suivent l'obtention de leur diplôme, ou si elle devait déterminer l'explication des différents moyens de gagner de l'argent dans le grand public, il ne fait aucun doute que l'imagination jouerait un rôle important à cet égard. Une telle enquête montrerait que c'est l'imagination qui fait un leader, alors que c'est le manque ou l'absence d'imagination qui fait un suiveur.

Au lieu d'améliorer l'imagination humaine, notre système éducatif l'étouffe souvent en essayant d'introduire dans l'esprit la sagesse à laquelle l'Homme aspire. Elle l'oblige à mémoriser une multitude de manuels scolaires, qui sont ensuite remplacés trop tôt par des livres ultérieurs. L'éducation ne s'obtient pas en mettant quelque chose dans l'Homme ; son but est de tirer de l'Homme la sagesse qui est cachée en lui. Que le lecteur appelle Bartolomé à devenir un disciple, car ce n'est que lorsque cette qualité sera élevée au rang de disciple que vous aurez la capacité de développer des idéaux qui vous porteront au-delà des limites humaines.

Le septième est Thomas. Cette qualité disciplinée met en doute ou nie toute rumeur ou suggestion qui ne s'harmonise pas avec celle que Simon Pierre a ordonné de faire entrer. La personne qui a conscience d'être en bonne santé (non pas en raison d'une santé, d'un régime alimentaire ou d'un climat hérités, mais parce qu'elle est éveillée et connaît l'état de conscience dans lequel elle vit) continuera à exprimer sa santé, quelles que soient les circonstances dans le monde. Elle pourrait apprendre par la presse, par la radio et par les sages du monde entier qu'un fléau ravage la terre, mais elle resterait impassible et peu impressionnée. Thomas le Douteux - s'il était discipliné - nierait que la maladie ou toute autre chose qui n'est pas conforme à la conscience à laquelle il appartient aurait un quelconque pouvoir d'influence sur lui.

Cette qualité de non-acceptation, lorsqu'elle est disciplinée, protège la personne contre les impressions qui ne sont pas en harmonie avec sa nature. Elle adopte une attitude d'indifférence totale à l'égard de toute suggestion étrangère à la réalisation de son désir. La non-acceptation disciplinée n'est pas une lutte, mais une indifférence totale.

Matthieu, le huitième, est le don de Dieu. Cette qualité de l'Esprit révèle le désir de l'Homme comme un don de Dieu. La personne qui appelle ce disciple à l'existence sait que chaque désir du cœur est un don du ciel, et qu'elle contient déjà en elle-même le pouvoir et les moyens de se déployer.

Une telle personne ne remet jamais en question la façon dont elle s'exprime. Elle sait que le plan de déploiement n'est jamais révélé à l'Homme, car les voies de Dieu sont impénétrables. Elle accepte son souhait comme un cadeau déjà reçu et va son chemin dans la paix et la confiance qu'elle apparaîtra.

Le neuvième disciple est Jacques, fils d'Alphée. C'est la qualité du jugement. Un esprit clair et ordonné est la voix qui appelle ce disciple à l'existence. Cette capacité perçoit ce qui n'est pas révélé à l'œil de l'Homme. Ce disciple ne juge pas sur les apparences, car il a la capacité de fonctionner dans le domaine des causes et n'est donc jamais induit en erreur par les apparences extérieures.

La clairvoyance est la capacité qui s'éveille lorsque cette qualité est développée et disciplinée. Non pas la clairvoyance au sens de parler aux esprits et de faire l'expérience du futur, mais la vraie clairvoyance ou la vision claire du mystique. Cela signifie que cet aspect de l'esprit a la capacité d'interpréter ce qui se passe. Le jugement ou la capacité à diagnostiquer est la qualité de Jacques, fils d'Alphée.

Thaddée, le dixième, est le disciple de la louange, une qualité qui fait cruellement défaut à l'Homme indiscipliné. Lorsque cette qualité de louange et d'action de grâce s'éveille chez l'Homme, il avance avec les mots "Merci, Père" - toujours sur ses lèvres. Il sait que son action de grâce pour les choses que l'on ne voit pas ouvre la fenêtre du ciel et permet aux dons qui sont au-delà de sa capacité à recevoir de tomber sur lui.

Pour la personne qui n'est pas reconnaissante de ce qu'elle a reçu, il est peu probable qu'elle reçoive de nombreux cadeaux de la même source. Tant que cette qualité ne sera pas disciplinée chez l'Homme, il ne reconnaîtra pas la fleur du désert comme une rose. La louange et l'action de grâce sont au don invisible de Dieu (le désir) ce que la pluie et le soleil sont aux graines invisibles dans le ventre de la terre.

La onzième qualité s'appelle Simon. Une bonne phrase clé pour ce disciple est "entendre de bonnes nouvelles". Simon, ou Simon du pays du miel et du lait, s'il est appelé à devenir disciple, est la preuve que celui qui fait appel à ses capacités a pris conscience de la vie en abondance. Il peut faire la même chose que le psalmiste David et dire : "Tu dresses devant moi une table en face de mes adversaires. Tu oins d'huile ma tête et ma coupe déborde". Cet aspect discipliné de l'esprit est incapable d'entendre autre chose que la bonne nouvelle, et est donc le mieux qualifié pour prêcher l'évangile ou jeter de bons sorts.

La douzième et dernière des qualités disciplinées de l'esprit est appelée Judas. Lorsque cette qualité est éveillée, l'Homme sait qu'il doit laisser mourir ce qu'il est avant de pouvoir devenir ce qu'il veut être. Ainsi, on dit de ce disciple qu'il s'est suicidé, les mystiques ne disant à l'initié rien d'autre que Judas est l'aspect discipliné du détachement. Il sait que son JE SUIS ou sa conscience est son sauveur, et il laisse donc tomber tous les autres sauveurs. Cette qualité, lorsqu'elle est disciplinée, donne la force de lâcher prise.

La personne qui a donné naissance à Judas a appris à détourner son attention des problèmes ou des limites et à l'orienter vers la solution ou le Sauveur.

"Si quelqu'un n'est né de nouveau, il ne peut point voir le royaume de Dieu." "Personne n'a un plus grand amour que celui-ci, qu'il laisse sa vie pour ses amis." Lorsque l'Homme se rend compte que la qualité qu'il désire, si elle était réalisée, le sauverait et se ferait des amis, il donne volontiers sa vie (image de soi actuelle) pour cet ami, en détachant sa conscience de ce qu'il est conscient d'être, et en assumant l'état de conscience de ce qui est désiré.

Judas, celui que le monde, dans son ignorance, dépeint comme une brebis galeuse, est élevé dans les airs lorsque l'Homme se réveille de son état d'indiscipline, parce que Dieu est amour, et l'Homme n'a pas de plus grand amour que celui de sacrifier sa vie pour un ami. Tant que l'Homme ne lâchera pas prise sur ce qu'il est actuellement conscient d'être, il ne deviendra pas ce qu'il veut devenir ; et Judas y parvient par le suicide ou le détachement.

Ce sont les douze qualités qui ont été données à l'Homme lors de la création du monde. Il est du devoir de l'Homme de laisser ces qualités s'élever au rang de disciple. Lorsque cela sera accompli, l'Homme dira : "Je t'ai glorifié sur la terre, j'ai achevé l'œuvre que tu m'as donnée à faire. Et maintenant toi, Père, glorifie-moi auprès de toi-même de la gloire que j'avais auprès de toi avant que le monde fût."

Chapitre 19 : La lumière liquide

Car par lui nous avons la vie, nous nous mouvons, nous sommes.
...Actes 17:28

Psychologiquement, ce monde est un océan de lumière, portant toutes choses en lui, y compris l'Homme, qui est enveloppé dans une lumière liquide comme un corps qui palpite. L'histoire biblique du déluge est l'état dans lequel vit l'Homme. Il est inondé par un océan de lumière liquide, dans lequel d'innombrables êtres de lumière se déplacent.

L'histoire du déluge se déroule en fait aujourd'hui. L'Homme est l'arche, portant en lui le principe de genre de toute créature vivante. La colombe, ou l'idéal envoyé pour trouver la terre ferme, est la tentative de l'Homme d'incarner ses idéaux. Les idéaux humains sont comme l'oiseau en vol - comme l'arche dans l'histoire, retournant à l'Homme sans avoir trouvé un endroit pour se reposer.

Si l'Homme n'est pas découragé par ces recherches infructueuses, l'oiseau reviendra un jour avec une branche verte. Lorsqu'il aura accepté d'être ce qu'il veut être, il sera convaincu que c'est le cas ; et bien que cela ne lui soit pas encore confirmé par ses sens, il sentira et saura être ce qu'il a imaginé. Un jour, il s'identifiera tellement à son idée qu'il saura qu'il est cette idée, et il proclamera : "JE SUIS ; JE SUIS ce que je veux être (JE SUIS le JE SUIS)." Il réalisera qu'en faisant cela, il commencera à incarner son désir (l'Arche ou le désir trouvera cette fois-ci la terre ferme), et révélera ainsi le mystère de la parole faite chair.

Tout dans le monde est une cristallisation de cette lumière liquide. "JE SUIS la lumière du monde." Votre conscience est la lumière liquide du monde, qui se cristallise dans l'idée que vous vous faites de vous-même.

Leur conscience inconditionnelle a d'abord fait l'expérience de la lumière liquide (qui est la vitesse initiale de l'univers). Toutes les choses, des vibrations ou expressions les plus élevées aux plus basses de la vie, ne sont rien d'autre que les différentes vibrations des vitesses de cette vitesse initiale ; l'or, l'argent, le fer, la chair, etc. ne sont que les différentes expressions ou vitesses de cette seule substance - la lumière liquide.

Toutes les choses sont cristallisées, la lumière liquide ; les différences et les infinités d'expressions sont causées par le désir de l'imaginaire de se connaître lui-même.

L'idée que vous vous faites de vous-même détermine automatiquement la vitesse nécessaire pour exprimer ce que vous vous imaginez être.

Le monde est un océan de lumière liquide avec d'innombrables états de cristallisation différents.

Chapitre 20 : Le souffle de vie

Le prophète Élie a-t-il vraiment ressuscité l'enfant mort de la veuve ? Cette histoire, comme toutes les autres histoires de la Bible, est un drame psychologique qui se déroule dans la conscience de l'Homme. La veuve symbolise chaque homme et femme dans le monde ; l'enfant mort représente les désirs et ambitions frustrés de l'Homme ; tandis que le prophète, Élie, symbolise la puissance de Dieu qui est inhérente à l'Homme - la conscience.

L'histoire raconte que le prophète a pris l'enfant mort dans le ventre de la veuve et l'a fait monter dans la chambre haute. Lorsqu'il est entré dans la chambre, il a fermé la porte derrière lui ; il a couché l'enfant sur un lit et lui a insufflé la vie ; de retour auprès de la mère, il lui a donné l'enfant et lui a dit : "Voici ton fils qui vit !

Les souhaits de l'être humain peuvent être assimilés à l'enfant mort. Le fait qu'il souhaite quelque chose est la preuve que ce qu'il souhaite n'est pas encore une réalité vivante dans son monde. De toutes les manières imaginables, il tente de transformer ce souhait en réalité - de le faire vivre, mais il finit par se rendre compte que toute tentative a été vaine.

La plupart des gens ne sont pas conscients de l'existence du pouvoir infini qui est en eux - celui du prophète. Pour une durée indéterminée, ils restent avec l'enfant mort dans leurs bras, ne comprenant pas que le souhait en lui-même est déjà l'indication positive des capacités illimitées pour sa réalisation.

Que l'Homme réalise un jour que sa conscience est un prophète qui insuffle la vie à tout ce dont il est conscient, et il fermera la porte à ses sens, et donc la porte à ses problèmes. Il se concentrera uniquement sur ce qu'il désire, sachant qu'en agissant ainsi, son désir sera certainement réalisé. Il découvrira que la reconnaissance est le Souffle de Vie - car il réalisera que maintenant qu'il prétend consciemment être et avoir tout ce qu'il souhaite être et avoir, il insufflera le Souffle de Vie dans son souhait. La qualité qui se cache derrière le désir va se déplacer sur des chemins qu'il ne connaît pas et devenir une réalité vivante dans son monde.

Oui, le prophète Élie vit pour toujours sous la forme de la conscience illimitée de l'Homme, la veuve sous la forme de sa conscience limitée, et l'enfant sous la forme de son désir.

Chapitre 21 : Daniel dans la fosse aux lions

Puisse ton Dieu, que tu sers avec persévérance, te délivrer !
...Daniel 6:17

L'histoire de Daniel est l'histoire de chaque Homme. On raconte que Daniel, alors qu'il était pris au piège dans la fosse aux lions, tourna le dos aux animaux ; et avec sa vision vers la lumière venant d'en haut, il pria le seul vrai Dieu. Les lions qui ont été tenus affamés pour ce banquet n'ont pas pu faire de mal au prophète. La foi de Daniel en Dieu était si grande qu'elle a entraîné sa liberté et sa nomination à de hautes fonctions dans le gouvernement de son pays. Cette histoire a été écrite pour vous initier à l'art de se libérer de tout problème ou prison dans le monde.

La plupart d'entre nous, si nous nous retrouvions dans la fosse aux lions, seraient tellement préoccupés par les lions que nous ne pourrions penser à aucun autre problème dans le monde que les lions ; mais on nous dit que Daniel leur a tourné le dos et a regardé dans la lumière - cette lumière était Dieu. Si nous pouvions suivre cet exemple de Daniel ; lors d'une menace de catastrophe comme celle des lions, de la pauvreté ou de la maladie, pour tourner notre attention vers la lumière qui est Dieu, nos solutions seraient tout aussi simples.

Par exemple, si vous étiez enfermé, personne n'aurait à vous dire que votre désir est la liberté. La liberté, ou le désir d'être libre, viendrait automatiquement. Il en va de même si vous êtes malade, endetté ou face à tout autre dilemme. Les lions représentent des situations apparemment insolubles de nature menaçante. Tout problème apporte automatiquement sa solution sous la forme d'un souhait de s'en libérer. Tournez donc le dos au problème et concentrez votre attention sur la solution souhaitée en ayant le sentiment d'être déjà ce que vous souhaitez. Restez dans cette croyance et vous verrez les murs de votre prison s'effondrer et vous commencerez à exprimer ce dont vous avez pris conscience.

J'ai vu des gens, apparemment désespérément endettés, qui ont appliqué ce principe - après seulement un temps très court, ces dettes montagneuses avaient disparu. J'ai également vu des personnes qui ont été abandonnées par les médecins comme étant incurables et qui ont appliqué ce principe - après un temps incroyablement court, leurs maladies dites incurables ont disparu et n'ont même pas laissé de cicatrice.

Voyez vos désirs comme la parole de Dieu, et chaque mot comme une prophétie de ce que vous pouvez être. Ne demandez pas si vous êtes digne de réaliser vos désirs. Acceptez-les comme ils viennent à vous. Remerciez-les comme s'il s'agissait de cadeaux. Sentez-vous heureux et reconnaissants d'avoir reçu de si merveilleux cadeaux. Alors, allez votre chemin en paix.

Une acceptation aussi simple de vos souhaits, c'est comme si l'on déposait des graines fertiles dans un sol toujours préparé. Si vous laissez votre souhait tomber dans votre conscience, comme une graine, en ayant confiance qu'il apparaîtra dans son plein potentiel, vous avez fait tout ce que l'on attend de vous. S'inquiéter ou être dérangé par la façon dont elle va se développer signifie tenir cette graine fertile dans une emprise mentale, l'empêchant ainsi de mûrir jusqu'à sa pleine récolte.

Ne vous inquiétez pas des résultats. Les résultats suivront aussi sûrement que le jour suit la nuit. Ayez foi en cette plantation jusqu'à ce que les preuves soient manifestes. Votre confiance dans cette procédure apportera de grands résultats. Vous attendrez un court moment dans la conscience de ce que vous voulez ; puis, soudainement, et au moment où vous vous y attendez le moins, la chose que vous ressentez deviendra une expression dans votre vie. La vie ne juge pas et ne détruit rien ; elle maintient en vie ce que l'Homme est conscient d'être.

Les choses ne disparaîtront que lorsque l'Homme changera de conscience. Niez-le, mais il reste que la conscience est la seule réalité et que toutes les choses ne sont qu'un miroir de ce dont vous êtes conscient. L'état céleste auquel vous aspirez ne peut se trouver que dans la conscience - car le Royaume des Cieux est en vous.

Votre conscience est la seule réalité vivante, la tête éternelle de la création. Ce que vous êtes conscient d'être, c'est le corps temporaire que vous portez. Mais, tout comme un poulet ou un serpent continuera à sauter et à frapper pendant un certain temps après que la tête lui ait été enlevée, vos qualités et circonstances antérieures sembleront vivre un certain temps après que vous en ayez retiré votre attention.

L'Homme, inconscient de cette loi de la conscience, perd constamment de vue ses circonstances antérieures et habituelles et y prête attention, plaçant la tête éternelle de la création sur ses cadavres, les faisant ainsi revivre. Vous devez laisser ces cadavres reposer, et laisser les morts enterrer les morts. L'Homme qui a mis la main à la charrue (après avoir accepté la conscience de ce qui est désiré) en regardant en arrière ne peut que perdre son aptitude pour le Royaume des Cieux.

Puisque la volonté du ciel est toujours faite sur la terre, vous êtes aujourd'hui au ciel, que vous avez créé en vous, car ici sur cette terre votre ciel est révélé. Le Royaume des Cieux est en effet à portée de main. C'est maintenant le moment de se réjouir. Créez donc un nouveau ciel, entrez dans un nouvel état de conscience et une nouvelle terre apparaîtra.

Chapitre 22 : La pêche

Ils sortirent et montèrent dans une barque, et cette nuit-là, ils ne prirent rien.
...Jean 21:3

Il leur dit : Jetez le filet du côté droit de la barque, et vous trouverez. Ils le jetèrent donc, et ils ne pouvaient plus le retirer, à cause de la grande quantité de poissons.
...Jean 21:6

On dit que les disciples ont pêché toute la nuit et n'ont rien attrapé. Puis Jésus est apparu dans la scène et leur a dit de jeter à nouveau leur filet. Mais cette fois-ci, ils devraient le lancer à droite. Pierre a obéi à la voix de Jésus et a jeté le filet dans l'eau une fois de plus. Là où l'eau était complètement vide de poissons un moment auparavant, le filet a maintenant été presque déchiré par les nombreux poissons qui y entraient.

L'Homme qui pêche dans l'ignorance humaine toute la nuit essaie de réaliser ses souhaits en peinant et en luttant, pour finalement se rendre compte que sa recherche a été infructueuse. Lorsque l'Homme découvre que sa conscience est Jésus-Christ, il obéit à la voix et la laisse le guider dans sa pêche. Il jettera son crochet du bon côté ; il appliquera la loi de la bonne manière et s'efforcera en conscience de faire ce qui est désiré. En le trouvant là, il saura qu'il va se multiplier dans le monde extérieur.

Ceux qui ont déjà eu le plaisir de pêcher savent quel pied c'est de sentir le poisson sur l'hameçon. La morsure du poisson est suivie du jeu avec le poisson, puis de nouveau de la récupération du poisson. Quelque chose de similaire se produit dans la conscience de l'Homme lorsqu'il pêche les manifestations de la vie.

Les pêcheurs savent qu'ils doivent pêcher en eaux profondes s'ils veulent attraper un gros poisson ; si vous voulez attraper une grande quantité de vie, vous devez laisser derrière vous les eaux peu profondes avec leurs nombreux récifs et barrières, et commencer dans les eaux bleues profondes, où les gros jouent. Pour saisir les grandes manifestations de la vie, vous devez entrer dans des états de conscience plus profonds et plus libres ; ce n'est que dans ces profondeurs que vivent les grandes expressions de la vie.

Voici une formule simple pour une pêche réussie. Vous décidez d'abord de ce que vous voulez exprimer ou posséder. C'est nécessaire. Vous devez absolument savoir ce que vous attendez de la vie avant de pouvoir la pêcher. Après avoir pris votre décision, quittez le monde des sens, détournez votre attention de votre problème et dirigez-la vers votre être même en répétant calmement mais avec émotion : "JE SUIS". Une fois que votre attention a été détournée du monde qui vous entoure et dirigée vers le JE SUIS, de sorte que vous vous perdez dans la sensation d'être nu, vous remarquerez comment vous lâchez l'ancre qui vous avait lié à la surface de votre problème ; et sans aucun effort vous irez dans les profondeurs.

La sensation qui accompagne cet acte est celle de l'expansion. Vous aurez le sentiment de vous élever et de vous développer comme si vous étiez en pleine croissance. Ne soyez pas effrayé par cette expérience de flottement et de croissance, car la seule chose qui meurt dans ce processus sont vos limites. Vos limites meurent dès que vous vous en éloignez car elles n'ont qu'une seule vie dans votre conscience.

Dans cette conscience profonde et expansive, vous vous percevrez comme une force puissante et pulsante, aussi profonde et rythmée que l'océan. Ce sentiment d'expansion est le signe que vous êtes maintenant dans les eaux bleues et profondes où nagent les gros poissons. Supposons que le poisson que vous avez choisi est la santé et la liberté ; dans cette profondeur informe et palpitante de vous-même, vous commencez à pêcher ces qualités ou états de conscience en vous sentant "JE SUIS en bonne santé" - "JE SUIS libre". Vous prétendez et vous sentez que vous êtes en bonne santé et libre jusqu'à ce que la conviction que vous l'êtes ait pris possession de vous.

Lorsque la conviction naîtra en vous de sorte que tous les doutes disparaissent et que vous savez et sentez que vous êtes libéré des limites du passé, alors vous saurez que vous avez attrapé le poisson. La joie qui traverse tout votre être quand vous sentez que vous êtes ce que vous vouliez être est comme le pied du pêcheur quand son poisson mord.

Maintenant vient le jeu avec les poissons. Cela se fait en retournant dans le monde des sens. Dès que vous ouvrez les yeux sur le monde qui vous entoure, votre conviction et la conscience que vous êtes en bonne santé et libre devraient être si solidement ancrées en vous que vous ressentirez un frisson d'anticipation. Ensuite, en parcourant l'intervalle de temps nécessaire à l'incarnation de ce que vous ressentez, vous ressentirez une mystérieuse tension, sachant que dans peu de temps, ce qu'aucun être humain ne voit mais ce que vous ressentez et savez être, va arriver.

Dans un moment sans méfiance, en marchant consciencieusement dans cette conscience, vous commencerez à exprimer et à posséder ce que vous êtes conscient d'être et de posséder ; vous éprouverez la joie du débarquement du grand avec le pêcheur.

Maintenant, allez pêcher les manifestations de la vie en jetant votre filet vers la droite.

Chapitre 23 : Être des oreilles qui entendent

Pour vous, écoutez bien ces paroles, le fils de l'Homme doit être livré entre les mains des hommes.
...Luc 9,44

"Pour vous, écoutez bien ces paroles, le fils de l'Homme doit être livré entre les mains des hommes." Ne soyez pas comme ceux qui ont des yeux mais ne peuvent pas voir, et qui ont des oreilles mais ne peuvent pas entendre. Laissez ces révélations pénétrer profondément dans votre audition, car après la conception du fils (idée), l'Homme avec ses fausses valeurs (raison) tentera d'expliquer le pourquoi de l'expression du fils, le mettant ainsi en pièces.

Après que l'Homme ait déclaré une chose humainement impossible, quelqu'un d'autre fera l'impossible ; les sages qui ont dit que cela ne pouvait pas se faire vous diront ensuite pourquoi, et comment cela s'est produit. Une fois qu'ils auront fini de déchirer le vêtement sans couture (cause ou manifestation), ils seront aussi loin de la vérité qu'ils l'étaient au moment où ils l'ont déclaré impossible. Tant que l'Homme cherche la cause de l'expression ailleurs que dans l'expression, il cherche en vain.

Depuis des milliers d'années, on dit à l'Homme : "JE SUIS la résurrection et la vie". "Nul ne peut venir à moi, si le Père qui m'a envoyé ne l'attire" (Jean 6:44), mais l'Homme ne le croira pas. Dès que l'invisible devient visible, l'Homme commence à expliquer la cause et la signification de l'apparition. Ainsi, le fils de l'Homme (idée qui aspire à la manifestation) est constamment détruit par la main de l'Homme (explication ou sagesse).

Maintenant que votre conscience vous a été révélée comme étant la cause de toute expression, vous ne retournerez pas dans les ténèbres de l'Égypte avec ses nombreux dieux. Il n'y a qu'un seul Dieu. Le seul Dieu est votre conscience. "Tous les habitants de la terre ne sont à ses yeux que néant, il agit comme il lui plaît avec l'armée des cieux et avec les habitants de la terre ; et il n'y a personne qui résiste à sa main et qui lui dise : que fais-tu ?" Si le monde entier se rassemblait et convenait qu'une certaine chose ne peut pas être réalisée, et que vous deveniez quand même conscient d'être ou de réaliser cette chose - vous la réaliseriez. Votre conscience ne demande jamais la permission d'exprimer ce dont vous êtes conscient. Elle le fait tout simplement, tout naturellement et sans effort, indépendamment de la sagesse humaine et de toute contradiction.

"Ne saluez personne en chemin." Ce n'est pas une invitation à être grossier ou méchant, mais un rappel à ne considérer personne comme supérieur, et à ne voir en personne une barrière à votre expression. Personne ne peut être à votre disposition pour vous aider à exprimer quelque chose dont vous êtes conscient, ou mettre en doute votre capacité à le faire. Ne jugez pas sur l'apparence d'une chose, "car tout possible aux yeux de Dieu". Lorsque les disciples ont vu l'enfant fou à travers leur jugement d'apparence, ils ont considéré que c'était un problème plus difficile à résoudre que les autres qu'ils avaient vus ; et donc ils n'ont pas pu parvenir à la guérison. A en juger par les apparences, ils ont oublié que tout était possible pour Dieu. Hypnotisés par la réalité de l'apparence, ils ne pouvaient pas sentir le naturel de la santé spirituelle.

Le seul moyen pour vous d'éviter un tel échec est de vous rappeler constamment que votre conscience est le Tout-Puissant, la présence globale ; sans aucune aide, cette présence exprimera en vous, sans le moindre effort, ce dont vous êtes conscient dans votre monde. Soyez complètement indifférent à l'évidence des sens, afin de ressentir le naturel de votre désir, et votre souhait sera réalisé. Détournez-vous des apparences et ressentez le naturel de cette perception parfaite en vous - une qualité qui ne peut jamais être mise en doute ou remise en question. Sa compréhension ne vous trompera jamais. Votre souhait est la solution à votre problème. Une fois le souhait réalisé, le problème est résolu.

Même avec le plus grand effort de volonté, vous ne pouvez rien forcer à l'extérieur. Il n'y a qu'une seule façon de commander ces choses que vous voulez, et c'est en acceptant la conscience de ce que vous voulez. Il y a une énorme différence entre ressentir une chose et la connaître intellectuellement. Il faut accepter sans réserve qu'en possédant (ressentant) une chose dans la conscience, la réalité a été ordonnée, ce qui la fait naître sous une forme concrète.

Vous devez être absolument convaincu qu'il existe un lien ininterrompu entre la réalité invisible et sa manifestation visible. Votre acceptation intérieure doit devenir une conviction intense et immuable qui transcende à la fois la raison et l'intellect, rejetant toute croyance en une réalité extérieure autre que celle du miroir d'un état de conscience intérieur. Lorsque vous comprenez et croyez vraiment ces choses, vous avez acquis une certitude si profonde que rien ne peut vous ébranler.

Vos désirs sont les réalités invisibles, qui ne répondent qu'aux ordres de Dieu. Dieu ordonne à l'invisible d'apparaître, prétendant être la chose commandée elle-même. "Il s'est rendu égal à Dieu et n'a trouvé aucune prétention à faire les œuvres de Dieu." Maintenant, laissez cette déclaration pénétrer profondément dans votre audition : SOYEZ CONSCIENT D'ÊTRE COMME VOUS VOULEZ APPARAÎTRE.

Chapitre 24 : Clairvoyance : Le comte de Monte-Cristo

Ayant des yeux, ne voyez-vous pas ? Ayant des oreilles, n'entendez-vous pas ? Et n'avez-vous point de mémoire ?
...Marc 8:18

La véritable clairvoyance ne repose pas sur votre capacité à voir des choses en dehors du domaine de la vision humaine, mais plutôt sur votre capacité à comprendre ce que vous voyez.

Les états financiers peuvent être vus par tout le monde, mais peu peuvent les lire. La capacité à interpréter la déclaration est le signe d'une vision claire, ou de la clairvoyance.

Tout objet, vivant ou inanimé, est enveloppé dans une lumière liquide, pulsée et en mouvement, qui transporte une énergie bien plus rayonnante que celle des objets eux-mêmes. L'auteur le sait mieux que quiconque ; mais il sait aussi que la capacité de voir une telle aura n'est pas égale à la capacité de comprendre ce que l'on voit dans le monde qui nous entoure.

Ce point est illustré par l'histoire suivante - Une histoire connue du monde entier, et pourtant seuls les vrais mystiques ou clairvoyants l'ont vraiment vue.

Résumé

L'histoire du comte de Monte-Cristo de Dumas est, pour les mystiques et les vrais clairvoyants, la biographie de chaque être humain.

I

Edmond Dantès, un jeune marin, retrouve le capitaine de son navire mort. Il prend le commandement du navire au milieu d'une mer démontée par la tempête et tente de ramener le navire à un mouillage sûr.

Votre foi est votre destin

Commentaire

La vie elle-même est une mer fouettée par la tempête avec laquelle l'Homme se débat pour tenter de se diriger vers une oasis de calme.

II

Dantès porte sur lui un document secret qu'il doit remettre à un homme qu'il ne connaît pas, mais qui se présentera au jeune marin en temps voulu. Ce document est un plan pour libérer l'empereur Napoléon de sa prison sur l'île d'Elbe.

Commentaire

Chaque humain porte en lui le plan secret par lequel le puissant empereur de l'être humain lui-même est libéré.

III

Lorsque Dantès arrive au port, le jeune marin est arrêté et interné dans les catacombes par trois hommes (qui, par leurs flatteries et leurs louanges, ont réussi à se mettre au bon service du roi actuel) qui craignent tout changement susceptible de modifier leur position au sein du gouvernement.

Commentaire

L'Homme est égaré dans sa tentative de trouver la sécurité dans ce monde par les fausses lumières de la cupidité, de la vanité et du pouvoir.

La plupart des gens croient que la célébrité, la grande richesse ou le pouvoir politique les protégeraient des tempêtes de la vie. Ils aspirent donc à les atteindre comme un point d'ancrage dans leur vie - pour découvrir ensuite qu'ils ont perdu la connaissance de leur vrai moi dans leur quête. Si l'Homme fait confiance à quelque chose d'autre que lui-même, le lieu où cette confiance est placée le détruira à temps ; il sera alors comme un prisonnier, pris au piège de la confusion et du désespoir.

IV

Ici, dans cette tombe, Dantés est oublié et laissé à pourrir. De nombreuses années passent. Puis, un jour, Dantés (qui est un squelette vivant à cette époque) entend un coup sur son mur. Répondant au coup, il entend la voix d'un autre de l'autre côté de la pierre. En réponse à la voix, Dantés enlève la pierre et découvre un vieux prêtre qui a été enfermé si longtemps que personne ne connaît la raison de cet enfermement ni la durée de son séjour.

Commentaire

Ici, derrière ces murs de ténèbres mentales, l'Homme habite ce qui semble être une mort vivante. Après des années de déception, l'Homme se détourne de ses faux compagnons et découvre en lui ses vieux amis (sa conscience), enfouis depuis le jour où il a cru être un Homme et oublié qu'il était Dieu.

V

Le vieux prêtre a passé de nombreuses années à s'extirper de cette tombe vivante, pour découvrir qu'il s'était enterré lui-même dans la tombe de Dantès. Il s'est finalement rendu à son destin et a décidé de trouver sa joie et sa liberté en instruisant Dantès dans toute sa connaissance des mystères de la vie, et en l'aidant à s'échapper.

Au début, Dantès est trop impatient d'acquérir toutes ces informations ; mais le vieux prêtre, avec son infinie patience développée pendant son long emprisonnement, montre à Dantès combien il est incapable dans son esprit actuel, non préparé, anxieux de recevoir cette connaissance. Dans un calme philosophique, il révèle alors au jeune homme les secrets de la vie et du temps.

Commentaire

Cette révélation est si merveilleuse que lorsque l'Homme l'entend pour la première fois, il voudrait l'acquérir d'un seul coup ; mais il se rend compte qu'après toutes les années passées à se croire humain, il a complètement oublié sa véritable identité et est incapable d'absorber ce souvenir d'un seul coup. Il remarque également qu'il ne peut l'absorber que dans la mesure où il renonce à toutes ses valeurs et opinions humaines.

VI

Dantès mûrit sous les instructions du vieux prêtre, et le vieil homme se retrouve de plus en plus vivant dans la conscience de Dantès. Enfin, il transmet à Dantès sa dernière part de sagesse, la compétence en matière de confiance. Il lui parle ensuite d'un trésor inépuisable enterré sur l'île de Monte-Cristo.

Commentaire

Dès que l'Homme lâche ses valeurs chères, il absorbe de plus en plus la lumière (le vieux prêtre) jusqu'à ce qu'il devienne enfin la lumière et se reconnaisse comme le vieil homme. JE SUIS la lumière du monde.

VII

Selon cette révélation, les murs des catacombes qui les séparaient de l'océan au-dessus de la grotte s'effondrent, déchirant le vieil homme jusqu'à sa mort. Les gardes découvrent cet accident, mettent le corps du vieux prêtre dans un sac et se préparent à le jeter à la mer. Lorsqu'ils vont chercher une civière, Dantès retire le corps du vieux prêtre du sac et se met dedans. Les gardes, n'ayant pas remarqué ce changement de corps, et pensant que c'est encore le vieil homme couché dans le sac, jettent Dantès à l'eau.

Commentaire

L'écoulement de l'eau et du sang dans le corps mort du vieux prêtre peut être comparé à l'écoulement du sang et de l'eau de Jésus lorsque les soldats romains l'ont transpercé - le phénomène qui se produit à chaque naissance (naissance symbolique d'une conscience supérieure).

VIII

Votre foi est votre destin

Dantès se libère du sac, se rend sur l'île de Monte Christo et découvre le trésor enfoui. Puis, armé de cette fabuleuse richesse et d'une sagesse surhumaine, il se défait de son identité humaine d'Edmond Dantès et prend le titre de Comte de Monte-Cristo.

Commentaire

L'Homme découvre sa conscience comme le trésor inépuisable de l'univers. Le jour où l'Homme fait cette découverte, il meurt en tant qu'être humain et s'éveille en tant que Dieu.

Oui, Edmond Dantès sera le comte de Monte-Cristo. L'Homme devient le Christ.

Chapitre 25 : 23e psaume

I

L'ETERNEL est mon berger, je ne manquer de rien.

Commentaire

Ma conscience est mon seigneur et mon berger. Ce que JE SUIS, c'est-à-dire ce que je suis conscient d'être, c'est le mouton qui me suit. Ma conscience est un si bon berger qu'elle n'a jamais perdu un mouton ou quoi que ce soit dont j'ai conscience.

Ma conscience est la voix dans le désert de la confusion humaine ; tout ce que JE SUIS invite à me suivre.

Mes moutons connaissent si bien ma voix, jamais il n'y aucun manquement à mon appel ; jamais il n'arrivera un moment où ce que JE SUIS convaincu d'être moi ne me trouvera pas.

JE SUIS une porte ouverte pour que tout ce que JE SUIS entre.

Ma conscience est le Seigneur et le berger de ma vie. Je sais maintenant que je ne manquerai jamais de preuves de ce dont je suis conscient. En sachant cela, je prends conscience d'être grand, aimant, prospère, sain, et de toutes les autres choses que je désire être.

II

Il me fait reposer dans de verts pâturages.

Commentaire

Ma conscience multiplie tout ce que je suis conscient d'être, de sorte que je reçois toujours en abondance.

Peu importe ce dont l'Homme est conscient, il le trouvera éternellement bouillonnant dans son monde.

Votre foi est votre destin

La mesure du Seigneur (l'image de soi de l'Homme) est toujours pressée, secouée et déborde.

III

Il me mène près des eaux paisibles

Commentaire

Il n'est pas nécessaire de se battre pour ce que je suis conscient d'être, car tout ce que je suis conscient d'être est conduit vers moi sans aucun effort, tout comme un berger conduit son troupeau vers l'eau douce d'une source paisible.

IV

Il restaure mon âme. Il me conduit dans les sentiers de la justice, à cause de son nom.

Commentaire

Maintenant que ma mémoire est restaurée, de sorte que je sais que JE SUIS le Seigneur et qu'il n'y a pas de Dieu à côté de moi, mon royaume est restauré.

Mon royaume - qui était tombé dans l'oubli le jour où j'ai cru en une puissance extérieure à moi-même - est maintenant entièrement restauré.

Maintenant que je sais que ma conscience est Dieu, je vais utiliser cette connaissance correctement en prenant conscience d'être ce que je souhaite être.

V

Quand je marche dans la vallée de l'ombre de la mort, je ne crains aucun mal, car tu es avec moi, ta houlette et ton bâton me rassurent.

Votre foi est votre destin

Commentaire

Oui, bien que je traverse toute la confusion et les changements d'opinion des gens, je ne crains aucun malheur, car j'ai compris que c'est la conscience qui crée la confusion. Ma propre affaire a retrouvé sa place légitime et digne, et donc, contrairement à la confusion, je vais exprimer dans mon monde ce que je suis conscient d'être. Et toute cette confusion sera le reflet de ma propre dignité.

VI

Tu dresses devant moi une table, en face de mes adversaires. Tu oins d'huile ma tête et ma coupe déborde.

Commentaire

Face aux résistances et aux conflits apparents, je triompherai, car je continuerai à exprimer la plénitude de ce que je suis conscient d'être.

Ma tête (conscience) continuera à déborder de la joie d'être Dieu.

VII

La bonté et la miséricorde me suivront tous les jours de ma vie, et j'habiterai dans la maison de l'ÉTERNEL pour toujours.

Commentaire

Parce que je suis maintenant conscient d'être bon et miséricordieux, les signes de bonté et de miséricorde sont obligés de me suivre toute ma vie - car j'habiterai pour toujours dans la maison (ou conscience) de la divinité.

Chapitre 26 : Gethsémani

Là dessus, Jésus alla avec eux dans un lieu appelé Gethsémané, et il dit aux disciples : "Asseyez-vous ici pendant que je m'éloignerai pour prier."
...Matthieu 26:36

L'un des plus merveilleux romans mystiques est raconté dans l'histoire de Jésus au jardin de Gethsémané, mais l'Homme n'a pas vu la lumière du symbolisme de cette histoire et a mal interprété cette union mystique comme une expérience angoissante dans laquelle Jésus a supplié son Père en vain de changer son destin.

Gethsémané est, pour les mystiques, le jardin de la création - ce lieu dans la conscience où l'Homme va pour réaliser ses objectifs définis. Gethsémané est un mot composé qui signifie presser une substance huileuse ; Geth, presser, et Shemen, une substance huileuse. L'histoire de Gethsémané révèle aux mystiques, dans un symbolisme dramatique, l'acte de création. Tout comme l'Homme porte en lui une substance huileuse qui est expulsée dans l'acte de création comme une image de lui-même, il porte en lui un principe divin (sa conscience), dont le contenu, en tant qu'état de conscience, est expulsé ou réifié sans aucune aide.

Un jardin est une parcelle de terre bien entretenue, un champ spécialement préparé où les graines sont plantées et entretenues à la discrétion du jardinier. Gethsémané est un tel jardin, le lieu de conscience où le mystique va avec son but bien défini. On entre dans ce jardin dès que la personne retire son attention du monde qui l'entoure et la dirige vers ses objectifs.

Les désirs de l'Homme sont des graines, portant en elles le pouvoir et le plan de développement personnel, et, comme les graines de l'Homme, ces graines sont enfouies dans une substance huileuse (une attitude joyeuse et reconnaissante de l'esprit). Dès que l'Homme envisage d'être et de posséder ce qu'il veut être et posséder, il a mis en route le processus de pressage - l'acte spirituel de la création. Ces graines sont pressées et plantées dès que l'Homme se perd dans un état de joie sauvage et fou, ressentant et prétendant consciemment être ce qu'il voulait être avant.

Les vœux exprimés ou pressés conduisent à l'adoption du souhait. L'Homme ne peut pas posséder quelque chose en même temps et en même temps continuer à vouloir le posséder. Ainsi, dès qu'une personne prend consciemment le sentiment d'être ce qu'elle désire, le souhait est dit passé - il est réalisé. L'attitude réceptive de l'esprit, l'impression d'être, de sentir et de maintenir la chose désirée, est le sol fertile, ou l'utérus, qui reçoit la semence (objectif défini).

La graine qui est pressée hors de l'Homme pousse comme une image de l'Homme dont elle a été pressée. De même, la graine mystique, votre affirmation consciente que vous êtes ce que vous vouliez être avant, va croître à votre propre image - de l'Homme de qui et dans qui elle est pressée. Oui, Gethsémané est le jardin nourricier de l'amour où la personne disciplinée va presser les graines de joie (désir défini) hors d'elle-même, dans son attitude réceptive de l'esprit, pour en prendre soin et les nourrir, en marchant dans la joie d'être tout ce qu'elle souhaitait être avant.

Ressentez avec le grand jardinier l'excitation secrète de savoir que des choses et des qualités encore invisibles deviennent visibles dès que ces impressions conscientes ont grandi et mûri. Votre conscience est maître et mari ; l'état de conscience dans lequel vous vivez est femme ou amant. L'état visible est votre fils, qui témoigne de vous, son père et sa mère, car votre monde visible est fait comme un reflet de l'état de conscience dans lequel vous vivez ; votre monde dans toute sa plénitude n'est ni plus ni moins que votre conscience réifiée et définie.

Sachant que c'est la vérité, choisissez bien la mère de vos enfants - l'état de conscience dans lequel vous vivez, l'image que vous avez de vous-même. Le sage choisit sa femme avec une grande discrétion. Il comprend que ses enfants héritent des qualités de leurs parents, et il consacre donc beaucoup de temps et de soin au choix de leur mère. Le mystique sait que l'état de conscience dans lequel il vit correspond au choix d'une épouse, la mère de ses enfants. Il sait que cet état doit s'incarner dans son monde au fil du temps ; il est donc toujours sélectif dans ses choix, et se revendique toujours comme son plus grand idéal. Il se définit consciemment comme ce qu'il veut être.

Lorsqu'une personne réalise que l'état de conscience dans lequel elle vit est le choix d'un partenaire, elle devient plus attentive à ses humeurs et à ses sentiments. Elle s'interdit de réagir à des suggestions de peur, de manque ou de toute autre impression non désirée. De telles suggestions de manque ne pourraient jamais passer les gardes de l'esprit discipliné d'un mystique, car il sait que toute affirmation consciente doit à terme s'exprimer en tant que circonstance dans son monde.

Il reste donc fidèle à sa bien-aimée, à son objectif défini, en définissant, en revendiquant et en sentant être ce qu'il veut déployer. Laisser une personne se demander si son objectif défini, s'il avait été réalisé, serait une question de joie et de beauté. S'il affirme cela, il sait peut-être que le choix de son épouse est une princesse d'Israël, une fille de Judas - car tout objectif défini qui exprime la joie de sa réalisation est une fille de Judas, le roi de louange.

Jésus emmena ses disciples, ou ses attributs disciplinés de l'esprit, avec lui à son heure de prière et les exhorta à être attentifs pendant qu'il priait afin qu'aucune pensée ou conviction qui nierait la réalisation de son désir ne puisse entrer dans sa conscience. Suivez l'exemple de Jésus qui est entré dans le jardin de Gethsémané (état de joie), accompagné de ses disciples (son esprit discipliné), avec des désirs clairement définis, pour se perdre dans une joie sauvage de réalisation.

La fixation de son attention sur son but était le commandement qu'il donnait à son esprit discipliné de rester éveillé et dans la foi à la fixation. La contemplation de la joie qui serait la sienne si son souhait se réalisait a été le début de l'acte spirituel de création, l'acte d'expulser la graine mystique - son souhait défini. Dans cette fixation, il s'attarda, feignant et sentant qu'il était déjà ce qu'il souhaitait être avant d'entrer à Gethsémané, jusqu'à ce que tout son être (sa conscience) soit baigné dans une sueur huileuse (la joie) ressemblant à du sang (la vie). Bref, jusqu'à ce que toute sa conscience soit imprégnée de la joie vivante et durable d'être son but défini.

Lorsque cette fixation est réalisée, afin que le mystique sache par le sentiment de joie qu'il est passé de son état de conscience précédent à son état de conscience actuel, la Pâques, ou Crucifixion, est réalisée. Cette crucifixion ou traversée de la nouvelle affirmation consciente est suivie par le sabbat, un temps de repos. Il y a toujours un intervalle de temps entre l'impression et son expression, entre l'affirmation consciente et son incarnation. Cet intervalle est appelé le sabbat, la période de repos, ou d'aisance (le jour de l'enterrement).

Marcher sans souci dans la conscience d'être ou de posséder un certain état signifie respecter le sabbat. L'histoire de la crucifixion exprime de façon magnifique ce silence ou cette sérénité mystique. On nous dit que Jésus, après avoir crié "C'est fini !", a été déposé dans un tombeau. Il y est resté pendant tout le sabbat. Lorsque le nouvel état de conscience est assumé, afin que vous vous sentiez fixé et sûr de savoir qu'il est achevé, alors vous aussi vous crierez, "Il est achevé", et entrerez dans la tombe ou le Sabbat, un intervalle de temps dans lequel vous marcherez avec une totale insouciance dans la conviction que votre nouvelle conscience doit s'élever (être rendue visible).

Pâques, le jour de la résurrection, tombe le premier dimanche après la pleine lune du Bélier. La raison mystique qui se cache derrière tout cela est simple. Une région particulière ne se reflétera sous forme de pluie que lorsque cette région aura atteint son point de saturation ; tout comme l'état dans lequel vous vous trouvez ne s'exprimera que lorsque l'ensemble aura été imprégné de la conscience qu'il en est ainsi - il est complet.

Son but défini est l'état imaginaire, tout comme l'équateur est la ligne imaginaire que le soleil doit franchir pour marquer le début du printemps. Cet état, tout comme la lune, n'a pas de lumière ou de vie en lui-même ; il reflète la lumière de la conscience, ou le soleil - "Je suis la lumière du monde" - "Je suis la résurrection et la vie."

Tout comme Pâques est déterminée par la pleine lune du Bélier, la résurrection de votre affirmation consciente est déterminée par la pleine conscience de cette affirmation, en vivant réellement comme cette nouvelle conception. La plupart des gens ne parviennent pas à ressusciter leurs objectifs parce qu'ils ne restent pas fidèles à leur nouvel état défini jusqu'à ce qu'ils atteignent la plénitude.

Si l'Homme gardait à l'esprit qu'il ne peut y avoir de Pâques, ou de jour de résurrection, tant que la pleine lune n'est pas atteinte, il comprendrait que l'état dans lequel il est allé consciemment, ne peut être exprimé, ou ressuscité, qu'après être resté dans cet état d'être le but défini. Ce n'est que lorsque tout son être sera excité par le sentiment que ce qu'il prétend consciemment être est en fait ce qu'il est vraiment, en vivant consciemment dans cet état, alors, et alors seulement, qu'il ressuscitera ou réalisera son souhait.

Chapitre 27 : Une formule pour la victoire

Tout lieu que foulera la plante de votre pied, je vous le donne.
...Josué 1.3

La majorité des gens connaissent l'histoire de la conquête de Jéricho par Josué. Ce qu'ils ne savent pas, cependant, c'est que cette histoire est la formule parfaite pour la victoire - la victoire en toutes circonstances et contre toute attente.

On dit que Josué était armé seulement en sachant que tout endroit où la plante de son pied devrait marcher lui serait donné ; qu'il voulait conquérir la ville de Jéricho, mais que les murs le séparaient de la ville de façon infranchissable. Il semblait physiquement impossible pour Josué de passer ces murs massifs et de voir la ville de Jéricho. Néanmoins, il était poussé par la connaissance de la promesse que, indépendamment des barrières et des obstacles qui le séparaient de son désir, il lui suffisait d'entrer au fond de la ville, et elle lui serait donnée.

Le livre de Josué dit en outre qu'au lieu de lutter contre ce gigantesque problème de murailles, Josué a employé les services de la prostituée Rahab et l'a envoyée dans la ville comme espionne. Lorsque Rahab entra dans sa maison, qui se trouvait au milieu de la ville, Josué, qui était encore scellé de la ville par les murs, souffla sept fois sur sa trompette. Après la septième fois, les murs se sont effondrés et Josué est entré victorieusement dans la ville.

Pour les non-initiés, cette histoire n'a pas de sens. Pour ceux qui le considèrent non pas comme un document historique mais comme un drame psychologique, il est très révélateur.

Si nous suivions l'exemple de Josué, notre victoire serait tout aussi facile. Pour vous, le lecteur, Josué symbolise votre condition actuelle ; la ville de Jéricho représente votre désir ou un objectif défini. Les murs de la ville de Jéricho symbolisent les obstacles qui se dressent entre vous et la réalisation de votre objectif. Le pied est synonyme de compréhension ; placer la plante du pied sur un certain sol équivaut à fixer un certain état psychologique. Rabah l'espionne est votre capacité à voyager n'importe où dans le monde en secret ou psychologiquement. La conscience ne connaît pas de frontières. Personne ne peut vous empêcher de rester psychologiquement en un seul endroit, ou dans un seul état dans le temps et l'espace.

Quelles que soient les barrières physiques qui vous séparent de votre objectif, vous pouvez détruire le temps, l'espace et les barrières sans aucun effort ni aide d'autrui. Ainsi, vous pouvez habiter psychologiquement l'état désiré. Ainsi, même si vous n'êtes pas physiquement capable d'entrer dans un État ou une ville, vous pouvez toujours entrer dans n'importe quel état souhaité psychologiquement. En entrant psychologiquement, je veux dire que vous pouvez fermer les yeux maintenant, en ce moment, et imaginer un lieu ou un état qui n'est pas le vôtre. Vous pouvez en fait SENTIR que vous êtes maintenant dans ce lieu ou cet état. Vous pouvez sentir cette circonstance si naturelle et réelle que dès que vous ouvrez les yeux, vous êtes complètement surpris de ne pas être physiquement là.

Une putain, comme vous le savez, donne à chaque homme ce qu'il demande. Rahab, la putain, symbolise votre capacité infinie à accepter n'importe quel état désirable - sans vous demander si vous en êtes physiquement ou moralement capable. Vous pouvez conquérir la ville moderne de Jéricho ou votre objectif défini aujourd'hui en reconstituant psychologiquement l'histoire de Josué ; mais pour conquérir la ville et réaliser vos désirs, vous devez suivre attentivement la formule de la victoire telle qu'elle est écrite dans ce livre de Josué.

C'est l'application de cette formule victorieuse telle qu'elle est révélée par un mystique moderne aujourd'hui :

Tout d'abord, définissez votre objectif (et non la manière de l'atteindre) - simplement votre but ; sachez exactement ce que vous désirez afin d'en avoir une image mentale claire.

Ensuite, détournez votre attention des obstacles qui vous séparent de votre objectif et concentrez vos pensées sur l'objectif lui-même.

Troisièmement, fermez les yeux et SENTEZ que vous êtes déjà dans la ville ou l'État que vous voulez conquérir. Restez dans cet état psychologique jusqu'à ce que vous obteniez une réaction consciente de satisfaction totale de la victoire. Puis, simplement en ouvrant les yeux, vous revenez à votre ancien état de conscience.

Ce voyage secret vers l'état souhaité, avec la réaction psychologique de satisfaction totale qui s'ensuit, est tout ce qui est nécessaire pour parvenir à une victoire totale. Cet état psychologique victorieux s'incarnera contre toute résistance. Elle porte le plan et le pouvoir de l'auto-développement. Suivez désormais l'exemple de Josué qui, après avoir habité psychologiquement l'état désiré jusqu'à ce qu'il reçoive une réaction consciente de victoire totale, n'a rien fait de plus pour la victoire que de souffler sa trompette sept fois.

Les sept temps symbolisent le septième jour, un temps de silence ou de repos, l'intervalle entre les états subjectifs et objectifs, un temps de grossesse ou d'attente joyeuse. Ce silence n'est pas le silence du corps, mais le silence de l'esprit - une passivité complète, non pas une inertie, mais un silence vivant, né de la confiance en cette loi immuable de la conscience.

Pour ceux qui ne connaissent pas cette loi ou la formule de la victoire, la tentative de calmer l'esprit ne conduit qu'à une tension subtile qui n'est rien d'autre qu'une peur comprimée. Mais vous, connaissant la loi, vous constaterez qu'après avoir conquis l'état psychologique qui serait le vôtre si vous étiez déjà entré victorieusement dans la ville, vous avancerez vers la réalisation physique de vos désirs. Vous le ferez sans aucun doute ni crainte, dans un état d'esprit fixe, sachant que vous avez une victoire préétablie.

Vous n'aurez pas peur de l'ennemi parce que l'issue de l'événement a déjà été prédestinée par la condition psychologique précédant l'offensive physique ; et toutes les forces du ciel et de la terre ne peuvent empêcher l'accomplissement victorieux de cette condition.

Restez dans l'état psychologique défini par votre objectif jusqu'à ce que vous ressentiez le frisson de la victoire. Puis, né avec confiance de la connaissance de cette loi, observez la réalisation physique de votre objectif.

...se tenir, se tenir et voir le salut que le SEIGNEUR fournit...

La liberté pour tous

Chapitre 1 : L'unité de Dieu

Écoute, Israël ! L'ETERNEL notre Dieu, est un seul Éternel.
Écoute, Israël :

Écoute, Homme, fait de la substance de Dieu : Toi et Dieu êtes un et indivisible ! L'Homme, le monde et tout ce qu'il contient sont des états conditionnés de l'inconditionnel, Dieu. C'est ce que vous êtes ; vous êtes Dieu, conditionné en tant qu'Homme. Tout ce que vous croyez être Dieu, c'est vous ; mais vous ne saurez pas que c'est vrai tant que vous ne cesserez pas de l'attribuer à un autre et que vous ne réaliserez pas que cet autre apparemment, c'est vous. Dieu et l'Homme, l'esprit et la matière, l'informe et le formé, le Créateur et la création, la cause et l'effet, votre Père et vous êtes Un. Celui dans lequel tous les états conditionnés vivent, se déplacent et ont votre être est votre JE SUIS, votre conscience inconditionnelle.

La conscience inconditionnelle est Dieu, la seule vraie réalité. La conscience non conditionnée est un sentiment de conscience. JE SUIS conscient que je suis un être humain, mais je n'ai pas besoin d'être un être humain pour être conscient que je le suis. Avant de prendre conscience que je suis quelqu'un, moi, conscience inconditionnelle, j'étais consciente d'être consciente, et cette conscience ne dépend pas du fait d'être quelqu'un. JE SUIS une conscience auto-existante, inconditionnelle ; j'ai pris conscience d'être quelqu'un et je deviens conscient d'être quelqu'un d'autre que celui dont je suis conscient maintenant ; mais JE SUIS éternellement conscient d'être quelqu'un, que je sois une forme inconditionnelle ou conditionnée.

En tant qu'état conditionné, je (l'humain) peut oublier qui je suis ou où je suis, mais je ne peux pas oublier que JE SUIS. Cette connaissance que JE SUIS, cette conscience, est la seule réalité. Cette conscience inconditionnelle, le JE SUIS, est la réalité consciente dans laquelle tous les états conditionnés - les images de soi - commencent et se terminent, et qui reste à jamais l'inconnu, l'être conscient, même lorsque tous les connus cessent d'être. Tout ce que j'ai toujours cru en moi, tout ce que je crois actuellement en moi, et tout ce que je croirai jamais en moi, ne sont que des tentatives de me connaître - la réalité inconnue et indéfinie. Cette conscience inconnue, consciente ou inconditionnelle est mon véritable être, la seule vraie réalité. JE SUIS la réalité inconditionnelle, conditionnée comme ce que je crois de moi-même. JE SUIS le croyant, limité par ma croyance, le connaissant, défini par la connaissance. Le monde est ma conscience réifiée et conditionnée. Ce que je ressens et crois être vrai à mon sujet est maintenant projeté dans l'espace - comme mon monde. Le monde, mon moi miroir, témoigne à jamais de l'état de conscience dans lequel je vis.

Il n'y a aucune probabilité ou coïncidence qui pourrait être responsable des choses qui m'arrivent, ou qui se produisent dans mon environnement. Le destin prédestiné n'est pas non plus l'auteur de mon succès ou de mon échec. L'innocence et la culpabilité sont des mots vides de sens pour la loi de la conscience, à moins qu'ils ne reflètent mon état de conscience.

La conscience de la culpabilité appelle à la condamnation. La conscience de la rareté produit la pauvreté. L'Homme réifie toujours et à jamais l'état de conscience dans lequel il se trouve, mais il s'est en quelque sorte perdu dans l'interprétation de la loi de cause à effet. Il a oublié que c'est l'état intérieur qui est la cause des manifestations extérieures - "Comme à l'intérieur, ainsi à l'extérieur" ("Le principe de la correspondance", le deuxième principe d'Hermès Trismégiste) - et dans son oubli, il croit qu'un Dieu extérieur à lui-même agit selon ses propres raisons étranges, qui vont au-delà de la compréhension du simple homme ; ou il croit que les gens souffrent à cause d'erreurs oubliées du passé ; ou que le hasard aveugle joue simplement le rôle de Dieu.

Un jour, l'Homme réalisera que son propre JE SUIS est le Dieu qu'il a cherché au cours des siècles et que sa conscience est la seule vraie réalité.

La chose la plus difficile à comprendre pour l'Homme est la suivante : Que le "JE SUIS" en lui-même est Dieu. C'est son véritable être, son état paternel, le seul état dont il peut être sûr. Le Fils, l'image qu'il a de lui-même, est une illusion. Il sait toujours qu'il l'est, mais *ce* *qu'*il est est une illusion créée par lui-même (le Père) pour tenter de se définir.

Cette découverte révèle que tout ce que qui a été attribué à Dieu JE SUIS. "JE SUIS la résurrection et la vie" est un fait qui fait référence à ma conscience, car ma conscience ressuscite ou rend visible ce dont je suis conscient.

"JE SUIS la porte.... Tous ceux qui sont venus avant moi sont des voleurs et des brigands" me montre que ma conscience est le seul accès existant au monde de l'expression ; que la supposition d'être ou de posséder ce que je souhaite être ou posséder est le seul moyen par lequel je peux le devenir ou le posséder ; que toute autre tentative d'exprimer cet état désiré d'une manière différente de celle dans laquelle je suppose consciemment que je suis déjà ou que je possède me prive de la joie de l'expression et de la possession. "JE SUIS le commencement et la fin" s'est révélé être la cause de la naissance et de la mort de toute expression. "JE SUIS m'a envoyé" révèle ma conscience comme le Seigneur qui m'envoie dans le monde comme un reflet de ma conscience, un monde composé de tout ce dont je suis conscient.

"JE SUIS l'Éternel, et il n'y en a point d'autre", proclame ma conscience comme étant le seul Seigneur existant, et en dehors de ma conscience, il n'y a pas de Dieu. "Arrête, et sache que JE SUIS Dieu" (Psaume 46:11) signifie que je dois reposer mon esprit et savoir que ma conscience est Dieu. "Tu ne prendras point le nom de l'Éternel, ton Dieu, en vain." "JE SUIS l'Éternel ; c'est là mon nom." Maintenant que vous avez découvert votre JE SUIS, votre conscience en tant que Dieu, ne prétendez rien de vrai sur vous que vous ne prétendez pas être vrai sur Dieu - parce qu'en vous définissant, vous définissez Dieu. Ce dont vous êtes conscient, c'est ce que vous nommez Dieu. Dieu et l'Homme ne font qu'un. Vous et votre père ne faites qu'un.

Votre conscience inconditionnelle, ou JE SUIS, et ce dont vous êtes conscient, est Un. Le Constructeur et son concept ne font qu'Un. Si votre conception de vous-même, l'image que vous avez de vous-même, est inférieure à ce que vous considérez comme vrai de Dieu, vous avez volé Dieu le Père, car vous (le Fils ou Concept) rendez témoignage au

Père, le Constructeur. N'abusez pas du nom magique de Dieu, JE SUIS, car vous ne serez pas déclaré innocent ; vous exprimerez tout ce que vous prétendez sur vous-même. Nommez Dieu en vous définissant consciemment en fonction de votre plus grand idéal.

Chapitre 2 : Le nom de Dieu

On ne dira jamais assez que la conscience est la seule réalité, car c'est la vérité qui libère l'Homme. C'est le fondement sur lequel repose toute la structure de la littérature biblique. Toutes les histoires de la Bible sont des révélations mystiques, écrites dans le symbolisme oriental, qui révèlent à l'intuition le mystère de la création et la formule de l'épidémie. La Bible est la tentative de l'Homme pour décrire la cause et la nature de la création avec des mots. L'Homme a découvert que sa conscience est la cause ou le créateur de ce monde, il a donc raconté l'histoire de la création dans une série d'histoires symboliques, que nous connaissons aujourd'hui sous le nom de Bible.

Pour comprendre le plus grand des livres, il suffit d'un peu d'intelligence et de beaucoup d'intuition - assez d'intelligence pour lire le livre et assez d'intuition pour interpréter et comprendre ce que vous lisez. Vous vous demandez peut-être pourquoi la Bible a été écrite de façon symbolique. Pourquoi n'a-t-elle pas été rédigée dans un style clair afin que tous ceux qui la lisent puissent la comprendre ? Ma réponse à ces questions est que tous les gens parlent symboliquement pour la partie du monde qui est différente de la leur.

Le langage de l'Ouest est clair pour nous, à l'Ouest, mais symbolique de celui de l'Est ; et vice versa. On en trouve un exemple dans les instructions orientales : "Et si ta main droite est pour toi une occasion de chute, coupe-la et jette-la loin de toi !" Nous ne parlons pas ici de la main du corps, mais de toute forme d'expression, dans l'avertissement de se détourner de toute expression de votre monde qui vous répugne. D'autre part, l'Homme d'Orient, tromperait involontairement l'Homme d'Occident en disant : "Cette rive est sur les rochers". Pour l'Homme occidental, cela équivaut à la faillite, tandis que pour l'Homme oriental, un rocher symbolise la foi et la sécurité. "C'est pourquoi, quiconque entend ces paroles que je dis et les met en pratique, sera semblable à un homme prudent qui a bâti sa maison sur le roc ; et la pluie est tombée, et les torrents sont venus, et les vents ont soufflé et ont donné contre cette maison ; elle n'est point tombée, parce qu'elle était fondée sur le roc."

Pour bien comprendre le message de la Bible, vous devez garder à l'esprit qu'il émane de l'esprit oriental et qu'il ne peut donc pas être compris littéralement par les Occidentaux. Biologiquement, il n'y a pas de différence entre l'Orient et l'Occident. L'amour et la haine sont les mêmes ; la faim et la soif sont les mêmes ; l'ambition et le désir sont les mêmes ; mais la manière de s'exprimer est très différente.

La première découverte que vous devez faire si vous voulez percer le mystère de la Bible est la signification du nom symbolique du Créateur, connu de tous sous le nom de Jéhovah. Le mot "Jéhovah" est composé des quatre lettres hébraïques - JOD HE VAU HE. Tout le secret de la création est caché dans ce nom.

La première lettre, JOD, représente l'état absolu, la conscience inconditionnelle ; le sens de la conscience indéfinie ; l'ensemble dont découle toute création, ou tout état conditionné. Dans la terminologie actuelle, JOD est le JE SUIS, ou la conscience inconditionnelle.

La deuxième lettre, HE, représente le fils unique, un souhait, un état imaginaire. Il symbolise une idée, un état défini et subjectif ou une image mentale claire.

La troisième lettre, VAU, symbolise l'art d'unir le conceptuel (JOD), la conscience désireuse, avec le concept (HE), l'état désiré, de sorte que le conceptuel et le concept ne fassent plus qu'un. Fixer un état mental, se définir consciemment comme l'état souhaité, s'imposer le fait d'être maintenant le conçu, voilà la fonction du VAU. Il cloue la conscience désirée au désiré. Ce processus d'adhésion est réalisé de manière subjective, en ressentant la réalité de ce qui n'est pas encore objectivé.

La quatrième lettre, HE, représente l'objectivation de cet accord subjectif. Le JOD HE VAU fait de l'être humain, ou du monde manifesté (HE), un reflet de lui-même, l'état de conscience subjectif. La fonction du dernier HE est donc de témoigner objectivement de l'état subjectif du JOD HE VAU. La conscience conditionnée s'objectivera continuellement sur l'écran de la pièce. Le monde est l'image de l'état de conscience subjectif qu'il a créé. Le monde visible ne peut rien faire par lui-même ; il ne fait que témoigner de son créateur, l'état subjectif. C'est le Fils visible (HE), qui témoigne du Père, du Fils et de la Mère invisibles - JOD HE VAU - une sainte Trinité, qui ne peut être vue que sous la forme de l'Homme visible ou manifestation.

Votre conscience inconditionnelle (JOD) est votre JE SUIS, qui imagine et visualise un état désiré (HE) et prend ensuite conscience d'être cet état - en ressentant et en croyant être l'état imaginé. L'union consciente entre vous qui souhaitez et ce que vous souhaitez être est rendue possible par la VAU, ou votre capacité à ressentir et à croire. Croire, c'est vivre dans le sentiment d'être réellement l'état imaginé en acceptant la conscience d'être celui qui est désiré. L'état subjectif est symbolisé par JOD HE VAU, et s'objective ensuite en tant que HE, complétant ainsi le mystère du nom et de la nature du Créateur, JOD HE VAU HE (Jéhovah). JOD est d'être conscient ; HE est d'être conscient de quelque chose ; VAU est d'être conscient que vous êtes ce dont vous étiez seulement conscient auparavant. Le second HE est votre monde visible, objectivé, fait à l'image de JOD HE VAU, ou celui que vous avez conscience d'être.

"Et Dieu dit : Faisons l'homme à notre image, selon notre ressemblance." Faisons, IOD HE VAU, la manifestation objective (HE) à notre image, l'image de l'état subjectif. Le monde est l'image objectivée de l'état de conscience subjectif qu'habite la conscience. La compréhension que la conscience est la seule réalité est le fondement de la Bible. Les histoires de la Bible sont des tentatives de révéler dans un langage symbolique les mystères de la création et la formule de la fuite, de l'évasion de l'Homme de ses propres créations. C'est la véritable signification du nom Jéhovah, le nom par lequel toutes choses sont faites, et sans lequel rien de ce qui a été fait n'a été fait. D'abord vous êtes conscient, puis vous devenez conscient de quelque chose, puis vous devenez conscient de ce dont vous étiez conscient, puis vous voyez objectivement ce que vous êtes conscient d'être.

Chapitre 3 : La loi de la création

Prenons l'une des histoires de la Bible et voyons comment les prophètes et les écrivains d'autrefois ont révélé l'histoire de la création dans cet étrange symbolisme oriental. Nous connaissons tous l'histoire de l'arche de Noé, qui a été choisi pour créer un nouveau monde après sa destruction par le déluge.

La Bible nous dit que Noé a eu trois fils : Sem, Cham et Japhet.

Le premier fils est Sem, ce qui signifie nom. Ham, le deuxième fils, signifie chaud, vivant. Le troisième fils s'appelle Japhet, ce qui signifie expansion. Vous remarquerez que Noé et ses trois fils, Sem, Cham et Japhet portent en eux la même formule de création que le nom divin de JOD HE VAU HE porte en lui. Noé, le Père, le Constructeur, le Fondateur d'un nouveau monde est l'équivalent de JOD, la conscience inconditionnelle, JE SUIS. Shem est votre désir, ce dont vous êtes conscient, ce que vous définissez et nommez comme votre objectif. Il est équivalent à la deuxième lettre du nom divin (HE). Cham est l'état chaud et vivant du sentiment, qui relie la conscience désireuse et le désiré, et est donc équivalent à la troisième lettre du nom divin, la VAU. Le dernier fils, Japhet, signifie expansivité, et est l'état élargi ou objectivé, qui témoigne de l'état subjectif, et est équivalent à la dernière lettre du nom divin, HE.

Vous êtes Noé, le connaisseur, le créateur. La première chose que vous faites naître est une idée, un désir, un souhait, ou votre premier fils Shem (nom). Votre deuxième fils Ham (chaud, vivant) est le secret du SENTIMENT, par lequel vous vous connectez subjectivement à votre désir, de sorte que vous, la conscience désireuse, devenez consciente d'être ou d'avoir le désiré. Votre troisième fils, Japhet, est la confirmation, la preuve visible que vous connaissez le secret de la création. Il est l'état élargi ou objectivé, témoignant de l'état invisible ou subjectif dans lequel vous vivez.

Dans l'histoire de Noé, il est dit que Cham a vu les secrets de son père et, à cause de sa découverte, il a été amené à servir ses frères Sem et Japhet. Cham, ou le sentiment, est le secret du Père, votre JE SUIS, car c'est par le sentiment que la conscience du désir est connectée à celle du désiré. L'union consciente, ou mariage mystique, n'est possible que par le sentiment. C'est le sentiment qui réalise cette union céleste du Père et du Fils, de Noé et de Sem, la conscience inconditionnelle et la conscience conditionnée. En rendant ce service, le sentiment sert automatiquement Japhet, l'état élargi ou exprimé, car sans une impression subjective préalable, il ne peut y avoir d'expression objective. Sentir la présence de ce qui est désiré, réaliser subjectivement un état en imprimant, par le sentiment, un état de conscience distinct, c'est le secret de la création.

Leur monde objectif actuel est Japhet, rendu visible par Cham. Ainsi, Cham sert ses frères Sem et Japhet, car sans le sentiment, qui est symbolisé par Cham, l'idée ou le désir (Sem) ne pourrait pas être rendu visible sous la forme de Japhet.

La capacité de ressentir l'invisible, la capacité de réaliser et de rendre réel un état subjectif clair par le sentiment, c'est le mystère de la création - ce mystère par lequel le mot, ou le désir invisible, devient visible ; est devenu chair. "Dieu appelle ce qui n'est pas, ce qui peut être." La conscience appelle les choses invisibles, comme si elles étaient là, en se définissant d'abord comme ce qu'elle veut exprimer, puis en restant dans cet état défini jusqu'à ce que l'invisible devienne visible. Nous avons ici le fonctionnement parfait de la loi par rapport à l'histoire de Noé. En ce moment même, vous savez que vous l'êtes. Cette conscience, cette connaissance que vous êtes, c'est Noé, le créateur.

Maintenant que nous avons identifié l'identité de Noé comme étant votre conscience, nommez quelque chose que vous aimeriez posséder ou exprimer ; définissez un but (Sem) et, en définissant clairement votre désir, fermez les yeux et sentez que vous l'avez ou exprimez-le. Ne vous posez pas de questions sur la manière de procéder, mais sentez que vous avez la solution. Adoptez l'attitude d'esprit qui serait la vôtre si vous l'aviez déjà, afin de sentir qu'elle est prête.

L'émotion est le secret de la création.

Soyez aussi sage que Cham et faites cette découverte afin que vous puissiez vous aussi trouver la joie de servir vos frères Sem et Japhet ; la joie de faire s'incarner le Verbe ou le Nom.

Chapitre 4 : Le secret des sentiments

Le mystère du sentiment, ou de l'appel à l'invisible, est magnifiquement raconté dans l'histoire d'Isaac bénissant son deuxième fils, Jacob, dans la croyance - basée uniquement sur le sentiment - qu'il allait bénir son premier fils, Esaü. On dit qu'Isaac, qui était vieux et aveugle, sentait qu'il allait quitter ce monde et souhaitait donc bénir son premier fils avant de mourir. Il envoya donc Ésaü chasser du gibier savoureux et lui promit qu'il recevrait sa bénédiction à son retour.

Jacob, qui voulait avoir le droit de naissance ou le droit de naître avec la bénédiction de son père, a ignoré l'ordre de son père d'aller au sanglier, et la promesse qu'il a faite à Esaü. Ainsi, lorsqu'Ésaü est allé chasser le gibier, Jacob a tué et s'est vêtu d'un mouton du troupeau de son père.

Il a mis les peaux sur son corps lisse pour lui donner la sensation de son frère poilu et rude. Il apporta les moutons préparés à son père aveugle Isaac. Isaac, qui était limité au sens des sentiments, prit son deuxième fils Jacob pour Ésaü, son premier, et prononça sa bénédiction sur Jacob. Lorsqu'Ésaü revint de la chasse, il remarqua que son frère à la peau lisse, Jacob, l'avait remplacé, et il demanda donc justice à son père ; mais Isaac lui répondit : "Ton frère est venu avec ruse et il a enlevé ta bénédiction. Voici, je l'ai établi ton maître, et que je lui ai donné tous ses frères pour serviteurs".

La simple décence humaine devrait dire aux gens que cette histoire ne peut pas être prise à la lettre. Il doit y avoir un message caché dans cet acte traître et méprisable de Jacob ! Le message caché, la formule de succès cachée dans cette histoire, a été intuitivement révélée au scribe de cette manière. Isaac, le père aveugle, est votre conscience.

Ésaü, le fils poilu, est votre monde actuel, objectivé - le monde brut, ou raisonnablement ressenti ; le moment présent ; l'environnement actuel ; votre image actuelle de vous-même ; en bref, le monde que vous connaissez par vos sens objectifs. Jacob, le fils à la peau lisse, le deuxième fils, est votre désir ou votre état subjectif, une idée qui n'est pas encore incarnée, un état subjectif qui est perçu et ressenti mais objectivement pas encore connu ou vu ; un point dans l'espace et le temps, loin du présent. En bref, Jacob est l'objectif que vous vous êtes fixé. Le Jacob à la peau lisse - ou l'état subjectif qui aspire à incarner, ou le droit de naissance - lorsqu'il est correctement ressenti ou béni par son père (lorsqu'il est consciemment ressenti et fixé comme réalité), devient objectivé ; et ainsi l'Ésaü rugueux et poilu, ou l'état précédent, objectivé, est remplacé. Deux choses ne peuvent pas occuper une place particulière en même temps, donc en rendant visible l'état invisible, l'état visible précédent disparaît.

Votre conscience est la cause de votre monde. L'état de conscience dans lequel vous êtes détermine le monde dans lequel vous vivez. Votre image actuelle de vous-même est maintenant objectivée comme votre environnement, et cet état est symbolisé par Ésaü le poilu, ou le sentiment raisonnable ; le premier fils. Ce que vous souhaitez être ou posséder est symbolisé par votre deuxième fils, Jacob, le fils à la peau lisse qui ne peut pas encore être vu mais qui est subjectivement ressenti. Il remplacera, s'il est correctement touché, son frère Esaü, ou votre monde actuel.

Gardez toujours à l'esprit qu'Isaac, le père de ces deux fils ou états, est aveugle. Il ne voit pas son fils Jacob à la peau lisse, il ne fait que le sentir. Et par le sens du sentiment, il croit que Jacob, le subjectif, est Ésaü, le réel, l'objectif. Vous ne voyez pas votre désir objectivement, vous le ressentez simplement subjectivement. Vous n'atteignez pas dans l'espace un état souhaité. Comme Isaac, vous vous asseyez tranquillement et vous envoyez votre premier fils à la chasse, ce qui détourne votre attention de votre monde objectif. Puis, en l'absence de votre premier fils, Ésaü, vous invitez l'état désiré, votre deuxième fils, Jacob, à s'approcher de vous pour que vous puissiez le sentir. "Approche-toi. Je veux te toucher mon fils, pour m'assurer que tu es bien mon fils Ésaü". D'abord, vous en êtes conscient dans votre environnement immédiat ; ensuite, vous le rapprochez de plus en plus jusqu'à ce que vous le ressentiez et le sentez dans votre présence immédiate afin qu'il soit réel et naturel pour vous.

"Si deux d'entre vous s'accordent sur la terre pour demander une chose quelconque, elle leur sera accordée par mon Père qui est dans les cieux." Les deux s'unissent par le sens du sentiment ; et l'unification se réalise sur terre - devient objective, devient une réalité. Les deux qui s'unissent sont Isaac et Jacob - vous et ce que vous désirez ; et l'unification ne se fait que par le sens du sentiment. L'Ésaü symbolise votre monde actuel, objectivé, qu'il soit agréable ou non. Jacob symbolise chaque souhait de votre cœur. Isaac symbolise votre véritable moi, qui, les yeux fermés sur le monde actuel, perçoit et ressent ce que vous êtes ou voulez être. Le secret d'Isaac - l'état perçu, ressenti - est simplement l'acte de distinguer ce qui est raisonnablement ressenti (votre état physique actuel) de ce qui est déraisonnablement ressenti (ce que vous voulez être). Avec des sens fermement fermés, Isaac - et vous pouvez le faire - a fait en sorte que le ressenti, l'invisible (l'état subjectif) semble réel ou bien connu, car la foi est la connaissance.

Il ne suffit pas de connaître la loi de l'expression de soi, la loi par laquelle l'invisible devient visible. Elle doit être appliquée ; et c'est la méthode d'application.

D'abord, envoyez votre premier fils Ésaü - votre monde actuel, objectivé, ou votre problème - à la chasse. Cela se fait en fermant les yeux et en détournant votre attention des limites objectivées. Une fois que vos sens sont déconnectés de votre monde objectif, il disparaît de votre conscience ou part à la chasse.

Deuxièmement, les yeux encore fermés et l'attention complètement détachée du monde qui vous entoure, vous fixez le moment et le lieu naturel de réalisation de votre désir dans votre conscience.

Lorsque les sens objectifs sont fermés à l'environnement actuel, vous pouvez sentir et ressentir la réalité de n'importe quel point dans l'espace et le temps, car les deux sont psychologiques et peuvent être créés à volonté. Il est extrêmement important que la condition espace-temps naturelle de Jacob, le temps et le lieu naturel pour la réalisation de votre désir, soit d'abord fixée dans votre conscience. Si le dimanche est le jour où votre souhait doit être réalisé, alors le dimanche doit être fixé dans votre conscience dès maintenant. Il suffit de commencer à sentir que c'est dimanche pour que la tranquillité et le naturel du dimanche soient consciemment atteints. Vous avez des associations claires avec différents jours, semaines, mois et saisons. Vous avez dit à maintes reprises : "Aujourd'hui, c'est comme un dimanche, un lundi ou un samedi ; ou c'est comme le printemps, l'été, l'automne ou l'hiver." Cela devrait vous convaincre que vous avez des impressions claires et conscientes que vous associez aux jours, aux semaines et aux saisons. Sur la base de ces associations, vous pouvez choisir n'importe quel moment souhaitable et, en récupérant les impressions que vous associez à ce moment particulier, vous pouvez maintenant créer une réalité subjective de ce moment.

Faites de même avec le lieu. Si l'espace dans lequel vous êtes assis n'est pas l'espace où la chose désirée se produirait ou se réaliserait naturellement, alors sentez que vous êtes assis dans l'espace ou l'endroit où elle serait naturelle. Fixez consciemment cette impression d'espace-temps avant de commencer à sentir et à ressentir la proximité, la réalité et la possession du désiré. Que l'endroit désiré soit à 10 000 kilomètres ou juste à côté, vous devez fixer en conscience le fait que l'endroit où vous êtes assis maintenant est l'endroit désiré. Vous ne faites pas un voyage mental, vous faites s'effondrer le concept d'espace. Asseyez-vous tranquillement là où vous êtes et faites le "là" le "ici". Fermez les yeux et sentez que l'endroit où vous vous trouvez est le désiré ; ressentez et sentez la réalité jusqu'à ce que vous soyez consciemment occupé par ce fait, car votre connaissance de ce fait est entièrement basée sur votre perception subjective.

Troisièmement, en l'absence d'Ésaü (votre problème) et compte tenu des conditions naturelles de l'espace-temps, invitez Jacob (la solution) à venir vous voir et à combler le vide - à venir vous voir et à remplacer son frère. Voyez dans votre imagination la chose désirée. Si vous ne pouvez pas la visualiser, percevez le contour général ; contemplez-la. Ensuite, rapprochez-la mentalement de vous. "Approche-toi. Je veux te toucher mon fils, pour m'assurer que tu es bien mon fils Ésaü". Sentez la proximité ; sentez-la en votre présence immédiate ; ressentez la réalité et la fermeté ; sentez-la et voyez-la placée naturellement dans la pièce où vous êtes assis ; ressentez l'excitation de l'avoir fait, la joie de la posséder.

Maintenant, ouvrez les yeux. Cela vous ramène au monde objectif - le monde brut ou raisonnablement ressenti. Votre fils poilu Ésaü est revenu de la chasse et vous dit que vous avez été trahi par votre fils à la peau lisse, Jacob - par le subjectif, le ressenti psychologique. Mais tout comme Isaac, dont la confiance reposait sur la connaissance de cette loi immuable, vous aussi vous direz : "Voici, je l'ai établi ton maître, et que je lui ai donné tous ses frères pour serviteurs ."

Bien que vos problèmes semblent si réels, vous avez ressenti l'état subjectif, psychologique, comme réel, au point d'être enthousiasmé par cette réalité ; vous avez fait l'expérience du mystère de la création, car vous avez ressenti la réalité du subjectif.

Ils ont fixé un état psychologique sans ambiguïté, qui, indépendant de toute résistance et de tout ce qui a précédé, s'objectivera et remplira ainsi le nom de Jacob - Jacob le Remplaçant.

Voici quelques exemples pratiques de ce drame.

Tout d'abord, la bénédiction, ou le fait de rendre une chose réelle. Asseyez-vous dans votre salon et nommez un meuble, par exemple un tapis ou une lampe, que vous aimeriez avoir dans cette même pièce. Regardez l'endroit dans la pièce où vous le mettriez si vous l'aviez. Fermez les yeux et laissez disparaître tout ce qui occupe actuellement cette partie de la pièce. Dans votre imagination, vous voyez cet endroit comme un espace vide - il n'y a absolument rien. Maintenant, commencez à remplir cet espace vide avec le meuble désiré ; sentez et ressentez qu'il est exactement à cet endroit, imaginez que vous voyez ce que vous voulez voir. Restez dans cette conscience jusqu'à ce que vous ressentiez l'excitation de la propriété.

Deuxièmement, la bénédiction, ou le fait de rendre un endroit réel. Vous êtes maintenant assis dans votre appartement à New York City, en contemplant la joie qui serait la vôtre si vous étiez sur un paquebot naviguant autour du grand Atlantique. "Je vais vous préparer une place. Et, lorsque je m'en serai allé, et que je vous aurai préparé une place, je reviendrai, et je vous prendrai avec moi, afin que là où je suis vous soyez". Vos yeux sont fermés ; vous avez consciemment lâché l'appartement à New York, et à sa place vous sentez et ressentez que vous êtes sur un paquebot. Vous êtes assis sur une chaise longue ; autour de vous, il n'y a rien d'autre que l'immense océan Atlantique. Fixez la réalité de ce navire et de l'océan, afin que dans cet état vous puissiez vous rappeler mentalement le jour où vous vous êtes assis dans votre appartement de New York et avez rêvé de ce jour. Voyez-vous dans votre imagination, assis dans votre appartement à New York. Si vous réussissez à regarder votre appartement à New York sans y retourner consciemment, alors vous avez réussi à préparer la réalité de ce voyage. Restez dans cet état de conscience et ressentez la réalité du navire et de l'océan ; ressentez la joie de cette réalisation - puis ouvrez les yeux. Vous êtes allé et avez préparé le lieu ; vous avez fixé un état psychologique clair et là où vous êtes en conscience, vous serez là avec le corps.

Troisièmement, la bénédiction, ou le fait de rendre un moment réel. Vous lâchez consciemment ce jour, ce mois ou cette année, selon le cas, et vous imaginez que c'est maintenant le jour, le mois ou l'année que vous souhaitez vivre. Vous sentez et ressentez la réalité du temps que vous souhaitez vivre en mémorisant le fait qu'il est maintenant accompli. Sentez le naturel de cette époque, et vous ressentirez l'excitation de savoir qu'à travers ce voyage psychologique, vous avez pleinement réalisé ce que vous souhaitiez vivre à ce moment précis auparavant.

Avec la connaissance de votre pouvoir de donner des bénédictions, vous pouvez ouvrir les portes de toutes les prisons - la prison de la maladie, la prison de la pauvreté, ou la prison d'une existence ennuyeuse. "L'Esprit du Seigneur est sur moi, parce qu'il m'a oint pour annoncer une bonne nouvelle aux pauvres ; il m'a envoyé pour guérir ceux qui ont le cœur brisé, pour proclamer aux captifs la délivrance, et aux aveugles le recouvrement de la vue."

Chapitre 5 : Le sabbat

"Tu travailleras six jours, et tu feras tout ton ouvrage. Mais le septième jour est le jour du repos de l'Éternel, ton Dieu."

Ces six jours ne sont pas des périodes de 24 heures. Ils symbolisent le moment psychologique dans lequel un état subjectif clair est fixé. Ces six jours de travail sont des expériences subjectives et ne peuvent pas être mesurées par le temps, car le véritable travail de fixation d'un état psychologique clair se fait en conscience. Le temps investi dans l'auto-définition consciente de ce que vous souhaitez être, est la mesure de ces six jours. Un changement de conscience est le travail effectué pendant ces six jours de création ; un ajustement psychologique qui ne se mesure pas au temps, mais à l'épanouissement réel (subjectif). De même qu'une vie rétrospective se mesure non pas par les années mais par le contenu de ces années, de même cet intervalle psychologique se mesure non pas par le temps investi dans cet ajustement mais par l'accomplissement de cet intervalle.

La véritable signification des six jours de travail (création) est révélée dans le secret de VAU, la sixième lettre de l'alphabet hébreu, et la troisième lettre du nom divin - JOD HE VAU HE. Comme expliqué précédemment dans le secret du nom Jéhovah, VAU signifie clouer, ou unir. Le Créateur est uni à sa création par le sentiment ; et le temps qu'il vous faut pour fixer un sentiment clair est la véritable mesure de ces six jours de création. La séparation mentale du monde objectif et l'attachement à l'état subjectif - à travers le mystère du sentiment - est la fonction de la sixième lettre de l'alphabet hébreu, VAU, ou six jours de travail.

Il y a toujours un intervalle entre l'impression fixe, ou l'état subjectif, et l'expression extérieure de cet état. Cet intervalle est appelé le sabbat. Le sabbat est le repos mental qui suit l'état psychologique fixe ; il est le résultat de vos six jours de travail. "Le sabbat est fait pour l'Homme." Ce repos mental, qui fait suite à une insémination consciente réussie, est le moment de la grossesse mentale ; un moment fait dans le but d'incuber la manifestation. Le sabbat a été fait pour la manifestation ; la manifestation n'a pas été faite pour le sabbat. Vous bénéficiez automatiquement d'un jour de repos - un temps de repos mental - le jour du sabbat si vous réussissez à accomplir vos six jours de travail. Il ne peut y avoir de sabbat, de septième jour, de temps de repos mental, tant que ces six jours ne sont pas écoulés - tant que l'ajustement psychologique n'est pas terminé et que l'impression mentale n'est pas parfaite.

L'Homme est averti que s'il ne respecte pas le sabbat, s'il ne parvient pas à entrer dans la paix de Dieu, il ne tiendra pas la promesse - il ne réalisera pas ses désirs. La raison en est simple et évidente. Il ne peut y avoir de repos mental tant qu'une impression consciente n'est pas atteinte.

Lorsqu'une personne ne se souvient pas entièrement du fait qu'elle est maintenant ce qu'elle souhaitait être avant, alors elle continuera à le souhaiter, et donc elle ne se reposera pas ou ne sera pas satisfaite mentalement. Mais si, au contraire, elle parvient à faire cet ajustement conscient de sorte qu'après être sortie du temps de silence ou de ses six jours de travail subjectif, elle sait en sentant qu'elle a ce qu'elle a souhaité, alors elle entre automatiquement dans le sabbat ou le temps de repos mental. La grossesse suit la fécondation. L'Homme ne continue pas à demander quelque chose qu'il a déjà obtenu. Le sabbat ne peut être célébré comme un jour de repos que lorsque l'Homme parvient à prendre conscience d'être ce qu'il désirait être avant d'entrer dans le silence.

Le sabbat est le résultat de six jours de travail. Celui qui connaît la véritable signification de ces six jours de travail comprend que le fait de garder un jour de la semaine comme jour de repos physique ne signifie pas garder le sabbat. La paix et la tranquillité du sabbat ne peuvent être ressenties que lorsque l'Homme a réussi à prendre conscience d'être ce qu'il désire être. S'il échoue dans cette impression consciente, il a manqué le but ; il a péché, car pécher c'est manquer le but - ne pas atteindre le but ; un état dans lequel il n'y a pas de paix de l'esprit. "Si je n'étais pas venu et que je ne leur eusse point parlé, ils n'auraient pas de péché." Si l'Homme ne s'était pas vu présenter un état idéal à viser, un état à désirer et à acquérir, il serait satisfait de son sort dans la vie et ne connaîtrait jamais le péché.

Maintenant que l'Homme sait que ses capacités sont infinies, et qu'il peut réaliser ses désirs grâce à six jours de travail, ou à un ajustement psychologique, il ne sera pas satisfait tant qu'il n'aura pas atteint chacun de ses objectifs. Avec la véritable connaissance de ces six jours de travail, il va définir ses objectifs et commencer à prendre conscience de leur réalisation. Lorsque cette impression consciente est accomplie, il s'ensuit automatiquement un temps de repos mental, un temps que les mystiques appellent le sabbat, un intervalle pendant lequel l'impression consciente mûrit et s'exprime physiquement. Le Verbe se fera chair. Mais ce n'est pas la fin ! Le sabbat ou le repos, qui est rompu par l'incarnation de l'idée, fera tôt ou tard place à six jours de travail supplémentaires, lorsque l'Homme définit un autre objectif et s'abandonne à nouveau à l'acte d'auto-définition de ce qu'il souhaite être.

L'Homme a été arraché au sommeil par le biais du désir, et ne peut trouver le repos tant qu'il ne réalise pas ses désirs. Mais avant de pouvoir entrer dans le repos de Dieu, ou d'observer le sabbat, avant de pouvoir marcher sans peur et en paix, il doit devenir un bon Sagittaire spirituel, et connaître le secret de la réunion d'objectifs ou des six jours de travail - ce secret par lequel il se libère de l'état objectif et s'aligne sur le subjectif.

Ce secret a été révélé dans le nom divin Jéhovah, et, comme nous le savons, dans l'histoire d'Isaac bénissant son fils Jacob. Si l'Homme applique la formule révélée dans ces drames bibliques, il frappera à chaque fois dans le mille spirituel, car il saura que le repos mental ou le sabbat ne peut être atteint que s'il parvient à s'adapter psychologiquement.

L'histoire de la crucifixion dramatise ces six jours (période psychologique) et le septième jour de repos d'une belle manière. On dit que la coutume des Juifs était de libérer quelqu'un de la prison le jour de Pâques et qu'ils avaient la possibilité de libérer soit Barabbas le voleur, soit Jésus le Sauveur. Et ils ont crié : "Libérez Barabbas." Après quoi, Barabbas a été libéré et Jésus a été crucifié.

On dit aussi que Jésus, le Rédempteur, a été crucifié le sixième jour et enterré le septième jour, et qu'il est ressuscité le premier jour. Le rédempteur, dans votre cas, est celui qui vous rachèterait de ce que vous n'êtes pas conscient d'être, tandis que Barabbas le voleur est l'image que vous avez de vous-même et qui vous prive de votre désir. En définissant votre rédempteur, vous définissez ce qui vous rachètera, et non pas comment vous serez racheté. Votre sauveur ou votre désir connaît des voies que vous ne connaissez pas ; ses voies sont impénétrables. Tout problème porte en lui sa solution. Si vous étiez enfermé, vous souhaiteriez automatiquement être libre. La liberté est alors la chose qui vous rachètera. C'est votre rédempteur.

Après avoir découvert votre sauveur, la prochaine étape de ce grand drame de la résurrection est de libérer Barabbas le voleur - l'image que vous avez de vous-même - et de crucifier votre sauveur, ou de fixer votre conscience sur le fait d'être ou d'avoir ce qui vous rachèterait. Barabbas représente votre problème actuel. Votre rédempteur est celui qui vous libérerait de ce problème. Vous libérez Barabbas en détournant votre attention de votre problème - des limites de vos sens - parce qu'il vous prive de la liberté dont vous rêvez. Et vous crucifiez votre sauveur en fixant un état psychologique clair, en vous sentant libre des limites du passé. Vous rejetez l'évidence des sens et commencez subjectivement à ressentir la joie d'être libre. Cet état de liberté vous semble si réel que vous criez vous aussi à haute voix : "Je suis libre ! - "C'est fait" (Jean 19:30). La fixation de cet état subjectif - la crucifixion - a lieu le sixième jour. Avant que le soleil ne se lève ce jour-là, vous devez avoir réalisé la fixation en ressentant : "C'est ainsi" - "C'est fait".

La connaissance subjective est suivie par le sabbat, ou repos mental. Vous serez comme quelqu'un qui a été enterré ou qui est enterré, car vous saurez que peu importe le nombre de montagnes d'obstacles, et peu importe à quel point les murs semblent impénétrables, votre sauveur crucifié et enterré (votre fixation subjective actuelle) s'élèvera. En observant le sabbat, un temps de repos mental, en adoptant l'attitude de l'esprit qui serait la vôtre si vous exprimiez déjà visiblement la liberté, vous recevrez les promesses du Seigneur, car le Verbe se fera chair - la fixation subjective s'incarnera. "Et Dieu se reposa au septième jour de toute son œuvre, qu'il avait faite." Votre conscience est Dieu, reposant sur la connaissance ; "c'est bon" - "c'est fini". Et vos sens objectifs vous confirmeront qu'il en est ainsi, car le jour viendra.

Chapitre 6 : Guérison

La guérison de la lèpre décrite dans le chapitre 14 de Genèse 3 est très révélatrice lorsqu'elle est vue du point de vue d'un mystique. La formule peut être prescrite comme un remède positif pour toute maladie connue de l'Homme, qu'elle soit physique, mentale, financière, sociale ou morale - n'importe quoi. La nature ou la durée de la maladie n'a pas d'importance, car la formule peut être appliquée avec succès à n'importe laquelle de ces maladies.

Voici la formule telle qu'elle est écrite dans la Genèse 3 "Le sacrificateur ordonnera que l'on prenne, pour celui qui doit être purifié deux oiseaux vivants et purs... Le sacrificateur ordonnera qu'on égorge l'un des oiseaux... Il prendra l'oiseau vivant et le trempera dans le sang de l'oiseau égorgé ; il en fera sept fois l'aspersion sur celui qui doit être purifié de la lèpre ; il lâchera dans les champs l'oiseau vivant .. et il sera pur." Une application littérale de cette histoire serait stupide et stérile, alors que d'un autre côté, une application psychologique de cette formule est sage et fructueuse.

Un oiseau est le symbole d'une idée. Toute personne qui a un problème ou souhaite exprimer quelque chose de différent de ce qu'elle exprime actuellement possède deux oiseaux. Ces deux oiseaux ou idées peuvent être définis comme suit : le premier oiseau est l'image que vous avez actuellement de vous-même, exprimée ; c'est la description que vous donneriez si on vous demandait de vous définir - votre condition physique, vos revenus, vos engagements, votre nationalité, votre famille, votre race, etc. Votre réponse honnête à ces questions serait nécessairement, et exclusivement, basée sur l'évidence de vos sens, et non sur des vœux pieux. Cette véritable image de soi (basée sur l'évidence de vos sens) définit le premier oiseau. Le deuxième oiseau est défini par la réponse que vous souhaitez donner à la première question d'auto-définition. En bref, ces deux oiseaux peuvent être définis comme ce que vous êtes conscient d'être et ce que vous voulez être.

Une autre définition de ces deux oiseaux serait, la première comme votre problème actuel, quelle que soit sa nature, et la seconde comme la solution à ce problème. Par exemple : si vous étiez malade, une bonne santé serait la solution. Si vous étiez endetté, la solution serait d'être sans dette. Si vous aviez faim, la nourriture serait la solution. Comme vous pouvez le constater, le comment, la manière dont la solution est réalisée n'est pas pris en compte. Seuls le problème et la solution seront pris en compte. Chaque problème porte déjà en lui sa solution. Pour la maladie, c'est la santé ; pour la pauvreté, c'est la richesse ; pour la faiblesse, c'est la force ; pour la captivité, c'est la liberté.

Ces deux conditions, votre problème et sa solution, sont les deux oiseaux qui vous mènent au prêtre. Vous êtes le prêtre qui joue maintenant le drame de la guérison de la personne atteinte de la lèpre - vous et votre problème. Vous êtes le prêtre ; et avec la formule pour guérir la lèpre, vous vous libérez maintenant de votre problème.

Tout d'abord, prenez un des oiseaux (votre problème) et tuez-le en extrayant son sang. Le sang est la conscience humaine. "Et il a fait d'un seul sang, toutes les races des hommes pour habiter sur toute la terre." Votre conscience est la seule réalité qui anime et donne vie à ce dont vous êtes conscient. Ainsi, détourner votre attention du problème équivaut à extraire le sang de l'oiseau. Votre conscience est le seul sang qui fait de chaque condition une réalité vivante. En détournant votre attention d'un État, vous avez siphonné le sang de cet État. Vous tuez ou éliminez le premier oiseau (votre problème) en détournant votre attention de lui. Dans ce sang (votre conscience), vous immergez l'oiseau vivant (la solution), ou ce que vous avez précédemment souhaité être ou posséder. Vous vous libérez pour être l'état désiré maintenant.

Le fait de plonger l'oiseau vivant dans le sang de celui qui a été tué est comme la bénédiction de Jacob par l'intermédiaire de son père aveugle Isaac. Comme vous vous en souvenez, l'aveugle Isaac ne pouvait pas voir son monde objectif, son fils Esaü. Vous aussi, vous êtes aveugle à votre problème - le premier oiseau - parce que vous avez détourné votre attention de lui, et l'avez dirigé vers le deuxième oiseau (état subjectif), et vous ressentez et sentez sa réalité.

On leur dit de s'asperger sept fois avec l'oiseau sept fois pour se purifier. Cela signifie que vous devez rester dans votre nouvelle image de vous-même jusqu'à ce que vous entriez mentalement dans le septième jour (le sabbat) ; jusqu'à ce que l'esprit soit apaisé ou fixé dans la croyance que vous exprimez ou possédez réellement ce que vous souhaitez exprimer ou posséder. A la septième aspersion, on vous dit de libérer l'oiseau vivant et de parler pur. En mémorisant complètement le fait que vous êtes ce que vous voulez être, vous vous êtes symboliquement aspergé sept fois ; vous êtes alors aussi libre que l'oiseau qui a été libéré. Et comme l'oiseau volant qui doit revenir sur terre après un certain temps, votre impression subjective, ou votre affirmation, doit également revenir au monde après un certain temps, en vous incarnant.

Cette histoire ainsi que toutes les autres histoires de la Bible sont des jeux psychologiques, dramatisés dans la conscience de l'Homme. Vous êtes le grand prêtre, vous êtes le lépreux, vous êtes les oiseaux. Votre conscience ou JE SUIS est le Grand Prêtre ; vous, l'Homme qui a un problème, êtes le lépreux. Le problème, l'image que vous avez de vous-même, est l'oiseau tué ; la solution au problème, ce que vous souhaitez être, est l'oiseau vivant qui a été libéré. Vous jouez ce grand drame en vous-même, en détournant votre attention de votre problème pour la porter sur ce que vous souhaitez exprimer. Vous imprégnez le fait que vous êtes ce que vous voulez être jusqu'à ce que votre esprit soit apaisé par la conviction qu'il en est ainsi. Vivre dans cette attitude spirituelle fixe, vivre dans la conscience que vous êtes maintenant ce que vous souhaitiez être avant, c'est l'oiseau qui vole, libéré des limites du passé, et qui se dirige vers l'incarnation de votre désir.

Chapitre 7 : Désir d'entendre la Parole de Dieu

"Ainsi en est-il de ma parole, qui sort de ma bouche ; elle ne retourne point à moi sans effet, avoir exécuté ma volonté et accompli mes desseins."
...Esaïe 55:11

Dieu vous parle par le biais de vos besoins fondamentaux. Vos besoins fondamentaux sont des paroles de promesse ou de prophétie qui portent en elles le plan et le pouvoir d'épanouissement.

Par besoin fondamental, on entend votre véritable objectif. Les souhaits secondaires concernent la manière dont ils sont réalisés. Dieu, votre JE SUIS, vous parle, l'état de conscience conditionné, à travers vos besoins fondamentaux. Les désirs secondaires ou les moyens d'expression sont les secrets de votre JE SUIS, le Père omniscient. Votre Père, JE SUIS, révèle le Premier et le Dernier - "Je suis le commencement et la fin", mais jamais il ne révèle le milieu, le secret de ses voies ; c'est-à-dire que le Premier est révélé comme le Verbe, votre besoin fondamental. Le dernier est son accomplissement - le Verbe s'est fait chair. Le second, ou le milieu (le plan de déroulement) n'est jamais révélé à l'Homme, mais reste à jamais le mystère du Père.

"Je le déclare à quiconque entend les paroles de la prophétie de ce livre : Si quelqu'un y ajoute quelque chose, Dieu le frappera des fléaux écrits dans ce livre ; et si quelqu'un retranche quelque chose des paroles du livre de cette prophétie, Dieu retranchera sa part de l'arbre de vie et de la ville sainte, décrits dans ce livre."

Les paroles de la prophétie dont il est question dans le livre de l'Apocalypse sont vos besoins fondamentaux, qui ne nécessitent aucun conditionnement supplémentaire. L'Homme ajoute toujours quelque chose à ces mots, ou enlève quelque chose à ces mots. Ne sachant pas que les besoins fondamentaux contiennent déjà le plan et le pouvoir de se déployer, l'Homme compromet et complique ses désirs. Voici une illustration de ce que l'Homme fait avec les paroles de la prophétie, ses souhaits.

L'Homme souhaite être libéré de sa limitation ou de son problème. La première chose qu'il fait après avoir défini son objectif est de le rendre dépendant de quelque chose. Il commence à spéculer sur la manière dont l'objectif peut être atteint. Ne sachant pas que son désir porte en lui un chemin d'expression, il commence à planifier comment l'atteindre, ajoutant ainsi à la Parole de Dieu. Si, par contre, il n'a pas de plan pour la réalisation de son souhait, il commence à faire des compromis en modifiant son souhait. Il pense que s'il se contente de moins, il a plus de chances de s'épanouir. Ce faisant, il s'inspire de la Parole de Dieu. Les individus et les nations violent constamment cette loi de leurs besoins fondamentaux en planifiant de réaliser leurs ambitions ; ce faisant, ils ajoutent à la Parole de la prophétie, ou ils font des compromis avec leurs idéaux, puisant ainsi dans la Parole de Dieu. Le résultat inévitable, comme promis pour la violation de cette loi, est la mort et les fléaux de l'échec, ainsi que la frustration.

Dieu ne parle à l'Homme que par le biais de ses besoins fondamentaux. Vos désirs dépendent de l'image que vous avez de vous-même. Vos désirs eux-mêmes ne sont ni bons ni mauvais. "Je sais et je suis persuadé par le Seigneur Jésus que rien n'est impur en soi ; et qu'une chose n'est impure que pour celui qui la croit impure." Vos désirs sont le résultat naturel et automatique de votre image de vous-même actuelle. Dieu, votre conscience inconditionnelle, est impersonnelle et ne porte pas de jugement. Votre conscience non conditionnée, Dieu, donne à votre conscience conditionnée, Homme, ce dont votre état conditionné (votre image de soi actuelle) croit avoir besoin par le biais de vos besoins fondamentaux.

Tant que vous resterez dans votre état de conscience actuel, vous désirerez ce que vous désirez maintenant. Changez l'image que vous avez de vous-même et vous changerez automatiquement la nature de vos désirs.

Les désirs sont des états de conscience qui aspirent à l'incarnation. Ils sont formés par la conscience humaine et peuvent être exprimés tout simplement par la personne qui les a reçus. Les désirs sont exprimés lorsque la personne qui les a reçus adopte l'attitude d'esprit qui serait la sienne si les états souhaités avaient déjà été exprimés. Parce que les désirs, quelle que soit leur nature, peuvent maintenant être exprimés si simplement en fixant l'attitude de l'esprit, un avertissement doit être donné à ceux qui n'ont pas encore compris l'unicité de la vie et ne connaissent pas la vérité fondamentale que la conscience est Dieu, la seule réalité. Cet avertissement a été donné à l'Homme dans la célèbre règle d'or – "Ne fais pas aux autres ce que tu ne voudrais pas qu'ils te fassent !"

Peut-être voulez-vous quelque chose pour vous-même, ou peut-être voulez-vous quelque chose pour quelqu'un d'autre. Si vos souhaits concernent une autre personne, assurez-vous que ce que vous voulez est acceptable pour cette personne. La raison de cet avertissement est que votre conscience est Dieu, le Donneur de tous les dons. Ainsi, ce que vous ressentez et croyez être vrai pour un autre est un cadeau que vous lui avez fait. Un cadeau qui n'est pas accepté revient au donateur. Soyez absolument certain que vous souhaitez posséder vous-même ce cadeau, car si vous fixez en vous une croyance sur quelqu'un d'autre comme vraie et que cette personne n'accepte pas cet état comme vrai sur elle-même, ce cadeau rejeté s'incarnera dans votre monde. Écoutez toujours et acceptez comme vérité sur les autres ce que vous souhaiteriez pour vous-même. Ce faisant, vous établirez le paradis sur terre. "Ne fais pas aux autres ce que tu ne voudrais pas qu'ils te fassent !" est basé sur cette loi.

N'acceptez comme vrais, à travers les autres, que les états que vous accepteriez volontiers comme vrais pour vous-même, afin de créer toujours le ciel sur terre. Votre ciel est défini par l'état de conscience dans lequel vous vivez. Cet état contient tout ce que vous acceptez comme étant vrai pour vous-même et pour les autres. Votre environnement immédiat est défini par votre propre image de vous-même et l'image que vous avez des autres, mais qu'ils n'ont pas acceptée.

Votre image de l'autre, qui ne correspond pas à l'image de soi de l'autre, est un cadeau qui vous revient. Les suggestions, comme la propagande, sont comme un boomerang si elles ne sont pas acceptées par celui à qui elles ont été envoyées. Votre monde est donc un cadeau que vous vous êtes fait à vous-même. La nature du cadeau est déterminée par l'image que vous avez de vous-même et les cadeaux non acceptés que vous avez offerts aux autres. Ne vous y trompez pas, la loi ne porte pas de jugement. Découvrez la loi de l'expression de soi et vivez selon elle ; vous serez alors libre. Avec cette compréhension de la loi, définissez votre désir ; sachez exactement ce que vous voulez ; assurez-vous qu'il est souhaitable et acceptable.

L'Homme sage et discipliné ne voit aucun obstacle à la réalisation de son désir ; il ne voit rien à détruire. Avec une attitude d'esprit fixe, il se rend compte que ce qui est désiré est déjà pleinement exprimé, car il sait qu'un état fixe et subjectif connaît des moyens d'expression que personne ne connaît. "Avant qu'ils crient, je répondrai." "Je connais des façons dont vous ne savez rien." "Mes chemins sont impénétrables." L'Homme indiscipliné, par contre, voit constamment une résistance à la réalisation de son désir et, par frustration, il forme des désirs de destruction qui, selon lui, doivent être exprimés avant que son besoin fondamental ne puisse être réalisé. Lorsqu'il découvrira cette loi d'une seule conscience, il comprendra la grande sagesse de la règle d'or, en vivra et se prouvera à lui-même que le royaume des cieux est sur terre.

Vous comprendrez pourquoi vous devez prêter attention à la phrase suivante : "Ne fais pas aux autres ce que tu ne voudrais pas qu'ils te fassent !" Vous saurez pourquoi vous devez vivre selon cette règle d'or, car vous découvrirez qu'il s'agit simplement de bon sens, puisque cette règle est basée sur la loi immuable de la vie et ne porte pas de jugement. La conscience est la seule réalité. Le monde et tout ce qu'il contient sont des états de conscience objectivés. Votre monde est défini par l'image que vous avez de vous-même *plus l'image que vous avez des* autres, qui ne correspond pas à l'image que vous avez des autres.

L'histoire de la Pâques est conçue pour vous aider à tourner le dos à vos limites actuelles et à vous diriger vers un état meilleur et plus libre. La suggestion "suivez l'homme à la cruche d'eau" a été donnée aux disciples pour les conduire à la Cène, ou Pâques. L'homme au pichet d'eau est le onzième disciple, Simon, la qualité disciplinée de l'esprit, qui n'entend que des conditions dignes, nobles et amicales.

L'Esprit, qui est discipliné pour n'entendre que les bonnes choses, se réjouit dans de bonnes conditions et incarne ainsi le bien sur terre. Si vous voulez aussi participer à la Cène - la grande fête de la Pessah - suivez cet homme. Acceptez l'attitude de l'Esprit, qui est symbolisé par "l'homme à la cruche d'eau", et vous vivrez dans un monde qui est vraiment le paradis sur terre. La fête de la Pâques est le secret du changement de conscience. Vous détournez votre attention de l'image que vous avez de vous-même et vous prenez conscience d'être ce que vous voulez être - vous passez d'un état à l'autre. Cet exploit est accompli avec l'aide des douze disciples, qui sont les douze qualités d'esprit disciplinées*.

* "Votre foi est votre destin"

Chapitre 8 : La foi

"Jésus leur dit : pourquoi avez-vous peur, gens de peu de foi ? Cet le Seigneur dit : Si vous aviez de la foi comme un grain de sénevé, vous diriez à ce sycomore : déracine-toi et plante-toi dans la mer, et il vous obéirait."

La croyance en un grain de sénevé s'est avérée être une pierre d'achoppement pour l'Homme. On lui a enseigné que la foi d'un grain de sénevé signifie un faible degré de foi. Il se demande donc naturellement pourquoi, en tant qu'adulte, cette foi insignifiante devrait lui manquer alors qu'une si petite quantité garantit déjà le succès.

"La foi, écrit-on, est la réalité de ce que l'on espère, l'attestation de choses que l'on ne voit pas. "C'est par la foi que nous reconnaissons que le monde a été formé par la parole de Dieu, en sorte que ce qu'on voit n'a pas été fait de choses visibles." Des choses invisibles ont été rendues visibles. Le grain de sénevé ne représente pas la grandeur de la foi. Au contraire, il représente la détermination dans la foi. Un grain de sénevé est conscient d'être un grain de sénevé, et seulement un grain de sénevé. Il n'a pas conscience d'être une autre céréale dans le monde. Il est scellé dans la croyance qu'il s'agit d'un grain de sénevé, tout comme le sperme scellé dans l'utérus est conscient d'être humain et seulement humain.

Un grain de sénevé est en effet la mesure de foi nécessaire pour atteindre votre objectif ; mais comme le grain de sénevé, vous devez vous perdre dans la conscience de n'être que ce qui est désiré. Vous restez dans cet état scellé jusqu'à ce qu'il éclate et révèle votre affirmation consciente. La foi, c'est sentir ou vivre dans la conscience de la chose désirée ; la foi est le mystère de la création, le VAU au nom divin JOD HE VAU HE ; la foi est le Cham dans la famille de Noé ; la foi est le sens du sentiment par lequel Isaac a béni son fils Jacob et l'a rendu réel. Par la foi, Dieu (votre conscience) appelle ce qui n'est pas, ce qui est.

C'est la foi qui vous permet de prendre conscience d'être ce que vous désirez ; c'est la foi qui vous enferme dans cet état de conscience jusqu'à ce que votre affirmation invisible ait mûri et s'exprime, devienne visible. La foi ou le sentiment est le secret de cette application. C'est par le sentiment que la conscience désireuse se rapproche de la conscience désirée.

Comment vous sentiriez-vous si vous étiez déjà ce que vous souhaitez être ? Portez cette humeur, ce sentiment, qui serait le vôtre si vous étiez déjà ce que vous souhaitez être ; et après peu de temps, vous serez scellé dans la croyance que vous l'êtes. Alors l'état invisible s'objectivera sans effort ; l'invisible deviendra visible.

Si vous aviez la foi d'un grain de sénevé, vous vous scelleriez aujourd'hui, par la substance magique du sentiment, dans la conscience d'être ce que vous voulez être. Dans ce silence spirituel, ou dans cet état grave, vous vous attarderez dans la certitude que vous n'avez besoin de personne pour dégager les pierres du chemin, car toutes les montagnes, les pierres et les habitants de la terre ne sont rien à vos yeux. Ce que vous reconnaissez maintenant comme étant vrai pour vous (cet état de conscience actuel) le sera selon sa nature parmi tous les habitants de la terre, et personne ne peut vous tendre la main ou vous dire : "Que faites-vous ?" Personne ne peut arrêter cet état de conscience dans lequel vous êtes scellé de son incarnation, ni remettre en question le droit à son incarnation.

Cet état de conscience, à condition qu'il soit correctement scellé, est une Parole de Dieu, JE SUIS, parce que la personne qui se place ainsi dit "JE SUIS ceci et cela", et la Parole de Dieu (mon état de conscience fixe) est l'esprit et ne peut pas me revenir vide, mais doit se réaliser où il a été envoyé. La Parole de Dieu (votre état de conscience fixe) doit s'incarner pour que vous sachiez : "JE SUIS le Seigneur ... il n'y a pas d'autre Dieu devant ma face" ; "la Parole s'est faite chair et il a planté sa tente parmi nous" ; et "il envoie sa Parole et les guérit et il les délivre de leurs tombeaux".

Vous aussi, vous pouvez envoyer la Parole de Dieu et guérir un ami. Y-a-t-il quelque chose de spécifique que vous souhaiteriez entendre de la part d'un ami ? Définissez ce quelque chose que vous savez qu'il aimerait être ou posséder. Maintenant, avec votre désir clairement défini, vous avez une Parole de Dieu. Pour faire passer ce mot, pour le faire naître, il suffit de faire ce qui suit. Asseyez-vous tranquillement là où vous êtes et adoptez l'attitude mentale de l'écoute ; invoquez la voix de votre ami ; établissez sa voix familière dans votre conscience, imaginez que vous entendez réellement sa voix et qu'il vous dit qu'il est ou a ce que vous vouliez qu'il soit ou ait. Imprégnez-vous du fait que vous l'avez réellement entendu et qu'il vous a dit ce que vous vouliez entendre ; ressentez l'excitation d'avoir entendu. Alors laissez tomber complètement. C'est le secret des mystiques pour faire s'exprimer les mots, pour faire se matérialiser la parole. Ils forment en vous le mot, ce que vous voulez entendre ; puis écoutez et dites-vous. "Parle, Seigneur, ton serviteur entend."

Votre conscience est le Seigneur qui parle par la voix familière d'un ami, vous imprégnant de ce que vous souhaitez entendre. Cette auto-fécondation, l'État dont vous êtes imprégné, le Verbe, connaît des moyens d'expression que personne ne connaît. Si vous réussissez à vous féconder, vous ne serez pas ébranlé par les apparences, car cette auto-imprégnation est scellée comme un grain de sénevé, et mûrira jusqu'à sa pleine expression en temps voulu.

Chapitre 9 : L'Annonciation

L'utilisation de la voix d'un ami pour s'inséminer avec un état désirable est magnifiquement illustrée dans l'histoire de l'Immaculée Conception.

On dit que Dieu a envoyé un ange à Marie pour annoncer la naissance de son fils. "Et l'ange lui dit : Tu deviendras enceinte et tu enfanteras un fils..." Marie dit à l'ange : "Comment cela se fait-il, puisque je ne connais point d'homme ? L'ange lui répondit : "Le Saint-Esprit viendra sur toi, et la puissance du Très-Haut te couvrira de son ombre. Car rien n'est impossible à Dieu".

Cette histoire a été racontée au monde entier pendant des siècles, mais on n'a pas dit à l'Homme que cette histoire le concernait, et il n'a donc pas obtenu le bénéfice qu'elle était censée lui apporter. L'histoire révèle la méthode par laquelle l'idée ou la parole s'est concrétisée. Dieu, nous dit-on, a une idée, un fils a germé - sans l'aide d'un autre. Puis il a placé son idée dans le ventre de Marie - avec l'aide d'un ange qui a fait l'Annonciation et a imprégné Marie de cette idée.

Aucune méthode plus simple d'auto-insémination de la conscience n'a jamais été écrite que celle que l'on trouve dans l'histoire de l'immaculée conception. Les quatre personnages de ce drame de la création sont le Père, le Fils, Marie et l'Ange. Le Père symbolise votre conscience ; le Fils symbolise votre désir ; Marie symbolise votre attitude réceptive de l'esprit ; et l'ange symbolise la méthode utilisée pour la fécondation. Le drame se développe de la manière suivante. Le père engendre un fils sans l'aide d'un autre. Vous définissez votre objectif - vous clarifiez votre désir sans l'aide ou la suggestion d'une autre personne.

Ensuite, le Père choisit l'ange le plus apte à transmettre ce message à Marie. Vous choisissez dans votre monde la personne qui serait sincèrement ravie d'assister à la réalisation de votre souhait. Puis, par l'intermédiaire de l'ange, Marie apprend qu'elle a déjà conçu un fils sans l'aide d'un autre. Vous assumez l'attitude réceptive de l'Esprit, une attitude d'écoute, et imaginez que vous entendez la voix de celui que vous avez choisi pour vous dire ce que vous souhaitez savoir. Imaginez l'entendre vous dire que vous êtes et avez ce que vous voulez être et avoir. Vous restez dans cette attitude réceptive jusqu'à ce que vous ressentiez l'excitation d'avoir entendu la bonne et merveilleuse nouvelle. Puis, comme Marie, vous vous frayez un chemin en secret et ne parlez à personne de cette merveilleuse et immaculée auto-insémination, confiant que vous exprimerez cette impression en temps voulu.

Le père produit le sperme ou la possibilité de germination d'un fils lors d'une fécondation eugénique ; il ne transfère pas le sperme de lui-même à l'utérus. Il le fait passer par un autre moyen. La conscience désireuse est le père qui génère une graine ou une idée. Un désir clair est la graine parfaitement formée, ou le fils unique. Cette graine est ensuite transportée du père (conscience du désir) à la mère (conscience d'être l'état désiré). Ce changement de conscience est provoqué par l'ange ou la voix imaginaire d'un ami qui vous dit que vous avez déjà atteint votre but.

Utiliser un ange ou la voix d'un ami pour créer une impression consciente est le chemin le plus court et le plus sûr vers l'auto-insémination. Avec votre désir clairement défini, vous adoptez une attitude d'écoute. Imaginez que vous entendez la voix d'un ami ; puis laissez-le vous dire (imaginez qu'il vous le dise) quel homme chanceux vous êtes, puisque vous avez complètement réalisé votre souhait. Dans cette attitude réceptive de l'esprit, vous recevez le message d'un ange ; vous avez l'impression que vous êtes et que vous avez ce que vous voulez être et avoir. Le frisson émotionnel d'avoir entendu ce que vous souhaitez entendre est le moment de la conception. C'est le moment où vous vous êtes auto-fertilisé, le moment où vous sentez que vous êtes ou avez maintenant ce que vous vouliez seulement être ou posséder auparavant.

Lorsque vous sortirez de cette expérience subjective, vous saurez, comme Marie de l'histoire, que vous avez conçu un fils par votre changement d'attitude spirituelle ; que vous avez fixé un état subjectif clair, et que vous allez exprimer ou objectiver cet état dans un court laps de temps.

Ce livre a été écrit pour vous montrer comment atteindre vos objectifs. Appliquez le principe décrit ici, et la population entière de la terre ne pourra pas vous empêcher de réaliser vos désirs.

Prier : L'art de la foi

Chapitre 1 : Droit de réversibilité

"Prie pour mon âme, la prière a un plus grand pouvoir que les hommes ne l'imaginent"
(Tennyson)

La PRIÈRE est un art qui demande de la pratique. La première exigence est une imagination maîtrisée. Les répétitions affichées et vides sont étrangères à la prière. Sa pratique exige sérénité et tranquillité d'esprit. "Quand tu pries, ne bavarde pas beaucoup", car la prière se fait en secret et "ton Père, qui voit ce qui est fait en secret, t'en récompensera publiquement". Les cérémonies habituellement utilisées dans la prière ne sont que des superstitions et ont été introduites pour donner une atmosphère solennelle à la prière. Ceux qui pratiquent l'art de la prière ignorent souvent les lois auxquelles cet art est soumis. Ils attribuent les résultats à des cérémonies, confondant ainsi le mot avec l'esprit. L'essence de la prière est la foi ; mais la foi doit être imprégnée de compréhension afin d'obtenir la qualité active qu'elle ne possède pas en elle-même. "Acquiers la sagesse et avec tout ce que tu possèdes acquiers l'intelligence".

Ce livre est une tentative de faire connaître l'inconnu en soulignant les conditions d'une prière exaucée. Elle définit les conditions qui régissent la prière dans des lois qui ne sont qu'une généralisation de nos observations.

Le droit universel de réversibilité est le fondement de ses revendications.

Le mouvement mécanique par la parole était connu bien avant que quiconque n'ait même rêvé de la possibilité de transformation inverse, la reproduction de la parole par le mouvement mécanique (gramophone). Pendant longtemps, l'électricité a été produite par friction sans jamais penser que la friction pouvait aussi être produite par l'électricité. Que l'Homme réussisse ou non à inverser la transformation d'une force, il sait toujours que toutes les transformations de la force sont réversibles. Si la chaleur peut produire un mouvement mécanique, alors le mouvement mécanique peut produire de la chaleur. Si l'électricité peut produire du magnétisme, alors le magnétisme peut également produire des courants électriques. Si la voix peut produire des courants d'ondes, alors ces courants peuvent également reproduire la voix, etc. Cause et effet, énergie et matière, action et réaction sont les mêmes et peuvent se modifier mutuellement.

Cette loi est d'une importance capitale car elle vous permet de prévoir la transformation inverse une fois la transformation directe confirmée. Si vous saviez ce que vous ressentiriez lorsque votre objectif serait atteint, alors, inversement, vous sauriez également quel état vous pourriez atteindre lorsque vous laisseriez ce sentiment s'éveiller en vous. L'instruction de prier en croyant que vous possédez déjà ce pour quoi vous priez est basée sur la connaissance de la loi de la transformation inverse. Si votre prière réalisée produit un sentiment ou un état de conscience clair en vous, alors ce sentiment ou cet état de conscience particulier doit également produire la réalisation de votre prière. Comme toutes les transformations d'une force sont réversibles, il faut toujours accepter le sentiment d'un souhait déjà réalisé. Elles doivent éveiller en vous le sentiment que vous êtes et que vous avez ce que vous souhaitiez être et posséder auparavant. Cela se fait facilement en contemplant la joie qui serait la vôtre si votre objectif était déjà un fait, afin que vous viviez, marchiez et demeuriez dans le sentiment du souhait que vous avez réalisé.

Le sentiment du souhait déjà réalisé, s'il est accepté et maintenu, doit objectiver l'état qui aurait provoqué ce sentiment.

Cette loi explique la déclaration : "La foi est une façon de posséder ce qu'on espère, c'est un moyen d'être sûr des réalités qu'on ne voit pas" et "Dieu appelle les choses qui ne sont point comme si elles étaient." Acceptez le sentiment d'un souhait qui s'est déjà réalisé, et restez dans le sentiment qu'il est réalisé jusqu'à ce que ce que vous ressentez devienne objectif.

Si un fait physique peut créer un état psychologique, alors tout état psychologique peut également créer un fait physique. Si l'effet (a) peut être produit par la cause (b), alors, inversement, l'effet (b) peut également être produit par la cause (a).

C'est pourquoi je vous le dis,

"Tout ce que vous demanderez en priant, croyez que vous l'avez reçu, et vous le verrez s'accomplir"... Marc 11:24

Chapitre 2 : La double nature de la conscience

Un concept clair sur la double nature de la conscience humaine doit être à la base de toute véritable prière. La conscience contient une partie subconsciente et une partie consciente. La partie infiniment plus grande de la conscience se trouve sous la sphère de la conscience objective. Le subconscient est la partie la plus importante de la conscience. C'est la cause du libre arbitre. Le subconscient est ce qu'est l'être humain. Le conscient est ce que l'être humain connaît. "Le père et moi sommes un, mais le père est plus grand que moi." Le conscient et le subconscient ne font qu'un, mais le subconscient est plus grand que le conscient. "Je ne peux rien faire de moi-même : parce que je ne cherche pas ma volonté, mais la volonté de celui qui m'a envoyé". Moi, la conscience objective, je ne peux rien faire de mon propre chef ; le père, le subconscient, fait le travail. Le subconscient est celui dans lequel se trouve toute la connaissance, dans lequel tout est possible, où tout va, d'où tout vient, qui appartient à tous, auquel tous ont accès.

Ce dont nous sommes conscients découle de ce dont nous ne sommes pas conscients. Non seulement nos suppositions subconscientes nous influencent dans notre comportement, mais elles façonnent également le modèle de notre existence objective. Seuls nos présupposés subconscients ont le pouvoir de dire : "Laissez-nous, humains - manifestations objectives - nous faire à notre propre image, à notre propre ressemblance". La totalité de la création sommeille dans les profondeurs de l'Homme, et s'éveille à l'existence objective à travers ses suppositions subconscientes. Dans cette absence d'expression, que nous appelons sommeil, il y a une conscience en veille inépuisable, et pendant que le corps dort, cet être en veille libère les présupposés inconscients de l'Homme du trésor de l'éternité.

La prière est la clé de l'entrepôt illimité. "Mettez-moi de la sorte à l'épreuve, dit l'ETERNEL des armées, et vous verrez si je n'ouvre pas pour vous les écluses des cieux, si je ne répands pas sur vous la bénédiction en abondance." La prière modifie ou change complètement nos suppositions inconscientes, et une supposition modifiée est un changement d'expression.

L'esprit conscient se fonde intuitivement sur l'observation, l'expérience et l'éducation. Il a donc du mal à croire tout ce que les cinq sens et les raisons intuitives nient. Le subconscient, en revanche, raisonne de manière déductive et ne se soucie pas de la vérité ou de la fausseté de la prémisse, mais suppose que la prémisse est correcte et objective des résultats qui sont conformes à la prémisse. Tous ceux qui veulent maîtriser l'art de la prière doivent être pleinement conscients de cette distinction. Une véritable compréhension de la science de la prière ne peut être obtenue que lorsque les lois de la double nature de la conscience sont comprises et que l'importance du subconscient est reconnue.

La prière - l'art de croire ce qui est nié par les sens - concerne presque exclusivement le subconscient. La prière suggère à l'inconscient que le souhait est déjà réalisé et, par un raisonnement déductif, déploie cette réalisation jusqu'à sa fin légitime. "Car celui qui est en toi est plus grand que celui qui est dans le monde."

L'esprit subjectif est la conscience diffuse qui anime le monde ; c'est l'esprit qui donne la vie. Dans chaque substance, il y a une seule âme - l'esprit subjectif. À travers chaque création passe cet unique esprit subjectif et ininterrompu. Les pensées et les sentiments, fondus en croyances, l'imprègnent de changements et lui confient une mission qu'il accomplit fidèlement.

L'esprit conscient produit des prémisses. L'esprit subjectif déploie ces prémisses jusqu'à leur fin logique. Si l'esprit subjectif n'était pas aussi limité dans son pouvoir d'initiative dans le raisonnement, l'Homme objectif ne pourrait pas être tenu responsable de son comportement dans le monde. L'Homme transmet des idées à son subconscient par le biais de ses sentiments. Les convictions non exprimées que vous avez sur les autres sont transmises à leur insu et sans leur consentement. Si ces croyances sont acceptées inconsciemment par les autres, elles influenceront leur comportement.

Les seules idées que les autres rejettent inconsciemment sont celles que vous avez des autres, mais que les autres ne pourraient pas souhaiter être vraies pour qui que ce soit. Tout ce que les autres peuvent souhaiter pour les autres peut être cru par eux, et, en vertu de la loi de la foi à laquelle est soumis le raisonnement subjectif, ils sont obligés d'accepter ces choses subjectivement, ce qui les fait s'exprimer objectivement.

L'esprit subjectif est sous le contrôle total des suggestions. Les idées sont mieux suggérées lorsque l'esprit objectif est partiellement subjectif, c'est-à-dire lorsque les sens objectifs sont diminués ou suspendus. Cet état partiellement subjectif peut être décrit au mieux comme une rêverie contrôlée, dans laquelle l'esprit est passif mais toujours réceptif. Il s'agit d'une attention concentrée. Lorsque vous priez, il ne doit y avoir aucun conflit dans votre esprit. Se tourner de ce qui est à ce qui devrait être. Acceptez l'humeur du souhait réalisé, et vous réaliserez votre souhait grâce à la loi universelle de réversibilité.

Chapitre 3 : Imagination et foi

Les PRIÈRES ne sont pas réussies tant que celui qui les exécute n'établit pas une relation entre le conscient et le subconscient. Cela se fait par l'imagination et la foi.

Grâce au pouvoir de l'imagination, tous les gens, surtout les personnes imaginatives, jettent constamment des sorts, et tous les gens, surtout les personnes non imaginatives, restent constamment en dessous de leurs capacités. Pouvons-nous jamais être sûrs que ce n'est pas notre mère qui, en reprisant nos chaussettes, a déclenché ce subtil changement dans nos esprits ? Si je peux jeter un sort sur les gens sans le vouloir, alors il n'y a aucune raison de douter que je puisse en jeter un beaucoup plus fort intentionnellement.

Tout ce qui peut être vu, touché, expliqué, tout ce qui peut être discuté, n'est rien d'autre qu'un moyen pour l'être humain imaginatif, parce que par son imagination contrôlée, il fonctionne au plus profond de lui-même, dans ces profondeurs où chaque idée existe en lui et n'est liée à rien d'autre. En lui, il n'y a pas besoin des entraves de la raison. Car la seule chose qui peut le retenir est l'instinct mystérieux qui lui apprend à éliminer toutes les autres humeurs sauf celle du désir déjà réalisé.

L'imagination et la foi sont les seules capacités de l'esprit qui sont nécessaires pour créer des conditions objectives. La foi nécessaire à la bonne application de la loi de la conscience est une foi purement subjective, et elle est atteinte par la cessation de la contradiction active par l'esprit objectif de l'artiste interprète. Cela dépend de votre capacité à ressentir et à accepter comme vrai ce que vos sens objectifs nient. Comme un arrangement subjectif peut être donné à un être humain à son insu et sans son consentement, ni la passivité de l'être humain ni son consentement conscient sur la suggestion ne sont nécessaires. C'est une loi fondamentale de la conscience de dire que nous pouvons immédiatement nous connecter avec les autres par télépathie.

Pour établir une connexion, appelez-les mentalement. Concentrez votre attention sur eux et appelez-les mentalement par leur nom, comme vous le feriez toujours pour attirer l'attention de quelqu'un. Imaginez qu'ils répondent en entendant mentalement votre voix. Imaginez-les dans l'état où vous voulez qu'ils soient. Imaginez alors qu'ils vous disent ce que vous voulez entendre sur le ton d'une conversation ordinaire. Répondez-leur mentalement. Dites-leur combien vous êtes heureux d'être témoin de leur bonheur. Lorsque vous avez entendu en toute clarté ce que vous vouliez entendre et que vous êtes rempli d'un sentiment d'excitation, revenez à votre conscience objective. Votre conversation subjective doit donner vie à ce que vous avez affirmé.

"Quoi que vous entrepreniez, il le fera, et la lumière brillera sur votre chemin." Ce n'est pas tant une volonté forte qui envoie la parole subjective sur sa mission, mais plutôt une pensée et un sentiment clairs de la réalité de l'état confirmé. Lorsque la foi et la volonté sont en conflit, la foi sans exception l'emporte. "Ce n'est ni par la puissance ni par la force, mais c'est par mon esprit ! Dit l'Éternel des armées". Vous n'attirez pas ce que vous voulez, mais ce que vous croyez être vrai. Entrez donc dans l'esprit de ces conversations mentales et donnez-leur le même degré de réalité que vous donneriez à une conversation téléphonique. "Si tu peux - tout est possible, à celui qui croit." "C'est pourquoi je vous dis : tout ce que vous demanderez en priant, croyez que vous l'avez reçu, et vous le verrez s'accomplir". L'acceptation de la fin justifie les moyens. Et même la réflexion la plus sage ne pourrait pas découvrir de moyens plus efficaces que ceux qui découlent de l'acceptation de la fin. Parlez mentalement à un ami comme si votre souhait pour lui avait déjà été réalisé.

L'imagination est le début de la croissance de toute sorte et de toute forme, et la foi est la substance à partir de laquelle elle se forme. C'est par l'imagination que les choses qui existent de façon subliminale ou qui sommeillent dans les profondeurs de la conscience sont éveillées et formées. Les guérisons attribuées à l'influence de certains médicaments, reliques ou lieux sont les effets de l'imagination et de la foi. Le pouvoir de guérison n'est pas dans l'esprit qui se trouve dans ces choses, mais dans l'esprit par lequel elles sont ainsi acceptées. "Car la lettre tue, mais l'esprit vivifie."

L'esprit subjectif est entièrement contrôlé par les suggestions, donc que l'objet de votre croyance soit vrai ou faux, vous obtenez les mêmes résultats. Il n'y a rien de malsain dans la théorie de la médecine ou dans les revendications du sacerdoce sur ses reliques et ses lieux saints. L'esprit subjectif du patient accepte la suggestion de santé conditionnée par ces conditions, et dès que ces conditions sont remplies, la santé se réalise. "tout est possible, à celui qui croit." Le moyen le plus efficace pour y parvenir est d'attendre avec confiance que la maladie se déclare. L'attente confiante d'une guérison fait ce qu'aucun traitement médical ne peut accomplir.

L'échec est toujours dû à une auto-suggestion opposée du patient, qui résulte d'un doute objectif sur le pouvoir de la médecine ou de la relique, ou d'un doute sur la véracité de la théorie. Beaucoup d'entre nous ne peuvent pas croire en ce que leurs sens nient. La raison en est un manque de sentiment ou un excès d'intellect - les deux sont des pierres d'achoppement sur le chemin ou dans la prière. Se forcer à croire ne fait qu'aggraver le doute. Afin d'éviter de telles contre-suggestions, le patient doit être objectivement inconscient de la suggestion qui lui est faite. La méthode la plus efficace pour guérir, ou influencer le comportement des autres, est le "traitement silencieux ou absent". Si une personne est objectivement inconsciente de la suggestion qui lui est faite, elle n'a aucun moyen d'établir une croyance contradictoire. Il n'est pas nécessaire que le patient soit objectivement conscient que l'on fait quelque chose pour lui. D'après ce que l'on sait du processus de raisonnement objectif et subjectif, objectivement, il préfère ne pas savoir que l'on fait quelque chose pour lui. Plus l'esprit objectif est maintenu dans l'ignorance de la suggestion, mieux l'esprit subjectif peut remplir sa fonction. Cette personne acceptera subjectivement la suggestion et croira qu'elle l'a produite, confirmant ainsi la vérité de ce que Spinoza a dit - que nous ne connaissons pas les causes de nos actions.

Le subconscient est la pulsion universelle, que l'opérateur modifie au moyen de pensées et de sentiments. Les états visibles sont soit des effets de vos vibrations inconscientes, soit des causes des vibrations correspondantes en vous. Une personne disciplinée ne permet jamais que ces états visibles soient des causes, à moins qu'ils n'éveillent en elle un état de conscience souhaitable.

Avec la connaissance de la loi de la réversibilité, la personne disciplinée transforme son monde en n'imaginant et en ne ressentant que les choses qui sont aimables et agréables. La belle idée qu'elle éveille en elle éveillera des idées affinées chez les autres. Elle sait que le Sauveur du monde n'est pas un Homme, mais cette manifestation qui rachèterait. Le rédempteur des malades est la santé, pour celui qui a faim c'est la nourriture, pour celui qui a soif c'est l'eau. Il marche en compagnie du Rédempteur en acceptant le sentiment du souhait déjà réalisé.

Grâce à la loi de la réversibilité, selon laquelle toutes les transformations de la force sont réversibles, l'énergie ou le sentiment éveillé est transformé à l'état imaginé. Il n'attend jamais quatre mois pour la récolte. Si la récolte dans quatre mois réveille en lui un état de joie, alors inversement la joie de la récolte dans le maintenant, la récolte maintenant se réveillera. "Pour accorder aux affligés de Sion, pour leur donner un diadème au lieu de la cendre, une huile de joie au lieu du deuil, un vêtement de louange au lieu d'un esprit abattu, afin qu'on les appelle des térébinthes de la justice, une plantation de l'ETERNEL, pour servir à sa gloire. "

Chapitre 4 : Rêverie contrôlée

TOUT LE MONDE est soumis aux mêmes lois psychologiques que celles qui régissent la personne hypnotisée ordinaire. Elle est contrôlable par la suggestion. En hypnose, les sens objectifs sont partiellement ou totalement suspendus. Cependant, quelle que soit la profondeur de l'effacement des sens objectifs de l'hypnose, les facultés subjectives sont en alerte et la personne perçoit tout ce qui l'entoure. L'activité et la puissance de l'esprit subjectif sont proportionnelles au sommeil de l'esprit objectif. Les suggestions qui semblent impuissantes lorsqu'elles sont présentées directement à l'esprit objectif sont très efficaces lorsque la personne est dans un état hypnotique.

L'état hypnotique n'est rien d'autre qu'un état d'inconscience objective. Dans l'hypnose, le conscient s'endort et les pouvoirs subconscients sont tellement exposés qu'ils peuvent être atteints directement par suggestion. De ce point de vue, en supposant que vous acceptiez la vérité des suggestions mentales, il est facile de comprendre que toute personne qui n'est objectivement pas consciente de vous se trouve dans un état d'hypnose profonde à votre égard.

C'est pourquoi

"Ne maudis pas le roi, même dans ta pensée et ne maudis pas le riche dans la chambre où tu couches ; car l'oiseau du ciel emporterait ta voix, l'animal ailé publierait tes paroles" - Ecclésiaste 10:20

Ce que vous croyez être vrai à propos d'une autre personne, vous l'éveillerez en elle.

En fait, personne n'a besoin d'être mis en transe pour être aidé. Si la personne n'est pas au courant de la suggestion, et si la suggestion est acceptée comme vraie par l'interprète, soutenue par la conviction et la confiance, alors vous avez créé le cadre idéal pour une prière réussie. Appelez la personne mentalement comme si elle avait déjà fait ce que vous souhaitiez qu'elle fasse. Voyez la personne mentalement dans l'état dans lequel vous voulez la voir. Au cours de son ministère, chaque mot dit subjectivement, objectivement, réveille ce qu'il affirme. L'incrédulité de la personne n'est pas un obstacle si vous maîtrisez votre rêverie.

Les déclarations audacieuses que vous faites lorsque vous êtes dans un état partiellement subjectif réveillent ce que vous affirmez. La confiance en soi de votre côté et la croyance totale en la vérité de votre affirmation mentale sont tout ce qui est nécessaire pour obtenir des résultats. Visualisez la personne et imaginez que vous entendez sa voix. Cela permet d'établir un contact avec l'esprit subjectif de l'autre personne. Imaginez alors qu'ils disent ce que vous voulez entendre. Si vous voulez lui envoyer des mots de santé et de prospérité, imaginez que la personne vous dise "Je ne me suis jamais sentie aussi bien et je n'ai jamais eu autant de bonheur" et dites-lui mentalement votre joie d'être témoin de son bonheur. Imaginez que vous puissiez voir et entendre sa joie.

Une conversation mentale avec l'image subjective de quelqu'un d'autre doit être menée de manière à ce qu'il n'y ait pas le moindre doute que ce que vous entendez et voyez est vrai. Si vous avez la moindre pensée que vous ne croyez pas ce que vous avez vu et entendu dans votre imagination, la personne ne consentira pas, car votre esprit subjectif ne fait que transmettre vos idées fixes. Seules les idées fixes peuvent éveiller leurs connexions vibratoires chez ceux à qui on les envoie. Dans une rêverie contrôlée, les idées doivent être suggérées avec un soin extrême. Si vous ne contrôlez pas votre imagination en rêvant, alors votre imagination vous contrôlera.

Tout ce que vous proposez avec assurance est une loi pour l'esprit subjectif ; il est obligé d'objectiver ce que vous affirmez mentalement. La personne n'exprimera pas seulement l'état affirmé, elle l'exprimera comme si la décision venait de lui, ou comme si l'idée venait de lui.

Le contrôle du subconscient signifie la domination sur tout. Chaque état obéit au contrôle de l'esprit. Le contrôle du subconscient est obtenu par le contrôle de vos croyances, et est le facteur tout-puissant des états visibles. L'imagination et la foi sont les secrets de la création.

Chapitre 5 : Droit de la transmission de la pensée

"Il envoya sa parole et les guérit, il les fit échapper de la fosse." Il a envoyé la conscience de la santé et a éveillé les vibrations correspondantes chez celui à qui elle était destinée. Il a imaginé la personne dans un état de santé et a entendu la réponse mentale de la personne confirmant cet état. "Car rien n'est impossible à Dieu ; tenez-vous en à l'exemple des paroles de guérison que vous avez entendues de ma part. “

Pour prier avec succès, vous devez avoir des objectifs clairement définis. Vous devez savoir ce que vous voulez avant de pouvoir le demander. Vous devez savoir ce que vous voulez avant de *sentir que vous l'*avez, et la prière est le sentiment d'avoir un souhait réalisé.

Peu importe ce que vous désirez dans la prière, ou l'endroit où elle se trouve, ou qui elle concerne. Vous n'avez rien d'autre à faire que de vous convaincre de la vérité du désir que vous voulez voir se manifester. Lorsque vous sortez de la prière, vous ne désirez plus, car - si vous avez prié correctement - vous avez accepté inconsciemment la réalité de l'état que vous recherchez, et selon la loi de la réversibilité, votre subconscient doit objectiver ce qu'il affirme.

Vous devez avoir quelque chose de conducteur pour transmettre une force. Vous pouvez utiliser un fil, un jet d'eau, un courant d'air, un faisceau de lumière ou tout autre intermédiaire. Le principe du photo phone, ou la transmission des voix par la lumière, vous aidera à comprendre la transmission de la pensée, ou l'envoi d'une parole pour en guérir une autre. Il existe une forte corrélation entre une voix parlée et une voix mentale. Penser, c'est parler doucement, et parler, c'est penser fort. Le principe du photo phone est le suivant : un faisceau de lumière est réfléchi par un miroir et projeté en un point distant sur un récepteur. Il y a une embouchure au dos du miroir. En parlant dans cette embouchure, vous faites vibrer le miroir. Un miroir vibrant modifie la lumière qui s'y reflète. Cette lumière modifiée doit porter votre voix, non pas comme des mots parlés, mais comme un représentant du contexte mécanique. Il atteint la station distante et frappe un disque dans le récepteur ; il fait vibrer le disque selon la modification qu'il a subie - et reproduit ainsi votre voix.

"Je suis la lumière du monde." Je suis, la connaissance que j'existe est une lumière à travers laquelle tout ce qui passe par mon esprit est rendu visible. Les souvenirs, ou ma capacité à voir ce qui est objectivement présent, sont la preuve que mon esprit est un miroir, un miroir si sensible qu'il peut refléter mes pensées. La perception d'une image dans la mémoire comme une action visuelle n'est en rien différente de la perception de mon image miroir. Les deux impliquent le même principe de vision.

Votre conscience est la lumière qui se reflète sur le miroir de votre esprit et qui est projetée dans l'espace vers celui auquel vous pensez. En parlant mentalement à cette personne, vous créez une vibration sur le miroir de votre esprit. Votre esprit vibrant modifie la lumière de la conscience qui se reflète sur lui. La lumière modifiée de la conscience atteint celui à qui elle est envoyée et frappe le miroir de son esprit ; elle fait vibrer son esprit selon la modification qu'il a subie. Il reproduit donc en lui ce que vous avez confirmé mentalement.

Vos croyances, vos attitudes fixes de l'esprit, modifient toujours votre conscience, car elle se reflète dans le miroir de votre esprit. Votre conscience, modifiée par vos croyances, s'objective en fonction des circonstances de votre monde. Pour changer votre monde, vous devez d'abord changer votre image du monde. Pour changer une personne, vous devez d'abord changer l'image que vous avez d'elle. Vous devez d'abord croire qu'il est la personne que vous voulez qu'il soit en lui parlant mentalement comme s'il l'était déjà. Chaque personne est suffisamment sensible pour reproduire vos convictions sur ces personnes. Ainsi, si votre parole n'est pas visiblement reproduite par lui, alors la cause se trouve en vous, et non dans la personne. Une fois que vous croyez en la vérité de l'état affirmé, les résultats suivront. Chacun peut être transformé, chaque pensée peut être transmise, chaque pensée peut être visiblement incarnée.

Les mots subjectifs - les suppositions subconscientes - réveillent ce qu'ils renforcent. "Ainsi sera la parole qui sortira de ma bouche : elle ne retournera point à moi sans effet, sans avoir exécuté ma volonté et accompli mes desseins". Vous êtes doté de l'intelligence nécessaire à votre tâche, et vous continuerez jusqu'à ce que la vibration soit en corrélation avec celle à laquelle elle est destinée. Dès qu'ils auront atteint le but de leur création, ils disparaîtront. La parole prononcée en confiance silencieuse, prononcée subjectivement, réveillera toujours l'état correspondant dans celui vers lequel elle était dirigée ; mais dès que sa tâche est achevée, elle disparaît, permettant à celui dans lequel elle est réalisée de rester dans la conscience de l'état affirmé, ou de retourner à son état antérieur.

L'état qui a votre attention détermine votre vie. Devenir attentif à un état antérieur, c'est donc y revenir. "Ne pensez plus aux événement passés, et ne considérez plus ce qui est ancien."

Rien ne peut être ajouté à l'Homme, car toute la création est déjà parfaite en lui. "Le royaume des cieux est en vous." "L'homme ne peut recevoir aucune chose, si elle ne lui est donnée du ciel." Le ciel est votre subconscient. Pas même un coup de soleil ne vient de l'extérieur. Les rayons extérieurs ne font qu'évoquer les rayons intérieurs correspondants. Si les rayons brûlants n'étaient pas à l'intérieur de l'Homme, tous les rayons de l'univers entier ne pourraient pas le brûler. Si les caractéristiques de la santé n'étaient pas dans la conscience de celui qui les affirme, elles ne pourraient pas être faites vibrer par la Parole qui est envoyée. Ils ne donnent pas vraiment à l'autre - ils ravivent ce qui dort en lui. "Car la jeune fille n'est pas morte, mais elle dort." La mort n'est qu'un état de sommeil et d'oubli. L'âge et le délabrement sont le sommeil - et non la mort - de la jeunesse et de la santé. Reconnaître un état le fait vibrer ou se réveiller.

La distance perçue par vos sens objectifs n'existe pas pour l'esprit subjectif. "Si je prends les ailes de l'aurore et que j'aille habiter à l'extrémité de la mer, là aussi ta main me conduira et ta droite me saisira." Le temps et l'espace sont des concepts dans lesquels nous pensons ; l'imagination peut les transcender et se déplacer psychologiquement dans le temps et l'espace. Même si vous êtes physiquement à des milliers de kilomètres d'un endroit, mentalement vous pouvez vivre dans cet endroit éloigné comme si cet endroit était ici. Votre imagination peut facilement transformer l'hiver en été, New York en Floride, etc. Que l'objet de votre désir soit proche ou lointain, les résultats seront les mêmes. Subjectivement, l'objet de votre désir n'est jamais loin ; sa proximité intense le fait paraître distant pour l'observation des sens. Elle réside dans la conscience, et la conscience est plus proche que le souffle, plus proche que les mains et les pieds.

La conscience est la seule réalité. Toutes les apparences sont formées d'une même substance, se balançant à des vitesses différentes. En tant qu'être humain, je suis sorti de la conscience et je vais, en tant qu'être humain, revenir à la conscience. Dans la conscience, tous les états existent subjectivement et sont éveillés à leur existence objective par conviction. La seule chose qui peut nous empêcher de faire une impression subjective réussie sur quelqu'un à grande distance, ou de transformer ce qui est là en ici, est notre habitude de voir l'espace comme un obstacle.

Un ami situé à des milliers de kilomètres est ancré dans votre conscience par les idées fixes que vous vous faites de lui. Penser à lui et l'imaginer intérieurement dans l'état que vous désirez, confiant que cette image subjective est aussi réelle que si elle était déjà objectivée, éveille en lui un état correspondant qu'il doit objectiver. Les résultats seront aussi évidents que la cause a été cachée. La personne exprimera l'état éveillé en elle, et ne sera toujours pas consciente de la véritable cause de son action. Votre illusion de libre arbitre n'est rien d'autre que l'ignorance des causes qui vous font agir. Le succès de la prière dépend de votre attitude d'esprit, et non de l'attitude de l'autre personne. La personne n'a pas le pouvoir de résister à vos idées subjectives et contrôlées à son sujet, à moins que l'état que vous avez affirmé comme vrai pour la personne soit un état que cette personne ne peut pas vouloir être vrai pour les autres. Dans ce cas, l'État revient vers vous, l'expéditeur, et se réalise en vous. Si l'idée est acceptable, le succès dépend uniquement de l'exécutant, et non de la personne qui reçoit, qui est comme une aiguille de boussole à son point d'appui - tout à fait indifférente à la direction que vous lui donnez. Si votre idée fixe n'est pas acceptée subjectivement par la personne à laquelle elle est destinée, elle rebondit sur vous, sur son origine. "Et qui pourrait vous nuire si vous aimé la bonté ? J'ai été jeune, j'ai vieilli, et je n'ai point vu le juste abandonné, ni sa postérité mendiant son pain." "Aucun mal ne sera fait au juste." Rien qui ne corresponde à la nature de nous-mêmes ne nous arrivera.

Une personne qui dirige une pensée malveillante vers quelqu'un d'autre se blessera elle-même par le rebond si elle ne parvient pas à obtenir l'acceptation subconsciente de l'autre. "On récolte ce que l'on sème." De plus, ce que vous pouvez souhaiter et croire pour un autre peut être souhaité et cru pour vous, et vous n'avez pas le pouvoir de le refuser, tant que l'autre personne qui vous souhaite l'accepte comme vrai à votre sujet. Le seul pouvoir de rejeter un mot subjectif est de ne pas pouvoir souhaiter le même état pour un autre - donner exige la capacité de recevoir. La capacité d'imprégner une idée dans un autre esprit suppose que cet autre esprit soit réceptif à cette idée. Les imbéciles exploitent le monde, le sage le transforme. La plus grande perspicacité est de savoir qu'il n'y a pas d'autre destin dans l'univers vivant que celui qui a été créé par l'imagination humaine.

"Tout ce qui est honorable, tout ce qui est juste, tout ce qui est pur, tout ce qui est aimable, mérite l'approbation !" Acceptez comme vrai sur les autres tout ce que vous voudriez être vrai sur vous-même. Pour éveiller un état dans un autre, il faut d'abord qu'il soit éveillé en vous. L'état que vous voulez transmettre à un autre ne peut être transmis que si vous y croyez. Par conséquent, donner c'est recevoir. Vous ne pouvez pas donner ce que vous n'avez pas et vous n'avez que ce que vous croyez. Ainsi, croire qu'un état est vrai pour un autre éveille non seulement cet état dans l'autre, mais le rend aussi vivant en vous. Vous êtes ce que vous croyez.

"Donnez et il vous sera donné. On versera dans votre sein une bonne mesure ; serrée, secouée et qui déborde". Donner, c'est croire, car ce que vous croyez vraiment des autres, vous l'éveillerez en eux. L'état vibratoire transmis par votre foi restera jusqu'à ce que les vibrations correspondantes soient éveillées chez celui sur lequel vous avez cru. Mais avant de pouvoir être transmises, elles doivent être réveillées dans l'émetteur. Tout ce qui est éveillé dans votre conscience, c'est vous. Que les croyances se réfèrent à vous ou à d'autres personnes n'a pas d'importance, car le croyant est défini par la somme de toutes ses croyances ou suppositions subconscientes.

"Car, comme il pense dans son âme" - dans son propre subconscient profond – "tel il est".

Ne tenez pas compte des phénomènes et affirmez subjectivement ce que vous voulez être vrai. De cette façon, l'atmosphère de l'état affirmé est éveillée en vous, qui à son tour la rend réelle en vous et en celui par qui elle a été affirmée. Donnez et il vous sera donné. Sans exception, les convictions réveillent ce qu'elles affirment. Le monde est un miroir dans lequel chacun se voit reflété. Le monde objectif reflète les convictions de l'esprit subjectif.

Certaines personnes se convainquent mieux par des images visuelles, d'autres par des sons mentaux, et d'autres encore par des actions mentales. La forme d'activité mentale qui permet de concentrer toute la force de votre attention sur une direction choisie est l'activité que vous devez cultiver jusqu'à ce que vous puissiez amener tout le monde à jouer avec votre objectif en même temps.

Si vous avez des difficultés à comprendre les termes "images visuelles", "sons mentaux" et "actions mentales", voici une illustration qui devrait vous éclairer sur leur signification : A imagine qu'il voit un morceau de musique, ne connaissant rien aux notes de musique. Dans son esprit, l'impression est une *image* purement *visuelle.* B imagine qu'il voit le même morceau de musique, mais il peut lire les notes et imaginer comment il sonnerait lorsqu'il le jouerait au piano ; cette imagination est un *son mental.* C peut également lire les notes et est pianiste ; en lisant, il imagine qu'il jouerait lui-même la pièce. L'acte imaginaire est un *acte mental.*

Les images visuelles, les sons et les actions mentales sont des créations de votre imagination, et bien qu'ils semblent venir de l'extérieur, ils viennent en fait de l'intérieur de vous-même. Ils se déplacent comme si quelqu'un d'autre les déplaçait, mais sont lancés par votre propre esprit, depuis le magasin magique de votre imagination. Ils sont projetés dans l'espace selon la même loi de vibration par laquelle les voix ou les images sont envoyées. Les voix et les images ne sont pas projetées comme un langage et des images, mais comme des connexions vibrantes. L'esprit subjectif vibre en fonction des modifications résultant des pensées et des sentiments de l'interprète. L'état créé, visible, est l'effet des vibrations subjectives. Un sentiment est toujours accompagné d'une vibration associée, c'est-à-dire un changement dans l'expression ou la sensation de l'interprète.

Il n'y a pas de pensée et de sentiment sans expression. Même si vous semblez sans émotion, si vous réfléchissez avec un certain degré d'intensité, il y a toujours une exécution ou un léger mouvement musculaire. L'œil, bien que fermé, suit les mouvements des objets imaginaires, et la pupille est dilatée ou contractée selon la luminosité ou la distance des objets ; la respiration est accélérée ou ralentie selon le cours de vos pensées ; les muscles se contractent en fonction de vos mouvements mentaux.

Ce changement de vibration existe jusqu'à ce qu'il réveille une vibration correspondante chez la personne cible, cette vibration s'exprimant alors comme un fait physique. "Et le Verbe s'est fait chair." L'énergie, comme la radio, est transmise et reçue dans un "champ", un endroit où des changements se produisent dans l'espace. Le champ et l'énergie sont un et indivisibles. Le champ, ou la personne, devient l'incarnation de l'énergie ou de la parole reçue. Le penseur et la pensée, l'exécutant et la cible, l'énergie et le champ ne font qu'un. Si vous étiez assez silencieux pour entendre le son de vos croyances, vous sauriez ce que signifie "la musique des sphères".

Le son ou le ton mental que vous entendez dans la prière, comme s'il venait de l'extérieur, est en fait produit par vous-même. L'auto-observation révélera ce fait. Tout comme la musique des sphères est définie comme l'harmonie entendue uniquement par les dieux et produite par les mouvements des sphères célestes, de même l'harmonie que vous entendez subjectivement pour les autres est entendue par vous seul et produite par les mouvements de vos pensées et de vos sentiments dans le vrai royaume ou "ciel en vous".

Chapitre 6 : Bonnes nouvelles

"Qu'ils sont beaux sur les montagnes, les pieds de celui qui apporte de bonnes nouvelles, qui publie la paix ! De celui qui apporte de bonnes nouvelles, qui publie le salut !".

Un moyen très efficace d'apporter de bonnes nouvelles aux autres est de mettre l'image subjective de la personne que vous souhaitez aider devant votre œil intérieur et de laisser cette personne affirmer ce que vous voulez qu'elle fasse. Écoutez la personne qui dit mentalement qu'elle l'a fait. Cela éveille en elle les connexions vibratoires de l'état affirmé, qui continueront à exister jusqu'à ce que sa tâche soit accomplie. Peu importe ce que vous voulez ou qui vous choisissez. Une fois que vous affirmez subjectivement que c'est fait, les résultats suivront. L'échec n'est possible que si vous ne pouvez pas accepter la vérité de votre affirmation, ou si l'état affirmé ne serait pas souhaité par la personne cible pour elle-même ou pour quelqu'un d'autre. Dans ce dernier cas, l'état serait réalisé en vous, l'interprète.

L'habitude apparemment inoffensive de "se parler à soi-même" est la forme de prière la plus fructueuse. Un conflit mental avec l'image subjective d'un autre est le moyen le plus sûr de prier pour un conflit. Vous demandez à être attaqué par l'autre personne la prochaine fois que vous vous réunissez objectivement. Il est obligé de vous traiter de manière désagréable, à moins que vous n'annuliez ou ne changiez votre commande avant la réunion en confirmant subjectivement un changement.

Malheureusement, l'Homme oublie ses disputes subjectives, ses conversations quotidiennes et mentales avec les autres, et il est donc incapable d'expliquer le conflit et le malheur de sa vie.

Tout comme une dispute mentale peut produire un conflit, des conversations mentales heureuses peuvent produire les états visibles correspondants de bonnes nouvelles. L'Homme se crée lui-même à partir de son imagination.

Si l'état souhaité est pour vous, et que vous avez du mal à accepter comme vrai ce que vos sens nient, alors appelez l'image subjective d'un ami devant votre œil intérieur et laissez-lui confirmer que vous êtes déjà ce que vous voulez être. Cela établit en lui, sans son consentement conscient ou à son insu, l'hypothèse subconsciente que vous êtes ce qu'il a affirmé mentalement, et cette hypothèse, depuis l'hypothèse subconsciente, persistera jusqu'à ce que vous ayez accompli votre tâche. Votre tâche est d'éveiller les connexions vibratoires en vous, afin que cette vibration éveillée puisse ensuite être réalisée à travers vous comme un fait objectif.

Une autre façon très efficace de prier pour soi-même est d'utiliser la formule de Ijob, qui a découvert que sa propre captivité était levée lorsqu'il priait pour ses amis.

Concentrez votre attention sur un ami et laissez la voix imaginaire de votre ami vous dire qu'il est ou a ce qui est équivalent à ce que vous voulez être ou avoir.

Lorsque vous l'entendez ou le voyez mentalement, ressentez la joie excitée de son heureux destin et souhaitez-lui sincèrement le meilleur. Cela éveille en lui la vibration correspondante de l'état affirmatif, qui doit alors s'objectiver comme un fait physique. Vous découvrirez la vérité dans la déclaration : "Heureux les miséricordieux, car la miséricorde leur sera faite. "La nature de la miséricorde est doublement bénie : Elle bénit celui qui donne et celui qui reçoit". Le bien que vous acceptez subjectivement comme vrai de la part des autres n'est pas seulement exprimé par les autres, mais une part entière est réalisée à travers vous.

Les transformations génèrent toujours une valeur ajoutée. La force A est toujours transformée en plus que la force B. Un coup de marteau produit non seulement un choc mécanique, mais aussi de la chaleur, de l'électricité, un son, un changement magnétique, etc. Les relations vibratoires chez la personne cible ne représentent pas la transformation complète du sentiment véhiculé. Le don qui a été transmis à un autre est comme la mesure divine, pressée, secouée et débordante, de sorte qu'après que cinq mille personnes aient été nourries par les cinq pains et deux poissons, il reste douze paniers pleins.

Chapitre 7 : La plus grande prière

L'imagination est le début de la création.

Vous imaginez ce que vous voulez et ensuite vous le croyez vrai. Chaque rêve peut être réalisé par ceux qui sont suffisamment disciplinés pour y croire. Les gens sont ce que vous décidez qu'ils sont ; une personne est selon votre façon de la voir. Vous devez la voir avec des yeux différents avant qu'elle ne puisse changer objectivement.

"Deux hommes regardaient hors de la prison, l'un voyait la boue et l'autre les étoiles." Il y a des siècles, Ésaïe a posé la question : "Qui est aveugle, si ce n'est mon serviteur, et sourd comme mon messager que j'ai envoyé ? Qui est aveugle comme celui en qui je me confie, et aveugle comme le serviteur de l'ETERNEL?" L'homme parfait ne juge pas sur les apparences, il juge avec justesse. Il voit les autres comme il veut les voir ; il n'entend que ce qu'il veut entendre. Il ne voit que le bien chez les autres. Il n'y a pas de jugement pour lui, car il transforme son monde en voyant et en entendant.

La compassion pour les êtres vivants - l'acceptation des limites humaines - n'est pas dans l'esprit du roi, car il a appris à distinguer leur fausse image de soi de leur vraie nature. Pour lui, la pauvreté n'est qu'une prospérité dormante. Il ne voit pas de chenilles, mais des papillons peints ; pas l'hiver, mais l'été qui dort ; pas un homme dans le besoin, mais Jésus qui dort. Jésus de Nazareth, qui a dispersé la misère avec ses yeux, dort dans l'imagination de chaque Homme, et de sa propre imagination l'Homme doit le réveiller en affirmant subjectivement "JE SUIS Jésus". Alors, et seulement alors, il verra Jésus, car l'Homme ne peut voir que ce qui est éveillé en lui. L'utérus sacré est l'imagination humaine.

L'enfant saint est l'image qu'il a de lui-même, ce qui correspond à la définition de la perfection d'Esaïe. Notez les paroles d'Augustin d'Hippone : "Tard, je t'ai aimée ! Tu étais au-dedans de moi et moi j'étais dehors, et c'est là que je t'ai cherchée." Votre conscience est la seule réalité vers laquelle vous devez vous tourner. C'est là, et seulement là, que vous réveillez les choses qui dorment. "Christ serait-il né mille fois à Bethléem, s'il n'est pas né en toi, c'est ta perte à jamais."

La création est terminée. Vous appelez votre création à l'existence en acceptant le sens de la réalité de l'État que vous souhaitez créer. Une humeur attire ses affinités, mais elle ne crée pas ce qu'elle attire. Tout comme le sommeil est provoqué par le sentiment de "j'ai sommeil", de même Jésus-Christ est provoqué par le sentiment de "je suis Jésus-Christ". L'Homme ne voit que lui-même. Rien n'arrive à l'Homme qui ne soit pas dans sa nature. Les gens se démarquent des masses et révèlent leur affinité avec leurs humeurs, telles qu'elles ont été évoquées. Vous les rencontrez apparemment par hasard, mais vous réalisez alors qu'ils connaissent vos humeurs. Comme vos humeurs s'extériorisent constamment, vous pourriez prédire à partir de vos humeurs que, sans chercher, vous rencontrerez bientôt certains personnages et rencontrerez certaines circonstances. Appelez donc à la perfection en vivant dans le sentiment que "je suis le Christ", car le Christ est l'unique image de soi à travers laquelle les réalités révélées de l'éternité peuvent être vues.

Notre comportement est influencé par nos suppositions subconscientes, qui tiennent compte de notre rang social et intellectuel, et de celui de la personne à laquelle nous nous adressons. Aspirons et évoquons le plus grand rang, et le plus noble de tous est celui qui a dépouillé l'Homme de sa morale et l'a revêtu d'une gloire débridée et immortelle. Acceptons le sentiment "Je suis le Christ", et tous nos comportements changeront subtilement et inconsciemment en harmonie avec l'acceptation.

Nos suppositions subconscientes s'extériorisent constamment, de sorte que les autres nous voient continuellement comme nous nous voyons inconsciemment, et nous disent par leurs actions ce que nous avons supposé inconsciemment sur nous-mêmes. "Mais nous tous, qui le visage découvert, contemplons comme dans un miroir la gloire du Seigneur, nous sommes transformés en la même image." Que Dieu se réveille et que ses ennemis périssent. Il n'y a pas de plus grande prière pour l'Homme.

Pas de ce monde

Chapitre 1 : La pensée en quatre dimensions

"Et maintenant je vous ai dit ces choses avant qu'elles arrivent,
afin que lorsqu'elles arriveront, vous y croyiez".
...Jean 14:29

BEAUCOUP de gens, moi y compris, ont observé les événements avant qu'ils ne se produisent, c'est-à-dire avant qu'ils ne se produisent dans ce monde tridimensionnel. Comme les humains peuvent observer les événements avant qu'ils ne se produisent dans le monde tridimensionnel de l'espace, la vie sur Terre doit avoir un plan, et ce plan doit exister dans une autre dimension et se déplacer lentement dans notre espace.

Si les événements qui se sont produits n'étaient pas dans ce monde lorsqu'ils ont été observés, alors la conclusion logique est qu'ils devaient être en dehors de ce monde. Et ce qui est vu là-bas avant que cela n'arrive ici doit être "prédéterminé" du point de vue de la personne qui s'est éveillée dans le monde tridimensionnel.

La question se pose donc : "Sommes-nous capables de changer notre avenir ?"

Mon but en écrivant ces pages est de souligner les possibilités inhérentes à l'Homme, de montrer que l'Homme peut changer son avenir ; mais, modifié en conséquence, il forme à nouveau un parcours déterminé à partir du point d'intervention - un avenir conforme à l'amendement. La caractéristique la plus remarquable de l'avenir de l'humanité est sa flexibilité. Elle est davantage prédéterminée par ses attitudes que par ses actions. La pierre angulaire sur laquelle tout est basé est l'image que l'Homme a de lui-même. Il agit comme il agit et a l'expérience qu'il a parce que l'image qu'il a de lui-même est telle qu'elle est et qu'il n'y a pas d'autre raison. S'il avait une image de lui-même différente, il agirait différemment. Un changement dans l'image de lui-même modifie automatiquement son avenir : et un changement à tout moment de sa future séquence d'expériences entraîne mutuellement un changement dans l'image de lui-même. Les hypothèses de l'Homme, qu'il considère comme insignifiantes, produisent des effets considérables ; il devrait donc revoir son évaluation des hypothèses et reconnaître leur pouvoir créatif.

Tous les changements se produisent dans la conscience. L'avenir, bien que planifié à l'avance jusque dans les moindres détails, a des résultats différents. À chaque moment de notre vie, nous sommes confrontés au choix de choisir entre différents futurs.

Il y a deux perspectives réelles sur le monde que chacun a - une perspective naturelle et une perspective spirituelle. Les anciens maîtres appelaient l'un "l'esprit charnel" et l'autre "l'esprit du Christ". Nous pouvons les distinguer entre la conscience éveillée normale, qui est contrôlée par les sens, et l'imagination contrôlée, qui est contrôlée par le désir. Nous reconnaissons ces deux centres de pensée différents dans la déclaration suivante : "Mais l'homme naturel n'accepte pas les choses de l'Esprit de Dieu ; car elles sont une folie pour lui, et il ne peut les connaître ; parce que c'est spirituellement qu'on en juge." La vision naturelle limite la réalité au moment présent. Pour le regard naturel, le passé et le futur sont purement fictifs. Le regard spirituel, quant à lui, voit le contenu du temps. Il voit les événements aussi clairement et séparément qu'il voit les objets dans l'espace. Le passé et l'avenir sont pour la vision spirituelle un tout présent. Ce qui est mental et subjectif pour l'Homme naturel est tangible et objectif pour l'Homme spirituel.

L'habitude de ne voir que ce que nos sens nous permettent de voir nous rend complètement aveugle à ce que nous pourrions voir autrement. Afin de cultiver la capacité à voir l'invisible, nous devrions souvent consciemment libérer notre esprit de l'évidence des sens, et concentrer notre attention sur un état invisible, ressentir mentalement et sentir cet état jusqu'à ce qu'il accepte la clarté de la réalité.

Les pensées honnêtes et concentrées, qui sont dirigées dans une certaine direction, excluent les autres perceptions et les font disparaître. Il suffit de se concentrer sur l'état souhaité pour le voir. L'habitude de détourner notre attention du domaine de la perception et de la diriger vers l'invisible développe notre perspective spirituelle et nous permet d'aller au-delà du monde des sens et de voir ce qui est invisible. "En effet, les perfections invisibles de Dieu, sa puissance éternelle et sa divinité, se voient comme à l'œil, depuis la création du monde, quand on les considère dans ses ouvrages." - Romains 1:20. Cette vision est totalement indépendante des capacités naturelles. Initiez cette vision et donnez-lui des ailes ! Sans cela, ces instructions sont inutiles, car "les choses de l'esprit de Dieu, c'est spirituellement qu'on les juge".

Un peu de pratique nous convaincra que, grâce à une imagination contrôlée, nous pouvons remodeler notre avenir pour l'harmoniser avec notre désir. Les désirs sont le moteur de l'action. Nous ne pourrions pas bouger un seul doigt si nous n'avions pas d'abord le désir de le bouger. Quoi que nous fassions, nous suivons toujours le désir qui domine notre esprit à ce moment-là. Lorsque nous rompons une habitude, notre désir de la rompre est plus grand que notre désir de la conserver.

Les désirs qui nous poussent à agir sont ceux qui attirent notre attention. Un désir n'est rien d'autre que la prise de conscience d'un manque ou d'un besoin de rendre notre vie plus joyeuse. Les désirs ont toujours à l'esprit un gain personnel ; plus le gain escompté est grand, plus le désir est intense. Il n'y a pas de désir absolument désintéressé. Là où il n'y a rien à gagner, il n'y a pas de désir, et donc pas d'action.

L'Homme spirituel parle à l'Homme naturel à travers le langage des vœux. La clé du progrès dans la vie et de la réalisation des rêves réside dans la volonté d'obéir à sa voix. L'obéissance inconditionnelle à sa voix signifie une acceptation immédiate du souhait réalisé. Souhaiter un État, c'est l'avoir. Comme l'a dit Pascal, "Vous ne me chercheriez pas si vous ne m'aviez pas déjà trouvé". En acceptant le sentiment du souhait déjà réalisé, puis en vivant et en agissant sur cette conviction, l'Homme change son avenir en harmonie avec son acceptation.

Les hypothèses réveillent ce qu'elles renforcent. Dès que l'Homme accepte le sentiment d'un souhait déjà réalisé, son moi quadridimensionnel trouve les moyens d'atteindre ce but en révélant les procédures pour sa réalisation. Je ne connais pas de définition plus claire des moyens par lesquels nous réalisons nos souhaits que celle qui consiste à imaginer ce que nous vivrions dans la chair si nous avions déjà atteint notre objectif. L'expérience de la fin justifie les moyens. Avec sa perspective plus large, le moi quadridimensionnel construit alors les moyens nécessaires pour réaliser la fin acceptée.

La personne indisciplinée a du mal à accepter un état qui est nié par les sens. Voici une technique qui permet de rencontrer facilement les événements avant qu'ils ne se produisent - "appeler ce qui n'est pas ce qui est". Les humains ont l'habitude de dévaloriser l'importance des choses simples ; cette formule simple pour changer le futur a été découverte après des années de recherche et d'expérimentation. La première étape pour changer l'avenir est le désir - c'est-à-dire : définir votre objectif - savoir exactement ce que vous voulez. Deuxièmement, concevez un événement qui, selon vous, se produirait après la réalisation de votre souhait - un événement qui implique que votre souhait est réalisé - un acte d'affirmation de soi. Troisièmement, allongez-vous tranquillement et mettez-vous dans un état de sommeil - allongez-vous sur le lit ou détendez-vous sur une chaise, et imaginez que vous avez sommeil ; ensuite, les yeux fermés, et votre attention concentrée sur l'action que vous avez l'intention de vivre - dans votre imagination - sentez-vous mentalement dans l'action prévue - imaginez tout le temps que vous êtes en train de réaliser l'action ici et maintenant. Vous devez toujours participer à l'action au lieu de rester à l'arrière-plan et de la regarder. Vous devez sentir que vous faites réellement l'action pour que la perception imaginative vous paraisse réelle.

Il est important de toujours se rappeler que l'action planifiée doit être celle qui suit la réalisation du souhait ; et vous devez vous sentir dans l'action jusqu'à ce qu'elle ait toute la vivacité et la clarté de la réalité. Par exemple : supposons que vous vouliez une promotion au bureau. Être félicité serait un événement que vous vivriez après que le vœu ait été exaucé. Si vous avez choisi cette action comme celle que vous voulez vivre dans votre imagination, allongez-vous et entrez dans un état de sommeil - un état d'assoupissement - mais dans lequel vous êtes encore capable de contrôler la direction de vos pensées - un état dans lequel vous êtes alerte sans effort. Imaginez maintenant qu'un ami se tient devant vous. Placez votre main imaginaire dans la sienne. Sentez-le ferme et réel, puis passez à une conversation imaginaire avec lui en harmonie avec l'action. Ne vous visualisez pas comme un point distant dans l'espace et le temps où vous serez félicité. Au lieu de cela, faites en sorte que le quelque part soit le ici, et le quelque fois le maintenant. L'avenir est un fait présent dans un monde dimensionnellement plus grand ; et, curieusement, le présent dans un monde dimensionnellement plus grand est équivalent au ici dans l'espace tridimensionnel de la vie quotidienne. La différence entre se sentir dans l'action, ici et maintenant, et se visualiser dans l'action, comme si on était sur un écran de cinéma, est la différence entre le succès et l'échec. La différence devient évidente lorsque vous visualisez maintenant que vous montez sur une échelle. Puis, les yeux fermés, imaginez qu'une échelle est juste devant vous et sentez que vous montez sur cette échelle.

Le désir, l'immobilité physique au bord du sommeil et l'action imaginaire dans laquelle la conscience de soi domine, ici et maintenant, sont non seulement des facteurs importants pour changer l'avenir, mais aussi des conditions essentielles pour projeter en permanence le soi spirituel. Lorsque le corps physique est immobilisé et que nous sommes obsédés par l'idée de faire quelque chose - et imaginez que nous le faisons ici et maintenant, et que nous soutenons émotionnellement cette action imaginaire jusqu'à ce que nous nous endormions - alors nous nous réveillons du corps physique pour nous retrouver dans un monde dimensionnellement plus grand où nous avons un centre d'intérêt dimensionnellement plus grand, et faisons réellement ce que nous souhaitons et imaginons que nous ferions dans la chair. Que nous nous réveillions là-bas ou non, nous faisons en fait l'action dans le monde quadridimensionnel, et nous la rejouerons dans le futur, ici dans le monde tridimensionnel.

L'expérience m'a appris à limiter l'action imaginaire, à comprimer l'idée en réduisant notre objectif de méditation à un seul acte, et à le jouer encore et encore jusqu'à ce que le sentiment de réalité soit atteint. Sinon, l'attention se déplace à travers une chaîne d'associations et nous présente une multitude d'images associées. En quelques secondes, elles nous conduiront à des centaines de kilomètres de notre destination dans l'espace, et à des années du point dans le temps. Si nous décidons de monter un certain escalier parce que c'est ce qui suivrait la réalisation de notre souhait, alors nous devons limiter l'action à cette montée d'escalier. Si notre attention dérive, nous devons la ramener à sa tâche de monter les escaliers jusqu'à ce que l'action imaginaire ait toute la fermeté et la clarté de la réalité. L'idée doit être maintenue dans le champ de l'imaginaire sans effort notable de notre part. Nous devons pénétrer dans l'esprit, avec un minimum d'effort, avec le sentiment que le souhait est déjà réalisé.

La somnolence facilite le changement car elle favorise une attention sans effort, mais elle ne doit pas conduire à l'endormissement, car alors nous ne sommes plus en mesure de contrôler les mouvements de notre attention. Nous parlons d'un degré modéré de somnolence dans lequel nous sommes encore capables de contrôler nos pensées. La manière la plus efficace d'incarner un souhait est d'accepter le souhait déjà réalisé, puis, dans un état de détente et de sommeil, de répéter une phrase qui implique que mon souhait est réalisé - comme une berceuse. Par exemple, "Merci", comme si nous remerciions une puissance supérieure de l'avoir fait pour nous. Cependant, si nous souhaitons une projection consciente dans un monde dimensionnellement plus élevé, nous devons maintenir l'action jusqu'à ce que nous nous endormions.

Faites l'expérience dans l'imagination, en toute clarté de la réalité, de ce que vous expérimenteriez dans la chair si vous aviez déjà atteint votre but ; et avec le temps, vous le retrouverez dans la chair comme vous l'avez rencontré dans votre imagination. Nourrir l'esprit avec des prémisses - avec des affirmations que l'on croit vraies, car les suppositions, même si elles ne sont pas réelles pour les sens, si elles s'attardent jusqu'à ce qu'elles aient le sentiment de la réalité, deviennent des faits concrets. Pour une hypothèse, tous les chemins qui soutiennent sa réalisation sont bons. Elle influence le comportement de chacun en inspirant des mouvements, des actions et des paroles qui mènent à l'épanouissement.

Pour comprendre comment les humains façonnent leur avenir en harmonie avec leurs hypothèses, nous devons savoir ce que nous entendons par un monde dimensionnellement plus grand, car c'est dans un monde dimensionnellement plus grand que nous allons pour changer notre avenir. Observer un événement avant qu'il ne se produise implique que l'événement est prédestiné du point de vue humain du monde tridimensionnel. Ainsi, pour changer les circonstances dans ce monde tridimensionnel, nous devons d'abord les changer dans les quatre dimensions de l'espace.

L'Homme ne sait pas exactement ce que signifie un monde dimensionnellement plus grand et douterait de l'existence d'un moi dimensionnellement plus grand. Il connaît très bien les trois dimensions de la longueur, de la largeur et de la hauteur, et il pense que s'il y avait une quatrième dimension, elle devrait être aussi évidente pour lui que les dimensions de la longueur, de la largeur et de la hauteur. Une dimension n'est pas une ligne, c'est toute méthode par laquelle une chose peut être mesurée, et elle est complètement différente de toutes les autres méthodes. Ainsi, pour mesurer un solide en quatre dimensions, nous le mesurons dans toutes les directions sauf la longueur, la largeur et la hauteur.

Existe-t-il une autre méthode pour mesurer un objet que la longueur, la largeur et la hauteur ? Le temps mesure ma vie sans utiliser les trois dimensions de la longueur, de la largeur et de la hauteur. Il n'existe pas d'objet instantané. On peut mesurer son apparition et sa disparition. Elle existe pour une période déterminée. Nous pouvons mesurer sa durée de vie sans utiliser les dimensions de la longueur, de la largeur et de la hauteur. Le temps est certainement une quatrième façon de mesurer un objet.

Plus un objet a de dimensions, plus il devient substantiel et réel. Une ligne droite, qui se trouve entièrement dans une dimension, acquiert forme, masse et substance en ajoutant des dimensions. Quelle nouvelle qualité le temps, la quatrième dimension, apporterait-il avec lui, qui est de loin supérieure à la matière solide, comme le solide contre la surface, comme la surface contre la ligne ? Le temps est un support pour les changements d'expérience, car tous les changements prennent du temps. La nouvelle qualité est la mutabilité.

Si nous divisons un solide par deux, sa section transversale devient une surface ; si nous divisons une surface par deux, nous obtenons une ligne ; et si nous divisons une ligne par deux, nous obtenons un point. Ainsi, un point est la section transversale d'une ligne, qui à son tour est la section transversale d'une surface, la surface à son tour est la section transversale d'un solide, et le solide, en conséquence logique, est la section transversale d'un objet à quatre dimensions.

Nous ne pouvons pas éviter la conclusion que tous les objets tridimensionnels sont une section transversale d'un corps quadridimensionnel. C'est-à-dire que lorsque je vous rencontre, je rencontre une partie de la version quadridimensionnelle de vous - le moi quadridimensionnel que l'on ne voit pas. Pour voir le moi en quatre dimensions, j'ai besoin de voir chaque section transversale ou moment de votre vie, de la naissance à la mort, chaque moment existant côte à côte. Je devrais me concentrer sur l'ensemble des impressions que vous avez ressenties sur Terre et sur celles que vous pourriez rencontrer. Je ne devrais pas les voir dans l'ordre dans lequel vous les avez vécus, mais comme un tout actuel. Parce que le changement est la caractéristique de la quatrième dimension, je devrais la voir dans un état fluide, comme un tout vivant et animé.

Si nous ancrons tout cela clairement dans notre esprit, qu'est-ce que cela signifie pour nous dans ce monde tridimensionnel ? Cela signifie que si nous pouvons nous déplacer le long de l'axe du temps, nous pouvons voir notre avenir et le modifier comme nous le souhaitons. Ce monde que nous pensons si réel est une ombre dont nous pouvons sortir à tout moment. Il s'agit d'une abstraction d'un monde plus substantiel et dimensionnellement plus grand, et ainsi de suite, jusqu'à l'infini. L'Absolu ne peut être atteint par aucun moyen ou analyse, quel que soit le nombre de dimensions que nous ajoutons au monde.

L'Homme peut prouver l'existence d'un monde dimensionnellement plus vaste tout simplement en concentrant son attention sur un état invisible et en imaginant qu'il le ressent et le voit. S'il reste concentré dans cet état, son environnement actuel disparaîtra et il s'éveillera dans un monde dimensionnellement plus grand, un monde dans lequel les objets de sa contemplation sont considérés comme une réalité objective. Je sens intuitivement que s'il abstrayait ses pensées de ce monde dimensionnellement plus vaste, et se retirait encore plus loin dans son esprit, il provoquerait une fois de plus une externalisation du temps. Il découvrira qu'à chaque fois qu'il se retire dans son esprit et fait bouger le temps, l'espace devient dimensionnellement plus grand. Il en conclurait que le temps et l'espace sont tous deux continus, et que le drame de la vie est l'ascension de blocs de temps multidimensionnels.

Un jour, les scientifiques expliqueront pourquoi il existe un univers continu. Mais le plus important est la façon dont nous l'utilisons en pratique pour changer notre avenir. Pour changer l'avenir, il suffit de s'occuper de deux mondes d'une séquence infinie : le monde que nous connaissons grâce à nos organes physiques et le monde que nous percevons indépendamment de nos organes physiques.

Chapitre 2 : Les hypothèses deviennent des faits

LES GENS croient en la réalité du monde extérieur parce qu'ils ne savent pas comment concentrer et comprimer leur pouvoir de pénétration dans la fine croûte du monde extérieur. Ce livre n'a qu'une seule intention : lever le voile des sens, voyager dans un autre monde. Nous ne faisons pas un grand effort pour lever le voile des sens ; le monde objectif disparaît en enlevant notre attention.

Il suffit de se concentrer sur l'état souhaité pour le voir mentalement, mais pour lui donner une réalité afin qu'il devienne un fait objectif, il faut maintenir notre attention sur l'état invisible jusqu'à ce qu'il accepte le sens de la réalité. Si, par une attention concentrée, nous faisons apparaître notre désir dans la clarté et le sentiment de la réalité, nous lui avons donné le droit de devenir un fait visible et concret.

S'il est difficile de contrôler la direction de l'attention lorsque vous êtes dans un état de sommeil, il peut être utile de fixer un objet de manière rigide. Ne regardez pas la surface de l'objet, mais regardez à travers l'objet, un objet simple tel qu'un mur, un tapis ou tout autre objet qui a de la profondeur. Arrangez-le de manière à ce qu'il renvoie le moins de réflexion possible. À cette profondeur, imaginez que vous voyez et entendez ce que vous voulez voir et entendre jusqu'à ce que votre attention soit complètement absorbée par l'état imaginé.

À la fin de votre méditation, lorsque vous vous réveillez de votre "rêverie contrôlée", vous avez l'impression d'être revenu de très loin. Le monde visible, que vous aviez exclu, réapparaît dans votre conscience et, par sa présence, vous montre clairement que vous vous êtes trompé vous-même en croyant que l'objet de votre contemplation était réel. Mais si vous savez que la conscience est la seule réalité, vous resterez fidèle à votre vision, et par cette attitude maintenue, vous confirmerez la réalité de votre don, et prouverez que vous avez le pouvoir de rendre votre souhait réel, afin qu'il devienne un fait visible et concret.

Définissez votre idéal et concentrez votre attention sur l'idée de vous définir avec votre idéal. Assumez le sentiment que vous êtes, le sentiment qui serait le vôtre si vous incarniez déjà votre idéal. Vivre et agir en fonction de cette conviction. Cette hypothèse, si on s'y attarde, devient un fait, même si les sens le nient. Vous saurez si vous avez réussi à fixer l'état souhaité dans la conscience lorsque vous regarderez mentalement vos semblables. Dans les monologues, vous êtes moins inhibé et plus honnête que dans les conversations réelles avec les autres, ce qui vous donne l'occasion de faire une auto-analyse lorsque vous êtes surpris dans vos conversations mentales avec les autres. Si vous voyez les autres comme vous les avez vus auparavant, vous n'avez pas changé votre image de vous-même, car tout changement d'image de soi entraîne un changement de relation avec votre monde.

Permettez aux autres de vous voir dans votre méditation comme ils vous verraient si cette nouvelle image de soi était un fait concret. Pour les autres, vous êtes toujours une incarnation apparente de votre idéal éveillé. Dans votre méditation, vous devez donc être vu par les autres, lorsque vous les contemplez, comme vous seriez vu physiquement par eux si votre image de soi était un fait objectif ; c'est-à-dire que vous devez imaginer dans votre méditation que les autres vous voient exprimer ce que vous souhaitez être.

Si vous supposez que vous êtes ce que vous voulez être, alors votre désir est comblé, et dans l'accomplissement, tout désir est neutralisé. Vous ne pouvez pas continuer à désirer quelque chose que vous avez déjà accompli. Votre désir n'est pas quelque chose que vous cherchez à réaliser, c'est la reconnaissance de quelque chose que vous possédez déjà. C'est l'acceptation du sentiment d'être déjà ce que l'on souhaite être. La foi et l'être ne font qu'un. L'accepteur et son acceptation ne font qu'un, de sorte que ce que vous croyez être n'est jamais loin au point d'être proche, car la proximité implique la séparation. "Si vous pouviez y croire ! Tout est possible à celui qui croit". Il est la substance de ce que l'on espère, la preuve de choses que l'on ne voit pas encore. Si vous supposez que vous êtes ce que vous voulez être, alors vous verrez les autres conformément à votre supposition.

Si c'est le bien des autres que vous désirez, alors vous devez voir les autres pendant votre méditation comme s'ils étaient déjà ce que vous voulez qu'ils soient. Par le désir, vous vous élevez au-dessus de votre sphère actuelle, et le chemin du désir à l'accomplissement est raccourci en expérimentant dans votre imagination ce que vous expérimenteriez dans la chair si vous incarniez déjà l'idéal que vous désirez.

J'avais mentionné que chaque être humain, à un moment donné, a la possibilité de choisir entre différentes versions futures ; la question qui se pose est "Comment est-ce possible si l'expérience humaine dans le monde tridimensionnel est prédéterminée", car cela implique l'observation d'un événement avant qu'il ne se produise. Cette capacité à changer l'avenir devient évidente lorsque nous comparons l'expérience de la vie sur terre avec ces pages imprimées. Les êtres humains vivent les événements sur Terre de manière aussi individuelle et séquentielle que vous vivez actuellement les mots de cette page.

Imaginez que chaque mot de cette page représente une impression sensorielle. Pour comprendre le contexte, pour comprendre mon contenu, concentrez votre regard sur le premier mot dans le coin supérieur gauche, puis déplacez votre attention de gauche à droite, en laissant tomber l'attention sur chaque mot individuellement et l'un après l'autre. Lorsque vos yeux atteindront le dernier mot sur cette page, vous aurez absorbé mon contenu. En les réorganisant, vous pourriez raconter une histoire complètement différente ; en fait, vous pourriez raconter beaucoup d'histoires différentes.

Un rêve n'est rien d'autre qu'une pensée incontrôlée en quatre dimensions, ou le réarrangement des impressions sensorielles passées et futures. L'Homme rêve rarement dans l'ordre des événements qu'il vit lorsqu'il est éveillé. Habituellement, il rêve de deux ou plusieurs événements séparés dans le temps comme une impression sensorielle fusionnée ; ou bien il réorganise ses impressions sensorielles individuelles en rêve de manière si complète qu'il ne les reconnaît pas lorsqu'elles le rencontrent à l'état éveillé.

Par exemple : J'ai rêvé que je livrais un colis au restaurant de mon immeuble. L'hôtesse m'a dit : "Vous ne pouvez pas laisser ça ici" ;

ensuite, le liftier m'a donné quelques lettres, et quand je l'ai remercié pour cela, il m'a remercié aussi. À ce moment, le groom de l'ascenseur de nuit est apparu, m'a fait signe et m'a salué. Le lendemain, en quittant mon appartement, j'ai ramassé quelques lettres qui avaient été laissées devant ma porte. En descendant, j'ai donné un pourboire au groom de l'ascenseur et je l'ai remercié de s'être occupé de mes lettres, après quoi il m'a remercié pour le pourboire. En rentrant chez moi ce jour-là, j'ai entendu un portier dire à un livreur : "Vous ne pouvez pas laisser ça ici". Alors que j'attendais que l'ascenseur monte à mon appartement, j'ai reconnu un visage familier dans le restaurant, et en entrant, l'hôtesse m'a salué avec un sourire. Tard dans la soirée, j'ai conduit mes invités, que j'avais invités à dîner, à l'ascenseur, et lorsque je leur ai dit au revoir, le groom de l'ascenseur de nuit m'a fait signe et m'a souhaité une bonne nuit.

En réorganisant simplement certaines des sensations individuelles que je devais éprouver, et en fusionnant deux ou plusieurs en une seule sensation, j'ai construit un rêve qui était tout à fait différent de mon expérience de veille. Lorsque nous aurons appris à contrôler les mouvements de notre attention dans le monde quadridimensionnel, nous serons capables de créer consciemment des circonstances dans le monde tridimensionnel. Nous apprenons ce contrôle par le rêve éveillé, où notre attention peut être maintenue sans effort, car l'attention sans effort est essentielle pour changer l'avenir. Dans un rêve éveillé contrôlé, nous pouvons consciemment construire un événement que nous souhaitons vivre dans le monde tridimensionnel.

Les impressions sensorielles que nous utilisons pour construire notre rêve éveillé sont des réalités présentes, décalées dans le temps, dans le monde en quatre dimensions. Tout ce que nous faisons pour construire le rêve éveillé est de sélectionner parmi le vaste éventail de sensations celles qui, lorsqu'elles sont bien agencées, impliquent l'accomplissement de notre désir. Avec le rêve clairement défini, nous nous détendons sur une chaise et induisons un état de conscience semblable au sommeil - un état qui, bien que proche du sommeil, nous permet de contrôler consciemment le mouvement de notre attention. Lorsque nous atteignons cet état, nous vivons dans notre imagination ce que nous vivrions dans la réalité si notre rêve éveillé était un fait objectif. Lorsque l'on utilise cette technique pour changer l'avenir, il est important de se rappeler que le rêve éveillé est la seule chose qui occupe l'esprit pendant le rêve éveillé - l'action prédéterminée qui implique la réalisation de notre désir. Comment le rêve éveillé devient un fait physique ne nous concerne pas. Notre acceptation du rêve éveillé comme une réalité physique porte en elle les moyens de s'accomplir.

Permettez-moi d'établir une fois de plus les bases pour changer l'avenir, qui n'est rien d'autre qu'un rêve éveillé contrôlé.

Définissez votre objectif - sachez exactement ce que vous voulez.

Construisez un événement qui, selon vous, vous arrivera après la réalisation du souhait - un acte d'affirmation de soi.

Détendez votre corps physique et provoquez un état de conscience semblable au sommeil ; puis engagez-vous mentalement dans l'action préparée - tout au long de l'action, imaginez que vous le faites réellement, ici et maintenant, afin de faire l'expérience dans votre imagination de ce que vous feriez dans la chair si vous aviez déjà atteint votre but.

L'expérience m'a appris que c'est le meilleur moyen d'atteindre mon objectif. Mes propres échecs fréquents me rendraient coupable si je prétendais avoir pleinement maîtrisé le mouvement de mon attention. Je peux cependant dire ce que disaient les anciens professeurs : "Mais je dis une chose : j'oublie ce qui est derrière, et je tends la main vers ce qui est devant, et je chasse l'objectif fixé, le prix de la victoire."

Chapitre 3 : Le pouvoir de l'imagination

"Vous connaîtrez la vérité,
et la vérité vous affranchira".
...Jean 8:32

LES GENS affirment que le véritable jugement doit correspondre à la réalité extérieure à laquelle ils se réfèrent. Cela voudrait dire : Si je suis emprisonné et que je suppose que je suis libre, et que je crois que je suis libre, alors il est vrai que je crois que je suis libre ; mais il ne s'ensuit pas que je suis libre, car je ne suis peut-être qu'une victime de mon illusion. Mais, en raison de ma propre expérience, j'ai cru à tant de choses étranges que je n'ai guère de raisons de douter de la vérité des choses au-delà de mon expérience.

Les anciens professeurs nous ont mis en garde contre les apparences, car, comme ils l'ont dit, la vérité ne doit pas être en accord avec la réalité extérieure à laquelle elle se réfère. Ils ont affirmé que nous portons un faux témoignage lorsque nous avons imaginé le mal l'un pour l'autre - que, si réelle que soit notre conviction, si elle semble confirmer la réalité extérieure à laquelle elle se réfère, si elle ne libère pas celui sur lequel nous avons cette conviction, elle est fausse, et donc un faux jugement.

Nous sommes appelés à nier l'évidence de nos sens, et à imaginer comme vrai de notre voisin ce qui le rend libre.

"Vous connaîtrez la vérité, et la vérité vous affranchira."

Pour connaître la vérité sur notre voisin, nous devons supposer qu'il est déjà ce qu'il veut être. Toute image que nous entretenons d'un autre qui ne correspond pas à son souhait réalisé ne le rendra pas libre et ne peut donc pas être la vérité.

Au lieu d'apprendre mon métier à l'école, où la participation à des cours et à des séminaires est considérée comme un substitut aux connaissances acquises par moi-même, mon éducation a été presque exclusivement consacrée au pouvoir de l'imagination. Je me suis assis pendant des heures dans l'imagination d'être autre chose que ce que ma raison et mes sens me dictaient, jusqu'à ce que l'état imaginé soit aussi vif que la réalité - si vif que les passants sont devenus une partie de mon imagination et ont agi comme je le leur aurais demandé. Par le pouvoir de l'imagination, mon imagination a guidé leur imagination, et a dicté leur comportement et leurs discours alors que j'étais identifié à mon état imaginaire. L'imagination humaine est l'Homme lui-même, et le monde, tel que l'imagination le voit, est le monde réel, mais il est de notre devoir d'imaginer tout ce qui est aimable et agréable. "Car il n'est pas possible à un homme de voir comme un homme voit ; un homme voit ce qui est devant ses yeux, mais l'ETERNEL voit le cœur." "Car comme un fantôme, il est à l'intérieur. “

Dans la méditation, lorsque l'esprit s'illumine, je trouve mon imagination équipée du pouvoir magnétique pour attirer tout ce que je désire. Le désir est le pouvoir que l'imagination utilise pour façonner la vie autour de moi comme je la façonne en moi. Je souhaite d'abord faire l'expérience d'une certaine personne ou d'une certaine scène, puis j'ai l'impression de voir ce que je veux voir, et l'état imaginé devient un fait objectif. Je souhaite entendre, puis j'écoute comme si j'écoutais, et la voix imaginaire dit ce que je lui dicte comme si elle avait introduit le message. Je pourrais vous donner de nombreux exemples pour prouver mes arguments, pour prouver que ces états imaginés deviennent des faits physiques ; mais je sais que mes exemples susciteraient une incrédulité tout à fait naturelle chez tous ceux qui n'en ont pas encore fait l'expérience ou qui ne sont pas enclins à mes arguments.

Néanmoins, l'expérience m'a convaincu de la véracité de la déclaration suivante : "Le Dieu qui donne la vie aux morts et appelle ce qui n'existe pas à l'existence". - Romains 4:17. Car j'ai, dans une intense méditation, appelé les choses qui n'étaient pas vues comme si elles l'étaient, et l'invisible n'était pas seulement vu, mais devenait finalement un fait physique.

Grâce à cette méthode - en souhaitant d'abord, puis en imaginant que nous vivons ce que nous voulons vivre - nous pouvons façonner l'avenir en harmonie avec notre souhait. Mais suivons les conseils des prophètes et ne pensons qu'à ce qui est aimable et bon, car l'imagination nous attend aussi indifféremment et rapidement quand notre nature est mauvaise que quand elle est bonne. De nous jaillissent le bien et le mal.

"Regarde, j'ai mis aujourd'hui devant toi tant la vie et le bien, que la mort et le mal."

Le désir et l'imagination sont la baguette magique du magicien, et ils attirent à eux leurs propres affinités. Il est préférable de partir lorsque l'esprit est dans un état de sommeil. J'ai décrit avec soin et en détail la méthode que j'utilise pour entrer dans le monde dimensionnellement plus vaste, mais je vais donner une autre formule pour ouvrir la porte du monde plus vaste.

"Il parle par des songes, par des visions nocturnes, quand les hommes sont livrés à un profond sommeil, quand ils sont endormis sur leur couche ; alors il leur donnes des avertissements et met le sceau à ses instructions".

Habituellement, dans un rêve, nous sommes plus le serviteur de notre vision que son maître, mais la fantaisie diabolique du rêve peut devenir un fait extérieur. Dans les rêves, comme dans la méditation, nous nous échappons de ce monde et entrons dans un monde dimensionnellement plus grand, et je sais que les formes dans les rêves ne sont pas des images plates, bidimensionnelles, comme le croient les psychologues modernes. Ce sont des réalités de fond du monde dimensionnellement plus vaste, et je peux les saisir. J'ai découvert que lorsque je me surprends dans un rêve, je peux capturer toute forme solide ou sans vie du rêve (une chaise, une table, un escalier, un arbre) et me commander de me réveiller. Lorsqu'on m'ordonne de me réveiller, alors que je suis déterminé à m'accrocher à l'objet du rêve, je suis tiré par moi-même, accompagné du sentiment distinct de me réveiller du rêve. Je m'éveille dans une autre sphère, en tenant l'objet de mon rêve, et je réalise que je ne suis plus le serviteur de ma vision mais son maître, puisque je suis pleinement conscient et que je contrôle les mouvements de mon attention. C'est cet état de pleine conscience dans lequel nous avons le contrôle sur la direction de nos pensées, de sorte que nous appelons les choses qui ne sont pas ce qu'elles sont. Dans cet état, nous appelons les choses en faisant un souhait et en acceptant ensuite le sentiment que le souhait est déjà réalisé. Contrairement au monde tridimensionnel, où il y a un intervalle entre notre acceptation et notre épanouissement, dans le monde quadridimensionnel, notre acceptation est immédiatement réalisée. La réalité extérieure reflète immédiatement notre hypothèse. Il n'est pas nécessaire d'attendre quatre mois pour la récolte. Nous regardons à nouveau comme si nous avions vu, et voici que les champs sont déjà mûrs pour la récolte.

Dans ce monde dimensionnellement plus vaste, "Mais vous ne vous battez pas en cela ; contentez-vous de vous tenir debout et de voir l'aide du SEIGNEUR qui est avec vous."

Et parce que le grand monde passe lentement par notre monde tridimensionnel, nous pouvons façonner notre avenir, avec la puissance de l'imagination, conformément à notre désir. Regardez comme si vous voyiez, entendez comme si vous entendiez ; tendez votre main imaginaire comme si vous touchiez... et votre acceptation devient un fait.

Pour ceux qui pensent qu'un jugement correct doit confirmer la réalité extérieure à laquelle il se réfère, ce sera une folie et une pierre d'achoppement. Mais je prêche et je pratique la fixation dans la conscience de ce que l'on souhaite réaliser.

L'expérience me convainc qu'une attitude fixe de l'esprit qui ne confirme pas la réalité extérieure à laquelle elle se réfère, et que l'on appelle donc l'imagination - "les choses qui ne sont pas" - sera à présent "ce qui n'est rien, qui est quelque chose".

Je ne veux pas écrire un livre de miracles, mais plutôt retracer l'esprit humain jusqu'à la seule réalité que les anciens maîtres vénéraient comme Dieu. Tout ce qui a été dit sur Dieu a en fait été dit sur la conscience humaine, afin que nous puissions dire : "Mais que celui qui veut se glorifier se glorifie d'avoir de l'intelligence", c'est ce que disent les Écritures.

Personne n'a besoin d'aide pour être guidé dans l'application de cette loi de la conscience. "Je suis" est l'auto-définition de l'Absolu. La racine d'où tout émerge. "Je suis la vigne."

Quelle est votre réponse à la question "Qui suis-je ?" Votre réponse détermine le rôle que vous jouez dans le drame de ce monde. Votre réponse - l'image que vous avez de vous-même - ne doit pas nécessairement correspondre à la réalité extérieure à laquelle elle se réfère. Cette grande vérité est révélée dans la déclaration,

"les faibles parlent : Je suis fort !

Regardez toutes les bonnes intentions qui ont pesé sur de nombreuses années passées et nouvelles. Les résolutions ont vécu pendant un certain temps puis sont mortes. Pourquoi ? Parce qu'elles ont été séparées de leurs racines. Supposez que vous êtes ce que vous voulez être. Vivez dans votre imagination ce que vous vivriez en chair et en os si vous étiez déjà ce que vous voulez être. Restez fidèle à votre hypothèse afin de vous définir comme ce que vous avez supposé. Les choses n'ont pas de vie lorsqu'elles sont séparées de leur racine, et notre conscience, notre "je suis" est la racine d'où tout émerge.

"Car si vous ne croyez pas que je suis, vous mourrez dans vos péchés." - Jean 8:24. Autrement dit, si je ne crois pas que je suis déjà ce que je veux être, alors je resterai ce que je suis et je mourrai dans l'image que j'ai de moi-même. Il n'y a pas de pouvoir en dehors de la conscience humaine qui soit capable de faire revivre et de rendre vivantes ces choses que l'Homme veut expérimenter. Celui qui est habitué à se souvenir à volonté des images qui lui plaisent devient, par la force de son imagination, le maître de son destin.

"Je suis la résurrection et la vie ; celui qui croit en moi, encore qu'il soit mort, vivra." "Tu connaîtras la vérité, et la vérité t'affranchira."

Chapitre 4 : Il n'y a que vous pour changer

"Et je me sanctifie moi-même pour eux,
afin qu'eux aussi soient sanctifiés par la vérité".
...Jean 17:19

L'idéal que nous servons et auquel nous aspirons ne pourrait jamais être développé par nous s'il n'était pas potentiellement dans notre nature. J'ai maintenant l'intention de réfléchir et de mettre en valeur une expérience que j'ai écrite et imprimée il y a deux ans. Je crois que cette citation de "THE SEARCH" nous aidera à comprendre le processus de la Loi de la Conscience et nous montrera qu'il n'y a personne d'autre à changer que nous-mêmes.

Une fois, j'ai médité sur la mer, dans un état de calme, sur "l'état parfait", et je me suis demandé ce que je serais si mes yeux étaient trop purs pour voir l'injustice. Alors que je me perdais dans cette couvaison ardente, je me suis retrouvé à m'élever au-dessus de l'environnement sombre de mes sens. La sensation était si intense que j'avais l'impression qu'un feu habitait un corps d'air. Les voix d'un chœur céleste, avec l'enthousiasme de ceux qui sont sortis vainqueurs du conflit avec la mort, ont chanté : "Il est ressuscité - Il est ressuscité", et intuitivement, j'ai su qu'elles me désignaient.

Puis j'ai semblé marcher dans la nuit. Je suis vite arrivé sur une scène qui aurait pu être l'ancien étang de Béthesda, car il y avait une foule de gens sans défense à cet endroit - aveugles, boiteux, rachitiques, n'attendant pas l'eau en mouvement comme dans la tradition, mais m'attendant. Quand je me suis approché, l'un après l'autre, sans aucune pensée ni effort de ma part, se sont formés, comme par le magicien de la beauté. Les yeux, les mains, les pieds - tous les éléments manquants - ont été tirés d'un récipient invisible, et formés en harmonie avec la perfection que je ressentais à l'intérieur. Quand tout était parfait, le chœur se réjouissait : "C'est fait". Puis la scène s'est dispersée et je me suis réveillé.

Je sais que cette vision est le résultat de mon intense méditation sur l'idée de perfection, car mes méditations mènent invariablement à une union avec l'état contemplé. Je me suis tellement imprégné de l'idée que, pendant un instant, je suis devenu ce que j'avais envisagé, et le but élevé auquel je me suis identifié pendant un instant a attiré la société des choses élevées, et a façonné la vision en harmonie avec ma nature intérieure. L'idéal avec lequel nous sommes unis fonctionne avec des associations d'idées pour éveiller des milliers d'humeurs et créer un drame en harmonie avec l'idée centrale.

Mes expériences mystiques m'ont convaincu qu'il n'y a pas d'autre chemin vers la perfection extérieure que celui de la transformation de soi. Une fois que nous aurons réussi à nous transformer, le monde fondra comme par magie sous nos yeux, et se reformera en harmonie avec ce qui affirme notre transformation.

Rien ne se perd dans l'économie divine. Nous ne pouvons rien perdre, sauf en descendant de la sphère dans laquelle la chose a sa vie naturelle. La mort n'a pas de pouvoir de transformation et, que nous soyons ici ou là-bas, nous façonnons le monde qui nous entoure par l'intensité de notre imagination et de nos sentiments, et nous illuminons ou assombrissons notre vie par l'image que nous entretenons de nous-mêmes. Rien n'est plus important pour nous que l'image que nous avons de nous-mêmes, et cela est particulièrement vrai pour l'image de ce qui est dimensionnellement plus grand en nous.

Ceux qui nous aident ou nous entravent, et qu'ils le sachent ou non, sont des serviteurs de la loi, qui forment les circonstances extérieures en harmonie avec notre nature intérieure. Ce sont les images que nous avons de nous-mêmes qui nous libèrent ou nous restreignent, même si elles peuvent utiliser des substituts physiques pour atteindre leur but.

Parce que la vie façonne le monde extérieur pour refléter l'arrangement intérieur de notre esprit, il n'y a pas d'autre moyen de réaliser la perfection extérieure que nous recherchons que celui de la transformation de soi. Aucune aide ne vient de l'extérieur ; les collines vers lesquelles nous dirigeons nos yeux sont celles d'une montagne intérieure. Par conséquent, nous devons nous tourner vers notre conscience en tant que seule réalité, seul fondement sur lequel tous les phénomènes peuvent être expliqués. Nous pouvons absolument compter sur la justice de cette loi, qui ne nous donne que ce qui est dans notre nature.

Essayer de changer le monde avant de changer l'image que nous avons de nous-mêmes est une lutte contre la nature des choses. Il ne peut y avoir de changement externe que s'il y a d'abord un changement interne. Comme à l'intérieur, donc à l'extérieur. Je ne prône pas l'indifférence philosophique lorsque je recommande que nous nous imaginions déjà être ce que nous voulons être, en vivant dans une atmosphère de magnificence, plutôt que d'utiliser des moyens physiques et des arguments pour apporter le changement souhaité. Tout ce que nous faisons sans changement de conscience n'est qu'un réajustement futile des surfaces. Peu importe les efforts que nous déployons, nous ne pouvons obtenir plus que ce que nos hypothèses soutiennent. Protester contre ce qui nous arrive, c'est protester contre la loi de notre être et la domination de notre propre destin.

Les circonstances de ma vie sont trop étroitement liées à l'image que j'ai de moi-même pour ne pas avoir été formées par mon propre esprit à partir d'une réserve de mon être plus vaste sur le plan dimensionnel. Si ces événements me font souffrir, je devrais en chercher la cause en moi-même, car je suis déplacé ici et là, et j'ai été fait pour vivre dans un monde en parfaite harmonie avec l'image que j'ai de moi-même.

La méditation intensive conduit à une union avec l'état contemplé, et pendant cette union nous avons des visions, nous faisons des expériences et nous agissons en fonction de notre changement de conscience. Cela nous montre qu'une transformation de la conscience entraîne un changement d'environnement et de comportement.

Toutes les guerres montrent que les émotions puissantes sont très efficaces pour déclencher des réarrangements mentaux. Chaque conflit majeur a été suivi d'une ère de matérialisme et d'avidité, au cours de laquelle les idéaux pour lesquels la guerre était censée être menée ont été perdus. C'est inévitable car la guerre engendre la haine, ce qui entraîne une baisse de conscience du niveau de l'idéal au niveau du conflit. Si nous étions émotionnellement aussi excités par nos idéaux que nous le sommes par nos aversions, nous monterions au niveau de notre idéal aussi facilement que nous descendons actuellement au niveau de nos haines.

L'amour et la haine ont un pouvoir magique, transformateur, et nous évoluons à travers leur pratique à l'image de ce que nous contemplons. Par une haine intense pour les gens, nous créons en nous le caractère que nous avons créé chez nos ennemis. Les qualités meurent par manque d'attention, aussi le meilleur moyen d'effacer les états désagréables est d'imaginer "des bijoux au lieu de cendres, de l'huile de joie au lieu de deuil" au lieu d'attaquer directement l'état dont nous voulons être libérés. "Tout ce qui est aimable, tout ce qui est plaisant, s'il y a une vertu, et s'il y a un éloge à considérer !" Car nous devenons ce que nous sommes.

Il n'y a rien à changer, si ce n'est l'image que nous avons de nous-mêmes. Une fois que nous aurons réussi à nous transformer, notre monde fondra et se remodèlera en harmonie avec ce qui affirme notre changement.

Le sentiment est le secret

Chapitre 1 : La loi et son fonctionnement

LE monde, et tout ce qu'il contient, est la conscience objectivée et conditionnée de l'Homme. La conscience est à la fois la cause et la substance du monde entier. Nous devons donc nous tourner vers la conscience si nous voulons percer le mystère de la création.

La connaissance de la loi de la conscience et la méthode d'application de cette loi vous permettront de réaliser tous vos désirs dans la vie. Grâce à la connaissance pratique du droit, vous pouvez construire et maintenir un monde idéal.

La conscience est la seule réalité, non pas au sens figuré, mais au sens réel. Par souci de clarté, cette réalité peut être comparée à un courant qui se divise en deux parties, le conscient et le subconscient. Pour appliquer intelligemment la loi de la conscience, il est nécessaire de comprendre la relation entre le conscient et le subconscient. Le conscient est personnel et sélectif ; le subconscient est impersonnel et non sélectif. Le conscient est le flux de l'effet ; le subconscient est la tempête de la cause. Ces deux aspects sont la partie masculine et la partie féminine de la conscience. Le conscient est masculin, le subconscient est féminin.

Le conscient crée des idées et les imprègne dans le subconscient ; le subconscient reçoit des idées et leur donne forme et expression.

Grâce à cette loi - concevoir d'abord une idée, puis imprégner le subconscient de cette idée conçue - tout se déroule à partir de la conscience ; et sans ce processus, rien n'est fait qui soit fait. Le conscient façonne le subconscient, tandis que le subconscient exprime tout ce qui a été imprégné en lui.

Le subconscient ne produit pas d'idées, il n'accepte comme vraies que celles que le conscient juge vraies et, d'une manière qu'il est seul à connaître, il objective les idées acceptées. C'est pourquoi l'Homme, grâce à son pouvoir d'imagination, de sentiment et de libre arbitre, a le contrôle de la création lorsqu'il choisit l'idée qu'il veut chérir. Le contrôle du subconscient s'obtient en contrôlant vos idées et vos sentiments.

Le mécanisme de la création est caché dans les profondeurs du subconscient, l'aspect féminin ou utérus de la création. Le subconscient dépasse la raison et est indépendant des instructions. Elle considère un sentiment comme un fait existant et l'exprime sur la base de cette hypothèse. Le processus créatif commence par une idée, passe par le cycle des sentiments et se termine par la volonté d'une action.

Les idées sont imprégnées dans le subconscient par le biais des sentiments. Aucune idée ne peut être imprégnée dans le subconscient tant qu'elle n'est pas ressentie. Mais une fois ressentie - qu'elle soit bonne, mauvaise ou indifférente - elle doit être exprimée. Le sentiment est le seul moyen par lequel les idées sont transmises au subconscient. Par conséquent, une personne qui ne contrôle pas ses sentiments peut très rapidement modeler son subconscient avec des états indésirables. Le contrôle des sentiments ne signifie pas qu'il faille retenir ou réprimer ses sentiments, mais l'autodiscipline de n'imaginer que cela et de ne nourrir que les sentiments qui contribuent à son bonheur. Le contrôle de vos sentiments est très important pour une vie pleine et heureuse. N'entretenez jamais un sentiment indésirable, et ne pensez jamais à la mauvaise chose sous quelque forme que ce soit. Ne vous attardez pas sur votre imperfection ou celle des autres. Cela reviendrait à imprégner le subconscient de ces restrictions. Ne ressentez pas ce que vous ne voulez pas qu'il vous arrive - ne le ressentez pas de vous-même et ne le ressentez pas de quelqu'un d'autre. C'est déjà la loi complète pour une vie épanouie et heureuse. Tout le reste n'est qu'explications.

Tout sentiment induit une empreinte du subconscient et, à moins qu'il ne soit remplacé par un sentiment plus puissant de nature contraire, il doit s'exprimer. Le plus dominant des deux sentiments est celui qui s'exprime. Je suis en bonne santé est un sentiment plus fort que je ne serai pas en bonne santé. Sentir que je deviens est l'aveu que je ne suis pas ; je suis est plus fort que je ne suis pas.

Le sentiment est le secret

Ce que l'on sent, on est toujours dominé par ce que l'on sent que l'on voudrait être, donc pour réaliser le désir, il faut le ressentir comme un état d'être plutôt que comme un état cible.

Chaque manifestation est précédée de sensations, et elles sont le fondement sur lequel reposent toutes les manifestations. Soyez attentif à vos humeurs et à vos sentiments, car il existe un lien ininterrompu entre vos sentiments et votre monde visible. Votre corps est un filtre émotionnel et porte les traces indubitables de vos émotions dominantes. Les facteurs émotionnels perturbateurs, en particulier les émotions refoulées, sont la cause de toute maladie. Ressentir intensément quelque chose de mauvais sans donner voix ou expression à ce sentiment est le début de toute maladie - tant dans le corps que dans l'environnement. N'entretenez pas le sentiment de regret ou d'échec, car la frustration ou l'éloignement de votre objectif entraînera une maladie.

Ne pensez qu'aux états que vous voulez réaliser.

Le sentiment est la réalité de l'état recherché, et vivre et agir selon cette conviction est la voie de tous les miracles apparents. Tout changement d'expression est provoqué par un changement de sentiments. Un changement de sentiments est un changement de destin. Toute création a lieu dans le domaine du subconscient. Ce que vous devez acquérir, c'est un contrôle réfléchi sur le mode de fonctionnement du subconscient, c'est-à-dire un contrôle sur vos idées et vos sentiments. La probabilité et le hasard ne sont pas responsables des choses qui vous arrivent, et le destin prédéterminé n'est pas non plus l'auteur de votre chance ou de votre malchance. Vos impressions subconscientes ont déterminé les circonstances de votre monde. Le subconscient n'est pas sélectif, il est impersonnel et ne porte pas de jugement. Le subconscient ne se soucie pas de savoir si votre sentiment est vrai ou faux. Grâce à cette qualité du subconscient, il n'y a rien d'impossible pour l'Homme. Tout ce que l'esprit humain peut imaginer et ressentir comme vrai, peut et doit être objectivé par le subconscient. Vos sentiments créent le schéma à partir duquel votre monde est formé, et un changement de sentiment est un changement de schéma.

Le subconscient ne manque jamais d'exprimer ce qui lui a été imprimé. Dès qu'il reçoit une impression, il commence à trouver les moyens de l'exprimer. Il accepte le sentiment qui est imprégné, votre sentiment, comme un fait existant, et se prépare immédiatement à créer l'image exacte de ce sentiment dans le monde extérieur, ou objectif. Le subconscient ne change jamais les croyances acceptées de la personne. Il crée une image extérieure, adaptée au moindre détail, et ce, que les convictions exprimées soient bénéfiques ou non.

Afin d'imprégner le subconscient de l'état souhaité, vous devez accepter le sentiment qui serait le vôtre si vous aviez déjà réalisé votre souhait. Lorsque vous définissez votre objectif, vous ne devez vous préoccuper que de l'objectif lui-même. La manière dont il s'exprime ou les difficultés qu'il entraîne ne vous concernent pas. Le sentiment de penser à un état façonne toujours le subconscient avec l'état. Ainsi, si vous vous attardez sur les difficultés, les obstacles ou le retard, le subconscient, en raison de sa nature non sélective, acceptera le sentiment de difficultés et d'obstacles comme votre demande, et les créera dans votre monde extérieur.

Le subconscient est le ventre de la création. Il reçoit l'idée en soi par le biais du sentiment humain. Il ne change jamais l'idée reçue, mais lui donne toujours forme. Le subconscient exprime donc l'idée à l'image du sentiment reçu. Le fait de ressentir une condition comme désespérée ou impossible façonne le subconscient avec l'idée d'échec.

Bien que le subconscient soit au service de l'être humain, cela ne peut être compris comme si cette relation était une relation entre serviteur et maître, comme on le supposait autrefois. Les anciens prophètes l'appelaient l'esclave et le serviteur de l'Homme. Saint Paul l'a personnifiée comme "femme" et a dit : "La femme doit être soumise à l'homme en tout". Le subconscient est au service de l'Homme et donne fidèlement forme à ses sentiments. Cependant, le subconscient a une forte aversion pour la coercition, et réagit plus à la cajolerie qu'aux ordres ; ainsi, on peut dire qu'il ressemble plus à la femme aimée qu'à la servante.

"Mais l'homme est le chef de la femme", Corinthiens 11:3, n'est peut-être pas vrai en ce qui concerne l'homme et la femme dans leur relation terrestre, mais il est vrai en ce qui concerne le conscient et le subconscient, ou l'aspect masculin et féminin de la conscience. Le mystère auquel Paul fait référence lorsqu'il écrit : "Le mystère est grand... celui qui aime sa femme s'aime lui-même... car personne n'a jamais haï sa propre chair." C'est tout simplement le mystère de la conscience. La conscience est en fait une entité indivisible, mais par souci de simplicité, elle est divisée en deux pour expliquer la création.

Le conscient (objectif), ou aspect masculin, est en réalité la tête et domine le subconscient (subjectif), ou aspect féminin. Pourtant, cette orientation n'est pas celle d'un tyran, mais celle d'un amant. Ainsi, en acceptant le sentiment qui serait le vôtre si vous étiez déjà en possession de votre objectif, le subconscient est stimulé pour construire l'image de votre acceptation. Votre souhait n'est pas accepté inconsciemment tant que vous n'avez pas accepté le sentiment de la réalité, car ce n'est que par le sentiment qu'une idée peut être acceptée inconsciemment, et ce n'est que par cette acceptation subconsciente qu'elle sera jamais exprimée.

Il est plus facile d'attribuer vos sentiments à un événement dans le monde que d'admettre que les circonstances du monde reflètent vos sentiments. Pourtant, c'est la vérité éternelle que l'extérieur ne reflète que l'intérieur. "Comme à l'intérieur, donc à l'extérieur." "L'homme ne peut recevoir aucune chose, si elle ne lui est donnée du ciel." Et "Le royaume des cieux est en vous." Rien ne vient de l'extérieur, toutes les choses viennent de l'intérieur - du subconscient. Votre monde, jusqu'au moindre détail, est votre conscience objectivée. Les états objectifs témoignent d'impressions subconscientes. Un changement d'impression entraîne un changement d'expression.

Le subconscient accepte comme vraies les choses que vous ressentez comme vraies, et parce que la création est le résultat d'impressions subconscientes, vous déterminez, par votre sentiment, la création. Vous êtes déjà ce que vous voulez être, et votre refus d'y croire est la seule raison pour laquelle vous ne le voyez pas.

Le sentiment est le secret

Chercher à l'extérieur ce que l'on n'a pas l'impression d'être, c'est chercher en vain, car on ne trouve jamais ce que l'on veut, on ne trouve que ce que l'on est. En bref, vous n'exprimez toujours que ce que vous savez être ou avoir. "Car à celui qui a, il sera donné." Nier l'évidence des sens, et accepter le sentiment du souhait déjà réalisé, est la manière de réaliser ses souhaits.

Maîtriser le contrôle de ses pensées et de ses sentiments est votre plus grand accomplissement. Jusqu'à ce que vous ayez atteint cette parfaite maîtrise de vous-même, pour que vous ressentiez tout ce que vous voulez ressentir malgré les apparitions, utilisez le sommeil et la prière comme aide à la réalisation des états souhaités. Ce sont les deux portes du subconscient.

Chapitre 2 : Le sommeil

LE SOMMEIL, la vie qui occupe un tiers de notre séjour sur terre, est la porte du subconscient. Il s'agit donc maintenant de dormir. Les deux tiers conscients de notre vie sur terre sont mesurés par l'attention que nous portons au sommeil. Notre compréhension et notre plaisir de ce que le sommeil peut nous offrir nous feront dormir chaque nuit comme si nous avions rendez-vous avec un être cher, un amant.

"Il parle par des songes, par des visions nocturnes, quand les hommes sont livrés à un profond sommeil, quand ils sont endormis sur leur couche. Alors, il leur donne des avertissements", Job 33. Dans le sommeil et la prière, un état semblable au sommeil, l'Homme entre dans le subconscient pour l'imprimer et recevoir des instructions. Dans ces états, le conscient et le subconscient sont reliés de manière créative. Le mâle et la femelle deviennent une seule chair.

Le sommeil est le moment où l'esprit masculin, ou conscient, se détourne du monde des sens pour chercher son bien-aimé, ou subconscient. Le subconscient - contrairement à la femme du monde qui épouse son mari pour le changer - n'a aucun intérêt à changer le conscient, l'état de veille, mais l'aime tel qu'il est et reproduit fidèlement le monde extérieur des formes à son image. Les circonstances et les événements de votre vie sont vos enfants, formés à partir des formes de vos impressions subconscientes pendant votre sommeil. Ils sont faits à l'image de vos sentiments les plus intimes afin qu'ils puissent se révéler à vous.

"Sur la terre comme au ciel." Comme dans le subconscient, ainsi sur terre. Ce que vous avez dans votre conscience lorsque vous vous endormez est la mesure de vos expressions pendant les deux tiers de votre vie sur terre. La seule chose qui vous empêche de réaliser vos souhaits est votre incapacité à sentir que vous êtes déjà ce que vous voulez être, ou que vous êtes déjà en possession de la chose que vous voulez. Votre subconscient ne donne forme à vos désirs que lorsque vous sentez que votre souhait est réalisé.

L'inconscience du sommeil est l'état normal du subconscient. Parce que tout vient de vous et que l'image que vous avez de vous-même détermine ce qui vient, vous devez toujours sentir votre souhait réalisé avant de vous endormir. Vous ne tirez jamais les choses que vous voulez du fond de vous-même ; vous dessinez toujours ce que vous êtes, et vous êtes ce que vous pensez être vrai à propos de vous-même et des autres.

Ainsi, pour que le souhait se réalise, il doit être dissous dans le sentiment que vous êtes déjà l'état désiré, en le possédant ou en en étant témoin. Pour ce faire, il faut accepter le souhait déjà réalisé. Le sentiment qui découle de la question "Comment je me sentirais si mon souhait était déjà réalisé" est le sentiment dont vous vous emparez et sur lequel vous devez mobiliser votre attention lorsque vous vous endormez. Vous devez rester conscient d'être ou d'avoir déjà ce que vous êtes ou voulez être avant de vous endormir.

Dès qu'une personne est endormie, elle n'a plus de liberté de choix. Tout son sommeil est dominé par la dernière image qu'elle a d'elle-même à l'état éveillé. Il s'ensuit qu'elle doit toujours accepter le sentiment d'achèvement et de satisfaction avant de s'abandonner au sommeil. "Allons au-devant de lui avec la louange, poussons vers lui des cris de joie en chantant des psaumes." "Entrez dans ses portes avec des louanges et dans ses parvis avec des cantiques." Votre humeur avant le sommeil définit votre état de conscience lorsque vous entrez en présence de votre amant éternel, le subconscient. Elle vous voit exactement comme vous vous sentez. Si vous vous préparez à dormir et si vous acceptez et maintenez la conscience du succès en vous sentant "Je réussis", vous devez réussir. Allongez-vous sur le dos, la tête au niveau du corps. Sentez-vous comme vous le feriez si vous étiez déjà en possession de votre désir, et détendez-vous tranquillement dans l'inconscient.

"Celui qui garde Israël ne sommeillera pas." Pourtant, "il la donne à sa bien-aimée dans son sommeil". Le subconscient ne dort jamais. Le sommeil est la porte par laquelle passe l'esprit conscient et alerte pour être uni de façon créative au subconscient. Le sommeil dissimule l'acte créatif, tandis que le monde objectif le révèle. Dans le sommeil, l'Homme façonne le subconscient avec l'image qu'il a de lui-même.

Quelle plus belle description de cette romance du conscient et du subconscient que celle du "Cantique des cantiques" : "Pendant les nuits, j'ai cherché celui que mon cœur aime... que j'ai trouvé celui que mon cœur aime, je l'ai saisi, et je ne l'ai point lâché jusqu'à ce que je l'aie amené dans la maison de ma mère, dans la chambre de celle qui m'a conçue".

Alors que vous vous préparez à dormir, sentez-vous dans l'état du souhait répondu, puis détendez-vous dans l'inconscient. Votre vœu est exaucé, c'est ce que vous recherchez. La nuit, dans votre lit, demandez la sensation du souhait qui s'est déjà réalisé, et emportez-la avec vous dans la chambre de celui qui vous a donné naissance, dans le sommeil ou dans le subconscient qui vous a donné forme, afin que ce souhait s'exprime également. C'est la façon d'amener vos souhaits au subconscient et de les révéler. Sentez-vous dans l'état du souhait réalisé et endormez-vous tranquillement.

Nuit après nuit, vous devez accepter le sentiment d'être déjà, d'avoir et d'être témoin de ce que vous voulez être et posséder, en aspirant à le voir se manifester. Ne vous endormez jamais découragés ou insatisfaits. Ne jamais dormir dans la conscience de l'échec. Votre subconscient, dont l'état naturel est le sommeil, vous verra selon vos propres croyances, et qu'il soit bon, mauvais ou indifférent, le subconscient incarnera fidèlement vos croyances. Vous le façonnez avec ce que vous ressentez ; et lui, l'amant parfait, donne forme à ces impressions et les fait découvrir au monde extérieur en tant qu'enfants de son amant.

"Tout est beau chez toi, mon ami, et tu n'as rien à te reprocher !" C'est l'attitude de l'esprit à adopter avant de s'endormir. Ignorez les apparitions et sentez que les choses sont comme vous le souhaitez, car "il appelle ce qui n'est pas, ce qui peut être". Accepter le sentiment de contentement, c'est faire appel à des circonstances qui reflètent le contentement.

"Les signes suivent, ils ne précèdent pas."

La preuve que vous êtes suivra la conscience que vous êtes ; elle ne la précédera pas. Vous êtes un éternel rêveur qui ne rêve pas de rêves éternels. Vos rêves prennent forme dès que vous acceptez le sentiment de votre réalité. Ne vous limitez pas à cause du passé. Sachant que rien n'est impossible pour la conscience, commencez à imaginer des états qui dépassent les expériences du passé.

Tout ce que l'Homme peut imaginer, il peut le réaliser. Tous les états objectifs (visibles) étaient d'abord des états subjectifs (invisibles), et vous les avez appelés à la visibilité en acceptant le sentiment de la réalité. Le processus créatif consiste à imaginer, puis à croire en l'état imaginé. N'imaginez que le meilleur et n'attendez que le meilleur.

Le monde ne peut pas changer tant que vous ne changez pas votre image du monde. "Comme à l'intérieur, donc à l'extérieur." Les nations et les gens sont exactement ce que vous pensez qu'ils sont. Quel que soit le problème, quel que soit l'endroit où il se pose, quelle que soit la personne concernée, il n'y a personne d'autre que vous pour changer, et vous n'avez ni adversaire ni aide pour faire évoluer votre situation. Il vous suffit de vous convaincre de la véracité de votre souhait. Une fois que vous avez réussi à vous convaincre de l'état souhaité, les résultats suivent pour confirmer votre conviction fixe. Vous ne suggérez jamais à un autre l'état que vous souhaitez qu'il exprime ; au contraire, vous vous convainquez qu'il est déjà ce que vous souhaitez qu'il soit.

La réalisation de votre souhait est obtenue en acceptant le sentiment du souhait déjà réalisé. Vous ne pouvez pas échouer, sauf si vous ne parvenez pas à vous convaincre de la réalité de votre souhait. Un changement de foi est confirmé par un changement d'expression. Chaque nuit, lorsque vous vous endormez, vous vous sentez satisfait et immaculé, car votre amant subjectif forme toujours le monde objectif à l'image de votre image du monde, l'image définie par votre sentiment.

Les deux tiers éveillés de votre vie sur terre confirment toujours vos impressions subconscientes. Les actions et les événements de la journée sont des effets, ils ne sont pas des causes. Le libre arbitre est simplement la liberté de choisir.

"Choisissez donc aujourd'hui qui vous voulez servir", c'est votre liberté de choisir le type d'humeur dans laquelle vous êtes ; mais l'expression de l'humeur est le secret du subconscient. Le subconscient ne reçoit des impressions qu'à travers les sentiments de la personne et donne forme et expression à ces impressions, de manière insondable. Les actions de l'Homme sont déterminées par ses impressions subconscientes. Son illusion de libre arbitre, sa croyance en la liberté d'action, ne sont qu'une ignorance des causes qui le poussent à agir. Il se croit libre parce qu'il a oublié le lien entre lui et l'événement.

La personne éveillée est obligée d'exprimer ses impressions subconscientes. Si elle a été imprudente dans le passé, elle doit changer ses pensées et ses sentiments, car ce n'est qu'ainsi qu'elle pourra changer son monde. Ne perdez pas un instant en remords, car le fait de penser aux erreurs du passé signifie que vous serez à nouveau infecté. "Laissez les morts enterrer les morts." Détournez-vous des apparences et acceptez le sentiment que vous seriez à vous si vous étiez déjà celui que vous voulez être.

Sentir un état crée cet état. Le rôle que vous jouez sur la scène mondiale est déterminé par l'image que vous avez de vous-même. En acceptant le sentiment d'un souhait déjà réalisé, et en vous détendant tranquillement dans votre sommeil, vous vous mettez dans un rôle de premier plan qui sera joué sur Terre demain, et, pendant votre sommeil, vous serez instruit et entraîné dans votre rôle.

L'acceptation de la fin porte déjà en elle les moyens de réalisation. Ne vous y trompez pas. Si, en vous préparant à dormir, vous ne vous sentez pas consciemment dans l'état du souhait répondu, vous emporterez avec vous la somme de vos réactions et de vos sentiments du jour dans la chambre de celle qui vous a donné naissance ; et pendant votre sommeil, vous serez instruit de la manière dont cette somme sera exprimée demain. Vous vous lèverez et croirez que vous êtes un homme libre, sans réaliser que chaque action et chaque événement de la journée est prédéterminé par l'image que vous avez de vous-même avant d'aller vous coucher. Votre seule liberté est alors la liberté de réagir. Vous êtes libre de vos sentiments et de vos réactions face au drame du jour, mais le drame lui-même - les actions, les événements et les circonstances du jour - a déjà été prédéterminé.

Tant que vous ne définissez pas consciemment et intentionnellement l'attitude de l'esprit avec lequel vous vous endormez, vous vous endormirez inconsciemment avec l'attitude de l'esprit qui est composé de tous les sentiments et réactions de la journée. Chaque réaction conduit à une impression subconsciente et, à moins qu'un sentiment opposé et plus dominant ne s'y oppose, elle est la cause d'actions futures. Les idées, enveloppées par le sentiment, sont des actions créatives. Utilisez votre droit divin à bon escient. Par votre capacité à penser et à ressentir, vous dominez toute la création.

Pendant que vous êtes éveillé, vous êtes jardinier, vous choisissez les graines pour votre jardin, mais "Si le grain de blé tombé par terre ne meurt pas, il reste seul ; mais s'il meurt, il porte beaucoup de fruits." L'image que vous avez de vous-même avant de vous endormir est la graine que vous déposez dans le sol du subconscient. S'endormir dans un sentiment de contentement et de bonheur oblige à faire apparaître dans votre monde des circonstances et des événements qui confirment votre attitude d'esprit.

Le sommeil est la porte du ciel. Ce que vous prenez comme un sentiment, vous le faites ressortir comme une circonstance, une action ou un objet dans la pièce. Vous dormez donc dans le sentiment d'un souhait déjà réalisé.

"Comme dans la conscience, ainsi sur la terre."

Chapitre 3 : La prière

La PRIERE, comme le sommeil, est un accès au subconscient.
"Mais quand tu pries, entre dans ta chambre, ferme ta porte et prie ton Père qui est là dans le lieu secret ; et ton Père qui voit dans le secret te le rendra."

La prière est une illusion de sommeil, qui réduit les impressions du monde extérieur et rend l'esprit plus réceptif à l'auto-suggestion. Dans la prière, l'esprit est dans un état de relaxation et de réceptivité, semblable à la sensation que l'on ressent juste avant de s'endormir.

La prière n'est pas tant quelque chose que l'on demande, mais plutôt une préparation à la réception. "Tout ce que vous demanderez en priant, croyez que vous l'avez reçu, et vous le verrez s'accomplir." La seule condition requise est que vous croyiez que votre prière a déjà été exaucée.

Votre prière doit être exaucée lorsque vous acceptez le sentiment qui serait le vôtre si vous étiez déjà en possession de votre objectif. Dès que vous acceptez le souhait comme un fait accompli, le subconscient trouve les moyens de le réaliser. Ainsi, pour prier avec succès, vous devez vous abandonner au souhait, c'est-à-dire sentir le souhait comme réalisé.

La personne parfaitement disciplinée est toujours en harmonie avec le souhait comme un fait accompli. Elle sait que la conscience est la seule réalité, que les idées et les sentiments sont des faits de conscience, et qu'ils sont aussi réels que les objets dans l'espace ; elle ne nourrit donc jamais un sentiment qui ne mène pas à son bonheur, car les sentiments sont les causes des actions et des circonstances de sa vie.

La personne indisciplinée, en revanche, a du mal à croire quelque chose que ses sens lui refusent et décide de ce qu'elle doit accepter ou rejeter en fonction de l'apparence de ses sens. En raison de cette tendance à s'appuyer sur l'évidence des sens, il est nécessaire de l'exclure avant de commencer la prière, avant de ressentir ce que les sens nient. Chaque fois que vous êtes dans l'état mental du "je voudrais, mais je ne peux pas", plus vous essayez, moins vous êtes capable de vous abandonner au désir. On n'attire jamais ce qu'on veut, on attire toujours ce qu'on est conscient d'être.

La prière est l'art d'accepter le sentiment d'être déjà et d'avoir ce que l'on veut. Si les sens confirment l'absence de votre désir, alors tout effort conscient pour contrecarrer cette suggestion est futile et conduit à un renforcement de la suggestion.

La prière est l'art de se consacrer au désir, et non de le forcer. Chaque fois que votre sentiment entre en conflit avec votre désir, le sentiment sera le gagnant. Le sentiment dominant s'exprime toujours. La prière doit se faire sans effort. Dans la tentative de fixer une attitude de l'esprit qui est niée par les sens, l'effort est fatal.

Afin de s'abandonner au désir comme un fait accompli, il faut établir un état passif, une sorte de rêverie ou de contemplation méditative, semblable au sentiment qui précède le sommeil. Dans un tel état de détente, l'esprit se détourne du monde objectif et peut facilement ressentir la réalité de l'état subjectif. C'est un état dans lequel vous êtes conscient, vous pourriez bouger ou ouvrir les yeux, mais vous ne le voulez pas. Un moyen facile de créer cet état passif est de se détendre dans un fauteuil confortable ou sur un lit. Si vous décidez d'aller vous coucher, allongez-vous sur le dos, la tête au niveau du corps, fermez les yeux et imaginez que vous avez sommeil. Sentez-vous - j'ai sommeil, tellement sommeil, tellement incroyablement sommeil.

Au bout d'un court moment, un sentiment de distance vous enveloppe, accompagné d'un épuisement général et de la perte de toute envie de bouger. Vous ressentez un repos agréable et confortable, et vous n'êtes pas enclin à changer de position, même celle-ci ne serait pas confortable dans d'autres circonstances. Lorsque cet état passif est atteint, imaginez que vous avez réalisé votre souhait - pas de la manière dont il a été réalisé, mais simplement qu'il a été réalisé.

Imaginez en images ce que vous voulez réaliser dans la vie ; sentez que vous l'avez déjà fait. Les pensées produisent de minuscules petits mouvements de parole qui, dans un état passif de prière, peuvent ressembler à des paroles venant de l'extérieur. Cependant, ce degré de passivité n'est pas nécessaire pour la réalisation de vos prières. Il suffit d'établir un état passif et de sentir que votre souhait a déjà été réalisé.

Tout ce dont vous avez besoin ou que vous pourriez souhaiter est déjà à vous. Vous n'avez pas besoin d'une aide pour vous le donner ; il est à vous maintenant. Réalisez vos souhaits en imaginant et en sentant que votre souhait est réalisé. Lorsque la fin est acceptée, on devient totalement indifférent à un éventuel échec, car l'acceptation de la fin porte déjà en elle tous les moyens pour y parvenir. Lorsque vous sortez du moment de la prière, c'est comme si on vous montrait la fin heureuse et réussie d'une pièce, même si on ne vous a pas montré comment cette fin a été atteinte. Mais puisque vous avez assisté à la fin, indépendamment de toute séquence conflictuelle, vous restez calme et serein en sachant que la fin a été parfaitement définie.

Chapitre 4 : Sentiment spirituel

"Ce n'est ni par la force, ni par la puissance, mais par l'esprit ! Dit l'Éternel des armées". Entrez dans l'esprit de l'état souhaité en assumant le sentiment que le vôtre serait si vous étiez déjà celui que vous voulez être. Une fois que vous avez saisi le sentiment de l'état de désir, vous êtes libéré de tout effort pour le réaliser, car il est déjà. Chaque idée est associée à un sentiment unique dans l'esprit de la personne. Capturez le sentiment associé à votre souhait réalisé en acceptant le sentiment qui serait le vôtre si vous possédiez déjà la chose que vous voulez, et votre souhait deviendra objectif.

La foi, c'est le sentiment ; "Va, qu'il te soit fait selon ta foi (sentiment)". On n'attire jamais ce que l'on veut être, mais toujours ce que l'on est. Ce qu'une personne est, c'est la façon dont elle voit. "Car à celui qui a, il sera donné ; mais à celui qui n'a rien, cela même qu'il a lui sera ôté". Ce que vous pensez être, vous l'êtes, et on vous donne ce que vous êtes. Acceptez donc le sentiment qui serait le vôtre si vous étiez déjà en possession de votre souhait, et votre souhait doit se réaliser. "Ainsi Dieu créa l'homme à son image, il le créa à l'image de Dieu." "Ayez entre vous les dispositions qui sont dans le Christ Jésus : le Christ Jésus ayant la condition de Dieu, ne retint pas jalousement le rang qui l'égalait à Dieu." Vous êtes ce que vous pensez être.

Au lieu de croire en Dieu ou en Jésus, croyez que vous êtes Dieu ou Jésus. "Celui qui croit en moi vivra, quand même il serait mort." Jésus ne trouvait pas étrange de faire les œuvres de Dieu, car il se croyait Dieu. "Le père et moi sommes uns." Il est naturel de faire le travail de celui que vous croyez être. Vivez donc dans le sentiment d'être qui vous voulez être, et vous le serez.

Lorsqu'une personne croit en la valeur des conseils qui lui sont donnés et les applique, elle établit en elle la réalité de la réussite.

Le pouvoir de la conscience

Chapitre 1 : JE SUIS

"Mais tout ce qui est démasqué par la lumière apparaîtra clairement, car tout ce qui apparaît ainsi est lumière."
...Ephésiens 5:13,14

LA "LUMIERE" est la conscience. La conscience est Une, révélant ou se manifestant dans des légions de formes, ou de niveaux de conscience.

Il n'y a personne qui ne soit pas tout cela, car la conscience, bien qu'elle s'exprime dans une série infinie de niveaux, n'est pas divisée. Il n'y a pas de véritables divisions ou lacunes dans la conscience. Le JE SUIS ne peut pas être divisé. Je peux imaginer que je suis un homme riche, un homme pauvre, un mendiant ou un voleur, mais le cœur de mon être reste le même, quelle que soit l'image que je me fais de moi-même. Au cœur de la manifestation, il n'y a qu'un JE SUIS, se manifestant par des légions de formes ou d'images de soi, et "je suis le je suis".

Le JE SUIS est l'auto-définition de l'Absolu, le fondement sur lequel tout repose. JE SUIS est la première substance causale. Le JE SUIS est l'auto-définition de Dieu.

Le JE SUIS là m'a envoyé vers vous.

JE SUIS QUI JE SUIS.

Arrêtez, et sachez que JE SUIS DIEU.

JE SUIS est le sentiment de conscience permanente. Le cœur de la conscience est le sentiment du JE SUIS. Je peux oublier qui je suis, où je suis, ce que je suis, mais je ne peux pas oublier que JE SUIS. La conscience demeure, quel que soit le degré d'oubli de qui, où et ce que je suis.

Le JE SUIS est ce qui, au milieu d'innombrables formes, est toujours le même.

Cette grande découverte de la cause révèle que, qu'il soit bon ou mauvais, l'Homme est en effet le maître de son propre destin, et que c'est l'image qu'il a de lui-même qui détermine le monde dans lequel il vit (et l'image qu'il a de lui-même, ce sont ses réactions à la vie). En d'autres termes, si vous êtes en mauvaise santé et que vous connaissez la vérité sur la cause, vous ne pouvez pas attribuer la maladie à autre chose qu'à la disposition particulière de la substance causale de base. Un arrangement qui (a été produit par vos réactions à la vie, et) est défini par votre image "Je suis malade". C'est pourquoi on vous dit "Quand je suis faible, c'est alors que je suis fort". (Joël 3:10), car par son hypothèse la substance causale - le JE SUIS - est réarrangée, et doit en conséquence manifester ce qui affirme son réarrangement. Ce principe sous-tend tous les aspects de votre vie, qu'ils soient sociaux, financiers, intellectuels ou spirituels.

Quoi qu'il arrive, le JE SUIS est la réalité vers laquelle nous devons nous tourner pour obtenir une explication des phénomènes de la vie. C'est l'image de soi du JE SUIS qui détermine la forme et le cadre de son existence. Tout dépend de son attitude envers elle-même ; ce qu'elle n'affirme pas comme vrai d'elle-même ne peut être éveillé dans ce monde. Autrement dit, l'image que vous avez de vous-même, comme "je suis fort", "je suis sûr", "je suis aimé", détermine le monde dans lequel vous vivez. En d'autres termes, lorsque vous dites "Je suis un homme, je suis un père, je suis un Américain", vous ne définissez pas un JE SUIS différent ; vous définissez des images ou des arrangements différents de la seule substance causale - celle que JE SUIS. Il en va de même pour le phénomène de la nature, si l'arbre parlait, il dirait : "Je suis un arbre, un pommier, un arbre fertile".

Lorsque vous savez que la conscience est la seule réalité - imaginer être quelque chose de bon, de mauvais ou d'indifférent et devenir ce qu'elle imagine - alors vous êtes libéré de la tyrannie des secondes causes, libéré de la croyance qu'il existe des causes extérieures à votre propre esprit qui peuvent affecter votre vie.

Le pouvoir de la conscience

L'explication des phénomènes de la vie se trouve dans l'état de conscience de l'individu. Si l'image que l'Homme avait de lui-même était différente, tout dans son monde serait différent. L'image qu'il a de lui-même signifie que tout dans son monde doit être comme il est.

Il est absolument clair qu'il n'y a qu'un seul JE SUIS, et vous êtes ce JE SUIS. Et bien que le JE SUIS soit infini, vous ne montrez, à travers votre image de vous-même, qu'un aspect limité du JE SUIS infini.

Construire des manoirs plus majestueux,
O, mon âme,
à l'approche rapide de la saison,
Laissez votre passé aplani derrière vous !
Que tout nouveau temple,
plus noble que le précédent,
vous protège du ciel
par un énorme dôme
Jusqu'à ce que vous soyez enfin libre,
et laissez votre carapace dépassée à travers
la mer agitée de la vie !

Chapitre 2 : Sensibilisation

C'EST seulement par un changement de conscience, par un changement réel de votre image de vous-même, que vous pouvez "construire des demeures seigneuriales" - les manifestations d'images de plus en plus élevées. (La manifestation signifie faire l'expérience des résultats de votre image dans votre monde.) Il est essentiel de comprendre clairement ce qu'est la conscience.

La raison réside dans le fait que la conscience est la seule réalité, elle est la première et unique substance causale des phénomènes de la vie. Rien n'a d'existence pour l'Homme si ce n'est la conscience qu'il en a. Vous devez donc vous tourner vers votre conscience, car c'est le seul fondement sur lequel les phénomènes de la vie peuvent être expliqués.

Si nous acceptons l'idée d'une première cause, il s'ensuivrait que le développement de cette cause ne pourrait jamais aboutir à quelque chose qui soit étranger à la cause elle-même. Autrement dit, si la première substance causale est brillante, alors tous ses développements, ses fruits et ses manifestations, le resteront. La première substance causale, la conscience, tous ses développements, fruits et phénomènes, doivent rester conscients. Tout ce qui pourrait être observé serait une forme supérieure ou inférieure ou une variation de la même chose. En d'autres termes, si votre conscience est la seule réalité, alors elle doit aussi être la seule substance. Il s'ensuit que tout ce qui vous apparaît comme circonstances, conditions et aussi comme objets matériels n'est en vérité que le produit de votre propre conscience. La nature, en tant que chose ou complexe de choses, étant en dehors de vous, doit donc être rejetée. Vous et votre environnement ne peuvent pas être considérés comme deux entités distinctes. Vous et votre monde ne font qu'un.

Vous devez donc vous détourner des phénomènes objectifs des choses, et vous tourner vers le noyau subjectif des choses, votre conscience, si vous voulez vraiment connaître la cause des phénomènes de la vie, et savoir comment utiliser cette connaissance pour réaliser vos plus beaux rêves. Au milieu des contradictions, des contrastes et des différences apparentes de votre vie, il n'y a qu'un seul principe de fonctionnement, votre conscience exécutive. Les différences ne consistent pas en une multiplicité de substances, mais en une multiplicité de l'agencement d'une même substance causale, votre conscience.

Le monde bouge par nécessité sans motif. Cela signifie qu'il n'a pas de motif propre, mais qu'il est sous la nécessité de manifester votre image de vous-même, l'arrangement de votre esprit, et votre esprit est toujours arrangé à l'image de tout ce que vous croyez et convenez être vrai.

Le riche, le pauvre, le mendiant et le voleur ne sont pas des esprits différents, mais des arrangements différents d'un même esprit, dans le même sens qu'un morceau d'acier, quand il est magnétisé, ne diffère pas dans sa substance de son état démagnétisé, mais dans l'arrangement de ses molécules. Un seul électron tournant sur une certaine orbite forme l'unité du magnétisme. Lorsqu'un morceau d'acier ou autre chose est démagnétisé, l'électron en rotation ne s'est pas arrêté. Le magnétisme n'a donc pas perdu son existence. Il s'agit simplement d'un réarrangement des particules de sorte qu'elles ne produisent aucun effet externe ou perceptible. Si les particules sont disposées au hasard, mélangées dans toutes les directions, la substance doit être démagnétisée ; mais si les particules sont disposées en rangées de telle sorte qu'un certain nombre d'entre elles pointent dans une direction, alors la substance est un aimant.

Le magnétisme n'est pas généré, il est montré. La santé, la richesse, la beauté et le génie ne sont pas créés ; ils se manifestent uniquement par l'agencement de votre esprit, c'est-à-dire par l'image que vous avez de vous-même (et votre moi est tout ce que vous acceptez comme vrai. Ce que vous acceptez ne peut être découvert qu'en observant sans esprit critique vos réactions face à la vie. Vos réactions révèlent où vous vous situez et où vous vivez psychologiquement ; et l'endroit où vous vivez psychologiquement détermine votre vie ici dans le monde extérieur, visible).

L'importance de cette question pour votre vie quotidienne devrait être immédiatement évidente.

La nature fondamentale de la cause première est la conscience. En conséquence, la substance ultime de toutes choses est la conscience.

Chapitre 3 : Le pouvoir de l'acceptation

HUMAIN N°1 L'erreur est sa conviction qu'il existe des causes extérieures à son propre état de conscience. Tout ce qui arrive à l'Homme - tout ce qu'il fait - tout ce qui vient de lui - est le résultat de son état de conscience. La conscience de l'Homme est tout ce qu'il pense, désire et aime, tout ce qu'il croit être vrai et avec lequel il est d'accord. Un changement de conscience est donc nécessaire avant de pouvoir changer le monde extérieur. La pluie tombe à la suite d'un changement de température dans les strates supérieures de l'atmosphère et, de la même manière, un changement de circonstances se produit à la suite d'un changement de votre état de conscience.

Soyez transformé par le renouvellement de votre esprit.

Pour être transformé, pour évoluer, toute la base de vos pensées doit changer. Mais vos pensées ne peuvent pas changer à moins que vous n'ayez de nouvelles idées, car vous pensez toujours à partir de vos idées. Chaque transformation commence par un désir intense et brûlant d'être transformé. La première étape du "renouvellement de l'esprit" est le désir, le souhait. Vous devez vouloir être différent (et avoir l'intention de l'être) avant de pouvoir commencer à changer. Alors vous devez faire de votre rêve futur le fait présent. Vous le faites en acceptant le sentiment d'un souhait déjà réalisé. En voulant être différent de ce que vous êtes maintenant, vous pouvez créer un idéal de la personne que vous voulez être et accepter que vous êtes déjà cette personne. Si vous persistez dans cette hypothèse jusqu'à ce qu'elle devienne votre sentiment dominant, la réalisation de votre idéal est inévitable.

L'idéal que vous espérez atteindre est toujours prêt à s'incarner, mais si vous n'offrez pas la parentalité humaine idéale, il n'est pas près de naître. Votre attitude doit donc faire corps avec ce que vous souhaitez exprimer dans un état supérieur - vous seul acceptez la tâche d'incarner cette nouvelle et plus grande valeur de vous-même.

Pour donner naissance à votre idéal, vous devez garder à l'esprit que les procédures de connaissance mentale et spirituelle sont complètement différentes. C'est un point qui n'est probablement compris que par une personne sur un million.

Vous connaissez une chose mentalement en la regardant de l'extérieur, en la comparant à d'autres choses en l'analysant et en la définissant (en y pensant) ; alors que vous ne pouvez connaître une chose spirituellement qu'en devenant cette chose (seulement en pensant à partir de la chose).

Il faut être la chose elle-même au lieu de se contenter d'en parler ou de la regarder.

Vous devez être comme le papillon de nuit à la recherche de son idole, la flamme.

Qui était animé par une véritable convoitise, qui immédiatement
En tombant dans le feu sacré, a replié ses ailes,
jusqu'à ce qu'il trouve une couleur et une substance
avec la flamme. Lui seul connaissait la flamme,
qui brûlait, et lui seul est revenu
raconter, ce qu'il ne fallait jamais dire à personne.

Tout comme le papillon de nuit, dans son désir de connaître la flamme, était prêt à se détruire, ainsi, pour devenir une nouvelle personne, vous devez être prêt à laisser mourir votre moi actuel.

Pour savoir ce qu'est la santé, il faut être conscient de la santé. Il faut être conscient de la sécurité si l'on veut savoir ce qu'est la sécurité. Ainsi, pour incarner une nouvelle et plus grande valeur de vous-même, vous devez supposer que vous êtes déjà ce que vous voulez être et ensuite vivre dans la foi en cette supposition - qui n'est pas encore incarnée dans votre corps vivant - dans la confiance que cette nouvelle valeur ou cet état de conscience est incarné par votre fidélité absolue à la supposition que vous êtes ce que vous voulez être.

C'est ce que signifie la globalité, ce que signifie l'intégrité. Cela signifie soumettre l'être tout entier au sentiment du souhait déjà réalisé, dans la certitude que le nouvel état de conscience est le renouvellement de l'esprit, qui se transforme. Au-delà du soi, il n'y a pas d'ordre dans la nature au-delà de cette soumission volontaire du soi à l'idéal.

C'est donc le comble de la folie que de s'attendre à ce que l'incarnation d'une nouvelle et plus grande image de soi soit le résultat d'un processus naturel et évolutif. Ce qui nécessite un état de conscience pour produire son effet ne peut logiquement pas se produire sans cet état de conscience - et grâce à votre capacité à accepter le sentiment d'une grande vie, à accepter une nouvelle image de vous-même, vous possédez ce que le reste de la nature ne possède pas - l'imagination - l'instrument par lequel vous créez le monde.

Votre imagination est un instrument, le moyen par lequel votre salut de l'esclavage, de la maladie et de la pauvreté est réalisé. Si vous refusez d'assumer la responsabilité de l'incarnation d'une nouvelle image de soi plus élevée, alors vous refusez les moyens, le seul moyen par lequel votre salut - la réalisation de votre idéal - peut être réalisé.

L'imagination est la seule force rédemptrice dans l'univers. Néanmoins, c'est dans votre nature que vous êtes libre de choisir si vous restez dans votre image actuelle de vous-même (un être affamé qui aspire à la liberté, à la santé et à la sécurité) ou si vous choisissez de devenir l'instrument de votre propre salut en imaginant que vous êtes ce que vous voulez être, satisfaisant ainsi votre faim et vous rachetant.

O, sois fort et courageux,
pur, patient et vrai ;
Le travail que tu possèdes,
ne laisse aucune autre main le faire.
Parce que le pouvoir pour tous les besoins est
à tirer
du puits qui est en toi -
Le Royaume des Cieux.

Chapitre 4 : Désir

LES CHANGEMENTS qui surviennent dans votre vie à la suite d'une modification de l'image de vous-même n'apparaissent jamais aux yeux des non-initiés comme le résultat d'un changement de conscience, mais comme le résultat d'une probabilité, d'un hasard ou de causes extérieures. Le seul destin qui détermine votre vie est celui qui est déterminé par vos propres images, vos propres suppositions ; car une supposition, même si elle est fausse, devient un fait par la constance. L'idéal auquel vous aspirez et que vous espérez atteindre ne se manifestera pas, ne se réalisera pas à travers vous, tant que vous n'aurez pas imaginé que vous êtes déjà l'idéal.

Il n'y a pas d'autre issue pour vous que celle d'une transformation radicale et psychologique de vous-même, sauf celle d'accepter le souhait déjà réalisé. Soumettez votre capacité à utiliser votre imagination au test ultime des résultats ou de la réussite.

Tout dépend de l'attitude que vous avez envers vous-même. Ce que vous n'affirmez pas comme vrai de vous-même ne peut jamais être réalisé par vous, car cette attitude est la seule condition nécessaire pour atteindre votre objectif.

Toutes les transformations sont basées sur des suggestions, et celles-ci ne peuvent fonctionner que si vous êtes totalement ouvert à leur influence. Vous devez vous abandonner à votre idéal, tout comme une femme s'abandonne par amour, car l'abandon total de soi-même est la voie de l'unification avec votre idéal. Vous devez accepter le sentiment du souhait déjà réalisé jusqu'à ce que votre acceptation ait toute la vibration sensuelle de la réalité. Vous devez imaginer que vous vivez déjà ce que vous désirez. C'est-à-dire que vous devez accepter le sentiment de la réalisation de votre souhait jusqu'à ce qu'il vous prenne en charge, et que ce sentiment pousse toutes les autres idées hors de votre conscience.

La personne qui n'est pas préparée à la submersion consciente dans l'acceptation du souhait déjà réalisé, croyant que c'est la seule façon de réaliser ses rêves, n'est pas encore prête à vivre consciemment selon la loi de l'acceptation, bien qu'il ne fasse aucun doute qu'elle vit inconsciemment selon la loi de l'acceptation.

Mais pour vous, qui acceptez ce principe et qui êtes prêt à vivre consciemment en partant du principe que votre souhait est déjà réalisé, l'aventure de la vie commence.

Pour atteindre un niveau d'être plus élevé, vous devez assumer une image de vous-même plus élevée. Si vous ne vous imaginez pas être autre chose que ce que vous êtes, alors vous restez ce que vous êtes,

> parce qu'à moins que vous ne pensiez, je le suis,
> vous mourrez dans vos péchés.

Si vous ne croyez pas que vous êtes Lui (la personne que vous voulez être), alors restez ce que vous êtes. Par la culture fidèle et systématique du sentiment du désir déjà satisfait, le désir devient une promesse de sa propre réalisation. Accepter le sentiment du désir déjà satisfait fait du rêve futur un fait présent.

Chapitre 5 : La vérité qui vous libère

LE DRAME de la vie est un phénomène psychologique dans lequel tous les faits, circonstances et événements de votre vie sont provoqués par vos suppositions.

Comme votre vie est déterminée par vos hypothèses, vous êtes obligé de reconnaître que vous êtes soit un esclave, soit un maître de vos hypothèses. Devenir maître de ses hypothèses est la clé d'une liberté et d'une félicité inimaginables. Vous pouvez atteindre cette maîtrise en contrôlant consciemment votre imagination. Vous déterminez vos hypothèses de la manière suivante :

Formez une image mentale, une image de l'état souhaité, de la personne que vous voulez être. Concentrez votre attention sur le sentiment que vous êtes déjà cette personne. Visualisez d'abord l'image dans votre conscience. Sentez ensuite l'état comme s'il façonnait le monde qui vous entoure. Grâce à votre imagination, la simple image mentale devient une réalité apparemment solide.

Le grand secret est une imagination maîtrisée et une attention bien entretenue, fermement et de façon répétée, centrées sur le but à atteindre. On ne soulignera jamais assez qu'en créant un idéal dans votre sphère mentale, en supposant que vous êtes déjà votre idéal, vous vous identifiez à cet idéal et vous vous transformez ainsi en cette image (REFLECHIR à l'idéal au lieu de PENSER à l'idéal. Chaque État est déjà là, comme une "simple possibilité" tant que nous y PENSONS, mais de manière écrasante réelle quand nous y REFLECHISSONS).

Les anciens enseignants appelaient cela "se soumettre à la volonté de Dieu" ou "ceux qui se reposent dans le Seigneur", et le seul véritable résultat du "repos dans le Seigneur" est que tous ceux qui se reposent sont inévitablement transformés en l'image dans laquelle ils se reposent (en pensant AU désir accompli). Vous devenez selon votre volonté cédée, et votre volonté cédée est l'image que vous avez de vous-même et tout ce que vous acceptez comme vrai. En acceptant et en vous appuyant sur le sentiment du désir déjà réalisé, vous prenez sur vous les résultats de cet état ; si vous n'acceptez pas le sentiment du désir déjà réalisé, vous serez toujours libre de son résultat.

Si vous comprenez la fonction rédemptrice de l'imagination, vous tenez entre vos mains la clé pour résoudre tous vos problèmes. Chaque partie de votre vie est créée par l'exercice de votre imagination. Seule une imagination déterminée est le moyen de votre progrès, de la réalisation de vos rêves. C'est le début et la fin de toute la création. Le grand secret est une imagination contrôlée et une attention bien entretenue qui se concentrent fermement et de manière répétée sur le sentiment du souhait déjà réalisé, jusqu'à ce que ce sentiment remplisse votre esprit et pousse toutes les autres idées hors de votre conscience.

Quel plus beau cadeau pourrait vous être offert que la vérité qui vous rend libre ? La vérité qui vous libère est la possibilité de vivre dans votre imagination ce que vous voulez vivre dans la réalité, et en maintenant cette expérience dans votre imagination, votre désir devient réalité.

La seule chose qui vous limite est une imagination incontrôlée et un manque d'attention au sentiment du souhait déjà réalisé. Si l'imagination n'est pas contrôlée et si l'attention n'est pas maintenue sur le sentiment du souhait déjà réalisé, alors aucune prière, aucune piété et aucune invocation de ce monde n'aura l'effet désiré. Si vous pouvez appeler à volonté n'importe quelle image, si les formes de votre imagination sont aussi vivantes pour vous que les formes de la nature, alors vous êtes maître de votre destin (vous devez cesser de gaspiller vos pensées, votre temps et votre argent. Tout dans la vie doit être un investissement).

Visions de beauté et de splendeur,
Formes d'une course perdue depuis longtemps,
Des sons, des visages et des voix,
de la quatrième dimension de l'espace -
et encore à travers l'univers sans limites,
nos esprits clignoteront comme l'éclair -
Certains appellent cela de l'imagination,

et d'autres l'appellent Dieu.

Chapitre 6 : Attention

C'est un homme irrésolu, inconstant dans toutes ses voies.
...Jacques 1.8

L'ATTENTION est puissante par rapport à sa focalisation, c'est-à-dire lorsqu'elle est obsédée par une seule idée ou perception. Elle est stabilisée et puissamment concentrée par une attitude de l'esprit qui vous permet de vous concentrer sur une seule chose, parce que vous dirigez l'attention et augmentez votre pouvoir en la limitant. Le désir qui se réalise est toujours un désir auquel l'attention est limitée, car une idée n'a de pouvoir qu'en fonction du degré d'attention fixe qui est porté à l'idée. L'attention focalisée est l'attitude attentive envers (POUR) une fin spécifique. La posture de pleine conscience implique une sélection, car une fois que vous concentrez votre attention, cela signifie que vous avez décidé de porter votre attention sur un objet ou un état.

Ainsi, lorsque vous savez ce que vous voulez, vous devez consciemment concentrer votre attention sur le sentiment du souhait déjà réalisé jusqu'à ce que ce sentiment remplisse votre esprit et chasse toutes les autres idées de votre conscience.

Le pouvoir de l'attention est la mesure de votre force intérieure. Une observation focalisée sur une chose exclut toutes les autres et les fait disparaître. Le grand secret de la réussite consiste à concentrer son attention sur le sentiment d'un souhait déjà réalisé, sans se laisser distraire. Tout progrès dépend de l'accroissement de votre attention. Les idées qui vous poussent à l'action sont celles qui dominent votre conscience, celles qui prennent possession de votre attention (l'idée qui exclut toutes les autres du domaine de l'attention mène à l'action).

En faisant cette seule action, en oubliant les choses qui se trouvent derrière moi, je me rapproche du but.

Cela signifie que la seule chose que vous pouvez faire est "d'oublier les choses derrière moi". Vous pouvez avancer vers votre objectif en vous remplissant l'esprit du sentiment d'un souhait déjà réalisé.

Pour le non-éclairé, tout cela semblera être de la fantaisie, et pourtant tout progrès vient de ceux qui n'ont pas l'opinion acceptée, qui n'acceptent pas le monde tel qu'il est. Comme nous l'avons déjà mentionné, si vous imaginez ce qui vous plaît, et si les formes de vos pensées sont aussi vivantes que les formes de la nature, alors vous êtes, par la puissance de votre imagination, le maître de votre destin.

Votre imagination, c'est vous-même, et le monde,
la façon dont votre imagination le voit est le monde réel.

Lorsque vous entreprenez de maîtriser les mouvements de votre attention, ce qui est essentiel si vous voulez réussir à changer le cours des événements observés, vous vous rendez compte du peu de contrôle que vous avez sur votre attention, et comment celle-ci est dominée par les impressions sensorielles et la marée des humeurs oisives.

Utilisez l'exercice suivant pour vous aider à maîtriser le contrôle de votre attention : nuit après nuit, juste avant de vous endormir, efforcez-vous de maintenir votre attention sur les activités de la journée - dans l'ordre inverse. Concentrez-vous sur la dernière chose que vous avez faite, c'est-à-dire vous coucher, puis remontez le temps jusqu'au premier événement de la journée, le lever. Ce n'est pas un exercice facile, mais tout comme les exercices spécifiques sont d'une grande aide pour développer les muscles individuels, cet exercice sera d'une grande aide pour développer le "muscle" de votre attention.

Votre attention doit être développée, contrôlée et concentrée afin que vous puissiez réussir à changer l'image que vous avez de vous-même et donc votre avenir. L'imagination est capable de tout, mais seulement en fonction de la direction interne de votre attention. Si vous restez nuit après nuit, tôt ou tard, vous réveillerez un centre de pouvoir en vous et prendrez conscience de votre plus grand moi, celui que vous protégez. L'attention est développée par une pratique ou une habitude répétée. Par l'habitude, une action devient plus facile, et avec le temps, elle devient légèreté ou capacité, qui peut alors être utilisée à des fins plus élevées.

Lorsque vous contrôlerez la direction interne de votre attention, vous ne serez plus dans des eaux peu profondes, mais vous vous dirigerez vers les profondeurs de la vie. Vous marcherez dans l'acceptation du souhait déjà réalisé, sur une base plus solide que la terre.

Chapitre 7 : Attitude

DES EXPERIENCES MENEES RECEMMENT par Merle Lawrence (Princeton) et Adelbert Ames (Dartmouth) dans le dernier laboratoire de psychologie de Hanovre, dans le New Hampshire, ont prouvé que ce que vous voyez lorsque vous regardez quelque chose ne dépend pas tant de ce qui s'y trouve, mais plutôt de l'hypothèse que vous faites lorsque vous le regardez. Puisque ce que nous pensons être le "vrai" monde physique est en fait un monde d'hypothèses, il n'est pas surprenant que ces expériences aient prouvé que ce qui semble être la réalité solide est en fait le résultat d' "attentes" ou d'"hypothèses". Vos hypothèses déterminent non seulement ce que vous voyez, mais aussi ce que vous faites, car elles orientent tous vos mouvements conscients et subconscients vers leur propre accomplissement. Il y a plus d'un siècle, Emerson a exposé cette vérité comme suit :

Puisque le monde est plastique et fluide
dans les mains de Dieu, il porte à jamais tant de
de ses propriétés au fur et à mesure que nous les apportons. Pour
l'ignorance et le péché, il est un silex. Il s'adapte à vous
comme vous le souhaitez, mais dans la mesure où un homme
a quelque chose de divin en lui, la canopée coule
devant lui, en prenant son sceau et sa forme.

Votre acceptation est la main de Dieu, qui forme le firmament du ciel à l'image de votre acceptation. L'acceptation du vœu réalisé est le déluge qui vous soulève simplement de l'échelle des sens sur laquelle vous avez été bloqué pendant si longtemps. Elle élève l'esprit à la prophétie, littéralement ; et si vous avez l'imagination contrôlée et l'attention absorbante qui peuvent être réalisées, vous pouvez être sûr que tout ce que votre acceptation induite se réalisera.

Quand William Blake a écrit,
Ce qui semble être est pour celui,

pour qui cela semble être,

il s'est contenté de répéter la vérité éternelle,

que rien n'est impur en soi ;
et qu'une chose n'est impure que pour celui qui la croit impure.
...Romains 14:14

Comme rien n'est impur pour lui-même (ou pur pour lui-même), vous devez accepter le meilleur et ne penser qu'à ce qui est aimant et apaisant.

Il ne s'agit pas d'une perspective supérieure, mais de l'ignorance de cette loi de la présomption lorsque vous interprétez dans la grandeur de l'Homme quelque chose de petit que vous connaissez peut-être - ou une condamnation défavorable d'une situation ou d'une circonstance. Votre relation unique avec un autre influence votre supposition sur l'autre et vous fait voir en lui ce que vous voyez en lui. Si vous pouvez changer d'avis sur un autre, ce que vous croyez actuellement sur lui n'est peut-être pas la vérité absolue, mais seulement la vérité relative. Voici une étude de cas réelle qui illustre le fonctionnement de la loi d'acceptation :

Un jour, une créatrice de costumes m'a fait part de ses difficultés à travailler avec un producteur de théâtre de renom. Elle était convaincue qu'il la critiquait injustement, qu'il rejetait ses meilleurs travaux et qu'il était souvent délibérément grossier et injuste à son égard. Après avoir entendu son histoire, je lui ai expliqué que si elle trouvait l'autre personne grossière et injuste, c'était un signe certain qu'elle était dans le besoin, et que ce n'était pas le producteur, mais elle-même, qui avait besoin d'une nouvelle attitude.

Je lui ai parlé du pouvoir de cette loi de l'hypothèse et du fait que son application pratique ne peut être découverte que par l'expérience, et qu'elle ne peut prouver le changement souhaité qu'en supposant que la situation est déjà telle qu'elle le souhaite. Son employeur n'en a témoigné qu'en lui disant par son comportement quelle image elle avait de lui. Je lui ai dit qu'il est fort probable qu'elle ait eu des conversations avec lui dans son esprit, qui étaient remplies de critiques et de reproches mutuels. Il n'y avait absolument aucun doute qu'elle se disputait mentalement avec le producteur, car les autres ne font que reprendre ce que nous leur chuchotons en secret. Je lui ai demandé s'il n'était pas vrai qu'elle lui parlait mentalement et, si oui, sur quoi portaient ces conversations. Elle a avoué que chaque matin, sur le chemin du théâtre, elle lui disait ce qu'elle pensait de lui d'une manière qu'elle n'aurait jamais osé faire en personne. L'intensité et la puissance de ses querelles mentales avec lui ont automatiquement renforcé son attitude envers elle.

Elle a commencé à comprendre que nous avons tous des conversations mentales, mais que malheureusement ce sont surtout des conversations argumentatives... qu'il suffit de regarder le passant dans la rue pour prouver cette affirmation... que tant de gens sont mentalement absorbés par les conversations, et que seuls quelques-uns semblent en être heureux, mais que l'intensité de leurs sentiments doit les conduire rapidement à l'événement indésirable qu'ils ont eux-mêmes créé mentalement, et qu'ils doivent maintenant y faire face.

Lorsqu'elle a réalisé ce qu'elle avait fait, elle a accepté de changer d'attitude en vivant fidèlement selon cette loi, en supposant que sa profession était très satisfaisante et sa relation avec le producteur très heureuse. Pour ce faire, elle a accepté d'imaginer qu'il la féliciterait pour ses beaux dessins, et qu'elle le remercierait ensuite pour ses éloges et son appréciation - elle a accepté de le faire avant de se coucher, sur le chemin du travail et à d'autres moments de la journée. À sa grande joie, elle a vite découvert que sa propre attitude était la cause de tout ce qui lui arrivait.

Le comportement de son employeur s'est miraculeusement inversé. Son attitude, qui faisait toujours écho à ce qu'elle avait accepté, reflétait désormais la nouvelle image qu'elle avait de lui.

Ce qu'elle a fait, elle l'a fait par la force de son imagination. Son acceptation constante a influencé son comportement et déterminé son attitude envers elle.

d'une imagination maîtrisée, elle s'est rendue à la
l'avenir de leur propre expérience prédestinée.

Ce ne sont pas les faits que nous voyons, mais ce que nous créons dans notre imagination, ce qui façonne notre vie, car la plupart des conflits du jour sont dus au manque d'imagination pour chasser le faisceau de notre propre œil. C'est le penseur et le littéral qui vivent dans un monde de fiction.

Tout comme cette créatrice de costumes a utilisé son imagination contrôlée pour provoquer un changement subtil dans l'esprit de son employeur, nous pouvons résoudre nos problèmes en contrôlant notre propre imagination et nos sentiments avec sagesse.

Par l'intensité de son imagination et de ses sentiments, l'artiste a envoûté l'esprit du producteur, lui faisant croire que ses éloges généreux viennent de lui. Souvent, nos pensées les plus réfléchies et les plus originales sont déterminées par quelqu'un d'autre.

On ne peut jamais être sûr que ce n'était pas une femme,
en donnant des coups de pied dans le pressoir qui ont provoqué le
subtil changement d'esprit de l'homme,
ou que la passion n'a pas commencé dans l'esprit
d'un garçon de berger, ses yeux s'éclairant un instant,
avant qu'elle ne fasse son chemin.
...William Butler Yeats

Chapitre 8 : Dérogation

Il n'y a pas de charbon, mort de fait,
qui ne serait pas incandescent et flamboyant,
s'il n'est que légèrement tourné.

Ne résiste pas au mal ;
A celui qui te frappe sur la joue droite,
...tend l'autre.

IL Y A une grande différence entre résister au mal et renoncer au mal. Lorsque vous résistez au mal, vous lui accordez votre attention ; vous continuez à le faire paraître réel. Si vous renoncez au mal, vous détournez votre attention de lui et l'orientez vers ce que vous voulez. Le moment est venu de contrôler votre imagination et

...un diadème au lieu de la cendre, une huile de joie au lieu du deuil,
un vêtement de louange au lieu d'un esprit abattu,
afin qu'on les appelle des térébinthes de la justice,
une plantation de l'ETERNEL pour servir sa gloire.

Vous donnez un diadème au lieu de la cendre en concentrant votre attention sur les choses que vous voulez qu'elles soient, au lieu de la façon dont elles sont. Vous donnez de l'huile de joie au lieu du deuil lorsque vous maintenez une attitude joyeuse, quelles que soient les circonstances défavorables. Vous donnez de beaux vêtements au lieu du deuil lorsque vous gardez une attitude confiante au lieu de succomber au découragement. Dans cette citation, la Bible utilise le mot plantation comme synonyme d'Homme. Vous devenez un arbre de justice lorsque les états mentaux supérieurs deviennent une partie intégrante de votre conscience. Vous êtes une plante du Seigneur si toutes vos pensées sont des pensées vraies. Il s'agit du "JE SUIS" tel que décrit au chapitre 1. Le "JE SUIS" est glorieux une fois que l'image de soi la plus élevée est manifestée.

Lorsque vous aurez découvert que votre propre imagination est votre sauveur, alors votre attitude changera complètement, sans aucune influence sur vos sentiments religieux, et vous direz de votre imagination contrôlée ,

Regardez cette vigne, je l'ai découverte comme un arbre sauvage,
dont la force malveillante s'est muée
en branches irrégulières. Mais j'ai taillé l'arbre.
et il était tempéré dans ses efforts gaspillés
pour des feuilles inutiles, et noué comme vous le voyez
dans cette liasse propre et complète pour rembourser la main,
qui l'a sagement blessé.

Par vigne, nous entendons votre imagination, qui a dépensé son énergie dans un état incontrôlé pour l'inutile, ou pour des pensées et des sentiments destructeurs. Tout comme la vigne a été taillée en coupant ses branches et ses racines inutiles, vous émondez votre imagination en détournant votre attention de toute idée mal aimée et destructrice et en l'orientant vers l'idéal que vous souhaitez atteindre. La vie plus heureuse et plus noble que vous connaîtrez sera le résultat d'un sage élagage de votre propre imagination. Oui, être circonscrit par toutes les pensées et sentiments désagréables, pour ainsi dire,

Pensez sincèrement, et vos pensées
résoudront la famine dans le monde ; Parlez,
et chaque mot que vous direz sera une graine fertile ;
Vivez sincèrement, et votre vie sera une grande
et être une noble profession de foi.

Chapitre 9 : Préparer votre siège

Et tout ce qui est à moi est à toi,
et ce qui est à toi est à moi.
...Jean 17:10

Lance ta faucille et moissonne ! Car l'heure de moissonner est venue, car la moisson de la terre est mûre.
...Apocalypse 14:15

TOUT EST A VOUS. Ne cherchez pas ce que vous êtes. Embrassez-le, revendiquez-le, possédez-le.

Tout dépend de l'image que vous avez de vous-même. Ce que vous ne prétendez pas être vrai ne peut être réalisé par vous. La promesse est,

Car on donnera à celui qui a,
et il sera dans l'abondance, mais celui qui n'a pas,
...on ôtera même ce qu'il a.

Dans votre imagination, accrochez-vous à tout ce qui est aimable et mélodieux, car l'aimable et le bien sont indispensables à une vie précieuse. Embrassez-le. Vous le faites en imaginant que vous êtes déjà ce que vous voulez être - et que vous avez déjà ce que vous voulez avoir.

Comme un Homme pense dans son âme, il en est ainsi.

Taisez-vous et sachez que vous êtes ce que vous voulez être, et vous n'aurez jamais à le chercher.

Malgré votre apparente liberté d'action, vous obéissez à la loi de l'acceptation, comme tout le reste. Quoi que vous pensiez de la question du libre arbitre, la vérité est que vos expériences dans la vie sont déterminées par vos suppositions - que ce soit consciemment ou inconsciemment. Une hypothèse forme un pont d'événements qui vous mène inévitablement à leur réalisation.

L'Homme croit que l'avenir est un développement naturel du passé. Mais le droit de la présomption montre clairement que ce n'est pas le cas. Votre hypothèse vous place psychologiquement là où vous n'êtes pas physiquement ; puis vos sens vous ramènent de votre lieu psychologique à votre lieu physique. Ce sont ces mouvements psychologiques vers l'avant qui créent vos mouvements physiques vers l'avant dans le temps. La prescience est présente dans toutes les écritures de ce monde.

Il y a plusieurs demeures dans la maison de mon père.
Si ce n'était, je vous l'aurais dit :
car je m'en vais vous préparer le lieu.
Et après que je vous aurais préparé le lieu,
je reviendrai et vous retirerai à moi,

afin que là où je serai, vous y soyez aussi...
Et je vous le dis maintenant avant que cela arrive,
afin que lorsqu'il sera arrivé vous ayez une ferme croyance en moi.
...Jean 14,2,3;29

Le "JE" de cette citation est votre imagination qui se projette dans l'avenir, dans l'un des nombreux foyers. L'habitation est l'état désiré... raconter un événement avant qu'il ne se produise physiquement n'est que l'empathie avec l'état désiré jusqu'à ce qu'il ait les traits de la réalité. Vous allez vous préparer une place en vous mettant à l'écoute du sentiment du souhait déjà réalisé.

Ensuite, vous revenez de cet état de désir déjà satisfait - où vous n'étiez pas physique - à l'endroit où vous étiez physique un moment auparavant. Puis, par un mouvement d'avance imparable, vous passez par une série d'événements jusqu'à la réalisation physique de votre souhait, car là où vous étiez dans votre imagination, vous serez là en chair et en os.

Tous les fleuves vont à la mer, et la mer n'est point remplie ;

ils continuent à aller vers le lieu où ils se dirigent.
...Ecclésiaste 1.7

Chapitre 10 : Création

Car je suis Dieu, et il n'y en a point d'autre, je suis Dieu
et nul n'est semblable à moi,
...j'annonce dès le commencement ce qui doit arriver,
...et longtemps d'avance ce qui n'est pas encore accompli.
...Esaïe 46,9,10

LA CRÉATION EST terminée. La créativité n'est qu'une réceptivité plus profonde, car tout le contenu de tout le temps et de tout l'espace vécu dans un intervalle de temps coexiste en fait dans un maintenant infini, éternel.

En d'autres termes, tout ce que vous avez été ou serez jamais - tout ce que l'humanité a été ou sera jamais - existe maintenant. C'est ce que l'on entend par création, et l'affirmation selon laquelle la création est complète signifie que rien n'est jamais créé, elle est simplement manifestée. Ce que l'on appelle la créativité n'est qu'une prise de conscience de ce qui est déjà. Vous prenez simplement conscience des proportions croissantes de ce qui existe déjà.

Le fait que vous ne pouvez jamais être quelque chose que vous n'êtes pas déjà, et ne jamais vivre quelque chose qui n'existe pas déjà, explique l'expérience d'avoir le sentiment intense d'avoir entendu quelque chose de déjà dit, ou d'avoir rencontré une personne avant de la rencontrer, ou d'avoir vu un endroit avant de le voir. L'ensemble de la création existe en vous et c'est votre destin de devenir de plus en plus conscient de ses merveilles infinies et de faire l'expérience de parties de plus en plus grandes de cette création.

Lorsque la création est terminée et que tous les événements se produisent maintenant, la question se pose : "Qu'est-ce qui détermine votre calendrier ?" C'est-à-dire, qu'est-ce qui détermine les événements que vous rencontrez ?

La réponse est l'image que vous avez de vous-même. Les perceptions déterminent le chemin que suit l'attention. Voici un bon test pour le prouver. Acceptez le sentiment du souhait déjà réalisé et observez le cheminement de votre attention. Vous constaterez que tant que vous resterez fidèle à votre hypothèse, votre attention sera clairement confrontée à des images qui sont en harmonie avec votre hypothèse.

Par exemple, si vous supposez que vous dirigez une entreprise merveilleuse, vous remarquerez dans votre esprit que votre attention se porte sur des événements qui sont en harmonie avec cette supposition. Des amis vous félicitent, vous disent la chance que vous avez. D'autres sont critiques et envieux. A partir de là, votre attention se porte sur des bureaux plus grands, un plus gros chiffre sur le compte, et bien d'autres événements tout aussi harmonieux.

La cohérence de cette hypothèse se traduira par une expérience réelle de ce que vous avez supposé.

Cela s'applique à toutes les représentations. Si l'image que vous avez de vous-même indique que vous êtes en train d'échouer, vous rencontrerez dans votre imagination toute une série d'événements qui s'harmoniseront avec cette imagination.

Par conséquent, il est évident que vous déterminez votre présent par l'image que vous avez de vous-même, c'est-à-dire la partie particulière de la création que vous vivez actuellement, et aussi votre avenir, c'est-à-dire la partie particulière de la création que vous vivrez.

Chapitre 11 : Perturbation

VOUS ETES LIBRE de choisir l'image de vous-même que vous acceptez. Vous avez donc le pouvoir d'intervention, le pouvoir qui vous permet de changer la direction de votre avenir. Le processus d'ascension de votre image de vous-même actuelle vers une image de vous-même plus élevée est le moyen de tout vrai progrès. L'image de vous-même supérieure attend d'être incarnée par vous dans le monde de l'expérience.

A celui qui peut faire, par la puissance qui agit en nous, infiniment plus que tout ce que nous demandons ou pensons.
...Ephésiens 3.20

Dieu, qui peut faire beaucoup plus que ce que vous pourriez demander ou imaginer, est votre imagination, et le pouvoir qui agit en nous est votre attention. En comprenant que l'imagination est Dieu, qui est capable de tout ce que vous demandez, et que l'attention est le pouvoir avec lequel vous créez votre monde, vous pouvez maintenant construire votre monde idéal.

Imaginez que vous êtes l'idéal dont vous rêvez et auquel vous aspirez. Restez attentivement dans cet état imaginaire, et dès que vous sentirez que vous êtes déjà l'idéal, il se manifestera comme un fait dans votre monde.

Il était dans le monde, et le monde est advenu à travers lui
et le monde ne l'a pas reconnu.
Il est le seul secret qui a été caché depuis des lustres
et des générations - le Christ est
parmi vous, l'espoir de la gloire.

Le "il" dans la première des citations ci-dessus est votre imagination. Comme expliqué précédemment, il n'y a qu'une seule substance. Cette substance est la conscience. C'est votre imagination qui façonne cette substance en concepts qui se manifestent ensuite sous forme de faits, de circonstances et d'objets physiques. L'imagination a donc construit votre monde. Cette vérité suprême n'est pas consciente pour l'Homme, sauf pour quelques-uns.

Le mystère, le Christ en vous, qui est mentionné dans la deuxième citation, est votre imagination par laquelle votre monde a été formé. L'espoir de la gloire est votre conscience de la possibilité de monter continuellement à des niveaux plus élevés.

Le Christ ne se trouve ni dans l'histoire ni dans des formes extérieures. Vous ne trouverez le Christ que lorsque vous prendrez conscience du fait que votre imagination est le seul pouvoir salvateur. Lorsque cela sera découvert, les "tours du dogme auront entendu les trompettes de la vérité et, comme les murs de Jéricho, s'écrouleront en poussière."

Chapitre 12 : Contrôle subjectif

VOTRE IMAGINATION est capable de tout faire, proportionnellement à votre degré d'attention. Chaque progrès, chaque réalisation d'un souhait dépend du contrôle et de la concentration de votre attention. L'attention peut être attirée de l'extérieur ou dirigée vers l'intérieur.

L'attention est attirée de l'extérieur lorsque vous êtes consciemment capté par des impressions extérieures du présent. Ces lignes attirent ici votre attention de l'extérieur. Votre attention est dirigée de l'intérieur lorsque vous choisissez consciemment ce qui vous occupera mentalement. Il est évident que dans le monde objectif, votre attention n'est pas seulement attirée par les impressions extérieures, mais est constamment dirigée vers elles.

Cependant, votre contrôle à l'état subjectif est presque inexistant, car dans cet état, l'attention est généralement le serviteur et non le capitaine - le passager et non le timonier - de votre monde. Il existe une grande différence entre l'attention objective et subjective, et la capacité à changer votre avenir dépend de cette dernière.

Si vous êtes capable de contrôler les mouvements de votre attention dans le monde subjectif, alors vous pouvez remodeler ou changer votre vie comme bon vous semble. Toutefois, ce contrôle ne peut être réalisé en permettant que votre attention soit en permanence éveillée de l'extérieur. Chaque jour, fixez-vous pour objectif de retirer consciemment votre attention du monde objectif et de la diriger vers le monde subjectif.

En d'autres termes, concentrez-vous sur les pensées ou les humeurs que vous déterminez consciemment. Le jour où vous contrôlez les mouvements de votre attention dans le monde subjectif, vous êtes maître de votre destin.

Vous n'accepterez plus la prédominance de conditions ou de circonstances extérieures. Vous n'accepterez pas la vie sur la base du monde extérieur.

Ayant maîtrisé les mouvements de votre attention, et redécouvert le mystère que le Christ est en vous, ce mystère qui a été caché pour des temps et des générations éternels, vous affirmerez la supériorité de votre imagination et lui soumettrez toutes choses.

Chapitre 13 : Acceptation

La perception humaine n'est pas basée uniquement sur
les organes de perception : elle perçoit davantage,
que ce que les sens (même perceptifs) peuvent découvrir.

PEU IMPORTE que vous sembliez vivre dans un monde matériel, vous vivez en fait dans un monde d'imagination. Les événements extérieurs et physiques de la vie sont les fruits d'épanouissements oubliés - les résultats d'états de conscience antérieurs et généralement oubliés. Ce sont les fins qui restent fidèles à l'origine souvent oubliée de l'imagination.

Chaque fois que vous absorbez complètement un état émotionnel, vous assumez le sentiment d'un état comblé. Lorsqu'on s'y attarde, on fait l'expérience dans son monde de ce qui est si intensément émotionnel. Ces moments d'absorption d'une attention concentrée sont le début de ce que vous récoltez.

Ce sont les moments où vous exercez votre pouvoir créatif - le seul pouvoir créatif qui existe. À la fin de ces temps, à la fin de ces moments d'absorption, vous vous précipitez de ces états imaginatifs (où vous n'étiez pas physique) vers l'endroit où vous étiez physique un instant auparavant. À ce moment, l'état imaginé est si réel que vous êtes choqué lorsque vous retournez dans le monde objectif et que vous réalisez qu'il n'est pas le même que l'état imaginé. Vous avez vu quelque chose dans votre imagination avec une telle clarté que vous vous demandez maintenant si vous pouvez vous fier à l'évidence de vos sens, et, comme Keats, vous allez vous poser la question,

Était-ce une vision ?
Était-ce un rêve éveillé ?
Oh, le sage a fui...
Suis-je alors réveillé dans mon sommeil ?

Ce choc inverse votre sens du temps. Cela signifie que votre expérience n'est plus du passé, mais de l'endroit où vous étiez dans votre imagination, et où vous n'étiez pas physique. En pratique, cela vous fera traverser un pont d'événements, jusqu'à la réalisation physique de votre état imaginaire.

L'Homme, qui peut assumer n'importe quel état en appuyant sur un bouton, a trouvé les clés du royaume des cieux. Ces clés sont les souhaits, l'imagination et une attention constante au sentiment du souhait déjà réalisé. Pour une telle personne, tout fait objectif non désiré n'est plus une réalité, et le désir passionné n'est plus un rêve.

Mettez-moi de la sorte à l'épreuve, dit l'ETERNEL des armées,
...si je n'ouvre pas pour vous les écluses des cieux...
...et si je ne répands pas sur vous la bénédiction en abondance.
...Malachi 3.10

Les fenêtres du ciel et les trésors confisqués ne sont pas ouverts par une volonté forte, ils s'ouvrent d'eux-mêmes et présentent leurs trésors comme un cadeau - un cadeau qui arrive lorsque l'absorption atteint un degré qui donne un sentiment d'acceptation totale.

La transition entre votre état actuel et le sentiment d'un souhait déjà réalisé ne passe pas par une brèche. Il y a une continuité entre le soi-disant réel et l'irréel. Pour passer d'un état à l'autre, il suffit de sortir ses palpeurs, de faire confiance à son toucher et d'entrer pleinement dans l'esprit de ce que l'on fait.

Ce n'est ni par la puissance, ni par la force, mais c'est par mon esprit, dit l'ETERNEL des armées.

Acceptez l'esprit, le sentiment du souhait déjà réalisé, et les fenêtres du ciel s'ouvriront pour vous permettre de recevoir la bénédiction. Accepter un État, c'est entrer dans l'esprit de l'État. Vos triomphes ne surprendront que ceux qui n'ont pas connu votre passage caché de l'état désiré à l'acceptation du souhait déjà réalisé.

Le Seigneur des Hôtes, ne répondra pas à votre désir tant que vous n'aurez pas accepté le sentiment d'être déjà ce que vous voulez être, car l'acceptation est le canal de son action. L'acceptation est le Seigneur des hôtes en action.

Chapitre 14 : Sans effort

LE PRINCIPE du "plus petit effet" maîtrise tout en physique, du trajet d'une planète au trajet d'une impulsion lumineuse. Le plus petit effet est le minimum d'énergie multiplié par le minimum de temps. Ainsi, pour passer de votre état actuel à l'état souhaité, vous devez utiliser le minimum d'énergie et le minimum de temps possible. Votre voyage d'un état de conscience à un autre est un voyage psychologique, donc pour commencer le voyage vous devez utiliser l'équivalent psychologique du "moindre effet", et l'équivalent psychologique est la simple acceptation.

Le jour où vous réalisez toute la force des hypothèses, vous découvrez qu'elle est tout à fait conforme à ce principe. Elle fonctionne par le biais de l'attention moins l'effort. Ainsi, le moindre effort signifie que vous vous précipitez dans une hypothèse sans hâte et que vous atteignez votre but sans effort.

Puisque la création est complète, ce que vous désirez existe déjà. Il est exclu de la vue parce que vous ne pouvez voir que le contenu de votre propre conscience. La fonction d'une acceptation est de rappeler la vue exclue et de lui redonner une visibilité totale. Ce n'est pas le monde, mais vos hypothèses qui changent. Une hypothèse met en évidence l'invisible. Il ne s'agit ni plus ni moins que de voir avec l'œil de Dieu, c'est-à-dire avec l'imagination.

Une personne voit ce qui est devant ses yeux ;
Mais le SEIGNEUR regarde le cœur.

Le cœur est le premier organe des sens et donc la première cause de l'expérience. Lorsque vous "regardez le cœur", vous regardez vos hypothèses : Des hypothèses ont déterminé votre expérience. Observez vos hypothèses avec le plus grand soin, car ce sont les problèmes de la vie. Les hypothèses ont le pouvoir de réaliser l'objectif. Chaque événement dans le monde visible est le résultat d'une supposition ou d'une idée dans le monde invisible.

Le moment présent est très important, car ce n'est que dans le moment présent que nos hypothèses peuvent être contrôlées. L'avenir doit devenir le présent si vous voulez appliquer le droit de l'hypothèse avec sagesse. L'avenir devient le présent lorsque vous imaginez que vous êtes déjà ce que vous serez lorsque votre hypothèse se réalisera.

Soyez tranquille (le plus petit effet) et sachez que vous êtes ce que vous voulez être. La fin du vouloir, c'est l'être. Transformez votre rêve en réalité. La construction éternelle d'états futurs sans la conscience de l'être déjà, c'est-à-dire en pensant à un souhait sans accepter réellement le sentiment du souhait déjà réalisé, est le sophisme et l'erreur de l'humanité.

Ce n'est qu'une rêverie inutile.

Chapitre 15 : La couronne de secrets

L'ACCEPTATION du souhait déjà réalisé est le navire qui vous transportera sur les mers inconnues, pour réaliser votre rêve. L'acceptation est tout, la réalisation est inconsciente et sans effort.

Acceptez une vertu si vous ne l'avez pas.

Supposez que vous avez déjà ce que vous désirez.

Et bienheureuse est celle qui a cru que
la perfection viendra, dont
le Seigneur lui avait parlé.

Tout comme l'Immaculée Conception est le fondement des mystères chrétiens, l'acceptation est leur couronne. Psychologiquement, l'immaculée conception signifie la naissance d'une idée dans votre conscience, sans l'aide d'un autre. Par exemple, si vous avez un désir particulier, une faim ou une envie, c'est une conception immaculée en ce sens qu'aucune personne ou chose physique ne l'a implantée dans votre esprit. Elle est conçue par lui-même. Chaque personne est cette Marie de l'Immaculée Conception, et doit donner naissance à son idée. L'adoption est la couronne de secrets, car elle est le plus grand bénéfice de la conscience. Lorsque vous acceptez dans votre conscience le sentiment du souhait déjà réalisé, vous êtes mentalement élevé à un niveau supérieur.

Lorsque cette hypothèse, par constance, devient un fait, vous vous retrouvez automatiquement à un niveau supérieur (c'est-à-dire que vous avez réalisé votre désir) dans votre monde objectif. Votre acceptation conduit tous vos mouvements conscients et inconscients à leur fin suggérée, et si inévitablement qu'elle dicte les événements. Le drame de la vie est un drame psychologique, et l'ensemble du drame est écrit et produit par vos suppositions.

Apprenez l'art de l'acceptation, car c'est la seule façon de créer votre propre bonheur.

Chapitre 16 : L'impuissance personnelle

L'AUTODETERMINATION EST essentielle, et on entend par là l'aveu d'une impuissance personnelle.

Je ne peux rien faire tout seul.

La création étant achevée, il est impossible de forcer les choses. L'exemple déjà donné du magnétisme en est une bonne illustration. On ne peut pas créer de magnétisme, on peut seulement l'illustrer. Vous ne pouvez pas créer la loi du magnétisme. Si vous voulez créer un aimant, vous ne pouvez le faire que selon la loi du magnétisme. En d'autres termes, vous vous donnez, ou vous cédez à la loi. Si vous utilisez la capacité d'hypothèses, vous ne pouvez le faire qu'en fonction de la loi qui est aussi réelle que la loi régissant le magnétisme. Vous ne pouvez ni créer ni modifier le droit de la présomption.

Vous êtes impuissant à cet égard. Vous ne pouvez que céder, ou vous conformer, et puisque toutes vos expériences sont le résultat de vos suppositions (conscientes ou inconscientes), la valeur de l'utilisation consciente du pouvoir de la supposition devrait être évidente.

S'identifier volontairement à ce que l'on désire le plus, en sachant qu'il s'exprimera à travers vous. Abandonnez-vous au sentiment du souhait déjà réalisé et laissez-vous consommer comme sa victime, afin de vous élever comme le prophète de la loi de l'acceptation.

Chapitre 17 : Tout est possible

IL EST très important que la véracité des principes qui ont été élaborés dans ce livre ait été prouvés à maintes reprises par l'expérience personnelle de l'auteur. Au cours des 25 dernières années, il a appliqué ces principes et les a prouvés avec succès dans d'innombrables cas. Il attribue chaque succès qu'il a obtenu à une acceptation sans faille de son souhait déjà réalisé.

Il était sûr que ses souhaits étaient prédéterminés par ces hypothèses fixes pour être réalisés. Il accepta encore et encore le sentiment de son souhait déjà réalisé, et s'attarda dans son acceptation jusqu'à ce que ce qu'il souhaitait soit pleinement réalisé.

Vivez votre vie dans un sublime esprit de confiance et de détermination, en faisant abstraction des apparences, des circonstances et de toutes les preuves de vos sens qui vous empêchent de réaliser votre désir. Reposez-vous sur l'hypothèse que vous êtes déjà ce que vous voulez être, car dans cette hypothèse particulière, vous et votre être infini sont fusionnés dans une unité créative, et pour votre être infini (Dieu), tout est possible. Dieu n'échoue jamais.

Pour qui peut résister à sa main
ou lui dire : "Que fais-tu ?

Grâce au mystère de vos hypothèses, vous êtes vraiment en mesure de maîtriser la vie.

C'est ainsi que l'on gravit l'échelle de la vie : c'est ainsi que l'on réalise l'idéal. La clé du véritable sens de la vie est l'effusion de votre idéal, avec une telle conscience de sa réalité que vous commencez à vivre la vie de l'idéal, et non plus votre propre vie comme elle était avant cette effusion.

Il appelle ce qui n'est pas, ce qui est.

Chaque hypothèse a son monde correspondant. Si vous êtes vraiment conscient, vous constaterez que vos hypothèses ont le pouvoir de changer des circonstances qui semblent totalement immuables. Par vos suppositions conscientes, vous déterminez la nature du monde dans lequel vous vivez. Ignorez l'état actuel et acceptez le souhait comme étant réalisé.

Réclamez-le ; il répondra. Le droit de l'acceptation est le moyen par lequel la réalisation de vos souhaits peut être réalisée.

À chaque instant de votre vie, consciemment ou inconsciemment, vous acceptez un sentiment. On ne peut pas plus éviter d'accepter un sentiment que d'éviter de manger ou de boire.

Tout ce que vous pouvez faire, c'est contrôler la nature de vos hypothèses. Il est donc clair que le contrôle de vos hypothèses est la clé d'une vie toujours plus étendue, plus heureuse et plus noble que vous tenez désormais entre vos mains.

Chapitre 18 : Être un auteur

Mettez en pratique la parole, et ne vous bornez pas à l'écouter, en vous trompant vous-mêmes par de faux raisonnements. Car, si quelqu'un écoute la parole et ne la met pas en pratique, il est semblable à un homme qui regarde dans un miroir son visage naturel, et qui, après s'être regardé, s'en va, et oublie aussitôt quel il était. Mais celui qui aura plongé les regards dans la loi parfaite, la loi de la liberté, et qui aura persévéré, n'étant pas un auditeur oublieux, mais se mettant à l'œuvre, celui_là sera heureux dans son activité. ...Jacques 1:22-25

LA PAROLE dans cette citation signifie idée, imagination ou souhait. Vous vous trompez en "n'écoutant que" alors que vous vous attendez à ce que votre souhait ne se réalise qu'à travers des vœux. Votre souhait est ce que vous voulez être, et vous regarder dans un "miroir" signifie que vous vous voyez dans votre imagination comme cette personne.

Oublier "à quoi vous ressembliez" signifie que vous ne vous attardez pas sur votre hypothèse. La "loi de la liberté parfaite" est la loi qui rend possible la liberté de s'affranchir des limitations, la loi de l'acceptation. Insister sur la loi parfaite de la liberté, c'est partir du principe que votre souhait est déjà réalisé. Vous n'êtes pas un "auditeur oublieux" si vous maintenez constamment dans votre conscience le sentiment du souhait déjà réalisé.

Cela fait de vous un "faiseur", et vous êtes heureux dans vos actions grâce à la réalisation inévitable de votre désir. Vous devez être l'auteur de la loi de l'acceptation, car sans application, même la compréhension la plus profonde n'apportera pas les résultats souhaités. La répétition régulière de vérités fondamentales importantes parcourt ces pages.

Quand il s'agit de la loi - la loi qui libère les gens - c'est une bonne chose. Il convient de le préciser encore et encore, même au risque de se répéter. Le véritable chercheur de vérité accueillera favorablement cette aide qui lui permettra de concentrer son attention sur la loi qui le libère. La parabole de la condamnation par son Maître du serviteur qui a négligé le talent qui lui a été donné est claire et sans équivoque. Ayant découvert en vous la clé du trésor, vous devriez être comme le bon serviteur qui, par un usage judicieux, a multiplié à plusieurs reprises les talents qui lui sont confiés. Le talent qui vous est confié est le pouvoir de déterminer consciemment vos hypothèses. Si ce talent n'est pas utilisé, comme un membre non entraîné, il se flétrit et finit par régresser.

Vous devez vous efforcer d'être. Pour atteindre, il est nécessaire d'être. La fin du désir est en train de se faire. L'image que vous avez de vous-même ne peut être chassée de votre conscience que par une autre image de vous-même.

En créant un idéal dans votre esprit, vous pouvez vous identifier à lui jusqu'à ce que vous ne fassiez plus qu'un avec lui, vous transformant ainsi en idéal. La dynamique l'emporte sur le statique, l'actif l'emporte sur le passif. Quelqu'un qui fait est magnétique et donc infiniment plus créatif que quelqu'un qui se contente d'entendre. Appartenez aux auteurs.

Chapitre 19 : L'essentiel

LES POINTS CLES d'une utilisation réussie du droit de l'adoption sont les suivants : tout d'abord, et par-dessus tout, le désir ; un désir intense et brûlant. De tout votre cœur, vous devez vouloir être différent de ce que vous êtes. Un désir intense et brûlant (combiné à l'intention de faire le bien) est le moteur de l'action, le début de toute entreprise réussie. Dans toute grande passion (qui atteint son but), le désir est au centre (et voulu). Il faut d'abord souhaiter quelque chose, puis avoir l'intention de réussir).

Comme un cerf soupire auprès des cours d'eau,
ainsi mon âme soupire après toi, Ô Dieu.

Heureux ceux qui ont faim et soif de la justice ;
car ils seront rassasiés.

L'âme peut être interprétée ici comme la somme de tout ce que vous croyez, pensez, ressentez et acceptez comme vrai ; en d'autres termes, votre niveau de conscience actuel, Dieu, JE SUIS (le pouvoir de la conscience), la source et l'accomplissement de tous les désirs (psychologiquement parlant, je suis un être avec des niveaux de conscience infinis et je suis en conscience selon mon niveau). Cette citation décrit comment votre niveau de conscience actuel aspire à s'élever.

La justice, c'est la conscience d'être déjà ce que l'on veut être.

Deuxièmement, cultiver une immobilité physique, une incapacité physique, un peu comme l'état décrit par Keats dans son "Ode à un rossignol" :

Maux de cœur et paralysie du sommeil,
C'est comme boire du poison. Ça me tourmente.

Il s'agit d'un état semblable au sommeil, mais dans lequel vous avez toujours le contrôle de la direction de votre attention. Vous devez apprendre à provoquer cet état de plein gré - l'expérience m'a appris qu'il se produit plus facilement après un repas riche, ou le matin quand vous vous réveillez et que vous êtes réticent à vous lever. Dans ces moments-là, il est dans votre nature d'entrer dans cet état. La valeur de l'immobilité physique se manifeste dans l'accumulation de la puissance mentale qui accompagne le silence absolu. Il augmente votre pouvoir de concentration.

Arrêtez et sachez que je suis Dieu.

En fait, les grandes énergies de l'esprit n'éclatent que rarement, sauf lorsque le corps se repose et que la porte des sens vers le monde objectif est fermée.

La troisième et dernière chose est de vivre dans votre imagination ce que vous vivriez dans la réalité si vous aviez déjà atteint votre objectif. (Vous devez d'abord le gagner dans votre imagination, car l'imagination est la porte d'entrée vers la réalité de ce que vous désirez. Mais utilisez l'imagination de façon magistrale, non pas comme un spectateur qui regarde vers la fin, mais comme un participant qui réfléchit à la fin).

Imaginez que vous ayez une qualité, ou quelque chose que vous voulez, qui n'était pas la vôtre jusqu'à présent. Donnez-vous complètement à ce sentiment jusqu'à ce que tout votre être soit possédé par lui. Cet état se distingue du rêve par l'aspect suivant : il est le résultat d'une imagination contrôlée et d'une attention maintenue et concentrée, tandis que le rêve est le résultat d'une imagination non contrôlée - comme un rêve éveillé.

Dans l'état contrôlé, un minimum d'effort suffit pour remplir votre conscience avec le sentiment d'un désir déjà satisfait, et pour maintenir cette plénitude. L'immobilité physique et mentale de cet état est une aide puissante à l'attention volontaire, et un facteur essentiel du moindre effort.

L'application de ces trois points :

1. Demande
2. L'immobilité physique
3. L'acceptation du souhait déjà réalisé

est le chemin vers l'unité ou l'union avec votre objectif. (Le premier point est de penser à la fin, avec l'intention de la réaliser. Le troisième point est de penser à la fin, avec le sentiment d'accomplissement. Le secret pour penser à la fin est de prendre plaisir à l'être. Dès que vous en profitez et que vous imaginez que vous l'êtes, vous commencez à penser à la fin).

L'une des idées fausses qui prévaut est que cette loi ne fonctionnerait que pour ceux qui ont un but pieux ou religieux. C'est une erreur. Elle fonctionne de manière aussi impersonnelle que la loi de l'électricité. Il peut être utilisé à des fins cupides, égoïstes ou nobles. Cependant, il faut toujours garder à l'esprit que les pensées et les actions déshonorantes entraînent des conséquences inévitables et malheureuses.

Chapitre 20 : Justice

DANS le chapitre précédent, la justice était définie comme la conscience d'être déjà ce que l'on veut être. C'est le vrai sens, psychologique, qui ne fait évidemment pas référence à un code moral, au droit civil ou à des préceptes religieux. On ne saurait trop insister sur l'importance d'être juste. En fait, toute la Bible est imprégnée d'admonitions à ce sujet.

Mets un terme à tes péchés en pratiquant la justice.
...Daniel 4:27

Je tiens à me justifier, et je ne faiblirai pas ;
mon cœur ne me fait de reproche sur aucun de mes jours.
...Job 27.6

Et désormais ma justice rendra témoignage pour moi
...Genèse 30:33

Très souvent, les mots "péché" et "justice" sont utilisés dans une citation. C'est un contraste logique des opposés, et cela devient extrêmement significatif à la lumière de la signification psychologique de la justice et du péché. Le péché signifie manquer la cible. Ne pas réaliser son désir, ne pas être la personne que l'on veut être, c'est un péché. La justice, c'est la conscience d'être déjà ce que l'on veut être.

C'est une loi immuable, instructive, dont l'effet doit suivre la cause. Ce n'est que par la justice que vous pouvez être libéré de vos péchés. Il existe un malentendu généralisé sur la signification de "libéré des péchés". L'exemple suivant suffira à démontrer ce malentendu et à introduire la vérité.

Une personne vivant dans une pauvreté dégradante peut croire qu'elle peut être "lavée de ses péchés" par le biais d'une activité religieuse ou philosophique, et que sa vie s'en trouverait améliorée. Cependant, si cette personne continue à vivre dans un état de pauvreté, il est évident que ce qu'elle croyait n'était pas la vérité, et donc qu'elle n'a pas été "libérée". Cette personne peut être sauvée par la justice.

L'application réussie du droit de l'adoption entraînerait le résultat inévitable d'un changement réel dans leur vie. La personne ne vivrait plus dans la pauvreté. Elle ne manquerait plus la cible. Elle serait libérée du péché.

Car je vous le dis, si votre justice ne surpasse celle des scribes et des pharisiens, vous n'entrerez point dans le royaume des cieux.
...Matthieu 5:20

Les scribes et les pharisiens sont ceux qui sont influencés et régis par les phénomènes extérieurs, les règles et les normes sociales dans lesquelles ils vivent, dans un vain désir d'être bien considérés par les autres. Tant que cet état d'esprit ne sera pas dépassé, votre vie restera une vie de limitations - une vie d'échec dans la réalisation de votre désir - une vie de but manqué - une vie de péché. Cette droiture est transcendée par la vraie droiture, qui est toujours la conscience d'être déjà ce que vous voulez être.

L'un des plus grands écueils lorsque l'on essaie d'appliquer le droit de l'adoption est de concentrer son attention sur des choses comme un nouveau foyer, un meilleur emploi, un solde bancaire plus important.

Ce n'est pas la justice sans laquelle vous "mourrez dans vos péchés". La justice n'est pas la chose elle-même, c'est la conscience, le sentiment d'être déjà la personne que l'on veut être, d'avoir déjà ce que l'on veut avoir.

Cherchez premièrement le royaume et la justice
de Dieu ; et toutes ces choses
vous seront données par-dessus.
...Matthieu 6:33

Le Royaume (toute la création) de Dieu (votre JE SUIS) est en vous.

La justice, c'est la conscience que vous possédez déjà tout.

Chapitre 21 : Le libre arbitre

LA QUESTION que l'on se pose souvent est la suivante : "Que faut-il faire entre l'acceptation du souhait déjà réalisé et sa réalisation ?

Rien. Il est illusoire de croire qu'il y a quoi que ce soit que vous puissiez faire pour aider à la réalisation de votre souhait, si ce n'est d'accepter le sentiment du souhait déjà réalisé.

Vous pensez que vous pouvez faire quelque chose, vous voulez faire quelque chose ; mais en fait vous ne pouvez rien faire. L'illusion de la libre volonté d'agir n'est que l'ignorance de la loi de l'acceptation sur laquelle toutes les actions sont basées.

Tout se passe automatiquement.

Tout ce qui vous arrive, tout ce que vous faites - arrive.

Vos présupposés, conscients ou inconscients, orientent toutes les pensées et les actions vers leur accomplissement.

Comprendre la loi de l'hypothèse, être convaincu de sa vérité, signifie abandonner toute illusion sur la libre volonté d'agir. Le libre arbitre signifie la liberté de choisir une idée ou un souhait.

En supposant que l'idée est déjà un fait, elle est transformée en réalité. De plus, le libre arbitre prend fin et tout se passe en harmonie avec l'idée assumée.

Je ne puis rien faire de moi-même... parce que
Je ne cherche pas ma volonté, mais
la volonté du Père qui m'a envoyé.

Dans cette citation, le Père fait évidemment référence à Dieu. Dans un chapitre précédent, Dieu était défini comme JE SUIS. La création étant achevée, le Père n'est jamais en mesure de dire "Je le serai". En d'autres termes, tout existe déjà, et la conscience infinie du JE SUIS ne peut parler qu'au présent.

Ce n'est pas ma volonté, mais la tienne qui est faite.

"Je serai" est la confession de "Je ne suis pas". La volonté du Père est toujours "JE SUIS". Jusqu'à ce que vous compreniez que VOUS êtes le Père (il n'y a qu'un JE SUIS, et votre moi infini est ce JE SUIS), votre volonté sera toujours "je serai".

Dans la loi de l'acceptation, ce que vous connaissez est la volonté du Père. Le souhait sans cette conscience est "ma volonté". Cette grande citation, si peu comprise, est une parfaite explication de la loi de l'acceptation.

Il est impossible de faire quoi que ce soit. Il faut être à la hauteur.

Tout serait différent si vous aviez une image de vous-même différente. Vous êtes ce que vous êtes, et tout est comme ça. Les événements que vous observez sont déterminés par l'image que vous avez de vous-même. Si vous changez l'image que vous avez de vous-même, les événements qui vous précèdent changent au fil du temps, mais, s'ils ont changé, ils forment à nouveau un ordre déterminé, à partir du moment où l'image de soi a changé. Vous êtes un être qui a le pouvoir d'intervenir, ce qui, par un changement de conscience, vous permet de changer le cours des événements observés - de changer l'avenir.

Niez l'évidence des sens et acceptez le sentiment d'un souhait réalisé. Puisque votre acceptation est créative et crée une atmosphère, si elle est noble, elle augmente votre sécurité et vous aide à atteindre un niveau d'être plus élevé. En revanche, si votre acceptation est désagréable, elle vous gênera et accélérera votre descente. Tout comme l'acceptation aimante crée une atmosphère harmonieuse, les sentiments durs et amers créent une atmosphère dure et amère.

Que tout ce qui est juste, tout ce qui est pur, tout ce qui est beau,
...ce qui est aimable, soit l'objet de vos pensées.

Cela signifie que vos hypothèses doivent être les concepts les plus élevés, les plus nobles, les plus heureux. Il n'y a pas de meilleur moment pour commencer que maintenant. Le moment présent est toujours la meilleure chance d'éliminer toutes les hypothèses désagréables et de se concentrer uniquement sur le bon. Revendiquez l'héritage divin pour vous-même ainsi que pour les autres. Ne voyez que leur bien et le bien en eux. Par votre acceptation honnête du bien chez les autres, inspirez-leur le plus haut niveau de confiance et d'affirmation de soi, et vous deviendrez leur prophète et leur guérisseur, car une réalisation inévitable attend toutes les hypothèses entretenues.

En acceptant, vous gagnez ce que vous ne pourrez jamais gagner par la force. Une hypothèse est un certain mouvement de la conscience. Ce mouvement, comme tous les mouvements, exerce une influence sur la substance environnante, l'amenant à prendre la forme d'une acceptation et à la refléter. Un changement de destin est une nouvelle direction et une nouvelle perspective, et simplement un changement dans l'agencement de la même substance - la conscience.

Si vous voulez changer votre vie, vous devez commencer à la source directe, avec votre propre image de vous-même. Les changements externes, tels que l'intégration à une organisation ou à des organismes politiques ou religieux, ne suffisent pas. La cause est plus profonde. Le changement essentiel doit se produire en vous, dans l'image que vous avez de vous-même. Vous devez supposer que vous êtes déjà ce que vous voulez être et que vous y résidez, car la réalité de votre supposition commence en toute indépendance des faits objectifs, et se revêtira de la chair si vous résidez dans le sentiment d'un souhait accompli.

Si vous savez que les suppositions, lorsqu'elles sont formulées, deviennent des faits, vous comprendrez alors des événements qui, pour les ignorants, apparaissent comme de simples coïncidences, comme l'effet logique et inévitable de votre supposition. L'important est de garder à l'esprit que vous avez un libre arbitre infini dans le choix de vos hypothèses, mais aucun pouvoir pour déterminer les faits et les événements. Vous ne pouvez rien créer, mais votre hypothèse détermine la partie de la création que vous allez vivre.

Chapitre 22 : Résistance

Il leur dit encore : lequel d'entre vous aura un ami qui se rendra chez lui au milieu de la nuit pour lui dire : Ami, prête-moi trois pains ; car un de mes amis est arrivé de voyage chez moi, et je n'ai rien à lui offrir ? Si, de l'intérieur l'autre lui répond : Ne me cause pas d'ennui, la porte est déjà fermée, mes enfants et moi sommes au lit ; je ne puis me lever pour te donner (des pains). Je vous le dis, même s'il ne se lève pas pour les lui donner, parce qu'il est son ami, il se lèvera à son de son importunité et lui donnera tout ce dont il a besoin. Et moi, je vous dis : Demandez et l'on vous donnera ; cherchez et vous trouverez ; frappez et l'on vous ouvrira.

...Luc 11:5-9

IL Y A trois personnages principaux dans cette citation, vous et les deux amis mentionnés.

Le premier ami est un état de conscience désiré. Le deuxième ami est un souhait qui aspire à être réalisé. Le troisième est le symbole de la totalité, de la perfection. Le pain symbolise la substance. La porte fermée représente les sens qui distinguent le visible de l'invisible. Les enfants au lit sont les idées qui ont été réduites au silence. L'incapacité de se lever signifie qu'un état de conscience souhaité ne peut pas s'élever jusqu'à vous, vous devez vous élever jusqu'à lui. L'envie signifie la constance requise, une sorte d'impertinence effrontée. Demander, chercher et frapper signifie que la conscience accepte d'avoir déjà ce que l'on veut.

Par la présente, l'Écriture vous dit que vous devez être constamment dans l'ascension (acceptation) de la conscience que votre souhait est déjà réalisé. La promesse est déterminée à ce que si vous poussez sans vergogne l'hypothèse que vous avez déjà ce que vos sens nient, elle vous sera donnée - votre souhait sera réalisé.

La Bible enseigne la nécessité de la constance en racontant de nombreuses histoires.

Lorsque Jacob a demandé une bénédiction à l'ange avec lequel il luttait, il a dit
Je ne te laisserai pas aller avant que tu ne m'aies béni.

Lorsque la femme sunamite a demandé l'aide d'Elisée, elle a dit
Comme le Seigneur vit et vous vivez : Je ne vous quitterai pas.
Il s'est donc levé et est allé la chercher.

La même idée est exprimée ailleurs :

Jésus leur adressa une parabole, pour montrer qu'il faut toujours prier, et ne point se relâcher. Il dit : Il y avait dans une ville, un juge qui ne craignait point Dieu et qui n'avait d'égard pour personne. Il y avait aussi dans cette ville une veuve qui venait lui dire : fais-moi justice de ma partie adverse. Pendant longtemps il refusa. Mais ensuite, il dit en lui-même : quoique je ne craigne point Dieu et que je n'aie d'égard pour personne, néanmoins, parce que cette veuve m'importune, je lui ferai justice, afin qu'elle ne vienne pas sans cesse me rompre la tête.
...Luc 18:1-5

La vérité sous-jacente de chacune de ces histoires est que le désir naît de la conscience de l'atteinte du but ultime, et que la constance dans le maintien de la conscience du désir déjà satisfait entraîne sa réalisation.

Il ne suffit pas de s'identifier à l'état de la prière exaucée, il faut rester dans cet état. C'est la raison de l'invitation,

qu'il faut toujours prier et ne pas se relâcher.

Prier ici signifie rendre grâce pour le fait que vous avez déjà ce que vous voulez. Seule la constance dans l'acceptation du souhait réalisé peut déclencher ces changements subtils dans votre esprit qui se traduisent par le changement souhaité dans votre vie. Peu importe qu'il s'agisse d'"anges", d'"Elisée" ou de "juges réticents" ; tous doivent répondre en harmonie avec votre acceptation constante.

S'il apparaît que d'autres personnes dans votre monde ne se comportent pas envers vous comme vous le souhaiteriez, ce n'est pas une réticence de leur part, mais un manque de cohérence dans votre hypothèse que votre vie est déjà comme vous le souhaitez.

Pour que votre acceptation soit efficace, elle ne doit pas être un acte isolé, mais une attitude soutenue de désir satisfait.

(Et l'attitude soutenue qui vous y amène, afin que vous pensiez à votre souhait réalisé au lieu de penser à votre souhait, est obtenue par l'acceptation répétée du souhait réalisé. C'est la répétition, et non la durée, qui la rend naturelle. Ce à quoi vous retournez continuellement conforme à votre véritable vous. L'occupation répétée du sentiment du souhait réalisé est le secret de la réussite).

Chapitre 23 : Études de cas

IL SERA très utile à ce stade de citer quelques exemples spécifiques d'application réussie de la loi. Dans chacun de ces exemples, le problème est clairement défini et la manière dont l'imagination a été utilisée pour atteindre l'état de conscience requis est décrite en détail. Dans chacun de ces cas, l'auteur de ce livre a été personnellement impliqué ou les faits lui ont été exposés par la personne concernée.

1.

C'est une histoire que je connais personnellement jusque dans les moindres détails.

Au printemps 1943, un soldat récemment mobilisé est stationné dans un grand camp militaire en Louisiane. Il était très désireux de quitter l'armée, mais seulement d'une manière tout à fait honorable.

La seule façon de le faire était de déposer une demande de rejet. La demande devait alors être approuvée par son commandant pour être valable. Selon le règlement de l'armée, la décision du commandant est définitive, sans possibilité d'appel. Le soldat a suivi la procédure nécessaire et a demandé son renvoi. Dans les quatre heures qui ont suivi, la demande a été rejetée. Convaincu qu'il ne pouvait pas faire appel de cette décision auprès d'une autorité supérieure, ni militaire ni civile, il s'est tourné vers sa conscience, déterminé à s'appuyer sur la loi de l'acceptation.

Le soldat a réalisé que sa conscience est la seule réalité, que son état de conscience particulier détermine les événements qu'il va rencontrer.

Ce soir-là, entre l'heure du coucher et celle de l'endormissement, il s'est concentré sur l'application consciente de la loi de l'acceptation. Dans son imagination, il avait l'impression d'être dans son propre appartement à New York. Il a visualisé son appartement, c'est-à-dire qu'il a vu dans son esprit son propre appartement, la représentation mentale de chaque pièce familière, avec tous ses meubles, dans une réalité vivante.

Avec cette image clairement visualisée, et en étant allongé sur le dos, il s'est complètement détendu physiquement. De cette façon, il a induit un état de sommeil, mais en gardant le contrôle de la direction de son attention. Lorsque son corps était complètement immobilisé, il supposait qu'il était dans sa propre chambre et se sentait allongé sur son propre lit - une sensation complètement différente de celle d'un lit militaire.

Dans son imagination, il s'est levé, est allé de pièce en pièce et a touché divers meubles. Puis il est allé à la fenêtre et, les mains sur le rebord de la fenêtre, il a regardé la rue devant son appartement. Son imagination était si vive qu'il a vu le trottoir, les rampes, les arbres et les briques rouges du bâtiment d'en face, qu'il connaissait. Puis il est retourné dans son lit et s'est endormi.

Il savait que la chose la plus importante pour réussir à appliquer la loi était qu'au moment où il s'endormait, sa conscience était remplie de l'hypothèse qu'il était déjà ce qu'il voulait être. Tout ce qu'il faisait dans sa tête était basé sur l'hypothèse qu'il n'était plus dans l'armée. Nuit après nuit, le soldat a joué ce drame. Nuit après nuit, il sentait dans son imagination qu'il était honorablement libéré, qu'il était chez lui, qu'il voyait son environnement familier et qu'il s'endormait dans son propre lit. Cela s'est passé pendant huit nuits.

Pendant huit jours, son expérience objective a été l'exact opposé de son expérience subjective dans la conscience, qu'il faisait chaque nuit avant de s'endormir. Le neuvième jour, le quartier général du bataillon a donné l'ordre au soldat de remplir une nouvelle demande de libération. Peu de temps après, il a été convoqué au bureau du colonel pour faire des commentaires. Au cours de la conversation, le colonel lui a demandé s'il voulait toujours quitter l'armée. Lorsque le soldat l'a confirmé, le colonel a déclaré qu'il était personnellement en désaccord, et bien qu'il ait de fortes objections à la promesse de renvoi, il a décidé de reconsidérer ces objections et d'approuver la demande. En quelques heures, la demande a été approuvée et le soldat, devenu civil, était dans le train, en route vers son domicile.

2.

C'est l'histoire impressionnante d'un homme d'affaires très prospère, qui illustre la puissance de l'imagination et le droit de l'adoption. Je connais très bien cette famille, et tous les détails m'ont été racontés par le fils dont il est question dans cette histoire.

L'histoire commence quand il avait vingt ans.

Il était le deuxième plus âgé d'une grande famille de neuf frères et une sœur. Le père était l'un des associés d'une petite entreprise commerciale. Lorsqu'il avait dix-huit ans, le frère dont l'histoire est racontée a quitté le pays où vivait la famille et a déménagé à deux mille kilomètres de là pour aller à l'université et terminer sa scolarité. Peu après sa première année d'université, il a été appelé à la maison en raison d'un événement tragique lié à l'entreprise de son père. Du fait des machinations de ses associés, le père a non seulement été forcé de quitter son entreprise, mais il a également été inondé de fausses accusations qui ont remis en question son caractère et son intégrité.

En conséquence, il a été privée de sa part légitime du capital de la société. Le résultat a été qu'il a été largement discrédité et laissé presque sans ressources. C'est dans ces circonstances que le fils a été rappelé à la maison après l'université.

Il est revenu, le cœur rempli d'une grande résolution. Il était destiné à connaître un succès extraordinaire dans le monde des affaires. La première chose que lui et son père ont faite a été d'utiliser le peu d'argent dont ils disposaient pour créer leur propre entreprise. Ils ont loué un petit magasin dans une rue secondaire non loin de la grande entreprise dont le père était l'un des principaux propriétaires. Ils y ont créé une entreprise axée sur un véritable service à la communauté. Peu après, par la conscience instinctive que cela devait fonctionner, le fils a commencé à utiliser consciemment son imagination pour atteindre un objectif presque fantastique.

Chaque jour, sur le chemin du travail, il passait devant le bâtiment de l'ancienne entreprise de son père - la plus grande entreprise de ce type dans le pays. C'était l'un des plus grands bâtiments, situé à un endroit très en vue, au cœur de la ville. Devant le bâtiment, il y avait un grand panneau avec le nom de la société en grosses lettres en gras. Jour après jour, alors qu'il passait devant le bâtiment, un grand rêve s'est formé dans l'esprit du fils. Il pensait que ce serait merveilleux si sa famille était propriétaire de ce grand bâtiment - sa famille qui possède et dirige cette grande entreprise.

Un jour, alors qu'il s'émerveillait devant le bâtiment, il a vu dans son esprit un nom complètement différent sur le grand panneau au-dessus de l'entrée. Les grosses lettres formaient alors son nom de famille (les vrais noms ne sont pas utilisés dans ces cas ; pour plus de clarté, nous utilisons un nom hypothétique dans cette histoire, et supposons que le nom de famille était Lordard).

Le panneau indiquait F. N. Moth & Co. mais dans son imagination, il a vu le nom, lettre par lettre, N. Lordard & Sons. Il s'attarda à regarder le panneau, imaginant qu'il disait N. Lordard & Sons. Deux fois par jour, semaine après semaine, mois après mois, pendant deux ans, il a vu son nom de famille au-dessus de l'entrée du bâtiment. Il était convaincu que s'il était assez convaincu qu'une chose était vraie, cette chose devait nécessairement l'être, et en voyant dans son imagination le nom de famille sur l'enseigne, il a acquis la conviction qu'ils en seraient un jour propriétaires.

Pendant cette période, il n'a parlé qu'à une seule personne de ce qu'il faisait. Il se confie à sa mère, qui s'occupe avec amour de lui pour l'empêcher de le faire, afin de le sauver de ce qui aurait pu être une grande déception.

Néanmoins, il est resté cohérent jour après jour.

Deux ans plus tard, la grande entreprise a fait faillite et le bâtiment voûté a été mis en vente.

Le jour de la vente, il ne semblait pas être plus proche de la propriété qu'il y a deux ans, lorsqu'il a commencé à appliquer le droit de l'acceptation. Pendant cette période, ils ont travaillé dur et ont gagné la confiance de leurs clients. Pourtant, ils n'avaient pas gagné suffisamment d'argent pour acheter la propriété. Ils ne disposaient pas non plus d'une source auprès de laquelle ils auraient pu emprunter les capitaux nécessaires. Le fait que c'était l'une des propriétés les plus recherchées de la ville et qu'un grand nombre de riches hommes d'affaires étaient prêts à l'acheter, rendait le rêve encore plus lointain. Le jour même de la vente, à leur grande surprise, un homme totalement inconnu d'eux est entré dans le magasin et a proposé d'acheter le terrain pour eux. (En raison de certaines circonstances inhabituelles liées à la transaction, la famille du fils n'a même pas pu soumettre une offre pour le terrain).

Vous pensiez que l'homme plaisantait. Cela n'a pas été le cas. L'homme a expliqué qu'il les observait depuis un certain temps, qu'il admirait leurs capacités, qu'il croyait en leur intégrité, et que leur fournir le capital nécessaire pour qu'ils se lancent dans une grande entreprise était un investissement judicieux pour lui. Ce jour-là, la propriété était à eux. La vision cohérente du fils était désormais un fait. Les soupçons de l'étranger étaient plus que justifiés.

Aujourd'hui, la famille possède non seulement cette entreprise, mais aussi de nombreuses industries parmi les plus importantes du pays où elle vit.

Le fils, qui a vu le nom de sa famille au-dessus de l'entrée de ce grand bâtiment bien avant qu'il n'y soit réellement, a utilisé exactement la technique qui donne des résultats. En assumant le sentiment qu'il avait déjà ce qu'il voulait - en faisant de cela une réalité vivante dans son imagination, en étant déterminé et cohérent, indépendamment des apparences ou des circonstances - il a inévitablement fait de son rêve une réalité.

3.

C'est l'histoire d'un résultat tout à fait inattendu d'une conversation avec une dame qui m'a contacté.

Un après-midi, une jeune grand-mère, une femme d'affaires de New York, est venue me voir. Elle a amené avec elle un petit-fils de 9 ans qui est venu de Pennsylvanie pour lui rendre visite. En réponse à sa question, je lui ai expliqué la loi de l'acceptation et les détails de la procédure à suivre pour atteindre l'objectif. Le garçon était assis tranquillement, occupé avec une voiturette, pendant que j'expliquais à la grand-mère la méthode pour assumer l'état de conscience qui serait le sien si son souhait avait déjà été réalisé. Je lui ai raconté l'histoire du soldat du camp qui s'endormait chaque soir en imaginant qu'il était à la maison dans son propre lit.

Lorsque le garçon et sa grand-mère sont partis, il m'a regardé avec beaucoup d'enthousiasme et m'a dit : "Je sais ce que je veux, et maintenant je sais comment l'obtenir". Surpris, je lui ai demandé ce que c'était ; il m'a dit qu'il avait le cœur sur un chiot. La grand-mère protesta vigoureusement et expliqua au fils qu'il avait été discuté à plusieurs reprises du fait qu'il ne pouvait en aucun cas avoir un chien... que son père et sa mère ne le permettraient pas, que le garçon était trop jeune pour s'occuper correctement d'un chien, et que le père avait également une aversion pour les chiens - il détestait en fait être entouré d'un chien.

Tous ces arguments étaient des arguments que le garçon refusait de comprendre dans le désir d'avoir un chien. "Maintenant, je sais quoi faire", a-t-il dit. "Chaque soir, quand je m'endormirai, je ferai semblant d'avoir un chien et je le promènerai." "Non", dit la grand-mère, "ce n'est pas ce que M. Neville veut dire. Ce n'est pas ce qu'il voulait dire pour toi. Tu ne peux pas avoir un chien".

Environ six semaines plus tard, la grand-mère m'a raconté une histoire qu'elle a trouvée incroyable. Le désir du garçon de posséder un chien était si intense qu'il a absorbé tout ce que j'avais dit à sa grand-mère pour réaliser un souhait - et il croyait sans condition qu'il savait maintenant au moins comment il allait obtenir un chien. Mettant cette croyance en pratique pendant de nombreuses soirées, le garçon a imaginé un chien couché dans son lit à côté de lui. Dans son imagination, il a nourri le chien, il a même senti sa fourrure. Des choses comme jouer avec le chien ou le promener remplissaient son esprit.

Cela s'est produit en quelques semaines. Un journal de la ville où vivait le garçon a organisé un programme spécial dans le cadre de la Semaine de l'amour des animaux. Tous les écoliers ont été invités à écrire un essai sur la question "Pourquoi je voudrais posséder un chien".

Après que les essais aient été reçus et évalués par toutes les écoles, le gagnant de ce concours a été annoncé. Le même garçon qui m'avait dit quelques semaines plus tôt dans mon appartement à New York "Maintenant je sais comment avoir un chien" a été le gagnant. Lors d'une grande fête, qui a fait l'objet d'articles et de photos dans le journal, le garçon a reçu un magnifique chiot colley.

La grand-mère m'a dit que si le garçon avait reçu l'argent pour acheter un chien, ses parents auraient refusé et auraient plutôt déposé l'argent sur le compte d'épargne du garçon. Même si quelqu'un avait donné un chien au garçon, ses parents auraient refusé ou donné le chien. Cependant, la façon spectaculaire dont le garçon a obtenu le chien, en remportant le concours dans toute la ville, les articles et les photos dans le journal, la fierté de l'accomplissement et la joie du garçon ont changé l'esprit des parents, et ils ont fait ce qu'ils n'auraient jamais cru possible - ils lui ont permis de garder le chien.

Tout cela m'a été expliqué par la grand-mère, et elle a terminé son histoire en disant que c'était un chien particulier qui faisait battre son cœur plus vite. C'était un colley.

4.

Le pouvoir de la conscience

L'histoire suivante d'une tante a été racontée à tout l'auditoire à la fin d'une de mes conférences.

Au cours de la série de questions qui a suivi ma conférence sur le droit de l'adoption, une dame qui avait assisté à nombre de mes conférences et qui avait déjà cherché à me contacter personnellement sur diverses questions m'a demandé si elle pouvait raconter une histoire illustrant son application réussie du droit.

Elle a dit que lorsqu'elle est rentrée à la maison après la conférence la semaine précédente, elle a trouvé sa nièce déprimée et terriblement bouleversée. Le mari de la nièce, qui était stationné à Atlantic City en tant qu'officier de l'armée de l'air, a été envoyé en Europe avec son unité. En larmes, elle a dit à sa tante qu'elle espérait que son mari serait affecté à l'état de Floride en tant qu'instructeur. Ils aimaient la Floride et avaient hâte d'y être stationnés pour ne pas être séparés l'un de l'autre. La tante a réagi à cette nouvelle en déclarant que la seule chose à faire est d'appliquer immédiatement la loi sur l'adoption. "Si vous étiez en Floride, que feriez-vous ? Tu sentirais la brise chaude. Tu sentirais l'air salé. Tu sentirais tes orteils s'enfoncer dans le sable. Eh bien, faisons tout cela maintenant".

Ils ont enlevé leurs chaussures, éteint la lumière, et ont senti dans leur imagination la Floride, ils ont senti la brise chaude, ils ont senti l'air de la mer et ont mis leurs orteils dans le sable.

Quarante-huit heures plus tard, le mari a reçu un changement d'affectation. Sa nouvelle instruction était de se présenter immédiatement comme instructeur pour l'armée de l'air en Floride. Cinq jours plus tard, sa femme était dans le train, en route pour voir son mari. Alors que la tante a accompagné la nièce dans son état de conscience nécessaire pour l'aider à réaliser son souhait, elle ne s'est pas rendue en Floride maintenant. Ce n'était pas son souhait. C'était le désir intense de la nièce.

5.

Ce cas est particulièrement intéressant en raison du court intervalle de temps entre l'application de cette loi de l'hypothèse et sa manifestation visible.

Une femme très en vue est venue me voir avec une profonde inquiétude. Elle possédait un bel appartement en ville et une grande maison de campagne ; mais comme les nombreuses réclamations déposées contre elle étaient supérieures à ses modestes revenus, il était absolument nécessaire qu'elle loue son appartement pendant qu'elle et sa famille passaient l'été dans sa maison de campagne.

Les années précédentes, l'appartement était loué sans difficulté au début du printemps, mais le jour où elle est venue me voir, la saison de location des logements d'été était déjà terminée. L'appartement a été entre les mains des meilleurs agents immobiliers pendant des mois, mais personne ne s'est intéressé à le regarder.

Lorsqu'elle a décrit ce qui précède, je lui ai expliqué comment la loi de l'acceptation pouvait produire la solution à son problème. Je lui ai proposé d'imaginer que son appartement soit loué par une personne qui veut y vivre immédiatement, et en supposant que ce soit le cas, son appartement serait effectivement loué. Afin de créer le sentiment de naturel nécessaire - le sentiment que son appartement était déjà loué - je lui ai suggéré de s'endormir ce soir en pensant qu'elle n'était pas dans son appartement mais à l'endroit où elle se trouverait si l'appartement était soudainement loué. Elle a rapidement saisi la situation et a dit que dans une telle situation, elle dormirait dans sa maison de campagne même si elle n'était pas encore ouverte pour l'été.

Cette conversation a eu lieu jeudi. Le samedi matin suivant, à 9 heures, elle m'a appelé de chez elle, à la campagne, excitée et heureuse. Elle m'a dit que jeudi soir, elle s'était endormie dans son imagination et avait l'impression d'avoir dormi dans son autre lit, dans sa maison de campagne, à des kilomètres de son appartement en ville. Le vendredi suivant, un locataire très désireux, qui remplissait toutes les conditions d'une personne responsable, a loué l'appartement, à la condition qu'il puisse emménager le même jour.

6.

Seule l'application complète et la plus intensive du droit de l'adoption pourrait permettre d'obtenir de tels résultats dans cette situation extrême.

Il y a quatre ans, un ami de notre famille m'a demandé de parler à son fils de vingt-huit ans, qui ne devait pas survivre.

Il souffrait d'une maladie cardiaque rare. La maladie a entraîné une décomposition de l'organe. Les traitements médicaux longs et coûteux n'ont pas réussi. Les médecins n'avaient aucun espoir de guérison. Le fils a été alité pendant longtemps. Son corps était presque réduit à un squelette, et il pouvait à peine parler et respirer. Sa femme et ses deux jeunes enfants étaient à la maison quand je suis arrivé, et sa femme était présente tout au long de notre conversation.

J'ai commencé à lui dire qu'il n'y avait qu'une seule solution à chaque problème et que cette solution était un changement d'attitude. Comme le fait de parler l'épuisait, je lui ai demandé de hocher la tête lorsqu'il avait bien compris ce qui était dit. Il a accepté. J'ai décrit les faits qui sous-tendent la loi de la conscience - en bref, que la conscience est la seule réalité. Je lui ai dit que la façon de changer une circonstance était de changer l'état de conscience que cette circonstance concernait. Pour l'aider spécifiquement à accepter le sentiment qu'il était déjà bien, je lui ai suggéré de voir dans son esprit le visage du médecin qui, contre toute raison, s'étonnait incrédule de son rétablissement de la maladie en phase terminale, de sorte qu'il l'examinait encore et encore, en répétant sans cesse : "C'est un miracle - c'est un miracle".

Non seulement il a compris tout cela clairement, mais il y a cru sans condition. Il a promis qu'il suivrait fidèlement cette procédure. Sa femme, qui m'a écouté attentivement, m'a assuré qu'elle aussi appliquerait la loi de l'acceptation et de l'imagination consciencieusement et de la même manière que son mari. Le lendemain, je suis rentré à New York - tout cela s'est passé pendant des vacances d'hiver sous les tropiques.

Quelques mois plus tard, j'ai reçu une lettre disant que le fils s'était miraculeusement rétabli. La fois suivante, je l'ai rencontré en personne. Il était en parfaite santé, participait activement aux affaires et profitait pleinement de ses nombreuses activités sociales avec ses amis et sa famille.

Il m'a dit que depuis le jour où je suis parti, il n'a jamais douté que "ça" marcherait. Il a décrit comment il avait fidèlement suivi mes conseils et vécu jour après jour en croyant qu'il était déjà bien et en pleine possession de ses moyens.

Aujourd'hui, quatre ans après sa guérison, il est convaincu que la seule raison pour laquelle il est encore là aujourd'hui est due à l'application réussie du droit de l'adoption.

7.

Cette histoire illustre l'application réussie de la loi par un directeur exécutif de New York.

À l'automne 1950, le PDG de l'une des plus grandes banques de New York m'a parlé d'un grave problème auquel il était confronté. Il m'a dit que les perspectives de son développement personnel et de son avancement étaient très sombres. Ayant atteint l'âge moyen et estimant qu'une amélioration significative de sa position et de ses revenus était justifiée, il en avait "discuté" avec ses supérieurs. Ils lui avaient dit très ouvertement qu'une amélioration significative n'était pas possible et lui avaient indiqué que s'il était insatisfait, il pouvait chercher un autre emploi. Cela a bien sûr ajouté à son malaise. Au cours de notre conversation, il a expliqué qu'il n'avait pas un grand désir de gagner beaucoup d'argent, mais qu'il avait besoin d'un revenu considérable pour garder sa maison confortable et permettre à ses enfants de recevoir une éducation dans de bonnes écoles maternelles et de bons collèges. Il a trouvé cela impossible compte tenu de ses revenus actuels. Le refus de la banque de donner une quelconque assurance d'amélioration dans un avenir proche a entraîné un sentiment d'insatisfaction et un désir intense de s'assurer une meilleure position avec un revenu bien meilleur. Il m'a confié que le type d'emploi qu'il apprécierait le plus au monde était la gestion des fonds d'investissement d'une grande institution, comme une fondation ou une grande université.

En expliquant la loi de l'acceptation, je lui ai dit que sa situation actuelle n'était qu'une manifestation de l'image qu'il avait de lui-même, et que s'il voulait changer les circonstances dans lesquelles il se trouvait, il pouvait le faire en changeant son image de lui-même. Afin de provoquer ce changement de conscience, et donc un changement de sa situation, je lui ai demandé de suivre la procédure suivante chaque nuit avant de s'endormir : dans son esprit, il devrait sentir qu'il allait se coucher à la fin de l'un des jours les plus réussis de sa vie. Il devait s'imaginer qu'il avait conclu un accord ce jour-là pour rejoindre le type d'organisation qu'il désirait - exactement au poste qu'il voulait. Je lui ai fait remarquer que s'il réussissait à se remplir l'esprit de ce sentiment, il éprouverait un net soulagement. Dans ce contexte, son malaise et son insatisfaction appartiendront au passé. Il éprouverait la satisfaction de réaliser son souhait. Je lui ai assuré que s'il faisait cela consciencieusement, il obtiendrait inévitablement le genre de poste qu'il souhaitait.

C'était la première semaine de décembre. Nuit après nuit, ignorant totalement la situation, il a suivi cette procédure. Début février, un directeur de l'une des fondations les plus riches du monde a demandé au PDG s'il serait intéressé pour rejoindre la fondation en tant que responsable des investissements. Après une brève discussion, il a accepté.

Aujourd'hui, cet homme est dans une position bien au-delà de ce qu'il aurait pu espérer - avec un revenu considérablement plus élevé et l'assurance de faire des progrès réguliers.

8.

L'homme et la femme de cette histoire ont assisté à plusieurs de mes conférences pendant plusieurs années. C'est une illustration intéressante de l'application consciente de cette loi par deux personnes qui se concentrent simultanément sur le même objectif.

Cet homme et sa femme étaient un couple exceptionnellement dévoué. Leur vie était heureuse sous tous rapports et absolument sans problèmes ni frustrations.

Depuis un certain temps, ils avaient prévu de déménager dans un appartement plus grand. Plus ils y pensaient, plus ils se rendaient compte que c'était un magnifique penthouse qui avait emporté leur cœur. En discutant ensemble, le mari a expliqué qu'il voulait de grandes fenêtres et une vue magnifique. La femme a dit qu'elle aurait aimé qu'un côté des murs soit réfléchi de haut en bas. Tous deux voulaient une cheminée au bois. Il était indispensable que l'appartement se trouve à New York.

Pendant des mois, ils ont cherché en vain un tel appartement. En fait, la situation dans la ville était telle qu'il était presque impossible de trouver un appartement. Ils étaient si rares qu'il y avait non seulement une liste d'attente, mais aussi toutes sortes d'offres spéciales, y compris des primes, la reprise de meubles, etc. Les nouveaux appartements étaient loués bien avant leur achèvement, parfois uniquement sur la base des plans de l'immeuble.

Au début du printemps, après des mois de recherches infructueuses, ils en ont finalement découvert un qu'ils envisageaient. Il s'agissait d'un appartement de type penthouse dans un immeuble récemment achevé sur l'Upper Fifth Avenue, en face de Central Park. Il présentait un grave inconvénient. Comme il s'agissait d'un nouveau bâtiment, il n'y avait pas de contrôle des loyers et le couple estimait que le loyer annuel était exorbitant. C'était plusieurs milliers de dollars de plus chaque année que ce qu'ils envisageaient de payer. Pendant les mois de mars et d'avril, au printemps, ils ont continué à chercher différents penthouses dans la ville, mais ils revenaient toujours à celui-ci. Finalement, ils ont décidé d'augmenter considérablement le montant qu'ils paieraient et ont fait une offre, que l'agent immobilier a acceptée pour le bâtiment, et l'a transmise aux propriétaires pour examen.

C'est à cette époque que les deux parties, sans se consulter, ont décidé d'appliquer le droit de l'adoption. Ce n'est que plus tard qu'ils ont appris ce que l'autre avait fait. Nuit après nuit, ils se sont tous deux endormis dans leur imagination dans l'appartement en question. Le mari, allongé les yeux fermés, imaginait que les fenêtres de sa chambre donnaient sur le parc. Il s'imaginait aller à la fenêtre à la première heure du matin pour profiter de la vue. Il avait l'impression d'être assis sur la terrasse donnant sur le parc, de prendre des cocktails avec sa femme et ses amis, de tout savourer à fond. Il s'est rempli l'esprit du sentiment d'être réellement dans le penthouse et sur la terrasse. Pendant tout ce temps, et sans qu'il le sache, sa femme a fait de même.

Plusieurs semaines se sont écoulées sans que les propriétaires ne prennent de décision, mais ils ont continué à s'endormir chaque nuit en pensant qu'ils allaient en fait dormir dans l'appartement.

À leur grande surprise, un jour, un des employés de l'immeuble où ils vivaient leur a dit que le penthouse était libre. Ils étaient stupéfaits car la maison était l'un des bâtiments les plus recherchés de la ville, parfaitement situé juste à côté de Central Park. Ils savaient qu'il y avait une longue liste d'attente de personnes essayant d'obtenir un appartement dans leur immeuble. Le fait qu'un penthouse se soit libéré de manière inattendue a été gardé secret par la direction, qui n'a pas pu prendre en considération les candidatures pour ce penthouse. Lorsque le couple a découvert qu'il était disponible, il a immédiatement fait une demande de location, juste pour se faire dire que c'était impossible. Non seulement il y avait plusieurs personnes sur la liste d'attente pour un penthouse dans ce bâtiment, mais il était en fait promis à une famille. Quoi qu'il en soit, le couple a eu une série de réunions avec la direction qui ont abouti à ce que l'appartement leur appartienne.

Comme le bâtiment était soumis à un contrôle des loyers, le loyer n'a pas dépassé les dépenses qu'ils avaient prévues au début de leur recherche. L'emplacement, l'appartement lui-même et la grande terrasse qui l'entourait du sud, de l'ouest et du nord ont dépassé toutes leurs attentes - dans le salon, il y a une gigantesque fenêtre de 4,5x2,5 mètres sur un côté, avec une vue magnifique sur Central Park ; un mur est réfléchi du sol au plafond, et il y a une cheminée au bois.

Chapitre 24 : Échec

CE LIVRE ne serait pas complet sans aborder la question de l'échec de la tentative d'application du droit de l'adoption. Il est tout à fait possible que vous ayez échoué ou que vous échouiez plusieurs fois à cet égard, souvent sur des questions très importantes. Si vous avez lu ce livre, que vous avez une bonne connaissance de l'application et du fonctionnement de la loi d'acceptation, que vous l'appliquez consciencieusement dans le but de réaliser certains souhaits, et que vous échouez - quelle en est la raison ? Si la réponse à la question "Avez-vous été suffisamment cohérent ?" est oui, et que vous ne parvenez toujours pas à réaliser votre souhait, quelle est la raison de votre échec ?

La réponse à cette question est le facteur le plus important pour une application réussie du droit de l'adoption. Le temps qu'il faut pour que votre acceptation devienne un fait, pour que votre souhait se réalise, est proportionnel au naturel de votre sentiment d'être déjà ce que vous voulez être.

Le fait qu'il ne vous semble pas naturel d'être ce que vous vous imaginiez être est le secret de votre échec. Quel que soit votre désir, quel que soit le degré de fidélité et d'intelligence avec lequel vous suivez la loi, si vous ne ressentez pas le naturel de ce que vous voulez être, vous ne le serez pas. S'il ne vous semble pas naturel de trouver un meilleur emploi, vous n'en aurez pas. Le principe tout entier est exprimé de façon vivante dans la déclaration biblique suivante : "Que vous mourrez dans vos péchés" (Jean 8:24) - vous ne vous élevez pas de votre niveau actuel à l'état désiré.

Comment obtenir ce sentiment de naturel ? Le secret réside dans un seul mot : l'imagination. Voici une illustration très simple : supposons que vous soyez enchaîné à un grand et lourd banc de fer. Vous ne pouvez pas courir, vous ne pouvez même pas marcher. Dans ces circonstances, il ne serait pas naturel que vous vous présentiez. Vous ne pouviez pas sentir qu'il serait naturel pour vous de marcher. Mais vous pouvez facilement vous imaginer en train de courir. Au moment où votre conscience est remplie de l'idée de courir, vous avez oublié que vous êtes enchaîné. Dans votre imagination, la course était tout à fait naturelle.

Le sentiment nécessaire de naturel peut être obtenu en remplissant constamment votre conscience d'imagination - imaginez que vous êtes ce que vous voulez être, ou que vous avez ce que vous voulez avoir. Le progrès ne peut venir que de votre imagination, de votre désir qui vous élève à votre niveau actuel. Ce que vous devez vraiment ressentir, c'est que tout est possible dans votre imagination. Vous devez comprendre que le changement n'est pas causé par l'arbitraire mais par un changement de conscience. Vous ne pouvez qu'échouer à atteindre ou à maintenir l'état de conscience nécessaire pour produire l'effet de votre désir.

Mais lorsque vous savez que la conscience est la seule réalité, le seul créateur de votre monde particulier, et lorsque vous avez gravé cette vérité dans tout votre être, alors vous savez que le succès ou l'échec est entre vos mains. Que vous soyez ou non suffisamment discipliné pour maintenir l'état de conscience nécessaire pour certaines questions ne dit rien sur la vérité de la loi elle-même - qu'une supposition devient un fait par la constance. La certitude de la vérité de cette loi doit demeurer malgré les grandes déceptions et les tragédies - même si vous "voyez la lumière de la vie s'éteindre et le monde entier continuer comme s'il faisait encore jour". Vous ne devez pas croire que parce que votre hypothèse ne s'est pas concrétisée, la vérité que les hypothèses se concrétisent est un mensonge. Si vos hypothèses ne se concrétisent pas, c'est à cause d'erreurs ou de faiblesses dans votre conscience.

Ces erreurs et faiblesses peuvent être surmontées. Continuez donc à atteindre des niveaux de plus en plus élevés en sentant que vous êtes déjà la personne que vous voulez être. Et n'oubliez pas que le temps qu'il faut pour que votre acceptation devienne un fait est proportionnel à la naturalité de votre être.

L'homme s'entoure de la véritable image de lui-même. Tout esprit se construit

une maison et, au-delà de sa maison, un monde,
et au-delà de son monde un paradis.
Alors sachez que le monde existe pour vous.
Pour vous, le phénomène est parfait.
Nous ne pouvons voir que ce que nous sommes.
Tout ce qu'Adam avait, tout ce que César pouvait faire,
que vous avez et que vous pouvez.
Adam a appelé sa maison, son ciel et sa terre.
César a appelé sa maison, Rome ;
ils pourraient appeler la vôtre une cordonnerie ;
cent acres de terre, ou une bourse d'études.
Mais ligne par ligne et point par point, votre domination est aussi grande que la leur,
mais sans joli nom.
Alors, construisez votre propre monde.
Une fois que vous avez adapté votre vie à l'idée pure dans votre esprit,
elle fera sa grande part.
...Emerson

Chapitre 25 : La foi

Le mot miracle est un terme donné par ceux qui n'ont pas foi en l'effet de la foi. Hors la foi est une ferme assurance des choses qu'on espère, une démonstration de celles qu'on ne voit pas.
...Hébreux 11:1

LE CARACTERE raisonnable inhérent au droit de l'adoption est contenu dans cette citation.

S'il n'y avait pas de conscience profonde que ce que vous espérez a de la substance et est réalisable, il serait impossible d'accepter la conscience d'être ou d'avoir déjà. C'est le fait que la création est complète et que tout ce que vous espérez existe - et l'espoir implique l'attente, et sans l'attente du succès, il serait impossible d'appliquer consciemment la loi de l'acceptation. Les "preuves" sont un signe de la réalité.

Cette citation signifie donc que la foi est la conscience de la réalité de votre hypothèse (une croyance dans la réalité des choses que vous ne voyez pas, la perception mentale de la réalité de l'invisible). Il est donc évident qu'un manque de foi signifie l'incrédulité de l'existence de votre désir. Dans la mesure où votre expérience est la reproduction fidèle de votre état de conscience, un manque de foi signifiera un échec éternel dans l'application consciente de la loi de l'acceptation.

À toutes les époques de l'histoire, la foi a joué un rôle majeur. Elle imprègne toutes les grandes religions du monde, elle est imbriquée dans la mythologie, et pourtant aujourd'hui elle est presque universellement méconnue.

Contrairement à l'opinion dominante, l'efficacité de la foi n'est pas soumise au travail d'un médiateur externe. C'est du début à la fin une activité de votre propre conscience.

La Bible est pleine de déclarations sur la foi, de déclarations sur le vrai sens, qui n'est connu que de quelques-uns. Voici quelques exemples typiques :

En effet, cette bonne nouvelle nous a été annoncée aussi bien qu'à eux, mais la parole qu'ils ont entendue ne leur a servi à rien parce qu'ils n'étaient pas unis dans la foi à ceux qui ont écouté.
...Hébreux 4:2

Le "nous" et le "eux" dans cette citation montrent clairement que nous avons tous entendu la promesse. "Promesse" signifie "bonne nouvelle". Il est évident qu'une bonne nouvelle signifie que votre souhait a été réalisé. Cela vous est toujours "annoncé" à travers votre moi infini. Entendre ce que vous désirez existe, et vous n'avez qu'à accepter dans votre conscience que c'est une bonne nouvelle. "Non uni dans la foi" signifie la négation de la réalité de votre souhait. Par conséquent, "ne leur a servi à rien", et la réalisation n'est donc pas possible.

Race incrédule et pervers, répondit Jésus,
jusques à quand serai-je avec vous ?
...Matthieu 17:17

La signification de "incrédule" a déjà été précisée. "Pervers" signifie se tourner dans la mauvaise direction, ou en d'autres termes, la conscience de ne pas être ce que l'on veut être. Être incrédule, c'est-à-dire ne pas croire à la réalité de son hypothèse, signifie avoir tort. "Jusques à quand serai-je avec vous" signifie que la réalisation de votre souhait dépend de votre passage dans le bon état de conscience. C'est comme si ce que vous souhaitez, c'était vous dire qu'il ne sera pas à vous tant que vous ne vous serez pas détourné de l'incrédulité et des méfaits et que vous ne vous serez pas tourné vers la justice. Comme mentionné précédemment, la justice est la conscience d'être déjà ce que l'on veut être.

C'est par la foi qu'il a quitté l'Égypte,
sans craindre la colère du roi ;
car il s'est montré déterminé, comme s'il voyait celui qui est invisible.
...Hébreux 11:27

"Égypte" signifie ténèbres, la croyance en de nombreux dieux (causes). Le "roi" symbolise la puissance des circonstances et des conditions extérieures. "Il" est l'image que vous avez de vous-même, étant déjà ce que vous voulez être. "Déterminé comme s'il voyait celui qui est invisible", c'est faire preuve de persévérance dans l'hypothèse où votre souhait a déjà été réalisé. Ainsi, cette citation dit qu'en partant du principe que vous êtes déjà la personne que vous voulez être, vous vous libérez de tout doute, de toute peur et de toute croyance dans la puissance des circonstances et des conditions extérieures ; et votre monde confirme inévitablement votre hypothèse.

Les définitions de la foi du dictionnaire, "l'élévation de l'esprit ou la compréhension de la vérité" - "l'adhésion constante à des principes", sont si pertinentes qu'elles auraient pu être rédigées en tenant compte de la loi de l'acceptation.

La foi ne remet pas en question - la foi sait.

Chapitre 26 : Destin

VOTRE DESTIN est ce que vous devez inévitablement vivre. En fait, il existe une variété infinie de destins individuels, et chacun d'eux est le point de départ d'un nouveau destin lorsque vous l'atteignez.

La vie étant infinie, l'idée d'un destin ultime est inimaginable. Si nous comprenons que la conscience est la seule réalité, alors nous savons qu'elle est le seul créateur. Cela signifie que votre conscience est le créateur de votre destin. C'est un fait que vous déterminez votre destin à chaque instant, que vous le sachiez ou non. Une grande partie de ce qui est bon, voire merveilleux, est entré dans votre vie sans que vous ayez la moindre idée que vous en étiez le créateur.

Comprendre les causes de vos expériences et savoir que vous êtes le seul créateur du but de votre vie, qu'il soit bon ou mauvais, non seulement vous rend un observateur beaucoup plus précis de tous les phénomènes, mais aussi intensifie votre appréciation de la richesse et de la grandeur de la vie par la prise de conscience de la puissance de votre propre conscience.

Indépendamment des expériences isolées et conflictuelles, c'est votre destin de vous élever à des états de conscience de plus en plus élevés et de manifester de plus en plus les merveilles infinies de la création. En fait, c'est votre destin d'arriver au point où vous réalisez que vous pouvez consciemment provoquer les destins ultérieurs par votre propre désir.

L'étude de ce livre, avec ses explications détaillées de la conscience et du fonctionnement de la loi de l'acceptation, est la clé principale pour atteindre consciemment votre plus haute destinée.

Commencez votre nouvelle vie dès aujourd'hui. Approchez chaque expérience d'une nouvelle façon de penser - avec un nouvel état de conscience. Acceptez ce qu'il y a de plus noble et de meilleur pour vous et continuez à le faire.

Le pouvoir de la conscience

Ayez la foi - de grands miracles sont possibles.

Chapitre 27 : Révérence

Si tu avais haï quoi que ce soit,
tu ne l'aurais pas créé.
...Livre de la Sagesse 11.24

DANS LA TOTALE création, dans toute l'éternité, dans chaque domaine de votre être infini, le fait le plus merveilleux est celui souligné dans le premier chapitre de ce livre. Vous êtes Dieu. Vous êtes le "JE SUIS le JE SUIS". Vous êtes une conscience. Vous êtes le Créateur. C'est le secret, c'est le grand secret qui a été connu des voyants, des prophètes et des mystiques à travers les âges.

C'est la vérité que vous ne pourrez jamais connaître intellectuellement.

Qui est ce Vous ? Le fait que ce soit vous ou John Jones ou Marie Schmidt est absurde.

C'est la conscience qui sait que vous êtes John Jones ou Marie Schmidt. C'est votre moi supérieur, votre moi profond, votre être infini. Appelez ça comme vous voulez. L'important, c'est qu'il est en vous, c'est vous, c'est votre monde. C'est le fait qui souligne la loi immuable de l'acceptation. Elle repose sur le fait que votre existence a été créée. C'est le fait qui est à la base de chaque chapitre de ce livre. Non, vous ne pouvez pas le savoir intellectuellement, vous ne pouvez pas en discuter, vous ne pouvez pas le prouver. On ne peut que le sentir. Vous ne pouvez qu'en être conscient.

Lorsque vous en prenez conscience, un grand sentiment imprègne votre être. Vous vivez dans un éternel sentiment d'émerveillement. Le fait de savoir que votre Créateur est votre Vous, et qu'il ne vous aurait jamais créé s'il ne vous aimait pas, doit remplir votre cœur de dévotion, oui, de révérence.

À tout moment, un regard averti sur le monde qui vous entoure suffit à vous remplir d'une profonde révérence et d'un sentiment de vénération. C'est lorsque votre sentiment de révérence est le plus intense que vous êtes le plus proche de Dieu, et lorsque vous êtes le plus proche de Dieu que votre vie est la plus riche.

Nos sentiments les plus profonds sont les sentiments mêmes
les moins capables de s'exprimer, et même
dans l'acte de culte, le silence est notre plus grande louange.

L'imagination éveillée & La recherche

Chapitre 1 : Qui est votre imagination ?

Je ne me repose pas de ma grande tâche,
pour ouvrir les mondes éternels, pour ouvrir les
des yeux immortels à l'intérieur, dans le monde
de la pensée ; dans la
L'éternité au sein de Dieu,
de l'imagination humaine.
...Blake, Jérusalem 5:18-20

Certains termes accumulent tellement de significations étranges au cours de leur longue utilisation qu'ils perdent presque tout leur sens. L'un de ces mots est l'imagination. Ce mot sert toutes sortes d'idées, dont certaines sont complètement contradictoires. Imagination, pensée, hallucination, pressentiment ; en fait, il est utilisé si largement, et dans tant de sens différents, que le mot imagination n'a aucune valeur ou signification.

Par exemple, si nous demandons à quelqu'un d' "utiliser son imagination" parce que ses perspectives actuelles sont trop limitées et donc pas à la hauteur de la tâche. Dans le même temps, nous leur disons que leurs idées sont "de l'imagination pure", ce qui implique que leurs idées ne sont pas fiables. Nous parlons d'une personne jalouse ou suspecte comme d'une "victime de sa propre imagination", ce qui implique que ses pensées sont fausses. Une minute plus tard, nous rendons hommage à quelqu'un en le décrivant comme une "personne d'imagination".

Ainsi, le mot "imagination" n'a pas de signification précise. Même le dictionnaire ne nous aide pas. Elle définit l'imagination comme (1) la puissance picturale ou l'action de l'esprit, le principe constructif ou créatif ; (2) une fantaisie ; (3) une idée ou une croyance irrationnelle ; (4) la planification, la conspiration ou la conception par le biais de la construction mentale.

L'imagination éveillée & La recherche

J'identifie la figure centrale de l'Évangile à l'imagination humaine, à la puissance qui pardonne les péchés, à la réalisation de nos objectifs, inévitable.

Toutes les choses ont été faites par elle,
et rien de ce qui a été fait,
n'a été fait sans elle.
...Jean 1:3

Il n'y a qu'une seule chose au monde, l'imagination, et toutes nos déformations de cette puissance.

Méprisé et abandonné des hommes,
homme de douleur et habitué à la souffrance.
...Esaïe 53:3

L'imagination est la porte d'accès à la réalité.

"L'homme", dit Blake, "est soit l'arche de Dieu, soit un fantôme de la terre et de l'eau." "Par nature, il n'est qu'un organe naturel, soumis aux sens." "Le corps éternel de l'homme est l'imagination ; Dieu. Le corps divin : Jésus : nous sommes sa famille".

Je ne connais pas de définition plus grande et plus vraie de l'imagination que celle de Blake. Grâce à l'imagination, nous avons le pouvoir d'être tout ce que nous voulons être.

Par l'imagination, nous désarmons et transformons la violence du monde. Nos relations les plus intimes comme les plus informelles deviennent imaginatives lorsque "le mystère qui a été caché depuis les temps éternels" éveille en nous le fait que le Christ est notre imagination en nous. Nous réalisons alors que ce n'est que lorsque nous vivons selon l'imagination que nous pouvons vraiment prétendre vivre.

Je veux que ce livre soit le travail le plus simple, le plus clair et le plus sincère dont je sois capable, et par lequel je puisse vous encourager à fonctionner avec imagination, afin que vous ouvriez vos "yeux immortels à l'intérieur, dans le monde de la pensée", où vous voyez le désir de chaque cœur comme un grain mûr, "déjà blanc pour la récolte".

Je suis venu,
afin que les brebis aient la vie
et qu'elles soient dans l'abondance.
...Jean 10:10

Nous pouvons faire l'expérience de la vie riche que le Christ nous a promise maintenant, mais pas avant de voir le Christ comme notre imagination.

Le mystère caché de tout temps et à toutes générations...
Christ en vous, l'espérance de la gloire,
...Colossiens 1,26,27

c'est votre imagination. C'est le secret que je m'efforce toujours d'obtenir, afin de me réaliser encore plus intensément et d'encourager les autres.

L'imagination est notre sauveur, "le Seigneur du Ciel",
né de l'Homme, mais non engendré par l'Homme.

Chaque être humain est Marie, qui doit donner naissance au Christ. Si l'histoire de la conception virginale et de la naissance du Christ semble irrationnelle pour l'Homme, c'est seulement parce qu'il l'a mal comprise en tant que biographie, histoire et cosmologie, et les découvreurs modernes de l'imagination n'aident pas en l'appelant subconscient et conscient. La naissance et la croissance de l'imagination est la transition progressive d'un Dieu de la tradition à un Dieu de l'expérience. Si la naissance du Christ apparaît lentement dans l'Homme, c'est uniquement parce que l'Homme n'est pas prêt à lâcher les confortables mais fausses ancres de la tradition.

Lorsque l'imagination sera découverte comme le premier principe de la religion, la pierre de la compréhension littérale aura senti le bâton de Moïse et, comme la pierre d'étain, aura utilisé l'eau du sens psychologique pour étancher la soif de l'humanité ; et tous ceux qui prendront la coupe offerte et vivront une vie selon cette vérité transformeront l'eau du sens psychologique en vin du pardon. Puis, comme le bon samaritain, ils la verseront sur les plaies de tous.

Le Fils de Dieu ne peut être trouvé dans l'histoire, ni sous aucune forme extérieure. Il ne peut être trouvé que dans l'imagination de celui en qui sa présence se manifeste.

Oh, si votre cœur n'était qu'un berceau pour sa naissance !
Dieu redeviendrait un enfant sur terre.

L'Homme est le jardin dans lequel dort ce Fils unique de Dieu. Il éveille son Fils en élevant son imagination au ciel et revêt l'Homme d'une stature divine. Nous devons imaginer quelque chose de mieux que ce que nous connaissons le mieux.

Au moment où l'Homme s'éveille à sa vie imaginative, il doit subir l'épreuve de la filiation.

"Père, de révéler en moi son Fils"
Et
"Mais lorsqu'il plut à celui qui m'avait mis à part,
de révéler en moi son Fils"
...Galates 1,15,16

La plus haute épreuve de la filiation est le pardon des péchés. L'épreuve que votre imagination est Jésus-Christ, le Fils de Dieu, est votre capacité à pardonner le péché. Le péché signifie l'incapacité à atteindre le but dans la vie, l'échec de l'idéal, l'échec dans la poursuite de la vie. C'est l'œuvre de l'imagination éveillée, l'œuvre la plus élevée, car elle met à l'épreuve la capacité de l'Homme à entrer et à participer à la nature de son opposition.

Que le faible dise : Je suis fort !
...Joel 3.10

D'une manière raisonnable, c'est impossible. Seul l'imaginaire éveillé peut entrer et participer à la nature de leur opposition.

Ce concept de Jésus-Christ en tant qu'imagination humaine soulève les questions fondamentales suivantes : La puissance de l'imagination est-elle suffisante, non seulement pour me permettre de croire que je suis fort, mais est-elle aussi capable de réaliser cette idée par elle-même ? Supposons que j'aimerais me trouver dans un endroit ou une situation différente. Pourrais-je en provoquer la réalisation physique en imaginant un tel état et un tel lieu ? Supposons que je ne puisse pas me permettre le voyage et que ma situation sociale et financière actuelle soit à l'opposé de l'idée que je veux réaliser. L'imagination serait-elle suffisante pour incarner ces souhaits de l'intérieur ? L'imagination comprend-elle la raison ? Par raison, j'entends les déductions faites à partir des observations des sens.

Fait-elle attention au monde extérieur des faits ? L'imagination est-elle un guide complet du comportement dans la pratique quotidienne ? En supposant que je sois capable d'agir avec une imagination continue, c'est-à-dire en supposant que je sois capable de maintenir le sentiment d'un désir satisfait, mon hypothèse se concrétisera-t-elle en un fait ?

Et si cela devient un fait, vais-je trouver par réflexion que mes actions pendant la période d'incubation étaient raisonnables ? Ma force d'imagination est-elle suffisante non seulement pour accepter le sentiment d'un souhait réalisé, mais est-elle aussi capable d'incarner l'idée en elle-même ? Une fois que j'ai supposé que je suis déjà ce que je veux être, dois-je constamment me guider par des idées et des actions rationnelles pour réaliser mon hypothèse ?

L'expérience m'a convaincu qu'une hypothèse, même si elle est fausse, devient un fait par la constance, que l'imagination continue est suffisante pour tout, et que tous mes plans et actions rationnels ne pourront jamais compenser mon manque d'imagination continue.

Il n'est pas vrai que les enseignements des évangiles ne peuvent être reçus qu'en termes de foi, et que le Fils de Dieu est continuellement à la recherche de signes de foi chez les gens - la foi dans leur propre imagination ?

La promesse ne signifie-t-elle pas

> Croyez que vous l'avez reçu, et vous le verrez s'accomplir.
> ...Marc 11:24

n'est pas la même chose que "Imaginez que vous êtes et que vous serez" ? N'était-ce pas un état imaginaire dans lequel Moïse

> "déterminé comme s'il voyait celui qui est invisible" ?
> ...Hébreux 11:27

N'a-t-il pas survécu par la force de son imagination ?

La vérité dépend de l'intensité de l'imagination, et non de faits extérieurs. Les faits sont le fruit qui témoigne de l'utilisation ou de l'abus de l'imagination.

L'Homme devient ce qu'il imagine. Il a une histoire autodéterminée. L'imagination est le chemin, la vérité, la vie révélée. Nous ne pouvons pas saisir la vérité par l'esprit logique. Là où l'Homme naturel des sens voit un bourgeon, l'imagination voit une rose en pleine floraison.

La vérité ne peut pas être apportée par des faits. Lorsque nous nous éveillons à la vie imaginative, nous découvrons qu'imaginer une chose signifie la réaliser, que le vrai jugement n'a pas besoin de se conformer à la réalité extérieure à laquelle elle se réfère.

L'Homme imaginatif ne nie pas la réalité du monde extérieur sensuel du devenir, mais il sait que le monde intérieur de l'imagination continue est la force par laquelle le monde extérieur du devenir se réalise. Il voit le monde extérieur et tous ses événements comme des projections du monde intérieur de l'imagination. Pour lui, tout est une manifestation de l'activité mentale qui se déroule dans l'imagination humaine sans que la personne sensuelle et rationnelle en soit consciente. Il comprend que chaque être humain doit être conscient de son activité intérieure et voit la relation entre le monde intérieur causal de l'imagination et le monde extérieur sensuel des effets.

C'est fantastique de découvrir que l'on peut imaginer l'état du souhait déjà réalisé, et s'échapper de la prison construite par l'ignorance.

L'Homme véritable est une manifestation grandiose. C'est ce moi qui doit être éveillé.

Réveille-toi, toi qui dors, et relève-toi d'entre les morts,
et Christ t'éclairera.
...Ephésiens 5:14

Dès que l'Homme découvre que son imagination est le Christ, il accomplit des actes qui, à ce niveau, ne peuvent être qualifiés que de miracles. Mais jusqu'à ce que l'Homme découvre que le Christ est son imagination,

"Ce n'est pas vous qui m'avez choisi ; mais moi."
...Jean 15:16

Il verra tout dans l'objectivité pure, sans aucune relation subjective. Ne réalisant pas que tout ce qu'il rencontre est une partie de lui-même, il se rebelle contre l'idée qu'il a choisi les circonstances de sa vie, qu'elles sont liées dans leur affinité à ses propres activités mentales. L'Homme doit fermement en venir à la conviction que la réalité n'est pas à l'extérieur, mais à l'intérieur de lui.

Bien que les autres aient un corps, une vie propre, leur réalité est enracinée en vous et se termine en vous, tout comme la vôtre se termine en Dieu.

Chapitre 2 : Instructions scellées

Le premier pouvoir qui nous a mis au seuil du royaume
est le pouvoir de l'imagination.
...Dr Franz Hartmann

J'AI PRIS CONSCIENCE pour la première fois du pouvoir, de la nature et de la fonction rédemptrice de l'imagination grâce aux enseignements de mon ami Abdullah ; et au cours des expériences ultérieures, j'ai appris que Jésus était un symbole de l'imagination venant à l'Homme, que le test de sa naissance dans l'Homme était la capacité individuelle à pardonner le péché, c'est-à-dire sa capacité à s'identifier ou à identifier les autres à ses objectifs dans la vie.

Sans l'identification de l'Homme à son but, le pardon du péché est une chose impossible, et seul le Fils de Dieu peut pardonner le péché. La capacité de l'Homme à s'identifier à son but est donc, contrairement au rejet par la raison et ses sens, la preuve de la naissance du Christ en lui. S'abandonner passivement aux apparitions et se soumettre aux preuves des faits, c'est confesser que le Christ n'est pas encore né en vous.

Bien que cet enseignement m'ait d'abord choqué et répugné - car j'étais un chrétien convaincu et sincère, et je ne savais pas que le christianisme ne pouvait pas être hérité par le simple hasard de la naissance, mais devait être consciemment accepté comme un mode de vie - plus tard, à travers des visions, des révélations mystiques et des expériences pratiques, il a pénétré ma compréhension, et j'ai découvert leurs interprétations dans un état d'esprit plus profond. Je dois cependant avouer que c'est une période d'épreuve où les choses qui ont toujours été considérées comme acquises sont ébranlées.

Voyez-vous tous ces grands bâtiments ?
Ils seront tellement détruits,

qu'il n'y demeurera pas pierre sur pierre.
...Marc 13:2

Il ne restera pas une seule pierre de compréhension littérale après avoir bu l'eau de la signification psychologique.

Tout ce qui est construit par la religion naturelle est jeté dans les flammes du feu mental. Mais quelle meilleure façon de comprendre Jésus Christ que d'identifier le caractère central des évangiles avec l'imagination humaine - sachant que chaque fois que vous utilisez votre imagination avec amour pour un autre, vous communiquez littéralement Dieu à l'Homme, nourrissant et habillant ainsi Jésus Christ, et que chaque fois que vous imaginez le mal pour un autre, vous battez et crucifiez littéralement Jésus Christ ?

Toute conception de l'Homme est soit une tasse d'eau froide, soit une éponge de vinaigre pour les lèvres desséchées du Christ.

Qu'aucun d'entre vous n'imagine le mal que vous avez dans votre cœur contre votre voisin, a averti le prophète Zacharie.

Si l'Homme suit ce conseil, il s'éveillera du sommeil imposé d'Adam, pour entrer dans la pleine conscience du Fils de Dieu. Il est dans le monde, et le monde est fait par lui, et le monde ne le connaît pas : l'imagination humaine.

Je me suis souvent demandé : "Si mon imagination est Jésus-Christ, et Jésus-Christ, tout est possible, tout est possible pour moi ?

Par expérience, je suis arrivé à la conclusion que si je m'identifie avec mon but dans la vie, le Christ s'éveille en moi. Le Christ est suffisant pour toutes choses.

Je donne ma vie pour la reprendre ensuite.
Personne ne me l'enlève, mais je la donne de moi-même.
...Jean 10,17,18

Quelle sécurité de savoir que tout ce que je vis est le résultat de ma propre échelle de croyances ; que je suis le centre de mon propre réseau de circonstances, et que dès que je change, mon monde extérieur doit changer !

Le monde présente différents phénomènes qui diffèrent en fonction de nos états de conscience. Ce que nous voyons lorsque nous nous identifions à un État, nous ne pouvons pas le voir lorsque nous ne sommes plus unis à cet État. Par État, on entend tout ce que l'Homme croit et croit être vrai. Aucune idée qui se présente à l'esprit ne peut se réaliser tant que l'esprit ne l'accepte pas. Les choses qui sont présentées dépendent de l'acceptation de l'État auquel nous nous identifions. Dans l'union de l'imaginaire et des états, nous trouvons le façonnage du monde tel qu'il apparaît. Le monde est une révélation des états avec lesquels l'imagination est unie. C'est l'état dans lequel nous pensons qui détermine le monde objectif dans lequel nous vivons. L'homme riche, l'homme pauvre, l'homme bon et le voleur sont ce qu'ils sont en raison des états à partir desquels ils voient le monde. La distinction de ces États dépend de la distinction des mondes de ces personnes. Ce monde unique est individuellement si différent. Ce ne sont pas les actions et le comportement de l'homme de bien auquel on doit se conformer, mais son point de vue.

Les renouvellements extérieurs sont inutiles si l'état intérieur n'est pas modifié. Le succès ne s'obtient pas en imitant les actions extérieures de la personne qui réussit, mais par les bonnes actions intérieures et la conversation intérieure.

Lorsque nous nous séparons d'un État, et nous pouvons le faire à tout moment, les faits et les circonstances qui ont incarné cette union disparaissent.

À l'automne 1933, j'ai approché Abdullah à New York avec un problème. Il m'a posé une simple question : "Que voulez-vous ?"

Je lui ai dit que j'aimerais passer l'hiver à la Barbade, mais que je n'avais pas d'argent. Je n'avais pas un centime.

"Si vous imaginez que vous êtes à la Barbade", a-t-il dit, "en pensant à cet état de conscience et en regardant le monde à partir de celui-ci au lieu de penser à la Barbade, alors vous y passerez l'hiver. Vous n'avez pas à vous préoccuper des moyens d'y parvenir, car l'état de conscience d'être déjà à la Barbade, s'il est occupé par votre imagination, développera les moyens les plus appropriés pour sa réalisation."

L'Homme vit par son engagement dans des états invisibles, en unissant son imagination à ce qu'il est, qu'il est autre chose que ce qu'il est présent, et à travers cette union il fait l'expérience des résultats de cette union. Personne ne peut perdre ce qu'il a, si ce n'est par le détachement de l'état dans lequel les choses vécues ont leur vie naturelle.

"Vous devez vous sentir dans l'état de désir satisfait", m'a dit Abdullah, "et vous endormir en regardant le monde depuis la Barbade".

Le monde que nous décrivons à partir de l'observation doit être tel que nous le décrivons par rapport à nous. Notre imagination nous relie à l'état désiré. Mais nous devons utiliser notre imagination de façon magistrale, non pas en tant que spectateurs, en réfléchissant à la fin, mais en tant que participants, en pensant à la fin. Nous devons en fait être là, dans notre imagination. Si nous le faisons, notre expérience subjective sera objectivement réalisée.

"Ce n'est pas un simple fantasme", a-t-il dit, "mais la vérité, que vous pouvez prouver par l'expérience".

Son appel à entrer dans le désir comblé était le secret de la pensée de la fin. Chaque État est déjà là en tant que "simple possibilité" tant qu'on y réfléchit, mais c'est très majoritairement réel quand on y pense. Penser à la fin, c'est le chemin du Christ.

Je suis parti de là, j'ai fixé mes pensées au-delà des limites des sens, au-delà de la vue qui incarnait mon état actuel, au sentiment d'être déjà à la Barbade, et j'ai vu le monde de ce point de vue.

Il a souligné l'importance de l'état à partir duquel l'Homme voit le monde lorsqu'il s'endort. Tous les prophètes affirment que l'Homme entend la voix de Dieu, surtout dans les rêves.

> Il parle par des rêves, par des visions nocturnes, quand un sommeil profond tombe sur les hommes,
> quand ils sont endormis sur leur lit.
> Il leur communique alors son message et confirme les avertissements qu'il leur donne.
> ...Job 33,15,16

Cette nuit-là, et pendant plusieurs autres nuits, je me suis endormi en pensant que j'étais dans la maison de mon père à la Barbade. En moins d'un mois, j'ai reçu une lettre de mon frère, me disant qu'il avait un désir ardent de réunir la famille pour Noël, et me demandant d'utiliser le billet de bateau joint pour la Barbade. Deux jours après avoir reçu la lettre de mon frère, je suis parti et j'ai passé un merveilleux hiver à la Barbade.

Cette expérience m'a convaincu que l'Homme peut être tout ce qu'il veut s'il laisse l'imagination s'habituer et pense à la fin. Elle m'a également montré que je ne peux plus blâmer le monde des choses extérieures - que les choses qui se présentent dépendent de l'état à partir duquel je regarde le monde.

L'Homme, qui est libre dans son choix, agit sur la base d'idées qu'il choisit librement, même si ce n'est pas toujours avec sagesse. Tous les états imaginables attendent notre choix et notre occupation, mais aucune rationalisation de ce monde ne nous apportera l'état de conscience qui est la seule chose valable.

L'image imaginative est la seule chose qui vaille la peine d'être recherchée.

Le but ultime de l'imagination est de créer "l'Esprit de Jésus" en nous, ce qui signifie un pardon continu du péché, une identification continue de l'Homme à son idéal. Ce n'est qu'en nous identifiant à notre objectif que nous pouvons nous pardonner d'avoir échoué. Tout le reste est un effort vain. Sur ce chemin, par lequel nous conduisons notre imagination vers un lieu ou un état quelconque, vers ce lieu ou cet état, nous sommes aussi physiquement attirés.

Il y a plusieurs demeures dans la maison de mon père.
Si ce n'était, je vous l'aurais dit :
car je m'en vais vous préparer le lieu.
Et après que je m'en serai allé,
et que je vous aurai préparé le lieu,
je reviendrai, et vous retirerai à moi,
afin que là où je serai, vous y soyez aussi.
...Jean 14,2,3

En dormant dans mon imagination dans la maison de mon père, comme si j'y avais dormi en chair et en os, j'ai uni mon imagination à l'état et j'ai été obligé de vivre cet état en chair et en os.

L'état était si vivant pour moi que j'aurais pu être vu si quelqu'un de sensible était entré dans la pièce où je dormais dans mon imagination. Une personne peut être vue là où elle habite dans son imagination, car une personne doit être là où elle habite dans son imagination, car son imagination est elle-même. Je le sais par expérience, car j'ai été vu par certains qui voulaient me voir même si j'étais physiquement à des centaines de kilomètres.

L'intensité de mon imagination et de mes sentiments, l'imagination et le sentiment d'être déjà à la Barbade au lieu de penser seulement à la Barbade, a traversé le vaste océan Atlantique pour inciter mon frère à vouloir que ma présence ferme le cercle de la famille à Noël.

Penser à la fin, sentir le souhait réalisé, a été la source de tout ce qui s'est passé comme cause extérieure, comme l'impulsion de mon frère à m'envoyer un billet de bateau ; et c'est aussi la cause de tout ce qui est apparu comme résultat.

Dans *Ideas of Good and Evil*, W.B Yeats a décrit quelques expériences qui sont similaires à la mienne, et écrit

Si tous ceux qui ont décrit de tels événements
n'avaient pas rêvé, nous devrions réécrire notre histoire,
parce que chaque être humain, et certainement tous les gens
imaginatifs,
doit à jamais jeter des sorts, du glamour, des illusions ;
et tous les gens, en particulier les personnes qui aiment la paix,
qui n'ont pas une vie puissante et égoïste,
doivent rester sous leur pouvoir à tout moment.

Une imagination déterminée, pensant *à* la fin, est le début de chaque miracle.

J'aimerais vous donner une énorme croyance dans les miracles, mais les miracles ne sont appelés que par ceux qui n'ont aucune connaissance du pouvoir, de la fonction et du fonctionnement de l'imagination. Faire l'expérience dans l'imagination du sentiment d'un souhait réalisé est le moyen par lequel on entre dans un nouvel état. Elle donne à l'État la qualité d'être.

Hermès nous le dit :

Ce qui est est manifesté ;
ce qui a été ou sera,
ne se manifeste pas, mais n'est pas mort ;
parce que l'âme, l'activité éternelle de Dieu,
anime toutes choses.

L'avenir doit devenir le présent dans l'imagination de celui qui veut provoquer des circonstances consciemment et sagement. Nous devons transférer la vision dans l'être, la pensée dans la pensée De. L'imagination doit être centrée dans un état, et regarder le monde à partir de cet état. Penser à partir de la fin est une perception intense du monde du souhait réalisé. Penser en dehors de l'état souhaité, c'est vivre de manière créative. L'ignorance de la capacité à penser à la fin est la captivité. Elle est la racine de toute captivité à laquelle l'Homme est lié. S'abandonner passivement à l'évidence des sens, c'est sous-estimer les capacités du moi intérieur. Si l'Homme accepte de penser *à* la fin comme un principe créatif auquel il peut participer, il est libéré de l'absurdité de vouloir atteindre ses objectifs par la simple *pensée.*

Construire toutes les fins selon le modèle du souhait réalisé.

La totalité de la vie n'est que la satisfaction de la faim, et les états de conscience infinis à partir desquels un être humain peut voir le monde sont un pur moyen de satisfaire cette faim. Le principe vers lequel chaque État est dirigé est une forme de faim pour élever la passion de l'épanouissement personnel à des niveaux d'expérience de plus en plus élevés. Le désir est la force motrice de la machine mentale. C'est une chose bénie. C'est un désir juste et naturel, et son état de conscience est sa satisfaction juste et naturelle.

Mais je fais une chose : oubliant ce qui est en arrière
et me portant vers ce qui est en avant,
je cours ver le but. .
...Philippiens 3,13,14

Il est nécessaire d'avoir un but dans la vie. Sans but, on dérive. "Que voulez-vous que je vous fasse ?" est la question implicite la plus souvent posée par les personnages centraux de l'Évangile. Lorsque vous définissez votre objectif, vous devez le vouloir.

Comme une biche soupire auprès des cours d'eau,
ainsi mon âme soupire après toi, Ô Dieu.
...Psaume 42:1

C'est l'absence de ce mode de vie passionné qui fait que les gens échouent dans leurs réalisations.

Il est très important de construire un pont entre le désir - d'y réfléchir - et la satisfaction - d'y penser. Nous devons passer mentalement de la réflexion sur la fin à la pensée sur la fin. L'esprit ne pourrait jamais faire cela. De par sa nature, il est lié à l'évidence des sens ; mais l'imagination, qui n'a pas cette limitation, peut le faire. Les désirs existent pour être satisfaits dans l'activité de l'imagination. Par l'imagination, l'Homme échappe aux limites des sens et à la captivité de la raison.

Rien ne peut arrêter l'Homme qui réfléchit *à* la fin. Rien ne peut l'arrêter. Il apporte les moyens et se développe à partir de la limitation, dans des demeures toujours plus grandes du Seigneur. Peu importe ce qu'il était ou ce qu'il est. Tout ce qui compte, c'est "Que veut-il ?

Il sait que le monde est une manifestation des activités mentales qui se déroulent en lui, il s'efforce donc de déterminer et de contrôler les fins auxquelles il pense. A la fin, il demeure dans son imagination, confiant qu'il y demeurera en chair et en os. Il fait pleinement confiance au sentiment du désir réalisé et s'engage à vivre selon l'état, car l'art du bonheur est de le séduire pour qu'il le fasse. Comme l'homme de l'étang de Bethesda, il est prêt à faire bouger les eaux de l'imagination. Sachant que chaque souhait est un grain mûr pour ceux qui savent penser à la fin, il est indifférent à la simple probabilité raisonnable, et confiant que ses hypothèses se transformeront en faits grâce à une imagination continue.

Mais comment convaincre l'Homme que penser *à* la fin est la seule chose vivante, comment l'approfondir dans chaque activité de l'Homme, comment la révéler comme la plénitude de la vie et non comme une compensation pour les déçus : voilà le problème.

La vie est une chose contrôlable. Vous pouvez vivre ce que vous voulez vivre une fois que vous avez compris que vous êtes son fils et que vous êtes ce que vous êtes grâce à l'état de conscience à *partir duquel* vous pensez et regardez le monde,

Mon enfant, tu es toujours avec moi,
et tout ce que j'ai est à toi.
...Luc 15:31

Chapitre 3 : Les autoroutes du monde intérieur

Mais les deux enfants, dont elle était grosse, s'entre-choquaient dans son sein, ce qui lui fit dire : si cela devait m'arriver, qu'était-il besoin que je conçusse ? Elle alla donc consulter le Seigneur qui lui répondit : Deux nations sont dans vos entrailles, et deux peuples sortant de votre sein se diviseront l'un contre l'autre. L'un de ces peuples surmontera l'autre peuple, et l'aîné sera assujetti au plus jeune.

...Genèse 25,22,23

LA DUALITÉ EST une condition inhérente à la vie. Tout ce qui existe est double. L'Homme est une double créature aux principes opposés, ancrés dans sa nature. Ils sont en guerre les uns avec les autres en lui et dans les attitudes actuelles de la vie, qui sont contradictoires. Ce conflit est une entreprise éternelle, la guerre dans le ciel, la lutte sans fin du jeune, ou homme intérieur de l'imagination dans l'affirmation de sa supériorité sur le plus vieux, ou homme extérieur des sens.

Mais plusieurs qui sont les premiers, seront les derniers ;
et les derniers, seront les premiers.
...Matthieu 19:30

Je ne suis pas digne de délier la courroie de ses souliers.
...Jean 1:27

Le second homme est du ciel.
1 Corinthiens 15,47

Dès qu'une personne sent la présence d'un autre être en elle, elle commence à s'éveiller à la vie imaginaire.

Deux nations sont dans vos entrailles, et deux peuples sortant de votre sein se diviseront l'un contre l'autre. L'un de ces peuples surmontera l'autre peuple, et l'aîné sera assujetti au plus jeune.

Il existe deux centres de pensée ou de vision du monde distincts que chaque être humain possède. La Bible parle de ces deux points de vue comme étant naturels et spirituels.

> Mais l'homme animal ne reçoit pas les choses de l'esprit de Dieu, car elles sont une folie pour lui, et il ne peut les connaître, parce que c'est spirituellement qu'on en juge.
> ...Corinthiens 2:14

Dans le monde de l'expérience subjective, le corps intérieur de l'Homme est aussi réel que le corps physique extérieur dans le monde des faits extérieurs, mais le corps intérieur exprime une partie plus fondamentale de la réalité. Ce corps intérieur existant de l'Homme doit être utilisé et guidé consciemment. Le monde intérieur des pensées et des sentiments avec lequel le corps intérieur est en harmonie est d'une structure réelle et existe dans sa propre sphère supérieure.

Il existe deux types de mouvements, l'un lié au corps intérieur, l'autre au corps extérieur. Le mouvement du corps intérieur est causal, alors que le mouvement extérieur est sous contrainte. Le mouvement intérieur détermine le mouvement extérieur, qui est connecté au mouvement intérieur, et met le mouvement extérieur en harmonie avec les actions du corps intérieur. Le mouvement interne est la force par laquelle tous les événements sont provoqués. Les mouvements extérieurs sont soumis à la contrainte imposée par les mouvements du corps intérieur.

Chaque fois que les actions du corps intérieur coïncident avec les actions que le corps extérieur doit entreprendre pour satisfaire le désir, le désir, est réalisé.

Construisez un drame mental qui implique que votre souhait soit réalisé et construisez-le de manière à ce qu'il inclue votre propre mouvement. Immobilisez le moi extérieur, physique. Faites comme si vous faisiez une sieste et commencez l'action prédéterminée dans l'imagination.

Une performance vivante de l'action est le début de cette action. Entrez dans la scène consciemment pendant que vous vous endormez. La durée du sommeil n'a pas d'importance, une courte sieste est absolument suffisante, mais porter l'intrigue du sommeil condense un fantasme en un fait.

Au début, vos pensées peuvent être comme un mouton errant qui n'a pas de berger. Ne désespérez pas. Si votre attention s'égare soixante-dix fois sept fois, ramenez-la sur le parcours prédéterminé soixante-dix fois sept fois jusqu'à ce qu'elle suive le chemin prédéterminé pour sortir de l'épuisement.

Dans *The Road to Xanadu*, le professeur John Livingston Lowes dit

> Pendant longtemps, cependant, j'ai eu le sentiment que cette étude s'était transformée en une conviction que la fantaisie et l'imagination ne sont pas deux forces, mais une seule. La différenciation valable entre les deux ne réside pas dans les moyens par lesquels ils opèrent, mais dans le degré d'intensité de la force opérationnelle elle-même. Travaillant sous haute tension, l'énergie imaginative assimile et transforme ; la même énergie relie et assemble ces images qui, à leur plus haut niveau, se fondent indissolublement en une seule.

La fantaisie s'assemble, l'imagination fusionne.

Voici un exemple pratique de cette théorie. Il y a un an, une fille aveugle de San Francisco s'est trouvée confrontée à un problème de transport. Un détournement de bus l'a obligée à changer trois fois de bus entre son domicile et son bureau. Son voyage est ainsi passé de quinze minutes à deux heures et quinze minutes. Elle a réfléchi sérieusement à ce problème et est arrivée à la conclusion qu'une voiture serait la solution. Elle savait qu'elle ne pouvait pas conduire une voiture, mais elle pensait qu'elle pouvait être conduite. Elle a testé la théorie selon laquelle "lorsque les actions du moi intérieur correspondent aux actions que le moi extérieur, physique, doit entreprendre pour satisfaire un désir, ce désir se réalise", et s'est dit "je vais m'asseoir ici et imaginer qu'on me conduise à mon bureau".

Elle s'est assise dans son salon et a commencé à imaginer qu'elle était assise dans une voiture. Elle a senti le rythme du moteur. Elle s'est imaginée qu'elle pouvait sentir l'odeur de l'essence, elle a senti le mouvement de la voiture, elle a touché la manche du conducteur et a senti que le conducteur était un homme. Elle a senti la voiture s'arrêter, s'est tournée vers son compagnon et lui a dit : "Merci, monsieur". Ce à quoi il répondit : "Tout le plaisir est pour moi".

Puis elle est sortie de la voiture et a entendu la serrure après avoir fermé la porte.

Elle m'a dit qu'elle avait concentré son imagination sur le fait de s'asseoir dans la voiture et, bien qu'aveugle, de regarder la ville pendant son trajet imaginaire. Elle ne pensait pas à la balade. Elle pensait à la pulsion, avec tout ce qu'elle implique. Cette chevauchée contrôlée et subjectivement dirigée, axée sur un but précis, a élevé son imagination à son plein potentiel. Elle a toujours gardé l'objectif à l'esprit, sachant que le mouvement intérieur conscient était une sorte de force de liaison. Au cours de ces voyages mentaux, une émotion continue doit être maintenue - l'émotion du souhait réalisé. L'attente et le souhait étaient si étroitement liés qu'ils sont passés d'un état mental à un acte physique.

Le moi intérieur se déplace mieux sur une trajectoire prédéterminée lorsque les émotions sont impliquées. Le moi intérieur doit être mis à feu, et il est préférable qu'il soit mis à feu par des pensées de grandes actions et de bénéfice personnel. Nous devons prendre plaisir à nos actions.

Pendant deux jours réussis, la jeune aveugle a fait son voyage imaginaire et lui a donné toute la joie et la vivacité sensuelle de la réalité. Quelques heures après sa deuxième chevauchée imaginative, une amie lui a parlé d'un article paru dans le journal du soir. Il s'agissait d'un article sur un homme qui s'intéressait à la vie des aveugles. La fille aveugle l'a appelé et lui a décrit son problème. Le lendemain, en rentrant chez lui, l'homme s'est arrêté dans un bar, et il a été submergé par le désir de raconter l'histoire de la jeune aveugle à un ami, le propriétaire du bar. Après avoir entendu l'histoire, ce parfait inconnu a accepté de reconduire la jeune fille chez elle tous les jours. L'homme qui a raconté l'histoire a alors dit : "Si vous la ramenez chez elle, je la conduirai au travail."

Cela fait maintenant un an, et depuis ce jour, la jeune aveugle a été conduite à son bureau, puis ramenée par ces deux hommes. Au lieu de passer deux heures et quinze minutes dans trois bus différents, elle est à son bureau en moins de quinze minutes. Lors de son premier voyage au bureau, elle s'est tournée vers son bon samaritain et lui a dit : "Merci, monsieur" ; et il lui a répondu : "Tout le plaisir est pour moi".

Ainsi, les objets de leur imagination étaient pour eux les faits, dont la manifestation physique ne faisait que témoigner. Le principe spécifique et revigorant était le voyage imaginatif. Son triomphe ne pouvait être qu'une surprise pour ceux qui ne savaient rien de son voyage intérieur. Elle a regardé le monde mentalement à partir de ce voyage imaginatif, dans la clarté d'une vision, afin que chaque aspect de la ville gagne en identité.

Ces mouvements intérieurs ne produisent pas seulement des mouvements extérieurs correspondants : c'est la loi qui opère au-dessus de toutes les occurrences physiques. Celui qui effectue cette bilocation développera des pouvoirs inhabituels de concentration et d'immobilité, et atteindra inévitablement une conscience éveillée du monde intérieur et dimensionnellement plus vaste.

Grâce à une représentation extrêmement réelle, elle a réalisé son souhait, car en regardant la ville du sentiment de son souhait réalisé, elle a atteint l'état souhaité et s'est ainsi accordée ce que la personne endormie demande à Dieu.

Afin de réaliser votre désir, une action doit commencer dans votre imagination, loin de l'évidence des sens, une action qui implique un mouvement de soi et implique que le désir est réalisé. Chaque fois que c'est l'action que le moi extérieur accomplit pour satisfaire le désir, le désir est réalisé.

Le mouvement de tout objet visible n'est pas causé par des choses extérieures au corps, mais par des choses intérieures au corps, qui fonctionnent de l'intérieur vers l'extérieur. Le voyage est en vous. Vous voyagez sur les autoroutes du monde intérieur. Sans mouvement intérieur, il est impossible de faire avancer quoi que ce soit. Une action intérieure est une sensation d'introversion. Lorsque vous construisez un drame mental qui implique que vous avez atteint votre but, fermez les yeux et laissez vos pensées se replier sur elles-mêmes, centrez votre imagination en permanence sur l'action prédéterminée, une action à laquelle vous participez - et vous devenez un être autodéterminé.

L'action intérieure arrange toutes les choses selon leur propre nature. Testez-le et voyez si l'idéal souhaité, une fois formulé, est possible, car seule l'expérience vous permettra de réaliser votre potentiel. C'est ainsi que ce principe créatif se réalise. Ainsi, la clé d'une vie utile est de centrer son imagination sur l'action et de ressentir le désir accompli, dans une telle conscience, une telle sensibilité, que l'on initie et que l'on expérimente un mouvement dans le monde intérieur.

Les idées ne fonctionnent que lorsqu'elles sont ressenties, lorsqu'elles éveillent des mouvements intérieurs. Le mouvement intérieur est causé par l'auto-motivation, le mouvement extérieur par la contrainte.

Tout lieu que foulera la plante de votre pied, je vous l'ai donné.
...Josué 1.3

et souvenez-vous,

L'Eternel, ton Dieu, est au milieu de toi,
comme un héros qui sauve.
...Sophonie, 3.17

Chapitre 4 : La cisaille de la révision

Le second le SEGNEUR, est du ciel.
...Corinthiens 15:47

Il ne dira jamais chenilles. Il dira : "Il y a plein de papillons comme sur nos choux, Prue." Il ne dira pas : "C'est l'hiver". Il dira : "L'été est endormi." Et il n'y a pas un bourgeon assez petit, malheureusement, pour que Kester ne l'appelle pas le début de la floraison.
...Mary Webb, Precious Bane

LE PREMIER acte d'amélioration ou de guérison est toujours la "révision". Chacun doit commencer par lui-même. C'est l'attitude qui doit être changée.

Ce que nous sommes, c'est tout ce que nous pouvons voir.
...Emerson

C'est un exercice extrêmement sain et productif que de revivre la journée telle que vous auriez aimé la vivre, en révisant les scènes pour être en accord avec vos idéaux. Par exemple, si le courrier d'aujourd'hui apportait des nouvelles décevantes. Révisez la lettre. Réécrivez-la mentalement et faites-la correspondre aux messages que vous auriez souhaité recevoir. Lisez ensuite cette lettre réécrite encore et encore dans votre esprit. C'est l'essence même de la révision, et la révision entraîne l'abrogation.

La seule condition est d'attirer votre attention d'une manière et avec une intensité telles que vous soyez complètement absorbé par l'action révisée. Grâce à cet exercice imaginatif, vous ferez l'expérience d'une expansion et d'un raffinement des sens, et recevrez finalement une vision. Rappelez-vous, cependant, que le but ultime de cet exercice est de créer "l'Esprit de Jésus" en vous, ce qui signifie un pardon continu des péchés.

La révision est de la plus haute importance lorsqu'il s'agit de changer le moi, lorsqu'il y a un réel désir d'être autre chose, lorsque ce désir est l'éveil de l'esprit idéal et actif du pardon. Sans l'imagination, l'Homme reste un être de péché. L'Homme avance vers son imagination ou reste prisonnier de ses sens. Faire un pas vers l'imagination, c'est pardonner. Le pardon est la vie de l'imagination. L'art de la vie est l'art du pardon. Le pardon signifie faire l'expérience de la version révisée du jour dans votre imagination, pour faire l'expérience de ce que vous auriez souhaité faire en chair et en os. Chaque fois que quelqu'un pardonne vraiment, c'est-à-dire chaque fois qu'il revit un événement comme il aurait dû être vécu, il renaît.

"Père, pardonne-leur" n'est pas la demande qui vient une fois par an, mais l'opportunité qui vient tous les jours. L'idée du pardon est une opportunité quotidienne et, si elle est sincère, elle élève l'Homme à des niveaux d'être de plus en plus élevés. Il va vivre Pâques au quotidien, et Pâques est l'idée d'une ascension transformée. Et cela devrait être un processus presque continu.

La liberté et le pardon sont étroitement liés. Ne pas pardonner signifie être en guerre avec soi-même, car nous sommes libérés en fonction de notre capacité à pardonner.

Absolvez, et vous serez absous.
...Luc 6:37

Pardonnez, pas seulement dans le sens du devoir ou du service ;
pardonnez parce que vous voulez pardonner.

Ses voies sont des voies agréables
et tous ses sentiers sont des sentiers de paix.
...Proverbes 3:17

Vous devez apprécier la révision. Vous ne pouvez pardonner efficacement aux autres que si vous avez un désir sincère d'identifier les autres avec leur idéal. Le devoir n'a pas d'élan. Le pardon est une question de retirer consciemment l'attention de la journée non révisée, et de déployer toute sa force et sa joie dans la journée révisée. Quand l'Homme commence à réviser même les petits ennuis et problèmes du jour, il commence à travailler pratiquement sur lui-même. Chaque révision est une victoire sur soi-même et donc une victoire sur l'ennemi.

Et l'homme aura pour ennemis les gens de sa maison.
...Matthieu 10:36

Et sa maison, c'est son état d'esprit. Il change son avenir en révisant sa journée.

Lorsque quelqu'un pratique l'art du pardon, l'art de la révision, quelle que soit la réalité de la scène sur laquelle le regard se pose alors, il la révise avec son imagination et regarde une scène jamais vue auparavant. L'ampleur du changement qu'implique chaque acte de révision semble totalement improbable pour l'Homme réaliste, sans imagination ; mais les changements radicaux dans le destin du fils prodigue ont tous été provoqués par un "changement de cœur".

Le combat que l'Homme mène est mené dans sa propre imagination. L'Homme qui ne révise pas le jour a perdu sa vision de cette vie dans cette image dont la transformation est le véritable travail de "l'Esprit de Jésus".

Tout ce que vous voulez que les hommes fassent pour vous,
faites-le de même pour eux, car c'est la loi et les prophètes.
...Matthieu 7:12

Voici la façon dont une amie artiste s'est pardonnée et a été libérée de la douleur, de la colère et de la méchanceté. Sachant que seuls l'oubli et le pardon nous apportent les nouvelles valeurs, elle s'est tournée vers son imagination et a échappé à la prison de ses sens. Elle écrit :

"Le jeudi, j'ai enseigné toute la journée à l'école d'art. Une seule petite chose a gâché la journée. Je suis arrivée dans la classe de l'après-midi et j'ai remarqué que le concierge avait laissé toutes les chaises sur les tables après avoir nettoyé le sol. Lorsque j'ai pris une chaise sur la table, elle est tombée de mes mains et a violemment frappé le dessus de mon pied. J'ai immédiatement vérifié mes pensées et j'ai réalisé que j'avais critiqué l'homme pour ne pas avoir fait son travail correctement. Comme il avait perdu son aide, j'ai réalisé qu'il pensait probablement avoir fait plus qu'assez et que c'était un cadeau indésirable qui m'avait été donné. J'ai regardé mon pied et comme mes bas et ma peau étaient intacts, j'ai oublié l'événement.

Le soir même, après trois heures de travail intensif sur un dessin, j'ai décidé de me faire une tasse de café. À mon grand étonnement, je ne pouvais pas bouger mon pied droit correctement et cela me causait une grande douleur. J'ai sauté sur une chaise et j'ai enlevé ma pantoufle pour regarder mon pied. Le pied entier était étrangement rose-violet, enflé et rougeâtre. J'ai essayé de marcher dessus, ce n'était pas possible. Je n'avais aucun contrôle sur mon pied. Il y avait deux possibilités : soit je m'étais cassé un os en faisant tomber la chaise sur mon pied, soit je m'étais disloqué quelque chose.

"Ne spéculez pas sur ce que c'est. Je ferais mieux de m'en débarrasser tout de suite", me suis-je dit. Je suis donc devenue silencieuse, prête à me fondre dans la lumière. À mon grand étonnement, mon imagination a refusé de coopérer. Elle a simplement dit "Non". Cela m'arrive souvent quand je dessine. J'ai commencé à me demander "Pourquoi pas ?" Elle n'arrêtait pas de dire "Non". J'ai finalement abandonné et j'ai dit : "Vous savez que je souffre. J'essaie de ne pas avoir peur, mais tu es le patron. Que vas-tu faire ?"

La réponse : "Va te coucher et revoie l'événement d'aujourd'hui".
Alors j'ai dit : "D'accord. Mais laisse-moi te dire que si mon pied n'est pas parfait demain matin, tu n'as que toi-même à blâmer".

Après avoir préparé ma literie de manière à ce qu'elle ne touche pas mon pied, j'ai recommencé à passer la journée. Il était difficile de détourner mon attention de mon pied. J'ai marché toute la journée et je n'ai rien vu qui puisse ajouter à l'accident de chaise. Mais quand je suis arrivé en début de soirée, je me suis vue rencontrer un homme qui ne m'avait pas parlé depuis un an. Quand cela s'est produit pour la première fois, j'ai cru qu'il était devenu muet. Je le connaissais depuis l'école, mais nous n'avons jamais fait plus que nous saluer et commenter le temps. Des amis communs m'ont assuré que je n'avais rien fait, qu'il ne m'avait jamais aimée et ont finalement décidé que cela ne valait pas la peine d'en parler. J'ai dit "Salut", il n'a pas répondu. J'ai remarqué que je me disais "Pauvre gars - quel horrible état dans lequel il se trouve. Je devrais faire quelque chose pour cette condition ridicule". Dans mon imagination, je me suis donc arrêtée dans le couloir et j'ai répété la scène. J'ai dit "Salut !", il a répondu "Salut !" et a souri. Je me suis dit : "Toujours le même gars." J'ai joué la scène plusieurs fois, puis je suis passé à l'événement suivant et j'ai finalement terminé la journée.

"Eh bien quoi - on s'occupe mon pied ou d'un concert ?" J'ai fondu et emballé un merveilleux cadeau de courage et de réussite pour un ami qui ferait ses grands débuts le lendemain, et je voulais lui offrir ce cadeau ce soir. Mon imagination était un peu festive quand elle a dit "Faisons le concert". Ce sera plus amusant". "Mais ne pouvons-nous pas d'abord retirer mon pied d'imagination parfait de ce physique ?" Je l'avais demandé. "Absolument."

Ensuite, j'ai passé un moment merveilleux au concert et mon ami a été très applaudi.

Mais maintenant, j'étais très, très endormie et je me suis endormie pendant mon projet. Le lendemain matin, lorsque j'ai mis mes pantoufles, j'ai soudain eu le bref souvenir de tirer un pied décoloré et gonflé de la même pantoufle. J'ai sorti mon pied et je l'ai regardé. C'était parfait, absolument normal en tout point. Il y avait une petite tache rose sur le dessus, là où j'avais frappé le pied avec la chaise. "Quel beau rêve !" J'ai réfléchi et je me suis habillée. En attendant mon café, je suis allée à ma table à dessin et j'ai vu que tous mes pinceaux étaient en travers de la table et non lavés. "Qu'y avait-il de si possessif pour que tu laisses te pinceaux comme ça ?" "Tu ne te souviens pas ? C'était à cause de ton pied". Ce n'était donc pas un rêve, mais une belle guérison".

Grâce à l'art de la révision, elle a obtenu quelque chose qu'elle n'aurait jamais obtenu par la coercition.

Au ciel, il n'y a que l'art de vivre,
pour oublier et pardonner.
Surtout pour la femme.
...Blake

Nous ne devrions pas prendre nos vies telles qu'elles apparaissent, mais selon la vision de cet artiste, la vision d'un monde parfaitement conçu, qui est enfoui sous chaque esprit - enfoui et attendant que nous révisions la journée.

Nous sommes amenés à croire à un mensonge,
si nous voyons avec nos yeux plutôt qu'à travers eux.
...Blake

Une révision de la journée, et ce qu'elle croyait si obstinément réel n'était plus réel pour elle et, comme un rêve, s'est effacé tranquillement.

Vous pouvez réviser la journée pour vous chouchouter, et en faisant l'expérience des conversations et des actions révisées dans votre imagination, vous pouvez non seulement modifier le sens de votre histoire de vie, mais aussi transformer toutes les dysharmonies en harmonies. Celui qui découvre le secret de la révision ne peut s'empêcher d'être guidé par l'amour. Votre efficacité est accrue par la pratique. La révision est le moyen par lequel la loi peut trouver son pouvoir approprié.

"Ne résistez pas au mal", car tous les conflits passionnels entraînent un échange de caractéristiques.

Celui donc qui sait faire ce qui est bien,
et qui ne le fait pas, commet un péché.
...Jacques 4,17

Pour connaître la vérité, vous devez vivre la vérité, et pour vivre la vérité, vos actions intérieures doivent correspondre aux actions de votre désir accompli. L'attente et le désir doivent ne faire qu'un.

Votre monde extérieur n'est que le mouvement intérieur réalisé. Par ignorance de la loi de révision, ceux qui partent en guerre sont constamment vaincus.

Seuls les concepts idéalisants représentent la vérité.

Votre idéal d'un être humain est son vrai moi. Parce que je crois fermement que ce qui est profondément imaginatif est plus directement pratique dans la réalité, je vous demande de vivre avec imagination et de réfléchir à l'affirmation surnaturelle et de vous l'approprier personnellement, "le Christ en vous, l'espoir de la gloire".

Pas de récriminations : seulement des solutions. Ce n'est pas l'Homme et la terre dans leur plus belle époque, mais votre application de l'art de la révision qui fait naître le paradis. La preuve de cette vérité ne peut se trouver que dans vos propres expériences. Essayez de réviser la journée. Ce sont aux ciseaux de révision que nous devons nos fruits de premier ordre.

Chapitre 5 : La pièce du ciel

"Est-ce qu'une conviction ferme que quelque chose est ainsi, le rend ainsi ?"
Et le prophète de répondre : "Tous les poètes croient que c'est le cas.
Et à l'âge de l'imagination, cette ferme conviction a déplacé des montagnes ;
beaucoup sont capables de croire fermement en quelque chose mais n'en sont pas capables".
...Blake, le mariage du ciel et de l'enfer

Que chacun ait en son esprit une pleine conviction !
...Romains 14.5

LA CONVICTION EST un effort intérieur d'attention intense. Écouter attentivement, comme si on avait entendu, signifie appeler, activer. En écoutant, vous pouvez entendre ce que vous voulez entendre et ainsi être convaincu de la portée de l'audition externe. Ne le dites qu'à l'intérieur, dans votre imagination. Laissez votre conversation intérieure coïncider avec le souhait réalisé. Ce que vous souhaitez entendre à l'extérieur, vous devez l'entendre à l'intérieur. Embrassez l'extérieur à l'intérieur et devenez quelqu'un qui n'entend que ce qui implique l'accomplissement de son désir, et tous les événements extérieurs du monde deviennent un pont qui vous conduit à la réalisation objective de votre désir.

Votre voix intérieure est constamment inscrite dans les événements qui vous entourent. Apprenez à relier ces événements à votre voix intérieure et vous deviendrez autodidacte. Par voix intérieure, on entend les conversations mentales que vous avez en vous. Elles ne sont peut-être pas audibles lorsque vous êtes éveillé à cause des voix et des distractions du monde extérieur du devenir, mais elles sont clairement audibles dans la méditation profonde et dans les rêves. Mais qu'elles soient audibles ou non, vous êtes leur auteur et vous créez votre monde à leur image.

Mais il y a dans les cieux un Dieu (et le ciel est en vous) qui révèle les secrets, et qui fait connaître au roi Nebucadnetsar ce qui arrivera dans la suite des temps. Voici ton songe et les visions que tu as eues sur ta couche. Sur ta couche, ô roi, il t'est monté des pensées touchant ce qui sera après ce temps-ci.
...Daniel 2:28,29

Les conversations intérieures à partir de la prémisse du souhait réalisé sont le moyen de créer un monde clairement compréhensible pour soi-même.

Observez vos conversations intérieures, car elles sont la cause des actions futures. Les conversations intérieures révèlent l'état de conscience à partir duquel vous voyez le monde. Laissez vos conversations intérieures coïncider avec votre souhait réalisé, car vos conversations intérieures se manifestent autour de vous sous forme d'événements.

Si quelqu'un ne bronche point en paroles, c'est un homme parfait, capable de tenir tout son corps en bride. Si nous mettons le mors dans la bouche des chevaux pour qu'ils nous obéissent, nous dirigeons aussi leur corps tout entier. Voici, même les navires, qui sont si grands et que poussent des vents impétueux, sont dirigés par un très petit gouvernail, au gré du pilote. De même, la langue est un petit membre, et elle se vante de grandes choses. Voici, comme un petit feu peut embraser une grande forêt !
...Jacques 3.2-5

L'ensemble du monde manifesté nous montre comment nous avons utilisé le mot - la conversation intérieure. Une observation sans critique de notre discours sur nous-mêmes nous révèle les idées à partir desquelles nous voyons le monde. L'autodiscussion reflète notre imagination, et notre imagination reflète l'état avec lequel nous sommes unis. Si l'état avec lequel nous sommes unis est la cause des phénomènes de notre vie, alors nous sommes déchargés du fardeau de ce qu'il faut faire, car nous n'avons pas d'autre choix que de nous identifier à notre objectif, et si l'état avec lequel nous sommes identifiés reflète nos conversations intérieures, alors pour changer l'état avec lequel nous sommes unis, nous devons d'abord modifier nos soliloques. Ce sont nos conversations intérieures qui créent les faits de demain.

Et égard à votre vie passée, du vieil homme qui se corrompt par les convoitises trompeuses, à être renouvelés dans l'esprit de votre intelligence,
et à revêtir l'homme nouveau, créé selon Dieu dans une justice et une sainteté que produit la vérité.
...Ephésiens 4:22-24

Nos esprits, ainsi que nos estomacs,
sont stimulés par un changement de régime alimentaire.
...Quintillien

Cessez tous les discours automatiques et négatifs et éveillez une nouvelle voix intérieure, positive et constructive, à partir de la prémisse du souhait réalisé. Le dialogue intérieur est le début, la semence des actions futures. Pour déterminer les actions, vous devez consciemment initier et contrôler vos conversations avec vous-même.

Construisez une phrase qui implique que votre objectif est atteint, telle que "Je dispose d'un revenu important, régulier et fiable, compatible avec l'intégrité et l'intérêt mutuel" ou "Je suis heureux en ménage", "Je suis voulu", "Je contribue au bien dans le monde", et répétez cette phrase encore et encore jusqu'à ce qu'elle vous affecte intérieurement. Nos conversations intérieures représentent le monde dans lequel nous vivons de différentes manières.

Au commencement était la parole.
...Jean 1:1

Ce que vous semez, vous le récoltez. Voyez
Les champs là-bas ! Le sésame était
Sésame, le grain était du grain. Le silence
Et les ténèbres le savaient ! C'est ainsi que
le destin de l'Homme est né.
...La lumière de l'Asie

Les fins s'écoulent fidèlement à l'origine.

Les personnes en quête d'amour manifestent
juste leur propre méchanceté. Et les sans-amour
ne trouvent jamais l'amour, seuls les amoureux trouvent l'amour,
et ils n'ont jamais à le chercher.
...D. H. Lawrence

L'Homme attire ce qu'il est. L'art de vivre consiste à maintenir le sentiment d'un désir satisfait et à laisser les choses venir à soi au lieu d'aller vers elles ou de penser qu'elles vont s'envoler.

Observez vos soliloques et souvenez-vous de votre objectif. Est-ce que tout s'emboîte ? Vos soliloques correspondent-ils à ce que vous diriez si vous aviez atteint votre objectif ? Les conversations et les actions intérieures de l'individu attirent les circonstances de sa vie. Grâce à une introspection sans critique de vos soliloques, vous voyez où vous vous situez dans le monde intérieur, et le lieu où vous vous situez dans le monde intérieur est ce que vous êtes dans le monde extérieur. Vous attirez la nouvelle personne lorsque l'idéal et le soliloque vont ensemble. Ce n'est que de cette manière que la nouvelle personne peut naître.

Le fait de se parler à soi-même mûrit dans l'obscurité. Sortez de l'obscurité et dirigez-vous vers la lumière. Le bon soliloque est une conversation qui serait la vôtre si vous aviez réalisé votre idéal. En d'autres termes, c'est la conversation d'un souhait réalisé.

"Je le suis."

Il y a deux dons que Dieu donne à l'Homme, et que seul l'Homme
a donné. Ces deux éléments sont l'esprit et la parole ; et le don
de l'esprit et de la parole est équivalent à celui de l'immortalité. Si
quelqu'un utilise ces deux dons correctement, il ne sera pas
distrait par une divergence immortelle
...et quand il quitte son corps,

l'esprit et la parole seront ses guides, et à travers eux il rejoindra
les troupes
de dieux et les âmes qui sont atteint la béatitude.
...Hermetica

Les circonstances et les conditions de vie sont l'expression d'un dialogue avec soi-même - dans un son solidifié. L'auto-discussion donne vie aux événements. Chaque événement est porteur du son créatif, qui est la vie et l'être de l'événement. Tout ce qu'une personne croit et croit être vrai est révélé dans ses soliloques. C'est sa parole, sa vie.

Essayez de percevoir ce que vous vous dites en ce moment, quelles sont les pensées et les sentiments avec lesquels vous êtes d'accord. Ils seront parfaitement tissés dans votre tapisserie de vie. Pour changer votre vie, vous devez changer votre discours sur vous-même, car la "vie", selon Hermès, "est l'union de la parole et de l'esprit". Si votre imagination correspond à votre discours sur le désir satisfait, alors il y a un chemin direct en vous, de l'intérieur vers l'extérieur, et l'extérieur reflétera immédiatement l'intérieur pour vous, et vous saurez que la réalité n'est que le discours réalisé.

Recevez avec douceur la parole qui a été plantée en vous,
et qui peut sauver vos âmes.
...Jacques 1:21

Chaque étape du progrès humain est le résultat de l'exercice conscient de son imagination, qui est en accord avec ses propres conversations de désir accompli. Comme l'Homme n'atteint pas cette concordance, les résultats sont incertains, alors qu'ils pourraient être absolument certains. L'acceptation constante du souhait réalisé est le moyen de réaliser l'intention. Si nous contrôlons notre dialogue intérieur et le faisons coïncider avec nos souhaits, nous pouvons mettre de côté toutes les autres procédures. Nous imaginons le souhait d'être comblé, et c'est à partir de cette prémisse que nous menons nos conversations mentales.

Grâce à l'auto-contrôle de la prémisse du souhait réalisé, des miracles apparents sont accomplis. L'avenir devient le présent et se révèle dans nos discours. Se parler à soi-même de la réalisation de son souhait signifie être solidement ancré dans la vie. Notre vie peut sembler brisée par les événements, mais elle n'est jamais brisée tant que nous maintenons le soliloque du désir accompli. Le bonheur dépend de l'utilisation active et volontaire de l'imagination pour construire et affirmer intérieurement ce que nous voulons être. Nous sommes d'accord avec nos idéaux en nous rappelant constamment notre objectif et en nous y identifiant. Nous nous unissons à notre objectif en adoptant constamment le sentiment d'un désir comblé. C'est la répétition, l'ingestion habituelle, qui est le secret du succès. Plus nous le faisons souvent, plus c'est naturel. La fantaisie s'assemble. L'imagination s'envole.

Il est possible de résoudre n'importe quelle situation par une bonne utilisation de l'imagination. Notre tâche consiste à choisir la bonne phrase, celle qui implique que notre souhait est réalisé, et ensuite à enflammer notre imagination avec cette phrase. Tout cela est étroitement lié au secret de "la petite voix tranquille".

L'auto-discussion révèle les activités de l'imagination, des activités qui sont à l'origine des circonstances de la vie. En règle générale, l'Homme n'est pas conscient de son propre discours et ne se considère donc pas comme la cause mais comme la victime de sa situation. Afin de créer continuellement et consciemment des circonstances, l'Homme doit consciemment guider son discours sur lui-même, mettre "la petite voix tranquille" en harmonie avec ses souhaits réalisés.

Et appelle ce qui n'existe pas à l'existence.
...Romains 4:17

Il est essentiel de s'exprimer correctement. C'est le plus grand art. C'est le moyen de sortir de la restriction et d'accéder à la liberté. L'ignorance de cet art a transformé le monde en un champ de bataille et une prison où l'on attend du sang et de la sueur, alors qu'il devrait être un lieu d'émerveillement et d'étonnement. Le bon soliloque est la première étape pour devenir ce que vous voulez être.

La langue est une image de l'esprit, et l'esprit
est l'image de Dieu.
...Hermetica

Le matin du 12 avril 1953, ma femme a été réveillée par une grande voix d'autorité qui lui a parlé et lui a dit : "Tu dois cesser d'utiliser tes pensées, ton temps et ton argent. Tout dans la vie doit être un investissement".

Consommer, c'est gaspiller, donner sans recevoir. Investir, c'est donner avec l'intention de faire du profit. Cette révélation de ma femme porte sur l'importance du moment. Il s'agit de la transformation du moment. Ce que nous désirons n'est pas dans l'avenir, mais en nous-mêmes, en ce moment. À chaque instant de notre vie, nous sommes confrontés à un nombre infini de possibilités : "ce que nous sommes et ce que nous voulons être". Et ce que nous voulons être existe déjà, mais pour le réaliser, nous devons faire en sorte que nos discours et nos actions y correspondent.

Si deux d'entre vous s'accordent sur la terre
pour demander une chose quelconque,
elle leur sera accordée par mon Père qui est dans les cieux.
...Matthieu 18:19

La seule chose qui compte est ce qui est fait maintenant. Le moment présent ne disparaît pas dans le passé. Il se déplace vers l'avenir pour nous confronter, gaspillé ou investi.

Les pensées sont la monnaie du ciel. L'argent est le symbole terrestre. Chaque instant doit être investi, et nos soliloques révèlent si nous gaspillons ou si nous investissons. Intéressez-vous davantage à ce que vous vous "dites maintenant" intérieurement, et moins à ce que vous avez "dit", en choisissant judicieusement ce que vous pensez et ressentez *maintenant.*

Chaque fois que nous nous sentons incompris, utilisés, négligés, soupçonnés ou craintifs, nous perdons nos pensées et notre temps. Chaque fois que nous acceptons le sentiment que nous sommes ce que nous voulons être, nous investissons. Nous ne pouvons pas abandonner le moment à un soliloque négatif et espérer garder le contrôle de la vie. Devant nous se trouvent tous les résultats de ce qui semble être derrière nous. Non pas disparu au dernier moment - mais accommodant.

Ainsi en est-il de ma parole qui sort de ma bouche.
Elle ne retourne point à moi sans effet,
sans avoir exécuté ma volonté et accompli mes desseins.
...Esaïe 55:11

Les circonstances de la vie sont les énoncés discrets de l'auto-discussion qui les a provoqués - la Parole rendue visible.

"Le Verbe", dit Hermès, "est Fils, et l'Esprit est Père du Verbe". Ils ne sont pas séparés, car la vie est l'union du Verbe et de l'Esprit".

Conformément à sa volonté,
il nous a donné la vie par la parole de vérité.
...Jacques 1.18
Devenez donc les imitateurs de Dieu,
comme des enfants bien-aimés !
...Ephésiens 5.1

L'Esprit du Seigneur s'est fait entendre par moi,
sa parole a été sur ma langue.
...Samuel 23.2

La bouche de Dieu est l'esprit de l'Homme. Nourrissez Dieu uniquement avec le meilleur.

Que tout ce qui est honorable...
...soit l'objet de vos pensées !
...Philippiens 4,8

Le moment présent est toujours propice à un investissement, pour dire le mot juste en interne.

Car cette parole est fort près de toi, dans ta bouche et dans ton cœur pour la faire.
Regarde, j'ai mis aujourd'hui devant toi tant la vie et le bien, que la mort et le mal.
Afin que tu vives.
...Deutéronome 30,14,15,19

Vous choisissez la vie et le bonheur en étant ce que vous choisissez. La même chose n'est connue que par la même. Que votre soliloque soit une bénédiction et un apaisement. L'ignorance de l'Homme sur son avenir est le résultat de l'ignorance de son discours sur lui-même. Son discours reflète son imagination, et son imagination est un gouvernement dans lequel l'opposition n'arrive jamais au pouvoir.

Si le lecteur demande maintenant "Et si le soliloque reste subjectif et ne trouve pas d'objet pour son amour", la réponse est : il ne restera pas subjectif, pour la simple raison que le soliloque devient toujours objectif. Ce qui frustre, se décompose et devient la maladie qui afflige l'humanité, c'est l'ignorance de l'Homme de l'art de faire correspondre les mots intérieurs au désir accompli. L'auto-discussion reflète l'imagination, et l'imagination, c'est le Christ.

Changez votre soliloque, et votre perception du monde change. Chaque fois que le dialogue intérieur et le désir sont en conflit, le dialogue intérieur l'emporte inévitablement. Parce que le soliloque s'objective, il est facile de voir que lorsqu'il est en accord avec le souhait, le souhait est objectivement réalisé. Si ce n'était pas le cas, je dirais comme Blake,

C'est plutôt comme tuer un enfant dans son berceau,
...que d'avoir des désirs secrets.

Mais je le sais par expérience,

La langue est aussi un feu, enflammant le cours de la vie.
...Jacques 3,6

Chapitre 6 : C'est à l'intérieur

Les rivières, les montagnes, les villes, les villages sont tous humains
& et quand vous marchez sur ses genoux, vous marchez
dans le Ciel et la Terre, comme sur vos propres genoux,
sur lesquels vous portez votre ciel et votre terre
& tout ce que vous voyez ; bien que cela apparaisse à l'extérieur,
c'est à l'intérieur, dans votre imagination, d'où
ce monde de mortalité n'est qu'une ombre.
...Blake, Jérusalem

LE MONDE INTERIEUR était aussi réel pour Blake que la terre extérieure de la vie éveillée. Il voyait ses rêves et ses visions comme des réalités des formes de la nature. Blake a tout réduit au fondement de sa propre conscience.

Le Royaume de Dieu est au milieu de vous.
...Luc 17:21

L'Homme vrai, l'Homme imaginatif, a revêtu le monde extérieur de toutes ses possessions. La réalité apparente du monde extérieur, si difficile à dissoudre, n'est qu'une preuve de la réalité absolue du monde intérieur de sa propre imagination.

Nul ne peut venir à moi,
si le Père qui m'a envoyé ne l'attire;
Moi et le Père sommes un.
...Jean 6:44 ; 10:30

Le monde décrit par l'observation est une manifestation de l'activité mentale de l'observateur. Lorsque l'Homme découvrira que son monde est sa propre activité mentale visible, que nul ne peut venir à lui si le Père ne l'attire pas, et qu'il n'y a personne à changer à part lui-même, son propre moi imaginatif, sa première impulsion sera de remodeler le monde à l'image de son idéal.

L'imagination n'est pas complètement libre et sans entrave dans sa circulation volontaire, sans aucune règle pour la restreindre. C'est le contraire. L'imagination se déplace selon son habitude. L'imagination a le choix, mais elle choisit en fonction de ses habitudes. Que l'Homme soit endormi ou éveillé, son imagination est soumise à la restriction de suivre certains schémas clairs. C'est l'influence stupéfiante de l'habitude que l'Homme doit changer ; s'il ne le fait pas, ses rêves s'évanouiront dans la paralysie de l'habitude.

L'imagination, qui est le Christ en tant qu'Homme, n'est pas soumise à la nécessité de ne produire que ce qui est parfait et bon. Elle exerce sa liberté absolue de se passer des nécessités en dotant le moi extérieur, physique, de la libre volonté de choisir entre le bien et le mal, entre l'ordre ou le désordre.

Choisissez aujourd'hui qui vous voulez servir.
...Josué 24:15

Cependant, une fois que le choix a été fait et accepté, de sorte qu'il façonne la conscience habituelle de l'individu, l'imagination manifeste son pouvoir et sa sagesse infinis en façonnant le monde extérieur et sensuel du devenir à l'image du discours et des actions habituels de l'individu.

Pour réaliser cet idéal, l'Homme doit d'abord changer les schémas que son imagination suit. Les pensées habituelles sont un indicateur de caractère. La façon de changer le monde extérieur est d'harmoniser le discours et les actions de l'individu avec les discours et les actions de l'extérieur du souhait réalisé.

Nos idéaux attendent leur incarnation, mais tant que nous ne mettons pas nos paroles et nos actions en harmonie avec les paroles et les actions du souhait réalisé, les idéaux ne sont pas capables de naître. Les conversations et les actions intérieures sont les canaux de l'action de Dieu. Il ne peut pas répondre à nos prières si ces chemins ne sont pas offerts. Le comportement extérieur de l'Homme est mécanique. Il est soumis à la contrainte imposée par le moi intérieur, et les vieilles habitudes du moi intérieur restent jusqu'à ce qu'elles soient remplacées par de nouvelles. C'est la qualité universelle du second, ou Homme intérieur, qui donne au moi extérieur quelque chose de semblable à sa propre réalité d'être. Chaque changement dans le comportement de l'Homme intérieur entraîne un changement extérieur correspondant.

Les mystiques appellent un changement de conscience "la mort". La mort ne signifie pas la destruction de l'imagination et de l'état avec lequel elle était unie, mais la dissolution de l'union. Il s'agit plus d'une union, moins d'une unité. Ainsi, les réalités que cette union a engendrées disparaissent. "Je meurs chaque jour", disait Paul aux Corinthiens.

Blake a dit à son ami Crabbe Robinson :

La mort n'existe pas. La mort est la meilleure chose
qui peut arriver dans la vie ; la plupart des gens
meurent si tard, et ont
le temps de mourir. Dieu sait que ses voisins le voient
ne jamais ressusciter d'entre les morts.

Pour l'Homme extérieur des sens, qui ne sait rien de l'Homme intérieur de l'être, c'est une pure absurdité. Mais Blake a été très clair sur ce point lorsqu'il a écrit l'année précédant sa mort :

William Blake - quelqu'un qui est très heureux d'être en bonne compagnie.
Né le 28 novembre 1757 à Londres et mort à plusieurs reprises depuis lors.
Lorsque l'Homme réalise que son imagination est celle du Christ, il voit pourquoi le Christ a dû mourir pour ressusciter d'entre les morts et sauver l'Homme - pourquoi il a dû détacher son imagination de sa condition actuelle et la réconcilier avec une image de soi plus élevée s'il voulait s'élever au-dessus de ses limites actuelles et ainsi se sauver lui-même.

Nous en arrivons maintenant à une belle histoire de mort mystique dont un "voisin" a été témoin. "La semaine dernière", écrit celle "qui est ressuscitée", "une amie m'a prêté sa maison dans les montagnes pour les vacances de Noël, car elle avait l'intention de partir à l'Est. Elle a dit qu'elle me le ferait savoir cette semaine. Nous avons eu une conversation très agréable et j'ai parlé de vous et de vos enseignements dans le cadre d'une discussion sur "l'Expérience du temps" de Dunne, qu'elle avait lue.

Votre lettre est arrivée lundi. Quand je l'ai ramassée, je suis soudain tombé dans une humeur dépressive. Quoi qu'il en soit, quand j'ai lu la lettre, elle a dit que je pouvais avoir la maison et elle a décrit où je pouvais obtenir la clé. Au lieu d'être joyeux, je suis devenu de plus en plus déprimé, au point de penser qu'il doit y avoir quelque chose entre les lignes que je ne saisis qu'intuitivement. J'ai relu la première page, et quand je suis arrivé à la deuxième page, j'ai remarqué qu'il y avait un addendum au dos de la première page. Il s'agissait d'une description brutale et maladroite d'un trait de caractère peu attrayant avec lequel je luttais depuis des années, et que je pensais avoir surmonté depuis deux ans. Mais là encore, elle a été décrite avec une précision clinique.

J'étais stupéfait et désolé. Je me suis dit : "Que veut me dire cette lettre ? D'abord, elle m'invite à vivre dans sa maison, comme je me suis vu, dans un foyer aimant pendant les vacances. Deuxièmement, rien ne peut m'arriver à moins que je ne le tire. Et troisièmement, je n'ai entendu que de bonnes nouvelles. La conclusion évidente est donc que quelque chose en moi correspond à cette lettre et, quoi qu'il en soit, c'est une bonne nouvelle".

J'ai relu la lettre et je me suis demandé : "Que suis-je censé voir ici ? Et puis je l'ai vu. Elle commençait par "Après notre conversation de la semaine dernière, je pense pouvoir vous dire..." et le reste de la page était rempli de "étaient" et "était" comme des raisins secs dans un gâteau aux raisins. Un grand sentiment d'euphorie m'a envahi. C'était dans le passé. Ce que j'avais travaillé si longtemps à corriger était terminé. J'ai soudain réalisé que mon ami assistait à ma résurrection. Je me suis promené dans le studio et j'ai chanté : "Tout ça, c'est du passé ! C'est terminé. Merci, c'est fait !" J'ai pris toute ma gratitude dans une grosse boule de lumière et je l'ai tirée directement sur vous, donc si vous avez vu une lumière lundi soir juste après six heures de votre temps, c'est que c'était ça.

Eh bien, au lieu d'écrire une lettre de politesse parce que ce serait la bonne manière, je peux la remercier sincèrement pour l'ouverture et le prêt de sa maison. Merci pour votre enseignement, qui a vraiment fait de mon imagination bien-aimée mon sauveur.

Et maintenant, si quelqu'un lui dit,
Voici le Christ ! Voici !
elle ne le croira pas parce qu'elle sait que le Royaume de Dieu est en elle, qu'elle doit accepter la pleine responsabilité de l'incarnation de son idéal, et que rien d'autre que la mort et la résurrection ne l'y amènera. Elle a trouvé son Sauveur, son imagination bien-aimée, qui s'étend à jamais dans le sein de Dieu.

Il n'y a qu'une seule réalité, et c'est le Christ - l'imagination humaine, l'accomplissement hérité et final de toute l'humanité.

Mais que, professant la vérité dans la charité,
nous croissions à tous les égards en celui
qui est le chef, Christ.
...Ephésiens 4:15

Chapitre 7 : La création est terminée

Ce qui existe a déjà existé,
tout comme ce qui existera,
et Dieu ramène ce qui est passé.
...Ecclésiaste 3.15

BLAKE A CONSIDERE toutes les situations humainement possibles comme des états "prêts à l'emploi". Il considérait chaque aspect, chaque action et chaque drame comme de "simples possibilités" déjà réalisées tant que nous n'y sommes pas, mais comme une réalité écrasante lorsque nous y sommes. Il a décrit ces états comme des "sculptures des salles de Los".

Il faut donc distinguer les États des individus dans ces États.
Les États changent, mais les identités individuelles ne changent jamais,
et ne disparaîtront jamais... L'imagination n'est pas un état,

a déclaré Blake,

Elle est l'existence humaine elle-même.
L'affection ou l'amour devenus état,
quand ils sont séparés de l'imagination.

On ne soulignera jamais assez l'importance de cette déclaration, mais le moment où une personne s'en rend compte pour la première fois est le moment le plus important de sa vie, et être encouragé à ressentir cela est la plus haute forme d'encouragement que l'on puisse donner.

Cette vérité est valable pour tous les peuples, mais la conscience de cette vérité - et bien plus encore, la conscience de soi - est une autre affaire.

Le jour où j'ai pris conscience de cette grande vérité - que tout dans mon monde est une manifestation de l'activité mentale qui se déroule en moi, et que tous les faits et circonstances de ma vie ne font que refléter l'état de conscience auquel je suis uni - est le plus significatif de ma vie.

Mais l'expérience qui m'a amené à cette certitude est tellement éloignée de l'existence ordinaire que j'ai longtemps hésité à la raconter, car mon esprit refusait d'admettre la conclusion que mon expérience m'obligeait à le faire. Pourtant, cette expérience m'a révélé que je suis le plus élevé dans le cercle de mon propre état de conscience, et que c'est l'état auquel je suis identifié qui détermine mes expériences. Elle doit donc être partagée avec tous, car savoir cela, c'est se libérer de la plus grande tyrannie du monde, la croyance en une seconde cause.

Heureux ceux qui ont le cœur pur, car ils verront Dieu.
...Matthieu 5:8

Heureux sont ceux dont l'imagination a été tellement purifiée de la croyance en des causes secondaires qu'ils savent que l'imagination est tout, et que tout est imagination.

Un jour, je me suis glissé de mon appartement à New York dans un paysage lointain, celui d'hier. En entrant dans la salle à manger d'une grande auberge, j'ai pris pleinement conscience. Je savais que mon corps physique était immobilisé sur mon lit à New York. Et pourtant, j'étais là, aussi éveillé et conscient que jamais. Je savais intuitivement que si je pouvais arrêter l'activité de mon esprit, tout se figerait devant moi. Dès que j'ai eu cette idée, l'envie de l'essayer m'est venue. J'ai senti ma tête se contracter et je me suis ensuite condensé dans le silence. Mon attention s'est concentrée sur un point précis et la serveuse qui courait ne courait pas. J'ai regardé par la fenêtre et les feuilles qui tombaient ne sont pas tombées. Et la famille de quatre personnes qui mangeait n'a pas mangé. Ils ont ramassé la nourriture, elle ne s'est pas levée. Puis mon attention s'est détendue, la tension s'est relâchée, et soudain tout a suivi son cours normal. Les feuilles sont tombées, la serveuse a couru et la famille a mangé. Puis j'ai compris la vision de Blake sur les "Sculptures des Halles de Los".

Je vous ai envoyés récolter une moisson,

qui ne vous a pas demandé de travail.
...Jean 4:38

La création est terminée.

Ce qui existe a déjà existé,
tout comme ce qui existera.
...Ecclésiaste 3.15

Le monde de la création est complet et son originalité est en nous. Nous l'avons vu avant notre départ et nous essayons depuis de nous en souvenir et d'en activer certaines parties. Les points de vue sont infinis. Notre tâche consiste à obtenir la bonne vue et à la laisser défiler devant notre œil intérieur en guidant clairement notre attention. Lorsque nous assemblons les bonnes séquences et que nous les vivons dans notre imagination jusqu'à ce qu'elles aient le ton de la réalité, nous créons consciemment des circonstances. Cette marche intérieure, la procession, est l'activité de l'imagination, qui doit être guidée consciemment. Par une série de transformations mentales, nous prenons de plus en plus conscience des parties de ce qui est déjà, et en alignant notre propre activité mentale sur les parties de la création que nous souhaitons expérimenter, nous les activons, les ravivons et leur donnons vie.

Cette expérience que j'ai vécue montre non seulement que le monde est une manifestation de l'activité mentale de l'observateur individuel, mais révèle également notre passage du temps comme des sauts d'attention entre des moments éternels. Un abîme infini sépare deux moments. Par les mouvements de notre attention, nous donnons vie aux "Sculptures des Halles de Los".

Voyez le monde comme quelque chose qui contient un nombre infini d'états de conscience à partir desquels il pourrait être vu. Considérez ces états comme des pièces ou des habitations dans la maison de Dieu, et comme les pièces de toute maison, elles sont en relation fixe les unes par rapport aux autres. Mais voyez vous, le vrai vous, le vous imaginatif, comme l'habitant vivant et mouvant de la maison de Dieu. Chaque salle contient certaines des sculptures de Los, avec une infinité d'actions, de drames et de situations déjà élaborées mais non activées. Ils sont activés dès que l'imagination humaine entre et se confond avec eux. Chaque pièce représente certaines activités mentales et émotionnelles. Pour entrer dans un État, une personne doit accepter les idées et les sentiments que cet État représente. Ces états représentent un nombre infini de transformations mentales possibles que l'Homme peut expérimenter. Le déménagement vers un autre État ou un autre logement nécessite un changement de croyances. Tout ce que vous pourriez souhaiter est déjà présent, attendant juste de coïncider avec vos croyances. Mais il doit être d'accord, car c'est la condition nécessaire pour qu'il puisse être activé et objectivé. S'accorder avec les croyances d'un État, c'est chercher qui trouve, frapper qui ouvre, demander qui reçoit. Entrez et occupez le terrain.

Dès qu'une personne est en accord avec les croyances d'un État, elle s'y unit, et cette union se traduit par l'activation et la projection de ses actions, plans, drames et situations. Elle devient la maison de l'individu à partir de laquelle il voit le monde. C'est son atelier, et s'il est attentif, il verra que la réalité extérieure se forme, selon le modèle de son... imagination.

À cette fin, pour nous former à la fabrication d'images, nous sommes devenus le sujet des limitations des sens et nous avons revêtu des corps de chair. C'est le réveil de l'imaginaire, le retour de son fils, que notre père attend.

Car la création a été soumise à la vanité,
non de son gré, mais à cause de celui
qui l'y a soumise.
...Romains 8:20

Elle aussi sera affranchie de la servitude de la corruption,
pour avoir part à la liberté de la gloire des enfants de Dieu.
...Romains 8:21

Nous avons été soumis à cette expérience biologique parce que personne ne peut connaître l'imagination qui n'a pas été soumise à la fugacité et aux limites de la chair, qui n'a pas pris sa part de filiation et a été perdue, qui n'a pas goûté et goûté à cette tasse d'expérience ; et la confusion persiste jusqu'à ce que l'Homme s'éveille et qu'une vision fondamentalement imaginative de la vie soit restaurée et reconnue comme base.

Cette grâce a été accordée d'annoncer aux païens les richesses
incompréhensibles de Christ,
et de mettre en lumière le moyen de faire connaître le mystère
caché de toute éternité en Dieu qui a créé toutes choses.
...Ephésiens 3,8,9

N'oubliez pas que le Christ en vous est votre imagination.

Comme les phénomènes de notre monde sont déterminés par l'état particulier avec lequel nous sommes unis, nous pouvons déterminer notre destin en tant qu'individus en unissant notre imagination aux idéaux que nous voyons se réaliser. La diversité des circonstances et des conditions de notre vie dépend de la diversité de nos états de conscience. Souvent, la personne qui est libre dans le choix de son état crie haut et fort pour être sauvée de l'état de son choix.

Et alors vous crierez contre votre roi que vous vous serez choisi,
mais l'ÉTERNEL ne vous exaucera point.
Le peuple refusa d'écouter la voix de Samuel. Non! Dirent-ils
mais il y aura un roi sur nous.
...Samuel 8,18,19

Choisissez judicieusement l'État que vous allez servir. Tous les états sont sans vie jusqu'à ce que l'imagination se confonde avec eux.

Mais tout ce qui est démasqué par la lumière apparaît clairement,
car tout ce qui apparaît ainsi est lumière.
...Éphésiens 5:13

Et

Vous êtes la lumière du monde,
...Matthieu 5:14

par laquelle les idées que vous avez choisies vont se concrétiser.

Tenez-vous en à votre idéal. Personne ne peut vous l'enlever, sauf votre imagination. Ne pensez pas à votre idéal, réfléchissez à votre idéal. Seuls les idéaux dont vous pensez qu'ils se réaliseront un jour.

L'homme ne vivra pas de pain seulement, mais
de toute parole qui sort de la bouche de Dieu.
...Matthieu 4:4

Et "la bouche de Dieu" est l'esprit de l'Homme.

Devenez un buveur et un mangeur des idéaux que vous souhaitez réaliser. Ayez un objectif fixe et précis, sinon votre esprit va errer, et en errant il mangera toute suggestion négative. Si vous vivez mentalement bien, tout le reste sera bien. En modifiant l'alimentation mentale, vous pouvez changer le cours des événements observés. Mais tant que vous ne changez pas votre alimentation mentale, votre histoire personnelle reste la même. Vous éclairez ou assombrissez votre vie par les idées que vous nourrissez. Et ils nourrissent les idées qui vous font penser. Si vous trouvez le monde inchangé, c'est un signe certain que vous manquez de fidélité à la nouvelle nourriture mentale que vous négligez pour condamner votre environnement. Vous devez adopter une nouvelle attitude et la maintenir. Vous pouvez être tout ce que vous voulez si vous laissez l'imagination s'habituer, car toute idée qui exclut tous les autres du champ d'attention se décharge dans l'action. Les idées et les états d'âme auxquels vous revenez constamment définissent l'état dans lequel vous êtes unis. Entraînez-vous donc à occuper plus régulièrement le sentiment de désir satisfait. C'est de la magie créative. C'est le moyen de travailler à l'union avec l'État souhaité.

Si vous acceptiez plus souvent le sentiment d'un souhait réalisé, vous seriez maître de votre destin, mais malheureusement, la plupart du temps, vous excluez votre acceptation. Entraînez-vous à laisser le sentiment d'un souhait réalisé devenir naturel pour vous. Après avoir accepté la sensation du souhait réalisé, ne fermez pas l'expérience comme si c'était un livre, mais emportez-la avec vous comme si c'était une odeur parfumée. Plutôt que de l'oublier complètement, laissez l'acceptation s'attarder dans l'atmosphère afin qu'elle influence automatiquement vos actions et vos réactions. Une humeur, souvent répétée, prend un élan qu'il est difficile de briser ou de contrôler. Faites donc attention aux sentiments qui vous divertissent. Les humeurs habituelles révèlent l'état avec lequel vous êtes unis.

Il est toujours possible de passer de la réflexion sur la fin que l'on veut réaliser à la réflexion sur la fin. Le point crucial est de penser à la fin, car penser à quelque chose signifie l'union avec l'idée : alors qu'en pensant à la fin, il y a toujours un sujet et un objet - l'individu qui pense et la chose à laquelle on pense. Vous devez vous sentir dans l'état du souhait déjà réalisé, dans votre amour pour l'État, et en faisant cela vous vivez et pensez à partir de lui, et non plus à son sujet. On passe de la pensée à la réflexion en centrant son imagination sur le sentiment que le souhait est réalisé.

Chapitre 8 : La prunelle de l'oeil

Que pensez-vous du Christ ?
De qui est-il fils ?
...Matthieu 22:42

SI CETTE question est posée, répondez par ,

"Le Christ est mon imagination", et même si

Nous ne voyons pas encore que tout lui soit soumis,
...Hébreux 2:8

je sais que je suis Marie, qui tôt ou tard lui donnera naissance, et enfin

fait toutes choses par le Christ.

La naissance du Christ est l'éveil de la personne intérieure, ou seconde personne. C'est la conscience de l'activité mentale en soi, cette activité qui se poursuit, que nous en soyons conscients ou non.

La naissance du Christ ne fait pas venir de loin une personne ou ne donne pas naissance à quelque chose qui n'existait pas auparavant. C'est la révélation de Dieu dans l'Homme. Le Seigneur "vient avec les nuages" est la description par le prophète des anneaux pulsés de liquide doré qui apparaissent sur le bec dans lequel il s'éveille. La venue vient de l'intérieur et non de l'extérieur, car le Christ est en nous.

Ce grand secret

Dieu est révélé dans la chair, à partir de l'Avent, et il convient que la purification du temple,

(Le temple), c'est ce que vous êtes,
...Corinthiens 3:17

est à l'avant-garde du mystère chrétien.

Le royaume de Dieu est au milieu de vous

...Luc 17:21

La période de l'Avent est la révélation du secret de votre être. Si vous pratiquez l'art de la révision en vivant selon les sages, en utilisant avec imagination votre discours et vos actions intérieures, dans la confiance que, par l'utilisation consciente de "la puissance qui agit en nous" (Ephésiens 3:20), le Christ sera éveillé en vous ; si vous y croyez, faites-lui confiance, agissez en conséquence ; alors le Christ sera éveillé en vous. C'est la saison de l'Avent.

Grand est le secret de Dieu :
Dieu est révélé dans la chair.
...Timothée 3:16

A partir de l'Avent,

celui qui vous touche, touche la prunelle de son oeil.
...Zacharie 2.8

La recherche

Vers Victoria

La réalisation d'un rêve

UNE fois, je méditais en mer, dans un état de calme, sur "l'état parfait", et je me demandais ce que je serais si mes yeux étaient trop purs pour voir l'injustice. Alors que je me perdais dans cette couvaison ardente, je me suis retrouvé à m'élever au-dessus de l'environnement sombre de mes sens. La sensation était si intense que j'avais l'impression qu'un feu habitait un corps d'air. Les voix d'un chœur céleste, avec l'enthousiasme de ceux qui sont sortis vainqueurs du conflit avec la mort, ont chanté : "Il est ressuscité - Il est ressuscité", et intuitivement, j'ai su qu'elles me désignaient.

Puis j'ai semblé marcher dans la nuit. Je suis vite arrivé sur une scène qui aurait pu être l'ancien étang de Bethesda, car il y avait une foule de gens sans défense à cet endroit - aveugles, boiteux, rachitiques, n'attendant pas l'eau en mouvement comme dans la tradition, mais m'attendant. Quand je me suis approché, l'un après l'autre, sans aucune pensée ni effort de ma part, s'est formé, comme par le magicien de la beauté. Les yeux, les mains, les pieds - tous les éléments manquants - ont été tirés d'un récipient invisible, et formés en harmonie avec la perfection que je ressentais à l'intérieur. Quand tout était parfait, le chœur se réjouissait : "C'est fait". Puis la scène s'est dispersée et je me suis réveillé.

Je sais que cette vision est le résultat de mon intense méditation sur l'idée de perfection, car mes méditations mènent invariablement à une union avec l'état contemplé. Je me suis tellement imprégné de l'idée que, pendant un instant, je suis devenu ce que j'avais envisagé, et le but élevé auquel je me suis identifié pendant un instant a attiré la société des choses élevées, et a façonné la vision en harmonie avec ma nature intérieure. L'idéal avec lequel nous sommes unis fonctionne avec des associations d'idées pour éveiller des milliers d'humeurs et créer un drame en harmonie avec l'idée centrale.

J'ai découvert cette relation d'humeurs et de visions pour la première fois à l'âge de sept ans. J'ai pris conscience d'une vie mystérieuse qui s'accélérait en moi, comme un océan orageux d'une puissance effrayante. J'ai toujours su quand j'étais uni à cette identité cachée, car mes sens étaient en attente pendant les nuits de ces visites, et je savais sans aucun doute qu'avant le matin je serais seul et sans limite. Je craignais tellement ces visites que je restais éveillé jusqu'à ce que mes yeux se ferment par pur épuisement. Quand mes yeux se sont fermés dans mon sommeil, je n'étais plus seul, mais complètement amoureux d'un autre être, et pourtant je savais que c'était moi-même. Il semblait plus vieux que la vie, et pourtant plus proche que mon enfance. Lorsque je raconte ce que j'ai découvert au cours de ces nuits, je ne le fais pas pour imposer mes idées aux autres, mais pour donner de l'espoir à ceux qui cherchent la loi de la vie.

En tant qu'être humain, je l'ai imaginé comme l'amour, et moi-même comme le Fils, et dans mon union avec elle, maintenant quel amour m'entoure ! C'est un miroir. Quoi que nous imaginions, c'est pour nous. Je crois que c'est le centre par lequel tous les fils de l'univers sont tirés ; j'ai donc changé mes valeurs et mes idées de sorte qu'elles sont maintenant dépendantes et en harmonie avec cette cause unique, qui est la cause unique de tout cela. Pour moi, c'est la réalité immuable qui façonne les circonstances en harmonie avec l'image que nous avons de nous-mêmes.

Mes expériences mystiques m'ont convaincu qu'il n'y a pas d'autre chemin vers la perfection extérieure que celui de la transformation de soi.

Dès que nous aurons réussi à nous transformer, le monde fondra comme par magie sous nos yeux et se reformera en harmonie avec ce qui affirme notre transformation.

Je vais parler de deux autres visions parce qu'elles confirment la vérité de mon affirmation selon laquelle, grâce à l'intensité de l'amour et de la haine, nous devenons ce que nous contemplons.

Une fois, les yeux fermés, brillant à travers la couvaison, j'ai médité sur l'éternelle question "Qui suis-je ?" et je me suis senti me dissoudre progressivement dans une mer sans limite de lumière pulsée, d'imagination, au-delà de toute peur de la mort. Dans cet état, rien n'existait que moi, un océan infini de lumière liquide. Je ne me suis jamais senti aussi intime avec l'être.

Je ne sais pas combien de temps cette expérience a duré, mais mon retour sur Terre a été accompagné d'un sentiment prononcé de cristallisation dans la forme humaine.

Une autre fois, j'étais allongé sur mon lit, les yeux fermés, comme si je dormais, et je réfléchissais au mystère de Bouddha. Peu après, les cavités sombres de mon cerveau ont commencé à briller.

J'avais l'impression d'être entouré de nuages rougeoyants qui émanaient de ma tête, des anneaux pulsés. Pendant un moment, je n'ai vu que ces anneaux lumineux. Puis une pierre de cristal de quartz est apparue devant mes yeux.

En le regardant, le cristal s'est brisé en morceaux, et des mains invisibles l'ont rapidement façonné en la forme du Bouddha vivant. Quand j'ai regardé cette figure méditative, j'ai réalisé que c'était moi. J'étais le Bouddha vivant que je contemplais. Une lumière, semblable à celle du soleil, brillait de cette image vivante de moi-même, avec une intensité croissante jusqu'à ce qu'elle explose. Puis la lumière s'est progressivement éteinte et j'étais de nouveau dans l'obscurité de mon espace.

De quelle sphère ou chambre du trésor de la formation cet être, plus puissant que l'Homme, est-il venu, son vêtement, le cristal, la lumière ? Quand je vois, entends et bouge dans un monde d'êtres réels, alors qu'il me semble que je marche la nuit, quand les rachitiques, les boiteux et les aveugles se transforment en harmonie avec ma nature intérieure, alors j'ai le droit de supposer que j'ai un corps plus subtil que le physique, un corps qui peut être détaché du physique et utilisé dans d'autres sphères ; car voir, entendre et bouger sont des fonctions d'un organisme, aussi céleste soit-il. Lorsque je me demande si mes expériences psychiques n'étaient pas des fantasmes nés de mon propre chef, je ne suis pas moins ému de m'interroger sur ce moi plus puissant, ce qui provoque un drame dans mon esprit, aussi réel que ceux que je vis lorsque je suis pleinement éveillé.

Je suis entré dans ces méditations enflammées encore et encore, et je sais sans aucun doute que les deux hypothèses sont vraies. Dans cette forme de terre se trouve un corps en harmonie avec un monde de lumière, et je l'ai élevé, par une intense méditation, comme avec un aimant à travers le crâne de cette sombre maison de chair.

Quand j'ai réveillé le feu en moi pour la première fois, j'ai cru que ma tête allait exploser. Il y a eu une vibration intense à la base de mon crâne, puis un oubli soudain de tout. Puis je me suis retrouvé dans un vêtement de lumière, et attaché au corps endormi sur le lit par une corde élastique argentée. Mes sentiments étaient si sublimes que je me sentais connecté aux étoiles. Dans ces vêtements, j'ai parcouru des sphères plus familières que la terre, mais j'ai remarqué que les circonstances, comme sur terre, sont en harmonie avec ma nature. "'Imagination naissante', vous dites. Pas plus que les choses de la terre.

Je suis un être immortel, je me comprends comme un être humain qui forme les mondes à l'image de lui-même.

Ce que nous imaginons être. Grâce à notre imagination, nous avons créé le rêve de la vie, et grâce à notre imagination, nous allons réintégrer le monde infini de la lumière, en devenant ce que nous étions avant d'imaginer le monde. Rien ne se perd dans l'économie divine. Nous ne pouvons rien perdre, sauf en descendant de la sphère où la chose a sa vie naturelle.

La mort n'a pas de pouvoir de transformation et, que nous soyons ici ou là-bas, nous façonnons le monde qui nous entoure par l'intensité de notre imagination et de nos sentiments, et nous illuminons ou assombrissons notre vie par l'image que nous entretenons de nous-mêmes. Rien n'est plus important pour nous que l'image que nous avons de nous-mêmes, et c'est particulièrement vrai pour l'image du profond, caché en nous.

Ceux qui nous aident ou nous entravent, et qu'ils le sachent ou non, sont des serviteurs de la loi, qui forme les circonstances extérieures en harmonie avec notre nature intérieure. Ce sont les images que nous avons de nous-mêmes qui nous libèrent ou nous restreignent, même si elles peuvent utiliser des substituts physiques pour atteindre leur but.

Parce que la vie façonne le monde extérieur pour refléter l'arrangement intérieur de notre esprit, il n'y a pas d'autre moyen de réaliser la perfection extérieure que nous recherchons que celui de la transformation de soi. Aucune aide ne vient de l'extérieur ; les collines vers lesquelles nous dirigeons nos yeux sont celles d'une montagne intérieure. Par conséquent, nous devons nous tourner vers notre conscience en tant que seule réalité, seul fondement sur lequel tous les phénomènes peuvent être expliqués. Nous pouvons absolument compter sur la justice de cette loi, qui ne nous donne que ce qui est dans notre nature.

Essayer de changer le monde avant de changer l'image que nous avons de nous-mêmes est une lutte contre la nature des choses. Il ne peut y avoir de changement externe que s'il y a d'abord un changement interne. Comme à l'intérieur, donc à l'extérieur. Je ne prône pas l'indifférence philosophique lorsque je recommande que nous nous imaginions déjà être ce que nous voulons être, en vivant dans une atmosphère de magnificence, plutôt que d'utiliser des moyens physiques et des arguments pour apporter le changement souhaité. Tout ce que nous faisons sans changement de conscience n'est qu'un réajustement futile des surfaces. Quels que soient les efforts que nous déployons, nous ne pouvons obtenir plus que ce que confirment nos suppositions subconscientes.

Protester contre ce qui nous arrive, c'est protester contre la loi de notre être et la règle de notre propre destin.

La méditation intensive conduit à une union avec l'état contemplé, et pendant cette union nous avons des visions, nous faisons des expériences et nous agissons en fonction de notre changement de conscience. Cela nous montre qu'une transformation de la conscience entraîne un changement d'environnement et de comportement. Cependant, lorsque nous passons d'un état à un autre, nos changements habituels de conscience ne sont pas des transformations, car chacun est rapidement suivi par un autre dans une direction inverse ; mais lorsqu'un état croît de façon si constante qu'il chasse définitivement ses concurrents, alors cet état habituel central définit le caractère et constitue une véritable transformation. Dire que nous sommes transformés signifie que des idées qui étaient auparavant périphériques à notre conscience jouent maintenant un rôle central et forment le centre habituel de notre énergie.

Toutes les guerres montrent que les émotions puissantes sont très efficaces pour déclencher des réarrangements mentaux. Chaque conflit majeur a été suivi d'une ère de matérialisme et d'avidité, au cours de laquelle les idéaux pour lesquels la guerre était censée être menée ont été perdus. C'est inévitable car la guerre engendre la haine, ce qui entraîne une baisse de conscience du niveau de l'idéal au niveau du conflit. Si nous étions émotionnellement aussi excités par nos idéaux que nous le sommes par nos aversions, nous monterions au niveau de notre idéal aussi facilement que nous descendons actuellement au niveau de nos haines.

L'amour et la haine ont un pouvoir magique, transformateur, et nous évoluons à travers leur pratique à l'image de ce que nous contemplons. Par une haine intense pour les gens, nous créons en nous le caractère que nous avons créé chez nos ennemis. Les qualités meurent par manque d'attention, aussi la meilleure façon d'effacer les états désagréables est d'imaginer "un diadème au lieu de la cendre, une huile de joie au lieu du deuil" (Esaïe 61:3), plutôt que d'attaquer directement l'état dont nous voulons être libérés.

"Tout ce qui est aimable, tout ce qui mérite l'approbation, ce qui est vertueux est digne de louange !" (Philippiens 4:8) Car nous devenons ce que nous sommes.

Il n'y a rien à changer, si ce n'est l'image que nous avons de nous-mêmes. L'humanité est un être unique, indépendamment de ses nombreuses formes et de ses nombreux visages, et il n'y a qu'une séparation apparente en elle, comme nous le trouvons dans notre propre être lorsque nous rêvons. Les images et les circonstances que nous voyons dans les rêves sont des créations de notre propre imagination, et n'ont aucune existence en dehors de nous. Il en va de même pour les images et les circonstances que nous voyons dans ce rêve de vie. Ils révèlent l'image que nous avons de nous-mêmes. Une fois que nous aurons réussi à nous transformer, notre monde fondra et se remodèlera en harmonie avec ce qui affirme notre changement.

L'univers que nous étudions avec tant de soin est un rêve, et nous sommes les rêveurs du rêve, des rêveurs éternels, et non des rêveurs d'éternels rêves. Un jour, comme Nabuchodonosor, nous nous réveillerons de ce rêve, du cauchemar dans lequel nous nous battons avec des démons pour découvrir que nous n'avons en fait jamais quitté notre maison éternelle, que nous ne sommes jamais nés et jamais morts, sauf dans notre rêve.

La saison des semailles et des récoltes

la saison des semailles et des récoltes

Chapitre 1 : La fin d'un cordon d'or

"Je vous donne le bout d'un cordon d'or ;
Il suffit de le rouler en boule,
il vous conduira à l'intérieur des portes de nacre,
intégré dans le Mur des Lamentations".
...Blake

Dans les essais suivants, j'ai essayé de montrer certaines façons d'aborder la compréhension de la Bible et la réalisation de vos rêves.

"Ainsi vous ne vous relâcherez pas, mais vous imiterez ceux qui, par la foi et la patience, reçoivent l'héritage promis".
...Hébreux 6:12

Beaucoup de ceux qui apprécient les vieux versets familiers des Écritures sont découragés lorsqu'ils essaient de lire la Bible comme n'importe quel autre livre, car ils ne comprennent pas que la Bible est écrite dans le langage du symbolisme. Ne sachant pas que tous les personnages ne sont que des personnifications des lois et des fonctions de l'esprit ; que la Bible est plus psychologique qu'historique, ils se perdent un moment dans la confusion et abandonnent ensuite. Tout cela est trop mystérieux. Pour comprendre le sens du langage figuré, le lecteur de la Bible doit être éveillé par son imagination.

Comme le dit la Bible, nous dormons avec Adam et nous nous réveillons avec le Christ. C'est-à-dire que nous dormons collectivement et nous nous réveillons individuellement.

Alors l'Éternel Dieu fit tomber un profond sommeil sur l'Homme, qui s'endormit.
...Genèse 2,21

Si Adam, ou l'Homme en général, est dans un sommeil profond, alors ses expériences doivent être un rêve, comme le révèle l'Écriture. Seul celui qui est éveillé peut raconter son rêve, et seul celui qui comprend la symbolique des rêves peut interpréter le rêve.

"Et ils se dirent l'un à l'autre :
notre cœur ne brûlait-il pas au dedans de nous, lorsqu'il nous parlait en chemin
et nous expliquait les saintes Écritures ?"
...Luc 24,32

La Bible est une révélation des lois et des fonctions de l'esprit, exprimée dans la langue de ce royaume du crépuscule, dans lequel nous allons quand nous dormons. Parce que le langage symbolique de ce royaume du crépuscule est le même pour tous les peuples, les récents découvreurs de ce royaume - l'imagination humaine - l'appellent "inconscient collectif".

Chapitre 2 : Les quatre puissants

"Un fleuve sortait d'Éden pour arroser ce jardin
et de là, il se partageait en quatre bras."
...Genèse 2,10

"Chacun avait quatre visages..."
...Ezéchiel 10:14

"Je vois quatre hommes sans liens qui marchent au milieu du feu,
et qui n'ont point de mal ; figure du quatrième ressemble à celle
d'un des fils des dieux."
...Daniel 3:25

"Quatre hommes puissants sont en chacun de nous."
...Blake

Les "quatre puissants" forment le moi de l'Homme, ou Dieu dans l'Homme. Il y a "quatre Puissances" dans chaque humain, mais ces "quatre Puissances" ne sont pas quatre êtres distincts, séparés les uns des autres comme les doigts de sa main.

Les "quatre puissants" sont les quatre différents aspects de l'esprit, et diffèrent les uns des autres par leur fonction et leur caractère, sans être quatre êtres distincts habitant le corps d'un être humain.

Les "quatre puissants" peuvent être assimilés aux quatre lettres hébraïques Yodh, He, Waw, He, de droite à gauche, qui forment le nom mystérieux en quatre lettres de la force créatrice Yahweh, ou aussi connue sous le nom de Jéhovah, qui porte en elle la forme passée, présente et future du verbe "être".

Le Tetragrammaton est honoré comme un symbole du pouvoir créatif de l'Homme - JE SUIS - les quatre fonctions créatives de l'Homme, qui s'étendent pour réaliser les qualités cachées en elles dans les phénomènes réels et matériels.

la saison des semailles et des récoltes

On peut mieux comprendre les "quatre puissants" en les comparant aux quatre personnages les plus importants de la production théâtrale.

"Le monde est une scène,
et tous les hommes et femmes
ne sont que de simples exécutants ;
Ils ont leurs entrées et leurs sorties ;
Et un homme en son temps joue de nombreux rôles..."
...comme vous l'aimez :
Deuxième action, septième scène

Le producteur, l'auteur, le réalisateur et l'acteur sont les quatre personnages les plus importants de la production théâtrale. Dans le drame de la vie, la tâche du producteur est de proposer le thème de la pièce. Il le fait sous la forme d'un vœu, par exemple : "J'aimerais réussir" ; "J'aimerais pouvoir partir en voyage" ; "J'aimerais être marié" ; etc. Mais pour apparaître sur la scène du monde, ces thèmes généraux doivent être précisés et élaborés en détail. Il ne suffit pas de dire : "J'aimerais réussir" - c'est trop vague. Réussir *à quoi ?* Le premier "puissant" ne propose donc qu'un seul thème.

La dramatisation du thème est laissée à l'originalité du second "puissant", l'auteur. L'auteur dramatise le thème en n'écrivant que la dernière scène - mais cette scène est très détaillée. La scène doit dramatiser le souhait réalisé. Il construit mentalement une scène, aussi proche de la réalité que possible de l'expérience qu'il aurait eue s'il avait réalisé son souhait. Lorsque la scène est clairement visualisée, le travail de l'auteur est terminé.

Le troisième "puissant" dans la production de la pièce de théâtre de la vie est le metteur en scène. Le travail du réalisateur consiste à s'assurer que l'acteur reste fidèle au scénario en le répétant encore et encore jusqu'à ce qu'il soit complètement naturel dans le rôle. Cette fonction peut être comparée à une attention contrôlée et consciemment dirigée - une attention centrée exclusivement sur l'action, ce qui implique que le souhait est déjà réalisé.

"Et le quatrième est comme un fils des dieux" - l'imagination humaine, l'acteur. Ce quatrième "Puissant" accomplit en lui-même, dans l'imagination, l'action prédéterminée, ce qui implique que le souhait est réalisé. Cette fonction ne visualise pas, et n'observe pas l'action. Cette fonction exécute le drame, encore et encore, jusqu'à ce qu'il prenne les tons de la réalité. Sans la vision dramatisée du souhait réalisé, le sujet reste un simple thème, à jamais endormi dans les grandes chambres des sujets à naître. Sans la coopération de l'attention qui obéit à la vision dramatisée du souhait exaucé, la vision perçue n'atteindra pas plus la réalité objective.

Les "quatre puissants" sont les quatre composantes de l'âme humaine. Le premier est le Roi de Jéhovah qui propose le thème ; le deuxième est le serviteur de Jéhovah qui élabore fidèlement le thème en une vision dramatique ; le troisième est l'Homme de Jéhovah qui a été attentif et obéissant à la vision du souhait réalisé qui ramène l'imagination errante "soixante-dix fois sept" au scénario. La "forme du quatrième" est Jéhovah lui-même, qui interprète le thème dramatisé sur la scène de l'Esprit.

"Ayez en vous les sentiments qui étaient
en Jésus-Christ ; lequel, existant en forme de Dieu, n'a point
regardé comme une proie à arracher d'être égal avec Dieu..."
...Philippiens 2,5,6

Le drame de la vie est l'œuvre conjointe des quatre composantes puissantes de l'âme humaine.

"Tout ce que vous voyez, bien qu'il apparaisse à l'extérieur,
c'est à l'intérieur, dans votre imagination, d'où
ce monde de mortalité n'est qu'une ombre".
...Blake

Tout ce que nous voyons est une construction visuelle, conçue pour exprimer un thème - un thème qui a été dramatisé, pratiqué et joué ailleurs. Ce dont nous sommes témoins sur la scène de la vie est une construction visuelle conçue pour exprimer les thèmes qui ont été dramatisés, pratiqués et exécutés dans l'imagination humaine.

Ces "quatre puissants" forment le moi de l'Homme, ou Dieu dans l'Homme : et tout ce que l'Homme voit, bien qu'il apparaisse à l'extérieur, n'est qu'une ombre projetée sur l'écran de la pièce - des constructions optiques imaginées par le moi pour l'informer des sujets qu'il a spécifiquement conçus, mis en scène, pratiqués et interprétés.

"Après tout, la création est sujette à la fugacité", afin qu'il puisse prendre conscience de son moi et de ses fonctions, car grâce à la conscience du moi et de ses fonctions, il peut agir de manière ciblée ; il peut avoir une histoire consciente et autodéterminée. Sans cette conscience, il agit inconsciemment, implorant un Dieu objectif pour le sauver de sa propre création.

"Jusqu'à quand, ô ETERNEL ?
J'ai crié, et tu n'écoutes pas !
J'ai crié vers toi à la violence,
et tu ne secours pas !
...Habakuk 1.2

Lorsque l'Homme découvre que la vie est un spectacle qu'il compose consciemment ou inconsciemment, il met fin à la torture aveugle qu'il s'inflige à lui-même en condamnant les autres. Il réécrira plutôt la pièce pour qu'elle soit conforme à son idéal, car il se rendra compte que tous les changements dans la pièce doivent venir de la coopération avec les "quatre puissants" qui sont en lui. Vous seul pouvez modifier le script et produire la version modifiée.

Tous les hommes et les femmes de son monde ne sont que des acteurs, et ne peuvent pas changer son jeu, pas plus que les acteurs d'un écran de cinéma ne peuvent changer l'image. Le changement souhaité doit être conçu, dramatisé, pratiqué et exécuté dans le théâtre ou le cinéma de l'esprit. Lorsque la quatrième fonction, l'imagination, aura rempli sa tâche qui consiste à répéter sans cesse la pièce retravaillée jusqu'à ce qu'elle soit naturelle, alors le rideau se lèvera sur ce monde qui semble si solide, et les "quatre puissants" jetteront une ombre de la pièce réelle sur l'écran de la salle. Les femmes et les hommes assumeront automatiquement leurs rôles pour réaliser le thème dramatisé. Les acteurs, en raison de leurs différents rôles dans le drame du monde, seront entraînés dans le thème dramatisé de l'individu, et, parce que c'est important, dans ce drame. Ils joueront leur rôle avec la ferme conviction que c'est eux qui ont initié les rôles qu'ils jouent. Ils le font parce que :

"Comme toi, Père, tu es en moi et comme je suis en toi.
Afin qu'eux aussi soient un en nous"
...Jean 17,21,23

Je suis impliqué dans l'humanité. Nous ne faisons qu'un. Nous jouons tous les quatre rôles puissants de producteur, d'auteur, de réalisateur et d'acteur dans le drame de la vie. Certains d'entre nous le font consciemment, d'autres inconsciemment. Il est nécessaire que nous le fassions consciemment. Ce n'est qu'ainsi que nous pouvons être sûrs d'une fin parfaite à notre jeu. Nous comprendrons alors pourquoi nous devons prendre conscience des quatre fonctions du Dieu unique en nous afin de pouvoir atteindre la communion de Dieu en tant que ses fils.

"L'homme ne doit pas rester un homme : son but doit être plus élevé.
Car Dieu n'accepte que les dieux comme sa communauté".
...Angelus Silesius

En janvier 1946, j'ai emmené ma femme et ma fille avec moi à la Barbade, l'une des Antilles, pour les vacances. Ne sachant pas que le retour serait difficile, je n'ai réservé que l'aller depuis New York. Lorsque nous sommes arrivés à la Barbade, j'ai découvert que seuls deux navires naviguaient sur l'île, l'un en provenance de Boston et l'autre de New York. On m'a dit qu'il n'y avait plus de places disponibles avant septembre. Comme j'avais des rendez-vous à New York pour la première semaine de mai, j'ai inscrit mon nom sur la longue liste d'attente pour le voyage en bateau en avril.

Quelques jours plus tard, le bateau de New York était ancré dans le port. Je l'ai regardé très attentivement et j'ai décidé que c'était le bateau que nous devions prendre. Je suis retourné à l'hôtel et j'ai décidé d'une action intérieure, qui serait la mienne si nous voyagions réellement sur ce bateau. Je me suis assis sur une chaise dans ma chambre pour me perdre dans cette intrigue imaginative.

À la Barbade, nous utilisons un bateau à moteur ou à rames pour sortir dans le port profond lorsque nous nous rendons sur un grand bateau à vapeur. Je savais que je devais capturer le sentiment que nous voyageons sur ce navire. J'ai choisi une parcelle intérieure dans laquelle j'ai laissé le petit bateau et remonté la jetée jusqu'au bateau à vapeur. La première fois que je l'ai essayé, mon attention s'est portée sur le bout de la jetée. Je me suis rabaissé et j'ai essayé encore et encore. Je ne me souviens pas combien de fois j'ai répété cette action dans mon imagination jusqu'à ce que j'atteigne le pont du navire et, au moment du départ, que je regarde le port avec des sentiments mitigés de joie et de tristesse. J'étais heureux de rentrer chez moi à New York, mais nostalgique de dire au revoir à cette île merveilleuse, à notre famille et à nos amis. Je me souviens m'être endormi lors de l'une des nombreuses tentatives de montée sur la jetée, en ayant l'impression de partir. Après mon réveil, j'ai poursuivi les activités sociales habituelles de la journée et de la soirée.

Le lendemain matin, j'ai reçu un appel de la compagnie maritime, qui m'a demandé de me rendre à son bureau pour récupérer nos billets pour le départ en avril. J'étais curieux de savoir pourquoi la Barbade avait été choisie pour recevoir l'annulation et pourquoi, me trouvant à la fin de la longue liste d'attente, j'avais obtenu la réservation, mais tout ce que le personnel a pu me dire, c'est qu'un télégramme est arrivé de New York me disant qu'il y avait de la place pour trois passagers. Je ne suis pas la première personne que l'employée a appelée, mais pour des raisons qu'elle n'a pas pu expliquer, tous ceux qu'elle a appelés lui ont dit qu'un voyage en avril ne lui conviendrait plus. Nous sommes partis le 20 avril et sommes arrivés à New York le matin du 1er mai.

Dans la production de ma pièce - un voyage en bateau qui m'emmène à New York le 1er mai - j'ai joué les quatre personnages les plus importants de mon drame. En tant que producteur, j'ai décidé de voyager sur un certain bateau, à un certain moment. En jouant le rôle de l'auteur, j'ai écrit le scénario - j'ai visualisé l'intrigue intérieure, qui était la même que l'intrigue extérieure que je prendrais si mon souhait était réalisé. En tant que réalisateur, je me suis entraîné, en tant qu'acteur, à l'action imaginative de monter sur le podium jusqu'à ce que l'action soit complètement naturelle.

Une fois que cela a été fait, les événements et les gens ont réagi rapidement pour confirmer au monde extérieur la pièce que j'avais construite et jouée dans mon imagination.

"J'ai vu le flux de la vision mystique
Et vivent dans les gens, les forêts et les ruisseaux,
jusqu'à ce que je ne puisse plus changer le cours de la vie
j'ai pu réaliser mes propres rêves."
...George William Russel (AE)

J'ai raconté cette histoire à mes auditeurs à San Francisco, et une dame du public m'a raconté comment elle avait inconsciemment utilisé la même technique qu'une jeune fille.

L'événement s'est produit la veille de Noël. Elle se sentait très triste, fatiguée et avait pitié d'elle-même. Son père bien-aimé était mort subitement. Non seulement elle a ressenti cette perte pendant la période de Noël, mais cela l'a également forcée à abandonner ses études universitaires prévues et à aller travailler. En cette veille de Noël pluvieuse, elle a pris le tramway pour rentrer chez elle à San Diego. Le tram était rempli de voix joyeuses et de jeunes gens heureux qui rentraient chez eux pour les vacances. Pour cacher ses larmes aux autres, elle se tenait dans la partie avant ouverte du tram, le visage tourné vers le ciel pour mélanger ses larmes à la pluie. Les yeux fermés, tenant la rambarde du train, elle se dit : "Ce n'est pas le sel des larmes que je goûte, mais le sel de la mer dans le vent. Ce n'est pas San Diego, mais le Pacifique Sud, et je navigue dans la baie de Samoa". En regardant dans son esprit, elle a imaginé l'image de l'étoile de la Croix du Sud telle qu'elle pensait qu'elle serait. Elle s'est perdue dans cette image, de sorte que tout ce qui l'entourait s'est effacé. Soudain, elle était au terminus, et à la maison.

Deux semaines plus tard, elle a reçu un message d'un avocat de Chicago lui indiquant qu'il avait trois mille dollars en obligations américaines pour elle. Quelques années plus tôt, une de ses tantes s'était rendue en Europe et avait donné l'ordre que ces bons soient donnés à sa nièce si elle ne revenait pas aux États-Unis. L'avocat avait reçu la nouvelle du décès de la tante, et il a donc délivré son décret.

Un mois plus tard, cette jeune fille s'est rendue dans les îles du Pacifique Sud. Il faisait déjà nuit quand elle a atteint la baie de Samoa. En regardant vers le bas, elle a vu l'écume blanche, comme un "os dans la bouche de la dame", alors que le navire naviguait à travers les vagues, apportant le sel de la mer au vent. Un officier de service lui a dit : "Voilà la croix du sud", et lorsqu'elle a levé les yeux, elle a vu la croix du sud telle qu'elle l'avait imaginée.

Dans les années qui ont suivi, elle a eu de nombreuses occasions d'utiliser son imagination de manière constructive, mais lorsqu'elle l'a fait inconsciemment, elle ne savait pas qu'il y avait une loi derrière tout cela. Maintenant qu'elle a compris, elle peut elle aussi jouer consciemment les quatre rôles principaux dans le drame quotidien de sa vie, en produisant des pièces de théâtre de qualité, tant pour les autres que pour elle-même.

"Les soldats, après avoir crucifié Jésus, prirent ses vêtements, et ils en firent quatre parts, une part pour chaque soldat. Ils prirent aussi sa tunique, qui était sans couture, d'un seul tissu depuis le haut jusqu'en bas".

...Jean 19:23

Chapitre 3 : Le don de la foi

"L'Éternel porta un regard favorable sur Abel et sur son offrande, mais il ne porta pas un regard favorable sur Caïn et sur son offrande."
...Genèse 4,4,5

Lorsque nous étudions les écritures, nous nous rendons compte que la citation ci-dessus a un sens beaucoup plus profond que ce qu'une lecture littérale pourrait révéler. L'Éternel n'est autre que votre propre conscience. "...voici ce que tu diras aux Israélites : le "JE SUIS là" m'a envoyé vers vous..." Exode 3:14." "JE SUIS" est la définition que se donne le Seigneur.

Caïn et Abel, les petits-enfants du Seigneur, ne peuvent être que des personnifications de deux fonctions différentes de votre propre conscience. L'auteur essaie vraiment de montrer les "deux états opposés de l'âme" et il a utilisé deux frères pour montrer ces états. Les deux frères représentent deux expressions de la vision du monde que tout le monde a. L'une est la perception limitée des sens, et l'autre est une vision imaginative du monde. Caïn - le premier point de vue - est la dévotion passive aux phénomènes et l'acceptation de la vie basée sur le monde extérieur : un point de vue qui conduit inévitablement à un désir insatisfait ou à la satisfaction d'une désillusion. Abel - la seconde vision - est une vision du désir accompli, qui élève l'Homme au-dessus de l'évidence de ses sens, à l'état de libération dans lequel il ne désire plus son désir. Ignorer la seconde vision signifie une âme en feu. La connaissance de la deuxième vue est l'aile avec laquelle elle vole vers le ciel du désir accompli.

"Venez manger de mon pain et boire du vin que j'ai mélangé. Abandonnez la naïveté et vous vivrez".
...Proverbes 9,5,6

Dans la lettre aux Hébreux, l'auteur nous dit
que la victime d'Abel était la foi et,
selon l'auteur,

"Sans la foi, il est impossible d'être agréable (à Dieu)."
...Hébreux 11:6

"Or la foi est une ferme assurance des choses qu'on espère, une démonstration de celles qu'on ne voit pas. Pour l'avoir possédée, les anciens ont obtenu un témoignage favorable. C'est par la foi que nous reconnaissons que le monde a été formé par la parole de Dieu, en sorte que ce qu'on voit n'a pas été fait de choses visibles".
...Hébreux 11:1-3

Les sacrifices de Caïn étaient la preuve des sens que la conscience, le Seigneur, rejette, parce que l'acceptation de ce don comme une forme d'avenir signifierait la fixation et le maintien de cet état pour toujours. Les malades seraient malades, les pauvres seraient pauvres, le voleur serait un voleur, le meurtrier un meurtrier, et ainsi de suite, sans espoir de rédemption.

Le Seigneur, ou la conscience, n'a aucune considération pour une telle utilisation passive de l'imagination - qui est le don de Caïn. Il apprécie le don d'Abel, l'exercice actif, volontaire et aimant de l'imagination de l'Homme, pour lui-même et pour les autres.

"Les faibles parlent : Je suis fort !
...Joël 3.10

Laissez la personne ignorer les apparitions et se déclarer la personne qu'elle veut être. Qu'elle imagine le diadème où ses sens révèlent les cendres, la joie où ses sens sont témoins du chagrin, la richesse où ses sens sont témoins de la pauvreté. Ce n'est que par une telle utilisation active et volontaire de l'imagination que l'Homme peut être élevé et l'Éden restauré.

L'idéal est toujours en attente d'être incarné, mais tant que nous ne donnons pas l'idéal en sacrifice au Seigneur, à la conscience, en supposant que nous sommes déjà ce que nous aspirons à incarner, il n'est pas capable de naître. Le Seigneur a besoin de son Agneau de la foi au quotidien pour façonner le monde en harmonie avec nos rêves.

la saison des semailles et des récoltes

"C'est par la foi qu'Abel offrit à Dieu
un sacrifice plus excellent que celui de Caïn".
...Hébreux 11:4

La foi sacrifie le fait apparent pour la vérité sans importance. La foi s'accroche à la vérité fondamentale selon laquelle les états invisibles deviennent des faits visibles par le biais d'une hypothèse.

"Car ce qui est foi est une
Conviction de ce que vous ne pouvez pas voir".
...Saint Augustin

Tout récemment, j'ai eu l'occasion d'observer les merveilleux résultats d'une personne qui avait la foi d'être convaincue de quelque chose qu'elle ne voyait pas.

Une jeune femme m'a demandé de rencontrer sa sœur et son neveu de trois ans. Il allait bien, c'était un garçon en bonne santé avec des yeux bleus clairs et une peau exceptionnellement fine et sans défaut. Puis elle m'a raconté son histoire.

A la naissance, le garçon était parfait à tous égards, à l'exception d'une grande et laide cicatrice qui couvrait la moitié de son visage. Leur médecin leur a dit que rien ne pouvait être fait pour ce type de cicatrice. La visite de nombreux spécialistes n'a fait que confirmer sa déclaration. Lorsque la tante a entendu ce verdict, elle a voulu se prouver sa foi - qu'une supposition, même si elle est démentie par les preuves des sens, devient un fait par la constance.

Chaque fois qu'elle pensait au bébé, ce qui était très courant, elle voyait dans son imagination un bébé de huit mois au visage parfait - sans aucune trace de cicatrice. Ce n'était pas facile, mais elle savait que dans ce cas, c'était le don d'Abel qui plaisait à Dieu. Elle est restée fidèle à sa foi - elle était convaincue de ce qui ne pouvait pas encore être vu. Elle a donc rendu visite à sa sœur le jour où l'enfant a eu huit mois et l'a trouvé avec un visage parfait et sans défaut, sans aucune trace de cicatrice jamais vue auparavant. "La chance ! La chance !" s'écrie Cain.

la saison des semailles et des récoltes

Non. Abel sait que ce sont des termes utilisés par ceux qui n'ont pas la foi, qui n'ont aucune connaissance des rouages de la foi.

"Car nous marchons par la foi et non par la vue."
2 Corinthiens, 5,7

Si la raison et les faits de la vie contredisent l'idée que vous souhaitez réaliser, et si vous acceptez l'évidence de vos sens et acceptez les préceptes de la raison comme vrais, alors vous avez apporté le don de Caïn au Seigneur - votre conscience. Il est évident que de tels sacrifices ne lui plaisent pas.

La vie sur terre est un terrain d'entraînement pour la réalisation d'images. Si vous utilisez uniquement les formulaires que vos sens vous dictent, votre vie ne changera pas. Vous êtes ici pour vivre une vie d'abondance, vous devez donc utiliser les formes invisibles de l'imagination, et soumettre les résultats et les réalisations au test ultime de votre pouvoir de création. Ce n'est qu'en acceptant le sentiment d'un désir comblé et en vous y attardant que vous ferez le sacrifice qui fait plaisir.

"Si le cadeau d'Abel est mes vêtements,
alors je réaliserai mon souhait".

Le prophète Malachie se lamente sur le fait que l'Homme a trahi
Dieu :

"Et vous dites : en quoi t'avons-nous trompé ?
Dans les dîmes et les offrandes! “
...Malachie 3.8

Des faits fondés sur la raison et les preuves
des sens, qui sont basés sur l'idée que
l'expression se veut contradictoire, sont la fraude et le vol
de la croyance en la réalité des états invisibles.

Mais

"La foi, ce n'est pas douter de ce que l'on ne voit pas",
et à travers lui "Dieu appelle ce qui n'existe pas à l'existence".
...Romains 4:17

Criez ce qui n'est pas vu ; acceptez le sentiment d'un souhait réalisé.

"...qu'il y ait de la nourriture dans ma maison,. Mettez-moi ainsi à l'épreuve,
dit l'Éternel, le maître de l'univers, et vous verrez si je n'ouvre pas pour vous les fenêtres du ciel
si je ne dévers e pas sur vous la bénédiction en abondance".
...Malachie 3.10

C'est l'histoire d'un couple de Sacramento, en Californie, qui a refusé d'accepter la preuve de ses sens, qui a refusé d'être volé malgré une perte apparente. La femme a offert à son mari une montre-bracelet de grande valeur Le cadeau a doublé de valeur en raison de la sensation qu'il y a associée. Ils ont eu un petit rituel avec cette montre. Chaque soir, quand il enlevait sa montre, il la donnait à sa femme, qui la mettait dans une boîte spéciale au bureau. Chaque matin, elle sortait la montre et la donnait à son mari pour qu'il la mette dedans.

Un matin, la montre a disparu. Tous deux se sont souvenus qu'ils avaient accompli leur rituel habituel la veille au soir, de sorte que la montre n'a pas été égarée, elle a été volée. Ils ont immédiatement décidé de ne pas accepter le fait qu'elle avait vraiment disparu. Ils se sont dit : "C'est une façon d'appliquer ce que nous croyons". Ils ont décidé qu'ils allaient accomplir leur rituel habituel dans leur imagination, comme si la montre était réellement là. Dans son imagination, l'homme enlevait la montre chaque soir et la donnait à sa femme, tandis que celle-ci la prenait dans son imagination et la rangeait. Chaque matin, elle sortait la montre de sa boîte et la donnait à son mari, qui la remettait à son tour. Ils l'ont fait consciencieusement pendant deux semaines.

Après leur veillée bimensuelle, un homme s'est rendu dans la seule bijouterie de Sacramento où la montre serait reconnue. Lorsqu'il a apporté un bijou pour l'évaluer, le propriétaire du magasin a remarqué la montre qu'il portait. Sous prétexte d'examiner le bijou de plus près, il s'est rendu dans un bureau de l'intérieur et a appelé la police. Après l'arrestation de l'homme, la police a trouvé dans son appartement des bijoux volés d'une valeur de plus de dix mille dollars. En "marchant par la foi et non par la vue", ce couple a réalisé son souhait - la montre - et a en outre aidé de nombreuses autres personnes à retrouver ce qui semblait perdu à jamais.

"Quand quelqu'un marche avec confiance vers son rêve,
et s'efforce de vivre la vie qu'il a imaginée,
il aura un succès inattendu dans nos leçons ensemble".
...Thoreau

la saison des semailles et des récoltes

Chapitre 4 : L'échelle de l'être

"Il fit un rêve : une échelle était appuyée sur la terre et son sommet touchait le ciel ; des anges de Dieu montaient et descendaient par cette échelle. L'Éternel se tenait au-dessus d'elle »"
...Genèse 28,12,13

Dans le rêve, dans la vision nocturne, lorsque le sommeil profond s'est abattu sur Jacob, son œil intérieur était ouvert et il voyait le monde comme une série de niveaux de conscience ascendants et descendants. Ce fut une révélation des plus profondes connaissances sur les mystères du monde. Jacob a vu une échelle verticale de valeurs ascendantes et descendantes, ou états de conscience. Cela donnait un sens à tout ce qui se passait dans le monde extérieur, car sans une telle échelle de valeurs, la vie n'aurait aucun sens.

A chaque instant, l'Homme se trouve à l'échelle infinie du sens. Aucun objet ou événement qui s'est produit ou se produit actuellement n'est dénué de sens. La signification d'un objet ou d'un événement pour l'individu est un indicateur direct du niveau de conscience.

Par exemple, vous tenez ce livre. Au niveau de la conscience, c'est un objet dans l'espace. À un niveau supérieur, il s'agit d'une série de lettres sur papier, disposées selon certaines règles. À un niveau encore plus élevé, c'est une expression de sens.

En regardant vers l'extérieur, on voit d'abord le livre, mais en fait, c'est le sens qui prime. Il prend une importance plus grande que la disposition des lettres sur le papier ou le livre en tant qu'objet dans l'espace. La signification a déterminé la disposition des lettres ; la disposition des lettres ne fait qu'exprimer la signification. La signification est invisible et se situe au-dessus du niveau de la disposition visible des lettres. S'il n'y avait pas de sens à exprimer, un livre n'aurait jamais été écrit et publié.
"Et voici que le Seigneur se tenait sur les hauteurs."

Le Seigneur et le sens ne font qu'un - le Créateur,

la saison des semailles et des récoltes

la cause des phénomènes de la vie.

"Au commencement était la Parole, et le Parole était avec Dieu,
et la Parole était Dieu".
...Jean 1:1

Au début, il y avait l'intention – le but - et l'intention était avec l'intendant, et l'intention *était* l'intendant. Les objets et les événements dans le temps et l'espace occupent un niveau d'importance inférieur à celui qui les a produits. Toutes les choses ont été faites par le sens, et sans sens, rien de ce qui a été fait n'a été fait. Le fait que tout ce qui est vu peut être considéré comme un effet, à un niveau d'importance inférieur, effet d'un ordre d'importance supérieur invisible, est un fait très important à saisir.

Notre pratique habituelle consiste à essayer d'expliquer les niveaux d'importance les plus élevés - pourquoi les choses se produisent - en fonction des niveaux inférieurs - quoi et comment les choses se produisent. Prenons l'exemple d'un accident réel pour expliquer cela.

La plupart d'entre nous vivent au niveau de ce qui s'est passé - l'accident a été un événement dans l'espace - une voiture heurtant une autre et la démolissant. Certains d'entre nous vivent au niveau supérieur de "comment" l'accident s'est produit - c'était une nuit pluvieuse, les routes étaient glissantes et la deuxième voiture a glissé dans la première. Dans de rares cas, certains d'entre nous atteignent le niveau le plus élevé ou le plus causal du "pourquoi" d'un tel accident. Nous prenons alors conscience de l'invisible, l'état de conscience qui a produit l'événement visible.

En l'occurrence, la voiture endommagée était conduite par une veuve qui, bien qu'elle pensait ne pas pouvoir se le permettre, désirait vivement changer d'environnement. Ayant entendu dire que, grâce à une bonne utilisation de son imagination, elle pouvait faire et être tout ce qu'elle souhaitait, cette veuve a imaginé qu'elle vivait en fait dans la ville où elle souhaitait vivre. En même temps, elle a vécu dans une conscience de perte, tant personnelle que financière. Elle a donc produit un événement qui était apparemment une autre perte, mais le montant que sa compagnie d'assurance lui a versé lui a permis de faire le changement de vie souhaité.

Lorsque nous voyons le "pourquoi" de l'accident apparent, l'état de conscience qui a produit l'accident, nous arrivons alors à la conclusion qu'il n'y a pas d'accident. Tout dans la vie a un sens invisible.

La personne qui apprend un accident, la personne qui sait "comment" il s'est produit et la personne qui sait "pourquoi" il s'est produit se trouvent à trois niveaux de conscience différents en ce qui concerne l'accident. Sur l'échelle ascendante, chaque niveau supérieur nous rapproche un peu plus de la vérité de l'accident.

Nous devons nous efforcer en permanence de nous élever au niveau supérieur du sens, celui qui est toujours invisible et au-dessus de l'événement physique. N'oubliez pas, cependant, que le sens ou la cause des phénomènes de la vie ne peuvent être trouvés que dans la conscience humaine.

L'Homme est tellement plongé dans le côté visible du drame de la vie - le côté du "quoi" et du "comment" qui s'est passé - qu'il s'élève rarement vers le côté invisible, le côté du "pourquoi". Il refuse d'accepter l'avertissement du Prophète à ce sujet :

"Tout ce qu'on voit n'a pas été fait de choses visibles."
...Hébreux 11:3

Sa description de "ce qui" s'est passé et de "comment" s'est passé est vraie en ce qui concerne son plan de pensée correspondant, mais lorsqu'il demande "pourquoi" cela s'est passé, toutes les explications physiques s'effondrent et il est obligé de demander le "pourquoi", ou la signification de cela sur le plan invisible et supérieur. L'analyse mécanique des événements ne concerne que les relations extérieures des choses. Un tel cours n'atteindra jamais le niveau qui détient le secret de la raison pour laquelle un événement s'est produit. L'Homme doit se rendre compte que les côtés inférieurs et visibles sortent des niveaux de signification invisibles et supérieurs.

L'intuition est nécessaire pour nous élever au niveau du sens - le niveau du pourquoi les choses se produisent. Suivons le conseil du prophète hébreu des anciens et "levons les yeux vers les montagnes" - les montagnes en nous, et observons ce qui s'y passe. Reconnaître quelles idées nous avons acceptées comme vraies, quels états nous avons acceptés, quels rêves, quels souhaits - et, surtout, quelles intentions. De ces montagnes, toutes les choses viennent révéler notre forme - notre taille - sur l'échelle verticale du sens. Si nous levons les yeux vers "le Toi en moi qui travaille derrière le voile", nous verrons le sens des phénomènes de la vie.

Des événements apparaissent sur l'écran de la salle pour exprimer les différents niveaux de la conscience humaine. Un changement de son niveau de conscience entraîne automatiquement un changement des phénomènes de sa vie. La tentative de changer les circonstances avant qu'il ne modifie son niveau de conscience, d'où proviennent les phénomènes, est une lutte futile. L'Homme rachète le monde dès qu'il monte sur l'échelle verticale du sens.

Dans l'analogie du livre, nous avons vu que lorsque la conscience est élevée au niveau où l'Homme peut voir le sens exprimé dans la disposition des lettres, elle inclut également la connaissance du fait que les lettres sont disposées selon certaines règles, et que ces dispositions, une fois imprimées sur du papier et reliées ensemble, forment un livre. Ce qui s'applique à ce livre s'applique à tout événement dans le monde.

"Il ne se fera ni tort ni dommage sur toute ma montagne sainte ;
car la terre sera remplie de la connaissance de l'ETERNEL, comme le
fond de la mer par les eaux qui le couvrent".
...Esaïe 11:9

Rien ne doit être rejeté, tout doit être racheté. Nos vies, en remontant l'échelle verticale du sens jusqu'à une conscience toujours plus grande - une conscience des choses de plus grande importance - sont le processus par lequel cette rédemption est réalisée. Tout comme l'Homme arrange les lettres en mots, puis arrange ces mots en phrases pour exprimer un sens, la vie arrange les circonstances, les conditions et les événements pour exprimer le sens ou l'attitude invisible de l'Homme. Rien n'est sans importance. Mais la personne qui ne connaît pas le niveau supérieur de signification intérieure regarde un panorama d'événements en mouvement et ne voit aucun sens à la vie. Il y a toujours un niveau de signification plus élevé qui détermine les événements et leur relation essentielle avec notre vie.

Voici une histoire qui vous permettra de voir le bien dans des choses apparemment mauvaises ; de ne pas condamner et d'agir correctement au milieu de problèmes non résolus.

Il y a quelques années, notre pays était paralysé par une injustice apparente en son sein. L'histoire a été racontée à la radio et à la télévision, ainsi que dans les journaux. Vous vous souvenez peut-être de l'incident. Le corps d'un jeune soldat américain tué en Corée a été ramené chez lui pour être enterré. Juste avant l'enterrement, sa femme a été interrogée sur une question de routine : Son mari était-il caucasien ? Lorsqu'elle lui a répondu qu'il était indien, les funérailles ont été refusées. Le refus était conforme aux lois de cette communauté, mais il a attiré l'attention de toute la nation. Nous étions contrariés qu'une personne tuée au service de son pays se voit refuser une sépulture dans ce pays. L'histoire a attiré l'attention du président des États-Unis, et il a offert une sépulture avec les honneurs militaires au cimetière national d'Arlington. Peu de temps après, la femme a déclaré aux journalistes que son mari avait toujours rêvé de mourir en héros et de recevoir un enterrement héroïque avec les honneurs militaires.

Lorsque nous, Américains, avons dû expliquer pourquoi des gens progressistes et intelligents comme nous, non seulement ont adopté de telles lois dans notre grand pays de liberté et de courage, mais les ont également soutenues, nous avons eu du mal à l'expliquer. Nous, en tant qu'observateurs, n'avions vu que "ce qui" s'est passé et "comment" cela s'est passé. Nous n'avons pas compris "pourquoi" cela s'est produit.

L'enterrement a *dû* être refusé si ce garçon devait réaliser son rêve. Nous avons essayé d'expliquer le drame en termes de niveau inférieur de "comment" cela s'est passé, mais cette explication ne pouvait pas satisfaire ceux qui demandaient "pourquoi" cela s'est passé.

La véritable réponse, vue du niveau de signification supérieur, signifierait un tel renversement de nos habitudes de pensée communes qu'elle aurait été immédiatement annulée. La vérité est que les conditions futures sont causales par rapport aux faits présents - le garçon indien qui rêvait d'une mort héroïque avec les honneurs militaires était, comme Lady Macbeth, "sorti de ce présent étroit" et pouvait "ivre voir déjà la réalisation future ! “

"...et par la foi il parle encore même, quoique mort."
...Hébreux 11:4

Chapitre 5 : Le jeu de la vie

"Je peux facilement enseigner à vingt,
ce qu'il serait bon de faire, en tant que
membre des vingt,
est de suivre mon propre enseignement."
...Shakespeare

Avec cette confession de mon esprit, je vais maintenant vous apprendre comment se joue le jeu de la vie. La vie est un jeu et, comme tous les jeux, elle a ses objectifs et ses règles.

Dans les petits jeux que les gens inventent, comme le cricket, le tennis, le baseball, le football, etc., les règles peuvent changer de temps en temps. Une fois les changements approuvés, l'être humain doit apprendre les nouvelles règles et jouer le jeu dans le respect des règles acceptées.

Dans le jeu de la vie, les règles ne peuvent être ni modifiées ni enfreintes. Ce n'est que dans le cadre de ses règles universelles et perpétuellement fixées que le jeu de la vie peut être joué.

Le jeu de la vie se joue sur le terrain de jeu de l'esprit. Lorsque nous jouons à un jeu, la première question que nous nous posons est "Quel est le but et l'objectif" et la seconde, "Quelles sont les règles de ce jeu ? Notre but principal dans le jeu de la vie est la conscience ascendante - une prise de conscience de choses plus importantes ; et notre second but est d'atteindre nos objectifs, de réaliser nos désirs.

En ce qui concerne nos souhaits, les règles ne font qu'indiquer la voie à suivre pour les réaliser ; les souhaits eux-mêmes sont l'affaire de l'individu. Les règles auxquelles le jeu de la vie est soumis sont simples, mais une utilisation judicieuse exige une pratique tout au long de la vie. Voici l'une des règles :

"Car il est comme les pensées de son âme."
...Proverbes 23:7

La pensée est normalement considérée comme une fonction totalement libre et sans entrave, sans aucune règle de restriction. Cependant, ce n'est pas vrai. La pensée se déplace à travers ses propres processus dans une zone limitée avec des chemins et des modèles clairs.

"La pensée suit les indices,
que vous pouvez laisser
dans vos conversations intérieures".

Chacun de nous peut atteindre ses objectifs grâce à une utilisation judicieuse de l'*esprit et du langage. La* plupart d'entre nous ne sont pas du tout conscients de l'activité mentale qui se déroule en nous. Cependant, pour jouer le jeu de la vie avec succès, nous devons prendre conscience de chaque activité mentale, car cette activité, sous forme de conversations intérieures, est la cause des phénomènes extérieurs de notre vie.

"...les hommes rendront compte de toute parole inutile qu'ils auront prononcée. En effet, d'après tes paroles, tu seras déclaré juste et d'après tes paroles tu seras condamné".
...Matthieu 12:36,37

La loi de la parole ne peut être violée.

"Aucun de ses os ne sera brisé."
...Jean 19:36

La loi du mot ne néglige jamais un mot intérieur, et n'a pas la moindre tolérance pour notre ignorance de son pouvoir. Elle façonne la vie autour de nous de la même façon que nous façonnons, par nos conversations intérieures, la vie en nous. Cela nous révèle notre position sur le terrain du jeu de la vie. Dans le jeu de la vie, il n'y a pas d'adversaire, il n'y a que le but.

Il n'y a pas longtemps, j'ai eu une discussion avec un homme d'affaires prospère et sans but lucratif. Il m'a raconté une histoire sur lui-même qui m'a fait réfléchir. Il a déclaré : "Vous savez Neville, j'ai appris à connaître les buts dans la vie à l'âge de quatorze ans, et c'était sur le terrain de jeu à l'école. J'étais bon sur la piste et j'ai passé une bonne journée, mais il y avait une autre course à faire et j'étais en compétition féroce avec un autre garçon. J'étais déterminé à le battre. Je l'ai battu, c'est vrai, mais pendant que je gardais les yeux sur lui, un troisième garçon, qui n'était pas du tout considéré comme un concurrent, est venu et a gagné la course".

"Cette expérience m'a appris une leçon que j'ai suivie toute ma vie. Lorsque les gens me demandent ce qu'est ma réussite, je dois dire que ma réussite, à mon avis, réside dans le fait que je n'ai jamais fait de "faire de l'argent" mon objectif : "Mon objectif est l'utilisation sage et productive de l'argent".

Les conversations intérieures de cet homme sont basées sur la prémisse qu'il a déjà de l'argent, sa question intérieure continue est de savoir comment utiliser l'argent correctement. Les conversations intérieures de l'homme qui lutte pour "obtenir" de l'argent ne font que renforcer son manque d'argent. Dans son ignorance du pouvoir de la parole, il met des obstacles à la réalisation de ses objectifs ; il a l'œil sur la compétition plutôt que sur le but réel.

"Pas par la faute des étoiles, cher Brutus,
Par notre propre faute, nous sommes des mauviettes".
...Jules César : première action, deuxième scène

Puisque "le monde est créé par la parole de Dieu", nous, "imitateurs de Dieu en tant qu'enfants bien-aimés", créons les faits et les circonstances de notre vie par nos paroles intérieures, humaines et toutes-puissantes. Sans pratique, même la connaissance la plus approfondie du jeu n'apporte pas les résultats escomptés. "Celui qui sait comment faire le bien" - c'est-à-dire qui connaît les règles - "et qui ne le fait pas, est un pécheur". En d'autres termes, il manquera son objectif et ne l'atteindra pas.

Dans la parabole des livres confiés, la condamnation par le Maître de son serviteur qui a négligé d'utiliser son don est claire et sans équivoque, et si nous découvrons une des règles du jeu de la vie, nous risquons l'échec si nous l'ignorons. La livre, ou le talent de ne pas l'utiliser, comme un membre non entraîné, mène au sommeil et finalement à l'atrophie. Nous devons être "des acteurs de la parole et non pas seulement des auditeurs". Comme la pensée suit les traces de nos conversations intérieures, nous n'entrons pas seulement sur le terrain de jeu de la vie en observant nos conversations intérieures, mais nous pouvons également déterminer où nous allons en contrôlant et en guidant nos conversations intérieures.

Que penseriez-vous, diriez-vous et feriez-vous si vous étiez déjà celui que vous voulez être ? Commencez à penser, à parler et à agir intérieurement en fonction de cela. On vous dit qu'"il y a un Dieu dans le ciel qui peut révéler des choses cachées", et vous devez toujours vous rappeler que le ciel est en vous ; et pour que vous sachiez parfaitement qui est Dieu, où il est, et quels sont ses secrets, Daniel poursuit : "Ainsi en fut-il de votre rêve et de vos visions, pendant que vous dormiez." Ils révèlent les pistes qui vous entourent et indiquent la direction que vous prenez.

C'est ce qu'une femme a fait pour inverser les pistes auxquelles elle était malheureusement attachée dans la direction qu'elle voulait prendre. Elle avait été séparée pendant deux ans des trois personnes qu'elle aimait le plus. Elle s'est disputée avec sa belle-fille, qui l'a expulsée de sa maison. Pendant ces deux années, elle n'a pas vu son fils, sa belle-fille et son petit-fils, et n'a pas eu de nouvelles d'eux, bien qu'elle ait envoyé de nombreux cadeaux à son petit-fils pendant cette période. Chaque fois qu'elle pensait à sa famille, ce qui arrivait tous les jours, elle avait une conversation mentale avec sa belle-fille, lui reprochant les querelles et l'accusant de son comportement égoïste.

Après avoir écouté un soir une de mes conférences - il s'agissait de cette conférence sur le jeu de la vie et la façon dont on y joue - elle a soudain réalisé qu'elle était la cause du long silence et qu'elle, et elle seule, devait faire quelque chose pour y remédier. Réalisant que son but était de poursuivre la relation amoureuse précédente, elle a complètement changé son discours sur sa mission.

Ce soir-là, elle a construit dans son imagination deux lettres d'amour qui lui ont été écrites, l'une par sa belle-fille et l'autre par son petit-fils. Dans son imagination, elle a lu les lettres encore et encore jusqu'à ce qu'elle s'endorme dans la joie d'avoir reçu les lettres. Elle a répété cet acte imaginaire tous les soirs, pendant huit soirées. Le matin du neuvième jour, elle a reçu une enveloppe contenant deux lettres, l'une de sa belle-fille et l'autre de son petit-fils. Il s'agissait de lettres d'amour, l'invitant venir les voir, presque identiques aux lettres qu'elle avait mentalement construites. En utilisant consciemment et avec amour son imagination, elle a inversé les pistes dans la direction où elle voulait aller, vers une heureuse réunion de famille.

Un changement de posture est un changement de position sur le terrain de jeu de la vie. Le jeu de la vie ne se joue pas à l'extérieur, dans ce que l'on appelle l'espace et le temps ; les véritables mouvements du jeu de la vie se produisent à l'intérieur, sur le terrain de jeu de l'esprit.

"Perds ton âme
pour retrouver ton âme ;
à cette fin, apporte
ton esprit séparé".
...Laurence Housman

Chapitre 6 : "Un temps, des temps et une moitié de temps"

"L'un deux parla à l'homme vêtu du lin, qui était au-dessus des eaux du fleuve : jusqu') quand le terme de ces choses merveilleuses ? Et j'entendis l'homme vêtu de lin qui était au-dessus des eaux ; il leva vers le ciel sa main droite et sa main gauche, et il jura par celui qui vit éternellement que ce serait dans un temps, des temps et une moitié de temps".
...Daniel 12:6,7

Lors d'une de mes conférences à Los Angeles sur le sujet du sens caché des histoires de la Bible, quelqu'un m'a demandé une interprétation de la citation du Livre de Daniel ci-dessus. Après avoir avoué que je ne connaissais pas le sens de ce passage explicite, une dame du public s'est dit : "Si l'esprit se comporte selon les suppositions avec lesquelles il commence, alors je trouverai la vraie réponse à la question et je le dirai à Neville". Et c'est ce qu'elle m'a dit.

Hier soir, la question a été posée : "Que signifie "un temps, des temps et une moitié de temps", comme l'écrit Daniel 12:7 ? Avant d'aller me coucher hier soir, je me suis dit : "Il y a une réponse simple à cette question, je vais donc supposer que je la connais, et pendant que je dors, mon moi supérieur trouvera la réponse et la révélera à mon moi inférieur dans un rêve ou une vision. "

Je me suis réveillé vers 5 heures du matin. Il était trop tôt pour me lever, alors je suis resté au lit et je suis très vite tombé dans un état de semi-rêve entre le réveil et le sommeil, et dans cet état l'image d'une vieille dame m'est venue à l'esprit. Elle était assise dans un rocking-chair et se balançait d'avant en arrière, d'avant en arrière. Puis une voix qui ressemblait à la sienne m'a dit : "Faites-le encore et encore jusqu'à ce qu'il prenne les tons de la réalité."

J'ai sauté du lit et relu le douzième chapitre de Daniel, et c'est la réponse intuitive que j'ai reçue. En prenant les sixième et septième versets, puisque la question d'hier soir portait sur ces versets, j'ai eu le sentiment que, comme vous l'enseignez, l'habillement dont sont vêtus les personnages bibliques correspond à leur niveau de conscience, et donc que le lin doit effectivement représenter un niveau de conscience très élevé, car "lui vêtu de lin" se tenait "au-dessus des eaux", et si, comme vous l'enseignez, l'eau symbolise un haut niveau de vérité psychologique, alors l'individu qui peut marcher sur ces eaux doit représenter un état de conscience vraiment sublime. J'ai donc estimé que ce qu'il avait à dire devait être d'une grande importance.

La question qu'on lui posait alors était la suivante : "Quand ces merveilles cesseront-elles ? Et sa réponse a été : "Un temps, des temps et une moitié de temps" En me rappelant ma vision de la vieille dame se balançant d'avant en arrière, et de sa voix me disant "Fais-le encore et encore jusqu'à ce qu'il prenne les tons de la réalité", et en me rappelant que cette vision et ses instructions sont venues en réponse à ma supposition que je connaissais la réponse, j'ai intuitivement senti que la question posée "celui qui porte des vêtements en lin" signifiait la question de savoir combien de temps il faudrait pour que mes merveilleux rêves, dont je rêve, deviennent réalité. Et sa réponse est : "Faites-le encore et encore jusqu'à ce qu'il prenne le ton de la réalité." "Un temps" signifie exécuter l'action imaginaire qui implique que mon souhait est réalisé ; "des temps" signifie répéter l'action imaginaire encore et encore, et "une moitié de temps" signifie le moment de s'endormir pendant l'exécution de l'action imaginaire, car ce moment se produit généralement avant que l'action prédéterminée ne soit entièrement exécutée, et on peut donc dire qu'il s'agit d'une demi-heure.

Obtenir une telle compréhension intérieure des écritures en supposant simplement qu'elle connaissait la réponse a été une expérience merveilleuse pour cette femme. Cependant, pour connaître le vrai sens de "Un temps, des temps et une moitié de temps", elle doit appliquer sa compréhension dans sa vie quotidienne. Nous ne perdons rien si nous profitons de l'occasion pour tester cette compréhension, que ce soit pour nous-mêmes ou pour les autres.

Il y a quelques années, une veuve est venue me voir, qui vit dans le même complexe d'appartements que nous, car je veille sur son chat. Le matou était son compagnon de tous les instants et s'était pris d'affection pour elle. Cependant, il avait huit ans, il était très malade et souffrait beaucoup. Il n'avait pas mangé depuis des jours et n'est pas sorti de sous son lit. Deux vétérinaires s'étaient occupés du matou et avaient dit à la femme que le chat ne pouvait pas être soigné et qu'il devait être abattu immédiatement. J'ai suggéré que cette nuit, avant de s'endormir, elle crée dans son imagination une action qui laisserait entendre que le matou est en parfaite santé. Je lui ai conseillé de le faire encore et encore et encore jusqu'à ce qu'il prenne le ton de la réalité.

Elle a promis de le faire. Soit par manque de foi en mes conseils, soit par manque de foi en sa propre capacité à accomplir l'acte imaginaire, elle a demandé à sa nièce de dormir avec elle cette nuit-là afin que si le matou n'était pas bien le matin, elle puisse l'emmener chez le vétérinaire et qu'elle, la propriétaire, n'ait pas à faire face à cette tâche redoutable. Cette nuit-là, elle s'est assise sur une chaise et a commencé à imaginer que le matou rodait à côté d'elle, grattant les meubles et bien d'autres choses qu'elle ne permettrait pas normalement. Chaque fois qu'elle remarquait que son esprit s'éloignait du but recherché, qui était de voir un chat normal, sain et joueur, elle ramenait son attention dans la pièce et recommençait son action imaginaire. Elle le fit encore et encore jusqu'à ce que finalement, dans un sentiment de soulagement, toujours assise sur la chaise, elle s'endorme.

Vers quatre heures du matin, elle a été réveillée par les cris de son chat. Il était debout à sa chaise. Après avoir attiré son attention, il l'a conduite dans la cuisine où il a mendié de la nourriture. Elle lui a préparé un lait chaud, qu'il a bu rapidement et il en a réclamé d'autres.

Le matou a vécu une vie confortable pendant cinq ans encore, jusqu'à ce qu'il meure naturellement dans son sommeil, sans douleur ni maladie.

"Quand ces miracles vont-ils s'arrêter ?
...un temps, des temps et une moitié de temps.
Il parle par des songes, par des visions nocturnes, quand les hommes sont livrés à un profond sommeil, quand ils sont endormis sur leur couche. Alors il leur donne des avertissements".
...Job 33,15,16

Chapitre 7 : Soyez sages comme les serpents

"Soyez donc prudents comme les serpents,
et simples comme les colombes".
...Matthieu 10:16

La capacité du serpent à modeler sa peau en ossifiant des parties de lui-même, ainsi que l'habileté à perdre sa peau une fois qu'il en est sorti, ont conduit l'Homme à considérer ce reptile comme un symbole du pouvoir de croissance et de régénération sans fin. On dit donc à l'Homme d'être "prudent comme les serpents" et d'apprendre à se débarrasser de sa peau - son environnement - qui est son moi solidifié ; l'Homme doit apprendre à "le dissoudre et le laisser partir"... comment "se débarrasser du vieil homme"... comment laisser le vieil homme mourir et - comme le serpent - savoir qu'il "ne mourra pas".

L'Homme n'a pas encore appris que tout ce qui est en dehors de son corps physique fait partie de lui-même, que son monde et toutes les circonstances de la vie sont des expressions de son état de conscience. Lorsqu'il connaîtra cette vérité, il mettra fin à la lutte insensée de l'affirmation de soi et, comme le serpent, lâchera l'ancien et créera un nouvel environnement.

"L'homme est immortel ; il doit donc
mourir sans fin. Car la vie est une
idée créative ; elle ne peut être réalisée qu'à travers
différentes formes pour se découvrir elle-même".
...Tagore

Dans l'Antiquité, les serpents étaient également associés à la protection des trésors ou des richesses. L'exhortation à être "aussi prudent que les serpents" est le conseil donné à l'Homme de s'éveiller à la puissance de son corps sous-utilisé - son imagination - afin que, comme le serpent, il puisse grandir et évoluer, mourir et pourtant ne pas mourir, car ce n'est qu'en mourant et en ressuscitant, en se débarrassant de l'ancien et en revêtant le nouveau, qu'il parviendra à réaliser ses rêves, à trouver ses trésors. "Le serpent était le plus rusé de tous les animaux des champs, que l'Éternel Dieu avait faits" - Genèse 3:1 ; de même, l'imagination est plus rusée que toute créature du ciel, que l'Éternel Dieu a créée. L'imagination est la créature qui :

"...a été soumise à l'inconsistance, non de son propre gré, mais à cause de celui qui l'y a soumise...C'est en espérance que nous avons été sauvés. Or l'espérance qu'on voit n'est plus de l'espérance : ce que l'on voit, peut-on l'espérer encore ? Mais si nous espérons ce que nous ne voyons pas, nous l'attendons avec persévérance".
...Romains 8,20,24,25

Bien que l'être humain extérieur, ou "naturel" des sens, soit imbriqué dans son environnement, l'être humain intérieur, ou spirituel de l'imagination, n'est pas imbriqué dans celui-ci. Si l'emboîtement était complet, la responsabilité d'être "aussi prudent que des serpents" serait vaine. Si nous étions complètement imbriqués dans notre environnement, nous ne pourrions pas détourner notre attention de l'évidence des sens, et ne pas nous sentir dans la situation du souhait réalisé, en espérant que l'état invisible se solidifiera comme notre nouvel environnement.

Mais :

"S'il y a un corps naturel,
il y a aussi un corps spirituel".
...1 Corinthiens 15:44

Le corps spirituel, le corps spirituel de l'imagination, n'est pas imbriqué dans l'environnement de l'être humain. Le corps spirituel peut se détourner de l'Homme extérieur des sens et de son environnement et imaginer qu'il est ce qu'il veut être. Et si il reste fidèle à cette vision, l'imagination créera un nouvel environnement dans lequel l'Homme pourra vivre. C'est ce qu'on entend par cette déclaration :

"...je vais vous préparer une place.
Et quand je serai allé, et que je vous aurais préparé une place, je reviendrai, et je vous prendrai à moi, afin que là où je suis, vous y soyez aussi".

la saison des semailles et des récoltes

...Jean 14,2,3

La place qui vous est préparée n'a pas besoin d'être une place dans la salle. Il peut s'agir de santé, de prospérité, de partenariat - il peut s'agir de tout ce que vous voulez dans ce monde. Comment le lieu est-il préparé ?

Vous devez d'abord construire une représentation réaliste de ce que vous verriez et entendriez si vous étiez physiquement présent dans le "lieu" et y circuliez. Ensuite, après avoir immobilisé votre corps physique, vous devez imaginer que vous êtes réellement dans ce "lieu" en voyant et en entendant et en faisant tout ce que vous verriez, entendriez et feriez si vous y étiez physiquement. Vous devez le faire encore et encore et encore jusqu'à ce qu'il prenne les sons de la réalité. Si cela vous semble naturel, le "lieu" a été préparé comme un nouvel environnement pour votre moi extérieur ou physique. Vous pouvez maintenant ouvrir vos yeux physiques et revenir à votre état antérieur. Le "lieu" est préparé et là où vous avez été dans votre imagination, votre corps sera là où vous êtes maintenant.

La manière dont cet état imaginé se réalise physiquement ne vous concerne pas, elle concerne la personne physique ou extérieure. Le corps spirituel, lors de son retour de l'état imaginé à son ancien état physique, a créé un pont invisible d'événements pour relier ces deux états. Malgré l'étrange sentiment que vous étiez réellement là, et que l'état qui était si réel disparaît dès que vous ouvrez les yeux sur l'environnement familier, vous êtes néanmoins obsédé par le sentiment d'une double identité - la connaissance que "s'il y a un corps naturel, il y a un corps spirituel. Lorsque vous, l'Homme naturel, aurez fait cette expérience, vous traverserez automatiquement un pont d'événements qui vous mènera à la réalisation physique de votre lieu préparé invisible.

Ce concept - selon lequel l'Homme est double, et que l'Homme intérieur de l'imagination peut habiter des états futurs, et avec un pont d'événements peut revenir au moment présent pour relier ces deux états - se heurte violemment à l'opinion répandue sur la personnalité humaine et la cause et la nature des phénomènes. Un tel concept nécessite une révolution des idées actuelles sur la personnalité humaine, sur l'espace, le temps et la matière. L'idée que l'Homme, consciemment ou inconsciemment, détermine les circonstances de la vie en se frayant un chemin dans ces états mentaux conduit à la conclusion que ce monde soi-disant solide est une construction de l'esprit - un concept que le bon sens rejette d'abord. Cependant, nous devons nous rappeler que la plupart des concepts que le bon sens a initialement rejetés ont ensuite forcé les gens à les accepter. Ces interminables revirements de jugement que l'expérience a imposés à l'humanité ont conduit le professeur Whitehead à écrire :

"Dieu sait quelle absurdité apparente n'est peut-être pas la vérité avérée de demain."

La force créatrice de l'
Homme est endormie et doit être réveillée.
"Réveille-toi, toi qui dort, relève-toi d'entre les morts."
...Éphésiens 5:14

Réveillez-vous du sommeil qui vous dit que le monde extérieur est la cause des circonstances de votre vie. Ressuscitez du passé et créez un nouvel environnement.

"Ne savez-vous pas que vous êtes le temple de Dieu
et que l'Esprit de Dieu habite en vous ?"
...1 Corinthiens 3:16

L'Esprit de Dieu en vous est votre imagination, mais il est endormi et doit être réveillé pour vous sortir de l'échelle des sens sur laquelle vous êtes resté si longtemps bloqué.

Les possibilités illimitées qui s'offrent à vous dès que vous devenez "prudent comme un serpent" sont incommensurables. Vous choisirez les conditions idéales que vous souhaitez connaître et l'environnement idéal dans lequel vous souhaitez vivre. En faisant l'expérience de ces conditions dans votre imagination jusqu'à ce que vous ayez une vibration sensuelle, vous les extérioriserez aussi sûrement que le serpent extériorise maintenant sa peau. Une fois qu'elles auront grandi, vous les jetterez aussi facilement que le serpent "y met sa peau colorée".

la saison des semailles et des récoltes

La vie en abondance - le but de la création - ne peut être sauvée par la mort et la résurrection.

Dieu a voulu une forme, il est donc devenu Homme : et il ne suffit pas de reconnaître dans la création les œuvres de son Esprit, nous devons voir ses œuvres dans la forme et dire qu'elle est bonne, même si nous sortons de la forme, pour toujours et à jamais.

"Il dirige
par l'élargissement des chambres de plaisir,
le ravissement tremble presque jusqu'à la fin,
qui se retire parce que son toucher
est sans fin, et donne à toutes les fins
une distance".

"Et moi, quand j'aurai été élevé de la terre,
j'attirerai tous les hommes à moi."
...Jean 12:32

Lorsque je suis élevé de l'évidence de mes sens à l'état de conscience, je souhaite réaliser et rester dans cet état jusqu'à ce que cela me semble naturel. Je formerai cet État autour de moi et tous les gens le verront. Mais comment convaincre l'Homme que c'est vrai - que la vie imaginative est la seule vie ; que l'acceptation du sentiment du souhait réalisé est le chemin vers une vie en plénitude, et non la compensation des déçus - voilà le problème. Pour voir les "l'élargissement des chambres de plaisir", pour voir ce que signifie vivre dans les sphères de l'imagination, pour apprécier et profiter du monde, il faut vivre avec imagination ; il faut rêver et occuper ses rêves, puis grandir et sortir du rêve, pour toujours et à jamais.

La personne sans imagination qui ne perdra pas sa vie à un certain niveau pour la retrouver à un niveau supérieur est comme la femme de Lot - un pilier de sel de l'affirmation de soi. Ceux qui rejettent la forme comme étant non spirituelle, et qui rejettent l'incarnation comme étant séparée de Dieu, ignorent le grand mystère : "Grand est le mystère : Il est révélé dans la chair."

la saison des semailles et des récoltes

Votre vie exprime une chose, et une seule, votre état de conscience. Tout en dépend. Dès que vous entrez, par le biais de l'imagination, dans un état de conscience, cet état commence à s'habiller de forme. Elle se resserre autour de vous, tout comme la peau du serpent s'ossifie autour du serpent. Cependant, vous devez rester fidèle à cet état. Vous ne devez pas aller d'un État à l'autre, mais attendre patiemment dans l'unique État invisible jusqu'à ce qu'il prenne forme et devienne un fait objectif.

La patience est nécessaire, mais elle sera facile après votre premier succès à vous débarrasser de l'ancien et à mettre en place le nouveau, car nous pouvons attendre dans la même proportion que celle dans laquelle nous avons été récompensés par la compréhension dans le passé. La compréhension est le secret de la patience. Quelle joie naturelle et spontanée de voir le monde - non pas avec, mais comme le dit Blake - à travers l'œil ! Imaginez que vous voyez ce que vous voulez voir et restez fidèle à votre vision. Votre imagination créera automatiquement une forme correspondante dans laquelle vous pourrez vivre.

Toutes les choses ont été créées par le pouvoir de l'imagination. Rien ne commence que dans l'imagination de l'Homme. "De l'intérieur" est la loi de l'univers. "Comme à l'intérieur, donc à l'extérieur." L'Homme se tourne vers l'extérieur dans sa recherche de la vérité, mais le plus important est de se tourner vers l'intérieur.

"La vérité se trouve en nous ; elle ne nous vient pas de l'extérieur,
tout ce que vous pouvez croire. Il y a un centre au fond de chacun d'entre nous,
où la vérité habite dans toute sa plénitude... et, ainsi, elle doit être connue,
elle est plus susceptible d'ouvrir une voie d'où la splendeur
captive peut s'échapper, tandis qu'une entrée d'une lumière se produit,
en provenance de l'extérieur".
...Browning : "Paracelsus"

la saison des semailles et des récoltes

Je pense que vous serez intéressé par l'exemple d'une jeune femme qui a perdu sa peau de ressentiment et qui a revêtu un type de peau très différent. Les parents de cette femme ont divorcé lorsqu'elle avait six ans et elle vivait avec sa mère. Elle voyait rarement son père. Cependant, une fois par an, il lui envoyait un chèque de cinq dollars à Noël. Après leur mariage, il a porté un cadeau de Noël à dix dollars.

Après l'une de mes conférences, elle a abordé ma déclaration selon laquelle la méfiance d'une personne envers une autre ne fait que révéler sa propre fausseté, et elle a réalisé qu'elle en voulait à son père depuis des années. Cette nuit-là, elle a décidé de laisser tomber ses ressentiments et de les remplacer par une réponse affectueuse. Dans son imagination, elle a senti qu'elle embrassait son père de la manière la plus sincère. Elle l'a fait encore et encore jusqu'à ce qu'elle découvre l'esprit de son action imaginaire, puis s'est endormie d'une humeur très satisfaite.

Le lendemain, elle se trouvait au rayon fourrure d'un de nos grands magasins en Californie. Pendant un certain temps, elle avait caressé l'idée d'acheter une nouvelle écharpe en fourrure, mais elle pensait qu'elle n'en avait pas les moyens. Cette fois-ci, elle avait l'œil sur une écharpe en martre, alors elle l'a essayée. Après l'avoir sentie et vue sur elle-même, elle l'a enlevée à contrecœur, l'a rendue au vendeur et s'est dit qu'elle ne pouvait vraiment pas se le permettre. Lorsqu'elle a quitté le service, elle s'est arrêtée et a pensé : "Neville dit que nous pouvons avoir tout ce que nous voulons si nous avons juste le sentiment que nous l'avons déjà". Dans son esprit, elle a remis l'écharpe, a senti la réalité de l'écharpe et a continué à faire ses courses, tout en appréciant l'idée qu'elle portait l'écharpe.

Cette jeune femme n'a jamais fait le lien entre les deux actions imaginaires. En fait, elle avait presque oublié ce qu'elle avait fait jusqu'à ce que quelques semaines plus tard, le jour de la fête des mères, la sonnette de la porte d'entrée sonne à l'improviste. Son père se tenait là. Quand elle l'a embrassé, elle s'est souvenue de sa première action imaginaire. Lorsqu'elle a ouvert le colis qu'il lui avait apporté - le premier cadeau de toutes ces années - elle s'est souvenue de sa deuxième action imaginaire, car dans la boîte se trouvait une magnifique écharpe en martre.

"Vous êtes des dieux,
vous êtes tous des fils du Très Haut".
...Psaume 82:6

"Soyez donc prudents comme des serpents
et simples comme les colombes"
...Matthieu 10:16

Chapitre 8 : L'eau et le sang

"Si un homme ne naît de nouveau,
il ne peut voir le royaume de Dieu".
...Jean 3:3

"...mais un des soldats lui perça le côté avec une lance,
et aussitôt il sortit du sang et de l'eau".
...Jean 19:34

"C'est lui, Jésus-Christ,
qui est venu avec de l'eau et du sang; non avec l'eau seulement,
mais avec l'eau et le sang".
...1 Jean 5:6

Selon l'Évangile et l'Épître de Jean, l'Homme doit non seulement "naître de nouveau", mais aussi naître de sang et d'eau. Ces deux expériences intérieures sont liées à deux rituels extérieurs - le baptême et la communion. Cependant, ces deux rituels extérieurs - le baptême comme symbole de la naissance par l'eau, et le vin de communion comme symbole de l'acceptation du sang du Sauveur - ne peuvent pas produire la véritable naissance ou la transformation radicale de l'individu promise à l'Homme. L'utilisation externe de l'eau et du vin ne peut pas provoquer le changement d'esprit souhaité. Nous devons donc chercher le sens caché derrière les symboles de l'eau et du vin.

La Bible utilise de nombreuses images pour symboliser la vérité, mais les images utilisées symbolisent la vérité à différents niveaux de signification. Au niveau le plus bas, l'image utilisée est la pierre. Par exemple :

"La pierre placée là sur l'ouverture du puits était grande. Tous les troupeaux se rassemblaient là, on roulait la pierre dessus l'ouverture du puits, on faisait boire les troupeaux et l'on remettait la pierre à sa place".
...Genèse 29,2,3

"...ils sont descendus au fond de l'eau, pareil à une pierre."
...Exode 15.5

Quand une pierre bloque le puits, cela signifie que les gens ont pris ces grandes révélations symboliques pour la vérité littérale. Lorsque quelqu'un repousse la pierre, cela signifie qu'un individu a découvert le germe psychologique de la vie, ou le sens, sous la parabole. Ce sens caché derrière les mots est symbolisé par l'eau. C'est cette eau. C'est cette eau qu'il offre ensuite à l'humanité en termes de vérité psychologique.

"Vous, mes brebis, brebis de mon pâturage."
...Ézéchiel 34.31

L'Homme littéral qui rejette la "coupe d'eau froide" qui lui a été remise - la vérité psychologique – "descend au fond de l'eau, pareil à une pierre." Il reste sur le plan d'où il voit tout dans la pure objectivité, sans aucune relation subjective ; il peut garder tous les commandements - écrits sur la pierre - littéralement, et pourtant les briser psychologiquement toute la journée.

Il ne peut pas, par exemple, littéralement voler les biens d'une autre personne, mais voir quand même l'autre personne dans le besoin. Voir quelqu'un d'autre dans le besoin, c'est le priver de son droit de naissance en tant qu'enfant de Dieu. Car nous sommes tous des "fils du Très-Haut".

"Or, si nous sommes enfants, nous sommes aussi héritiers :
héritiers de Dieu et cohéritiers de Christ"
...Romains 8:17

Savoir quoi faire en cas de catastrophe apparente signifie avoir la "tasse d'eau froide" - la vérité psychologique - qui pourrait sauver la situation. Mais il ne suffit pas de savoir. L'Homme doit non seulement "remplir d'eau les cruches en pierre" - c'est-à-dire découvrir la vérité psychologique - mais aussi les transformer en vin.

Il le fait en menant une vie conforme à la vérité qu'il a découverte.

C'est seulement par cette application de la vérité qu'il peut "goûter l'eau changée en vin..." - Jean 2,9

C'est le droit de naissance d'un homme d'être Jésus. Il est né pour "sauver son peuple de ses péchés"... Matthieu 1:21. Mais le salut de l'Homme n'est "pas dans l'eau seule, mais dans l'eau et le sang".

Il ne suffit pas de savoir quoi faire pour se sauver ou sauver quelqu'un d'autre, il faut le faire.

Savoir ce qu'il faut faire, c'est de l'eau ; le faire, c'est du sang. "C'est lui qui n'est pas venu dans l'eau seulement, mais dans l'eau et dans le sang." Tout le secret réside dans l'utilisation consciente et active de l'imagination pour assumer l'état de conscience particulier qui vous sauverait, vous ou quelqu'un d'autre, des restrictions actuelles. Les cérémonies extérieures ne peuvent pas accomplir cela.

"...vous rencontrerez un homme portant une cruche d'eau,
suivez-le,
Quelque part qu'il entre, dites au maître de la maison :
Le maître dit de vous dire : "Où est l'auberge pour moi ?
où est le lieu où je mangerai la Pâque avec mes disciples ?
Et il vous montrera une grande chambre haute, meublée et toute
prête : c'est là que vous préparerez la Pâque.
...Marc 14:13-15

Tout ce que vous voulez est déjà "conçu et préparé". Votre imagination peut vous amener à entrer en contact avec l'état de conscience. Si vous imaginez que vous êtes déjà celui que vous voulez être, suivez l'exemple de "l'homme qui porte une cruche d'eau". Si vous restez dans cet état, alors vous êtes entré dans l'auberge - la Pâque - et vous avez mis votre esprit entre les mains de Dieu - votre conscience.

L'état de conscience de l'Homme est sa demande de l'entrepôt illimité de Dieu, et, comme dans le droit commercial, la demande crée l'offre. Pour changer l'offre, vous devez changer la demande - votre état de conscience.

Vous devez sentir que vous êtes déjà ce que vous voulez être. Votre état de conscience crée les circonstances de votre vie, les circonstances ne créent pas votre état de conscience. Connaître cette vérité, c'est avoir "l'eau de la vie".

Votre Sauveur, cependant - la solution à votre problème - ne peut se manifester par cette seule connaissance.

Elle ne peut être réalisée que si ces connaissances sont appliquées.

Ce n'est qu'en acceptant le sentiment du souhait réalisé, et en y demeurant, "que le côté est ouvert par une lance, et aussitôt du sang et de l'eau en sont sortis." Ce n'est que de cette manière que Jésus - la solution à votre problème - est réalisé.

"Mais je veux que tu saches que dans ton régiment d'esprit
tu es ton propre maître. Il n'y a pas de feu dans ton cercle de vie
et d'esprit, tu l'éveilleras toi-même".
...Jakob Boehme.

Dieu est votre conscience.

Ses promesses sont conditionnelles. Tant que la demande - votre état de conscience - ne change pas, l'offre - les conditions actuelles de votre vie - reste telle quelle. "Comme nous pardonnons" - si nous changeons d'avis - la loi se fait automatiquement. Votre état de conscience est la source de l'action, la force directrice, et ce que l'offre crée.

"Si cette nation au sujet de laquelle j'ai parlé se détourne du mal
qu'elle a fait, je me repentirai du mal que je pensais lui faire. Et au
moment où je parle d'une nation et d'un royaume, pour bâtir et pour
planter, si elle fait ce qui est mauvais à mes yeux, pour ne pas écouter
ma voix, je me repentirai du bien que j'avais dit vouloir lui faire".
...Jérémie 18:8-10

la saison des semailles et des récoltes

Cette déclaration de Jérémie affirme qu'une confession est nécessaire si l'individu ou un peuple veut atteindre le but - une confession de l'attitude claire et fixe de l'esprit. Le sentiment d'un désir satisfait est une condition nécessaire dans la recherche de l'individu pour atteindre son but.

L'histoire que je vais vous raconter montre que l'Homme est ce que l'observateur est capable de voir en lui ; que ce qu'il est perçu comme étant un indicateur direct de l'état de conscience de l'observateur. Cette histoire est également un défi pour nous tous, qui devons "verser notre sang", c'est-à-dire utiliser notre imagination avec amour pour les autres.

Il ne se passe pas un jour sans qu'on nous offre la possibilité de transformer une vie en "versant du sang".

"...et sans effusion de sang,
il n'y aura pas de pardon".
...Hébreux 9:22

Un soir à New York, j'ai pu montrer le secret de "l'eau et du sang" à un professeur. J'ai cité la citation ci-dessus tirée de Hébreux 9:22, et j'ai poursuivi en expliquant que la réalisation que nous n'avons pas d'autre espoir qu'en nous-mêmes est la découverte que Dieu est en nous - que cette découverte fait briller les cavités sombres du crâne, et que nous le savons : "L'esprit de l'homme est une lampe de l'ÉTERNEL"...Proverbes 20:27 - et que cette connaissance est la lumière qui nous conduit en toute sécurité sur la terre.

"...quand sa lampe brillait sur ma tête.
et que sa lumière me guidait dans les ténèbres."
...Job 29.3

Cependant, nous ne devons pas considérer cette lumière brillante sur la tête comme un Dieu, car l'Homme est l'image de Dieu.

"Dieu apparaît, et Dieu est lumière,
Pour les pauvres âmes qui vivent la nuit ;

la saison des semailles et des récoltes

Mais une forme humaine se montre-t-elle à ceux
qui vivent dans le monde du jour".
...Blake

Mais pour le savoir, il faut en faire l'expérience. Il n'y a pas d'autre moyen, et l'expérience d'une autre personne ne peut se substituer à la notre.

J'ai dit au professeur qu'un changement d'attitude envers l'autre provoquerait un changement correspondant chez l'autre ; que cette *connaissance* était la véritable signification de l'eau mentionnée dans 1 Jean 5:6, mais que cette connaissance seule ne suffisait pas pour provoquer la renaissance souhaitée ; que cette renaissance ne pouvait se produire que par "l'eau et le sang", ou l'application de cette vérité. Savoir ce qu'il faut faire est l'*eau de la vie,* mais le faire est le *sang du Rédempteur*. En d'autres termes, peu de connaissances mises en pratique sont plus rentables que beaucoup de connaissances que nous ne mettons pas en pratique.

Pendant que je parlais, un élève n'arrêtait pas d'entrer dans la tête du professeur. Cependant, elle pensait que ce cas était trop difficile pour tester la véracité de mes déclarations sur le secret de la renaissance. Tout le monde savait, le professeur et l'élève, que cet élève était un cas désespéré.

Les faits extérieurs de son affaire sont les suivants : Les enseignants, y compris le directeur et le psychiatre de l'école, avaient pris une décision concernant l'élève quelques jours auparavant. Ils ont décidé à l'unanimité que, pour le bien de l'école, la jeune fille devait être expulsée de l'école lorsqu'elle atteindrait l'âge de seize ans. Elle a été grossière, impolie, contraire à l'éthique et a utilisé un langage des plus dégoûtants. Le jour de son expulsion était déjà le mois suivant.

En rentrant chez elle ce soir-là, l'enseignante se demandait si elle pouvait vraiment changer d'avis sur la jeune fille et, dans l'affirmative, si l'élève allait subir un changement de comportement parce qu'elle avait changé d'attitude ? La seule façon de le savoir était de l'essayer. Ce serait un grand engagement, car cela signifierait prendre l'entière responsabilité d'incarner les nouvelles valeurs de l'étudiant. A-t-elle osé accepter une si grande puissance - une puissance créative, divine ? Cela signifiait un renversement complet de l'attitude humaine normale face à la vie, de "Je l'aimerai s'il m'aime en premier" à "Il m'aime parce que je l'ai aimé en premier". C'était trop comme jouer à Dieu.

"Nous l'aimons parce qu'il nous a aimé le premier."
1.Jean 4,19

Mais quelle que soit sa résistance, il restait le sentiment que mon interprétation donnait un sens au mystère de la renaissance par "l'eau et le sang".

Le professeur a décidé d'accepter le défi. Et c'est ce qu'elle a fait.

Elle a porté le visage de l'enfant à son œil intérieur et a vu son sourire. Elle a entendu et imaginé que la jeune fille lui avait dit "Bonjour". C'était quelque chose que l'élève n'avait jamais fait depuis qu'elle était arrivée à l'école. L'enseignante a imaginé le meilleur, et a entendu et regardé comme elle entendait et voyait après que ces choses se soient produites. Elle l'a fait encore et encore jusqu'à ce qu'elle soit convaincue que c'était vrai et qu'elle s'endorme.

Le lendemain matin, l'élève est entré dans la classe et a dit en souriant "Bonjour". L'enseignante était si surprise qu'elle a failli ne pas répondre et, à ses aveux, elle a cherché toute la journée des signes indiquant que la jeune fille avait retrouvé son ancien comportement. Pourtant, la jeune fille a continué dans l'état transformé. À la fin de la semaine, tout le monde avait remarqué le changement ; une deuxième réunion a été convoquée et la décision de réprimande a été retirée. Comme la jeune fille restait amicale et gentille, l'institutrice a dû se poser la question : "Où était passée la mauvaise enfant ?"

"Pour la miséricorde, la pitié, la paix et l'amour
est Dieu, notre cher Père,
et la miséricorde, la pitié, la paix et l'amour
sont l'homme, son enfant et ses soins".
(L'image divine)

la saison des semailles et des récoltes

...Blake

Une transformation est en principe toujours possible, car l'être transformé vit en nous et il suffit d'en prendre conscience. Le professeur devait faire l'expérience de cette transformation pour connaître le secret du "sang et de l'eau" : il n'y avait pas d'autre moyen, et l'expérience d'une autre personne ne pouvait pas remplacer la sienne.

"En lui, nous avons la rédemption par son sang."
...Éphésiens 1.7

Sans la décision de changer d'avis sur cette enfant et le pouvoir imaginatif de faire ce changement, l'enseignant n'aurait jamais pu racheter cette élève. Personne ne peut connaître le pouvoir rédempteur de l'imagination qui n'a pas "versé son sang" et goûté à la coupe de l'expérience.

"Une fois que vous avez bien lu vos propres seins,
et vous avez mis vos craintes derrière vous !
L'homme ne reçoit pas d'autre lumière,
bien qu'il cherche encore mille ans".
...Matthew Arnold

Chapitre 9 : Une vue mystique

"C'est par beaucoup de paraboles de ce genre qu'il leur annonçait la parole, dans la mesure où ils étaient capable de l'entendre.
Il ne leur parlait pas sans parabole, mais en privé il expliquait tout à ses disciples".
...Mark 4,33,34

Le recueil de paraboles appelé Bible est une révélation de la vérité, dans le langage du symbolisme, pour révéler les lois et le but de l'esprit humain. Lorsque nous prenons conscience de la signification profonde des paraboles, au lieu de la seule signification qui leur est habituellement attribuée, nous les comprenons mystiquement.

Par exemple, jetons un regard mystique sur les conseils donnés aux disciples dans Matthieu 10:10. Nous avons lu que lorsque les disciples étaient prêts à enseigner et à pratiquer les grandes lois de l'Esprit qui leur étaient révélées, on ne leur donnait pas de chaussures pour le voyage. Un disciple est quelqu'un qui discipline son esprit afin qu'il puisse fonctionner consciemment et agir sur des niveaux de conscience de plus en plus élevés. La chaussure a été choisie comme symbole de la pénitence par procuration ou de l'esprit du "laissez-moi le faire pour vous", car la chaussure protège celui qui la porte et le préserve de la souillure *en la prenant sur lui.* Le but des disciples est toujours de se sortir eux-mêmes et de sortir les autres des chaînes de la dépendance, pour les conduire vers la liberté des fils de Dieu. Suivez les conseils, ne portez pas de chaussures. N'acceptez aucun médiateur entre vous et Dieu. Détournez-vous de ceux qui vous proposent de faire ce que vous devriez faire et pourriez faire beaucoup mieux vous-même.

"La terre est pleine de ciel,
et chaque buisson ordinaire est en feu
de Dieu, mais seulement qui voit,
...enlève ses chaussures."
...Elizabeth Barret Browning

"Je vous le dis en vérité :

toutes les fois que vous avez fait ces choses à l'un de ces plus petits
de mes frères, c'est à moi que vous les avez faites".
...Matthieu 25:40

Chaque fois que vous utilisez votre imagination pour quelqu'un d'autre, qu'elle soit bonne, mauvaise ou indifférente, vous l'avez fait pour le Christ, car le Christ est l'imagination humaine éveillée. Par l'utilisation sage et aimante de l'imagination, l'Homme habille et nourrit le Christ, et par l'abus ignorant et craintif de l'imagination, l'Homme déshabille et flétrit le Christ.

"Que personne ne projette dans son cœur le mal contre son prochain"... Zacharie 8:17, est un bon conseil, mais un mauvais conseil. Une personne peut cesser d'abuser de son imagination contre un ami ; elle peut être influencée négativement par les expériences des autres et apprendre à ne pas imaginer, mais cela ne suffit pas. Un tel manque d'utilisation du pouvoir créatif de l'imagination ne pourrait jamais habiller et nourrir le Christ. Le vêtement violet du Fils de Dieu est tissé, non pas en imaginant le mal, mais en imaginant le bien ; par l'utilisation active, volontaire et aimante de l'imagination.

"tout ce qui mérite l'approbation,
ce qui est synonyme de qualité morale
et ce qui est digne de louange !"
...Philippiens 4,8

"Le roi Salomon s'est fait une litière
de bois du Liban. Il en a fait les colonnes d'argent, le dossier d'or,
le siège de pourpre. Au milieu est une broderie, œuvre d'amour".
...Cantique des cantiques 3,9,10

La première chose que l'on remarque est "le roi Salomon s'est fait ". C'est ce que chacun doit faire - se faire une chaise porteuse en bois libanais. En portant le fauteuil, l'auteur de cette parabole signifie l'esprit, l'esprit de sagesse - Salomon - contrôlant les quatre fonctions de l'esprit, afin qu'il puisse construire un monde d'amour et de vérité.

la saison des semailles et des récoltes

"Alors Joseph attela son chariot et monta à la rencontre de son père Israël." "Quels hommes vaincus ramènera-t-il à Rome et les attachera-t-il à son char pour les parer ?" Si l'Homme ne se fait pas une litière en bois du Liban, il sera comme la reine Mab : "Elle est la sage-femme des reines des fées ; ...son char est une noisette creuse." Le bois du Liban était le symbole mystique de l'incorruptibilité. Pour un mystique, il est évident que le roi Salomon s'était fait une idée. L'argent incarne la connaissance, l'or symbolise la sagesse, et le violet habille ou couvre l'esprit incorruptible du rouge de l'amour et du bleu de la vérité.

"Ils lui mirent un habit pourpre."
...Marc 15:17

Dans la chair, incorruptible, quadruple sagesse, vêtue de pourpre - amour et vérité - le but de l'expérience humaine sur terre.

"L'amour est la pierre philosophale ;
Il prend l'or de la banquise ;
Il ne transforme rien en quelque chose,
Transformez-moi en Dieu".
...Angelus Silesius

La loi et la promesse

Chapitre 1 : La loi : l'imagination crée la réalité

"L'homme est une pure imagination. Dieu est homme et existe en nous et nous en lui...
Le corps éternel de l'homme est l'imagination, ce qui signifie Dieu lui-même".
...Blake

L'intention de la première partie de ce livre est de montrer à travers des histoires vraies comment l'imagination crée la réalité. Le progrès de la science repose sur des hypothèses provisoirement vérifiées, qui sont ensuite acceptées ou rejetées par les faits de l'expérience. L'affirmation selon laquelle l'imagination crée la réalité n'exige pas plus de considération que ne le permet la science. Elle fait ses preuves dans son exécution.

Le monde dans lequel nous vivons est un monde d'imagination. La vie elle-même est une activité de l'imagination, "Pour Blake," écrit le professeur Morrison de l'Université de St. Andrews, "le monde naît d'une activité divine, identique à ce que nous connaissons comme l'activité de l'imagination," sa tâche est "d'ouvrir les yeux immortels de l'homme vers l'intérieur, dans le monde de la pensée, vers l'infini, s'étendant pour toujours dans le sein de Dieu, l'imagination humaine."

Rien n'apparaît ou n'existe par sa propre force d'être. Les événements se produisent parce que des activités imaginaires comparables et stables les ont créés, et ils n'existent que tant qu'ils reçoivent ce soutien. "Le mystère de l'imagination", écrit Douglas Fawcett, "est le plus grand problème que le mysticisme s'efforce de résoudre. Le pouvoir suprême, la sagesse suprême, la joie suprême se trouvent dans la solution lointaine de ce mystère".

Lorsque l'Homme résout le mystère de l'imagination, il a découvert le mystère de la cause, à savoir que l'imagination crée la réalité. Ainsi, la personne qui est consciente de son imagination sait ce qu'elle crée ; elle comprend de plus en plus que le drame de la vie est imaginatif - et non physique. Toutes les activités sont essentiellement imaginatives.

Une imagination éveillée fonctionne avec une intention. Elle crée et maintient ce qui est souhaitable, et transforme ou détruit ce qui est indésirable.

L'imagination divine et l'imagination humaine ne sont pas deux forces, mais une seule. La démarcation valable entre les deux supposés n'est pas dans la substance avec laquelle ils opèrent, mais dans le degré d'intensité de la force opérationnelle elle-même. Agissant sous haute tension, un acte imaginaire est un fait immédiat et objectif. Avec une tension plus faible, un acte imaginaire est réalisé dans un laps de temps. Mais que la force imaginative soit codée haute ou basse, elle est "la réalité ultime, essentielle, non objective, d'où les objets sont déversés comme des fantasmes soudains". Aucun objet n'est indépendant de l'imagination à un ou plusieurs niveaux. Tout dans le monde doit sa nature à l'imagination à un de ses différents niveaux.

"La réalité objective", écrit Fichte, "est créée uniquement par l'imagination". Les objets semblent si indépendants de la perception que nous en avons que nous avons tendance à oublier qu'ils trouvent leur origine dans l'imagination. Le monde dans lequel nous vivons est un monde de l'imagination, et l'Homme crée - par ses activités imaginaires - les réalités et les circonstances de sa vie ; il le fait en connaissance de cause ou non.

L'Homme accorde trop peu d'attention à ce don inestimable - l'imagination humaine - et un don est inexistant dans la pratique s'il n'est pas pris consciemment en possession, dans la volonté de l'utiliser. Chaque être humain possède le pouvoir de créer la réalité, mais ce pouvoir dort comme s'il était mort s'il n'est pas exercé consciemment. L'Homme vit au cœur de la création - l'imagination humaine - et pourtant il n'a aucune idée de ce qui s'y passe. L'avenir ne sera pas très différent des activités imaginaires de l'Homme ; l'Homme, qui peut ainsi invoquer des activités imaginaires à volonté, et pour qui les visions de son imagination sont aussi réelles que les formes de la nature, est maître de son destin.

L'avenir est l'activité imaginaire de l'Homme dans sa démarche créative. L'imagination n'est pas seulement le pouvoir créatif des poètes, des artistes, des acteurs et des orateurs, mais aussi celui des scientifiques, des inventeurs, des marchands et des artisans. Leur utilisation abusive dans des imaginations débridées et malvenues est évidente ; mais leur utilisation abusive dans une oppression excessive engendre une infertilité qui prive l'Homme de la richesse réelle de l'expérience. Imaginer de nouvelles solutions à des problèmes de plus en plus complexes est bien plus noble que de fuir les problèmes. La vie est la solution continue d'un problème continu et artificiel. L'imagination crée des événements. Le monde, créé par l'imagination de l'Homme, est constitué d'innombrables croyances contradictoires ; il ne peut donc jamais y avoir un état absolument stable ou statique. Les événements d'aujourd'hui vont forcément perturber l'ordre d'hier. Les hommes et les femmes d'imagination perturbent toujours une tranquillité d'esprit préexistante.

Ne vous soumettez pas aux diktats des faits et n'acceptez pas la vie sur la base du monde extérieur. Prenez le contrôle de vos actes imaginaires et le dessus sur les faits, et mettez tout en relation avec votre imagination. Tenez-vous en à votre idéal dans votre imagination. Rien ne peut vous l'enlever, si ce n'est votre échec dans l'imagination constante de l'idéal réalisé. N'imaginez que les états qui ont de la valeur ou qui sont prometteurs.

Essayer de changer les circonstances avant de changer son activité imaginaire est une lutte contre la nature des choses. Il ne peut y avoir de changement externe avant qu'il n'y ait un changement imaginaire. Tout ce que vous faites sans l'accompagnement d'un changement imaginaire n'est qu'un réajustement futile des surfaces. L'idée du souhait réalisé conduit à l'union avec l'état, et pendant l'union, on se comporte en harmonie avec le changement imaginaire. Cela montre qu'un changement imaginaire entraîne un changement de comportement. Cependant, les changements imaginaires ordinaires que vous effectuez lorsque vous passez d'un état à un autre ne sont pas des transformations, car chacun de ces changements est rapidement suivi d'un autre dans la direction opposée. Mais chaque fois qu'un état se développe de façon si constante qu'il devient votre humeur de base, votre attitude habituelle, cet état définit votre caractère et constitue une véritable transformation.

Comment faire ? Renoncez ! C'est le secret. Vous devez vous abandonner mentalement à votre souhait réalisé, dans un amour absolu pour cet état, et, ce faisant, vivre dans le nouvel état, et non plus dans l'ancien. On ne peut pas s'engager dans quelque chose qu'on n'aime pas, donc le secret de l'abandon de soi est la foi - plus l'amour. La foi est la conviction de l'incroyable. Engagez-vous dans le sentiment d'un souhait réalisé, en croyant que cet acte d'abandon de soi deviendra une réalité. Et elle doit devenir réalité, car l'imagination crée la réalité.

L'imagination est à la fois conservatrice et transformatrice. Elle est conservatrice lorsqu'elle construit le monde à partir d'images de la mémoire et de preuves des sens. Elle est créativement transformatrice lorsqu'elle imagine les choses comme elles devraient l'être, en construisant son monde à partir des rêves généreux de l'imagination. Dans le cortège des images, celles des sens ont naturellement la priorité. Néanmoins, une impression actuelle et sensuelle n'est qu'une image. Sa nature n'est pas différente d'une image de mémoire ou de l'image d'un souhait. Ce qui rend objectivement une impression présente et sensuelle si réelle est l'imagination de l'individu, qui fonctionne dans cette impression et pense à partir d'elle ; alors que l'imagination de l'individu dans une image de mémoire ou l'image d'un souhait ne fonctionne pas dans l'image, ne pense pas à partir de l'image, mais fonctionne en dehors de l'image et pense au souhait.

Si vous deviez entrer dans l'image dans votre imagination, vous sauriez ce que signifie la transformation créative ; vous réaliseriez alors votre désir ; et vous seriez alors heureux. Toute image peut être incarnée. Mais si vous n'entrez pas dans le tableau et ne pensez pas à l'image, il n'est pas capable de naître. C'est donc le comble de la folie que de s'attendre à ce que le souhait se réalise par le simple passage du temps. Ce qui nécessite une revendication imaginative pour produire son effet ne peut évidemment pas être réalisé sans cette revendication. On ne peut pas habiter une image sans subir les conséquences de ne pas en habiter une autre.

L'imagination est une perception spirituelle. Lorsque vous entrez dans l'image d'un souhait réalisé, vous donnez à l'image une vibration sensuelle et les sons de la réalité en agissant mentalement comme vous le feriez si c'était un fait physique. Voilà ce que j'entends par perception spirituelle. Imaginez que vous tenez une rose dans votre main. Sentez-la. Pouvez-vous reconnaître le parfum des roses ? Si la rose n'est pas là, pourquoi son parfum est-il dans l'air ? Par la perception spirituelle - c'est-à-dire par la vue imaginaire, les sons, les parfums, les goûts et les touchers, vous pouvez donner à l'image une vibrance sensuelle. Ce faisant, tout se mettra en place pour vous aider à récolter et, grâce à la réflexion, vous verrez à quel point le fil conducteur qui vous a conduit à votre objectif était subtil. Vous n'auriez jamais pu développer les moyens utilisés par votre activité imaginaire pour vous réaliser.

Si vous aspirez à échapper à vos fixations sensorielles actuelles, à transformer votre vie actuelle en rêve, vous devez imaginer que vous êtes déjà ce que vous voulez être, et vous sentir comme vous pensez vous sentir dans ces circonstances. Créez votre monde à partir de purs rêves d'imagination, comme un enfant dans son monde illusoire, en recréant le monde selon son cœur. Entrez mentalement dans votre rêve ; faites mentalement ce que vous feriez réellement si le rêve était physiquement réel. Vous constaterez que les rêves ne sont pas réalisés par les riches, mais par les imaginatifs. Rien ne s'interpose entre vous et la réalisation de vos rêves, sauf les faits - et les faits sont créés par l'imagination. Si vous changez votre imagination, vous changerez les faits.

L'Homme et son passé forment une structure continue. Cette structure contient tous les faits qui ont été préservés, et ils fonctionnent encore en dessous du seuil de son esprit. Pour lui, ce n'est que de l'histoire. Pour lui, elle semble immuable - un passé mort et solidement ancré. Mais le passé lui-même est vivant - il fait partie de l'âge vivant. Il ne peut pas laisser les erreurs du passé derrière lui, car rien ne disparaît. Tout ce qui était, existe encore. Le passé existe toujours, et il continue à donner - toujours à donner - ses résultats. L'Homme doit retourner dans sa mémoire, chercher et détruire les causes du mal, quelle que soit leur ancienneté. Ce retour dans le passé et le fait de rejouer une scène du passé dans l'imagination comme cela aurait dû se produire la première fois, j'appelle cela la révision - et la révision entraîne la révocation. Changer sa vie, c'est changer le passé. Les causes de tout mal présent sont les scènes non révisées du passé. Le passé et le présent forment la structure globale de l'être humain ; ils portent en eux tout le contenu. Tout changement de contenu entraîne un changement dans le présent et l'avenir.

Vivez noblement - pour que l'esprit puisse emmagasiner un passé qui vaut la peine d'être rappelé. Si vous échouez, rappelez-vous que le premier acte pour améliorer ou guérir est toujours le même : "réviser". Si le passé a été restauré dans le présent, alors le passé révisé sera également restauré dans le présent, ou la revendication...même si votre péché est rouge sang, qu'il devienne blanc neige...est un mensonge. Et ce n'est pas un mensonge.

L'intention du commentaire d'histoire en histoire, qui suit, est de relier les thèmes individuels mais jamais séparés des quatorze chapitres en lesquels j'ai divisé la première partie de ce livre. Il servira, je l'espère, de fil rouge qui liera l'ensemble pour prouver l'affirmation ! L'imagination crée la réalité.

Il est facile de faire une telle demande. Il est beaucoup plus difficile de le prouver par l'expérience des autres. Vous amener à appliquer la "loi" de manière constructive dans votre propre vie - tel est le but de ce livre.

Chapitre 2 : Vivre dedans

"Mon Dieu, j'ai entendu dire aujourd'hui que personne ne construit une maison seigneuriale sauf celui qui pense y vivre. Quelle maison était plus majestueuse, ou peut l'être plus que l'homme ? ...dans la création duquel toutes choses sont sujettes à la décomposition."
...George Herbert

J'aimerais que ce soit vrai en ce qui concerne les nobles rêves de l'Homme, mais malheureusement, la construction éternelle, la revendication différée est l'erreur commune de l'Homme. Pourquoi "construire une maison seigneuriale" si vous n'avez pas l'intention "d'y vivre" ? Pourquoi construire une maison de rêve quand on n'a pas l'intention d'"y vivre" ?

C'est le secret de ceux qui restent éveillés dans leur lit et qui rêvent de la réalité. Ils savent comment vivre dans leur rêve jusqu'à ce qu'ils le réalisent. L'Homme peut, par le biais du rêve éveillé contrôlé, prédire son avenir. Cette activité imaginaire, vivant dans le sentiment d'un souhait réalisé, conduit la personne à travers un pont d'événements à la réalisation de son rêve. Si nous vivons dans le rêve - en y pensant, sans y penser - alors le pouvoir créatif de l'imagination répondra à notre fantaisie aventureuse, et le souhait réalisé éclatera sur nous et nous emportera à l'improviste.

L'Homme est une pure imagination ; il doit donc être là où il se trouve dans son imagination, car son imagination, c'est lui-même. Le plus important est de réaliser que l'imagination n'est pas une chose liée aux sens ou emprisonnée dans les limites spatiales du corps. Bien que l'Homme se déplace dans l'espace en déplaçant son corps physique, il n'a pas besoin d'être aussi confiné. Il peut se déplacer en changeant ce dont il est conscient. Quelle que soit la réalité de la scène sur laquelle se pose la vue, l'Homme peut regarder une scène jamais vue auparavant. Il peut toujours déplacer la montagne s'il perturbe sa conception de la vie telle qu'elle devrait être. Cette capacité à passer mentalement des choses telles qu'elles sont aux choses telles qu'elles devraient être est l'une des plus importantes découvertes que l'Homme puisse faire. Elle révèle l'Homme comme le centre de l'imagination pour intervenir avec le pouvoir de changer le cours des événements observés, pour aller de succès en succès, par une série de transformations mentales, naturelles, des autres et de lui-même.

Pendant de nombreuses années, un médecin et sa femme ont "rêvé" de leur "maison seigneuriale", mais ce n'est que lorsqu'ils y ont vécu avec imagination qu'ils l'ont manifestée. Voici leur histoire :

"Il y a une quinzaine d'années, Mme M. et moi avons acheté un terrain sur lequel nous avons construit un bâtiment en deux parties, notre bureau et notre espace de vie. Nous avons laissé suffisamment d'espace sur la propriété pour un complexe d'appartements - si et quand notre situation financière le permettrait. Toutes ces années, nous étions occupés à rembourser notre prêt hypothécaire et, au bout du compte, il ne restait plus d'argent pour le bâtiment supplémentaire que nous voulions encore tant. Nous avions un compte d'épargne important qui assurait la sécurité de notre entreprise, mais l'utiliser pour un nouveau bâtiment compromettrait cette sécurité.

Mais maintenant, votre enseignement a éveillé une nouvelle imagination, une imagination qui nous a dit avec audace que nous pouvions avoir ce que nous désirions le plus en utilisant notre imagination de manière contrôlée, et l'idée de réaliser un désir "sans argent" est devenue plus convaincante. Nous avons décidé de le tester en oubliant "l'argent" et en concentrant notre attention sur notre plus grand souhait - le nouveau complexe d'appartements.

En tenant compte de ce principe, nous avons construit mentalement un nouveau bâtiment, comme nous le voulions, nous avons en fait dessiné des plans physiques afin de mieux formuler notre image mentale du bâtiment fini. Sans jamais oublier de penser à la fin (dans notre cas, l'immeuble fini et occupé), nous avons fait de nombreux voyages imaginatifs dans notre complexe d'appartements, nous avons loué les unités à des locataires imaginaires, nous avons éclairé chaque pièce en détail et nous avons éprouvé un sentiment de fierté lorsque des amis nous ont félicités pour cette conception unique. Nous avons amené une certaine personne dans notre scène imaginaire (je l'appellerai Mme X), une dame que nous n'avions pas vue depuis un certain temps, car elle nous a "abandonnés" socialement parce qu'elle trouvait notre nouvelle façon de penser un peu étrange. Dans notre scène imaginaire, nous l'avons emmenée dans le bâtiment et nous lui avons demandé comment elle aimait ça. En entendant clairement sa voix, nous avons eu sa réponse : "Docteur, je trouve ça beau."

Un jour, alors que nous parlions de notre nouvel immeuble, ma femme a mentionné un constructeur qui avait construit des appartements dans notre quartier. Nous ne le connaissions que de nom, qui était inscrit sur certains panneaux d'affichage devant les bâtiments en construction. Cependant, réalisant que si nous finissions par vivre, nous ne chercherions pas un constructeur, nous avons rapidement écarté ce point de vue. Nous avons continué notre émission quotidienne pendant plusieurs semaines, tous les deux ayant le sentiment d'être maintenant "unis" à notre désir, et d'avoir finalement vécu avec succès.

Un jour, un étranger est entré dans notre bureau et s'est présenté comme le constructeur dont ma femme avait mentionné le nom quelques semaines auparavant. Sur un ton d'excuse, il a dit : "Je ne sais pas pourquoi je me suis arrêté ici. Je n'ai pas l'habitude d'aller vers les gens, les gens viennent vers moi". Il a expliqué qu'il passait souvent devant notre bureau et se demandait pourquoi il n'y avait pas de complexe d'appartements au coin de la rue. Nous lui avons assuré que nous aimerions y avoir un tel bâtiment, mais que nous n'avions pas d'argent pour ce projet, pas même les quelques centaines de dollars pour les plans.

Notre réaction négative ne l'a pas ébranlé et, apparemment forcé, il a commencé à trouver et à développer des moyens de réaliser le travail, sans y être invité et sans être encouragé par nous. Oubliant l'incident, nous avons été assez choqués lorsque cet homme nous a appelés quelques jours plus tard pour nous informer que les plans étaient terminés et que le bâtiment prévu nous coûterait trente mille dollars ! Nous l'avons remercié poliment et n'avons absolument rien fait. Nous savions que nous avions "vécu avec imagination à la fin", à la fin d'un bâtiment achevé, et que l'imagination allait construire le bâtiment parfaitement, sans aucun soutien "extérieur" de notre part. Nous n'avons donc pas été surpris lorsque le client nous a rappelé le lendemain pour nous dire qu'il avait trouvé dans ses documents un certain nombre de dessins qui, à part quelques petites modifications, correspondaient parfaitement à nos besoins. Il nous a informés que cela nous permettrait d'économiser les honoraires de l'architecte pour les nouveaux plans. Nous l'avons remercié à nouveau et n'avons toujours rien fait.

Les penseurs logiques supposeraient maintenant qu'une telle réaction négative de la part des clients potentiels mettrait un terme à tout cela. Au lieu de cela, deux jours plus tard, le promoteur a rappelé en annonçant qu'il avait trouvé une société de financement prête à couvrir le prêt requis à hauteur de quelques milliers de dollars. Cela semble incroyable, mais nous n'avons toujours rien fait. Parce que - souvenez-vous - pour nous, le bâtiment était terminé et loué, et dans notre imagination, nous n'avions pas à mettre un centime dans la construction.

La fin de cette histoire se lit comme une suite d'"Alice au pays des merveilles", car le client est venu dans notre bureau le lendemain et a dit, comme s'il nous surprenait avec un cadeau, "Vous aurez le nouveau bâtiment d'une manière ou d'une autre. J'ai décidé de payer moi-même la contribution au prêt. Si tout va bien, je demanderai à mon avocat de rédiger les papiers et ils pourront me payer sur le bénéfice net du bail".

Cette fois, nous avons fait quelque chose ! Nous avons signé les papiers et la construction a commencé immédiatement. La plupart des appartements étaient déjà loués avant leur achèvement et tous, sauf un, étaient occupés le jour de l'achèvement. Nous étions si excités par les événements miraculeux des derniers mois que nous ne comprenions pas le "défaut" apparent de notre image imaginaire. Sachant cependant que nous avions déjà réussi grâce au pouvoir de l'imagination, nous avons immédiatement imaginé une autre scène imaginaire, où cette fois, au lieu de mener le groupe à travers l'unité et d'entendre "nous le prenons", nous avons rendu visite aux locataires de l'unité qui avaient déjà emménagé dans l'appartement. Nous leur avons permis de nous guider dans les salles et avons entendu leurs commentaires satisfaits. Trois jours plus tard, l'appartement a été loué.

Notre drame original et imaginaire était devenu complètement objectif, à l'exception d'un détail, qui devint réalité un mois plus tard, lorsque notre amie, Mme X, nous surprit avec une visite attendue depuis longtemps, exprimant son souhait de voir le nouveau bâtiment. C'est avec joie que nous l'avons emmenée visiter le bâtiment et à la fin de la visite, nous avons entendu sa phrase, que nous avions entendue dans notre imagination de nombreuses semaines auparavant, lorsqu'elle a prononcé chaque mot avec insistance : "Docteur, je pense que c'est magnifique".

Notre rêve de quinze ans était devenu réalité. Et nous savons maintenant qu'il aurait pu être réalisé à tout moment pendant ces quinze années si nous avions connu le secret de l'imagination et comment "vivre au bout du désir". Mais maintenant, il s'est réalisé - notre seul et immense souhait a été objectivé. Et nous n'y avons pas mis un centime de notre propre argent". - Dr M.

Par le biais d'un rêve - un rêve éveillé contrôlé - le médecin et sa femme ont créé la réalité. Ils ont appris à vivre dans la maison de leurs rêves, ce qu'ils font maintenant réellement. Bien que l'aide semble venir de l'extérieur, le déroulement des événements est entièrement déterminé par l'activité imaginaire du médecin et de sa femme. Les personnes impliquées ont été entraînées dans leur drame imaginaire parce qu'il était dramatiquement important qu'elles le deviennent. Leur structure imaginaire l'exigeait.

"Toutes choses s'entremêlent
par une loi divine".

L'histoire suivante illustre la façon dont une dame a préparé sa "maison seigneuriale" en y dormant - ou en y "vivant" - de manière imaginative.

"Il y a plusieurs mois, mon mari a décidé de mettre notre maison sur le marché. L'objectif principal de ce déménagement, dont nous avions si souvent discuté, était de trouver quelque chose d'assez grand pour nous deux, ma mère, ma tante, dix chats, trois chiens et une perruche. Croyez-le ou non, le déménagement proposé était l'idée de mon mari parce qu'il aimait ma mère et ma tante et disait que de toute façon, j'étais avec elles la plupart du temps, alors "pourquoi ne pas vivre ensemble et partager une taxe foncière ?" J'aimais énormément l'idée, mais je savais que cette nouvelle maison devait être quelque chose de très spécial en termes de taille, d'emplacement et de disposition, car j'insistais sur le respect de la vie privée de toutes les personnes concernées.

À ce moment-là, j'étais donc indécise quant à la vente de notre maison actuelle, mais je n'en ai pas discuté car je savais par expérience que notre maison ne se vendrait jamais avant d'avoir cessé d'y "dormir". Deux mois et quatre ou cinq agents immobiliers plus tard, mon mari avait "renoncé" à vendre la maison, et les agents immobiliers aussi. À ce moment-là, je m'étais convaincue que je voulais le changement, alors je me suis endormie pendant quatre nuits dans mon imagination dans la maison que j'aimerais posséder. Le cinquième jour, mon mari avait rendez-vous avec un ami à la maison, et pendant qu'il y était, il a rencontré un étranger qui cherchait "par hasard" une maison dans les montagnes. Bien entendu, il a été rapidement ramené pour voir notre maison, qu'il a traversée une fois, puis il a dit : "Je vais l'acheter". Cela ne nous a pas rendus très populaires auprès des agents immobiliers, mais cela m'a plu, car j'étais heureuse de garder la commission des agents immobiliers dans la famille ! Nous avons déménagé en dix jours et sommes restés chez ma mère pendant que nous cherchions une nouvelle maison.

Nous avons fait part de nos exigences à tous les agents immobiliers du Sunset Strip, et seulement à ceux du Sunset Strip (parce que je ne voulais pas quitter cette zone), et sans exception, chacun d'entre eux nous a informés que nous étions tous les deux fous. Il serait absolument impossible, disaient-ils, de trouver une vieille maison de style anglais avec deux salles de séjour séparées, des appartements séparés et une bibliothèque, construite sur une petite colline, avec suffisamment d'espace clôt pour les chiens - et située dans une certaine zone. Quand nous leur avons dit le prix que nous allions payer pour la maison, ils avaient l'air triste.

J'ai dit que ce n'est pas tout ce que nous voulions. Nous voulions des plafonds en bois dans toute la maison, une grande cheminée, une vue magnifique et l'isolement - pas de voisins immédiats, s'il vous plaît. À ce moment-là, la dame s'est mise à rire et m'a rappelé qu'une telle maison n'existait pas, et que si elle existait, ils paieraient cinq fois ce que nous étions prêts à payer. Mais je savais qu'une telle maison existait - parce que dans mon imagination, j'avais dormi dedans, et si je suis mon imagination, j'avais dormi dedans.

Dès la deuxième semaine, nous avions fatigué cinq bureaux immobiliers, et l'homme du sixième bureau avait l'air un peu impétueux lorsqu'un de ses associés, qui n'avait pas dit un mot jusqu'alors, lui a dit : "Pourquoi ne leur montres-tu pas l'espace de Kings Road ?" Un troisième associé du bureau a ri amèrement et a déclaré : "Cette propriété n'est même pas répertoriée. De plus, la vieille dame vous ferait quitter la propriété. Elle a deux acres là-haut et vous savez qu'elle ne partagerait pas".

Je ne savais pas ce qu'elle ne voulait pas partager, mais le nom de la rue a éveillé mon intérêt, parce que c'est le quartier que j'aimais le plus. J'ai donc demandé pourquoi ne pas y jeter un coup d'œil, juste pour le plaisir. En remontant la route et en tournant sur un chemin privé, nous avons atteint une grande maison de deux étages, construite en séquoia et en briques, d'apparence anglaise, entourée de grands arbres et assise seule et distante sur sa propre colline, regardant la ville en contrebas à travers toutes les fenêtres. J'ai ressenti une étrange excitation lorsque nous sommes allés à la porte et avons été accueillis par une femme aimante qui nous a gentiment invités à entrer.

Je crois que je n'ai pas respiré pendant les deux minutes qui ont suivi, car je suis entré dans la pièce la plus noble que j'aie jamais vue. Les murs massifs en séquoia et la brique d'une grande cheminée à huit mètres et demi de hauteur, se terminant par un plafond voûté relié par d'énormes séquoias.

La pièce était telle le ciel, et j'entendais déjà les chants de Noël sur le balcon de la salle à manger à l'étage qui donne sur le salon. Un grand vitrail de cathédrale donnait une vue du ciel, des montagnes et de la ville tout en bas, et les beaux vieux murs de séquoia brillaient au soleil. Nous avons été conduits dans un appartement spacieux au rez-de-chaussée, avec une bibliothèque adjacente, une entrée séparée et une terrasse séparée. Deux escaliers menaient à un long hall, ouvrant sur deux chambres et salles de bains séparées, et au bout du hall se trouvait - oui - un second salon, avec une seconde terrasse, entouré d'arbres et de clôtures à séquoias.

Construit sur deux acres de terrain magnifiquement aménagé, j'ai commencé à comprendre ce que l'agent immobilier voulait dire lorsqu'il a dit "elle ne partagerait pas", parce qu'un acre avait une grande piscine, complètement séparée du bâtiment principal, mais lui appartenant sans aucun doute. C'était en effet une situation apparemment insoluble, car nous ne voulions pas de deux hectares de terrain hautement imposable plus une piscine, à un pâté de maisons de la maison.

Avant de partir, j'ai traversé le magnifique salon et j'ai remonté les escaliers jusqu'au balcon de la salle à manger. Je me suis retournée et j'ai regardé mon mari, qui se tenait près de la cheminée, un tuyau à la main, avec une satisfaction absolue sur le visage. J'ai posé mes mains sur la balustrade du balcon et je l'ai regardé un moment. De retour à l'agence immobilière, les trois courtiers étaient prêts pour la soirée de congé quand mon mari les a arrêtés et leur a dit : "Faisons lui une offre. Peut-être qu'elle va diviser la propriété. Qu'avons-nous à perdre ?" Un agent immobilier a quitté le bureau sans un mot. Un autre a dit : "L'idée est ridicule". L'agent immobilier à qui nous avons parlé au départ nous a dit : "Oubliez ça. C'est une chimère". Mon mari n'est pas facilement contrarié, mais une fois contrarié, il n'y a plus de créature têtue sur terre. Il était maintenant en colère. Il s'est assis, a tapé sa main sur la table et a crié : "C'est votre travail de faire des offres, n'est-ce pas ?" Ils ont accepté, et ont finalement promis de livrer notre offre pour le terrain. Nous sommes partis, et ce soir-là, je me suis tenue - dans mon imagination - sur le balcon de la salle à manger et j'ai regardé mon mari debout près de la cheminée. Il m'a regardé et m'a dit : "Eh bien, chérie, comment trouves-tu notre nouvelle maison ?" J'ai dit : "J'aime ça". Je me suis attardée à voir cette belle chambre et mon mari dans cette pièce, et j'ai "senti" la balustrade du balcon dans mes mains jusqu'à ce que je m'endorme.

Le lendemain, alors que nous étions en train de dîner chez ma mère, le téléphone a sonné et l'agent immobilier nous a informés d'une voix incrédule que nous venions d'acheter la maison. Le propriétaire avait divisé la terre en deux et nous a donné la maison et l'hectare qu'elle occupait au prix que nous lui avions proposé". . . J.R.B.

"...les rêveurs restent souvent éveillés dans leur lit,
pendant qu'ils rêvent de choses dans la réalité".

Il faut soit prendre le chemin de l'imagination, soit celui des sens. Aucun compromis et aucune neutralité ne sont possibles. "Celui qui n'est pas avec moi est contre moi." Lorsque l'Homme s'identifie enfin à son imagination plutôt qu'à ses sens, il a enfin découvert le cœur de la réalité.

J'ai souvent été averti par des "réalistes" autoproclamés que l'Homme ne réalisera jamais son rêve par la simple idée qu'il l'est déjà. C'est exactement ce que prouve ce recueil d'histoires ; si les gens ne voulaient vivre avec imagination que dans le sentiment d'un souhait exaucé, progressant avec confiance dans leurs rêves éveillés contrôlés, le pouvoir de l'imagination répondrait à leurs fantasmes d'aventures, et le souhait exaucé éclaterait sur eux et les emporterait sans qu'on s'en aperçoive.

Rien n'est plus merveilleux que les choses qui arrivent quotidiennement à la personne qui a suffisamment d'imagination éveillée pour accomplir ses miracles. Observez vos activités imaginaires. Imaginez quelque chose de mieux que ce que vous connaissez et créez un monde meilleur pour vous-même et pour les autres. Vivez comme si votre souhait était déjà réalisé, même s'il va se réaliser, et vous réduirez le temps d'attente. Le monde est imaginatif, pas mécanique. Ce sont des actions imaginaires - et non un destin aveugle - qui déterminent le cours de l'histoire.

Chapitre 3 : Retournez la roue

"Oh, laissez votre forte imagination faire tourner la roue en arrière,
jusqu'à ce que Troie ne soit plus brûlée".

"Toute vie à travers les siècles n'est que la solution continue d'un problème artificiel continu".
...H. G. Wells

L'état complètement stable ou statique est toujours impossible à atteindre. La fin objectivement atteinte révèle toujours plus que la fin que l'individu avait à l'esprit à l'origine. Cela conduit à un nouveau conflit intérieur, qui nécessite des solutions nobles afin de pousser l'individu sur la voie de l'évolution créative. "Son toucher est sans fin et donne de la distance à toutes les extrémités." Les événements d'aujourd'hui vont forcément perturber l'ordre d'hier. L'imagination créative et active perturbe toujours une tranquillité d'esprit préexistante.

La question qui peut se poser est de savoir comment notre idée que les autres sont meilleurs qu'ils ne le sont réellement, ou la réécriture mentale d'une lettre pour qu'elle corresponde à notre désir, ou la révision du lieu d'un accident, de l'entretien avec l'employeur, etc. - pourrait changer ce qui semble être les faits immuables du passé, mais considérez mes affirmations sur l'idée : l'imagination crée la réalité. Ce qui fait qu'il se produit, il peut le défaire. Elle n'est pas seulement conservatrice, en construisant une vie à partir d'images fournies par le passé - elle est aussi créativement transformatrice, en changeant un thème préexistant.

La parabole de l'intendant injuste donne la réponse à cette question. Nous pouvons changer notre monde par une certaine pratique imaginaire "illégitime", par la déformation mentale des faits - c'est-à-dire par un certain changement, délibéré et imaginaire, de ce que nous avons vécu. Tout cela se fait dans notre propre imagination. C'est une forme de mensonge qui non seulement n'est pas condamnée, mais qui est en fait préconisée dans l'enseignement de l'Évangile. Par cette fausseté, l'Homme détruit les causes du mal, se fait des amis, et sur la base de cette révision, à en juger par les grands éloges que l'intendant injuste a reçus de son Maître, prouve qu'il est digne de confiance.

Parce que l'imagination crée la réalité, nous pouvons pousser la révision à l'extrême et réviser une scène qui serait autrement impardonnable. Nous apprenons à distinguer l'être humain - qui est une pure imagination - et les états dans lesquels il entre. Un intendant injuste, en regardant le sort de l'autre, imaginera l'autre tel qu'il doit être vu. S'il était lui-même dans le besoin - il entrerait son rêve dans son imagination et imaginerait ce qu'il verrait, comment les choses apparaîtraient et comment les gens agiraient - "selon la façon dont ils seraient". Dans cet état, il s'endormirait alors, se sentant comme il s'attend à se sentir dans ces circonstances.

Si seulement tous les hommes du Seigneur étaient des intendants injustes - déformant mentalement les faits de la vie pour libérer les individus à jamais. Car le changement imaginaire se poursuit jusqu'à ce que le modèle modifié soit réalisé en longueur au plus haut niveau. Notre avenir est notre activité imaginaire dans sa marche créative. Imaginez mieux que le meilleur que vous connaissez. Réviser le passé signifie le restaurer avec un nouveau contenu. L'Homme doit réviser sa journée quotidiennement, comme il aimerait l'avoir vécue, en révisant les scènes pour qu'elles soient conformes à ses idéaux. Supposons que le courrier d'aujourd'hui apporte des nouvelles décevantes. Révisez la lettre. Réécrivez-la mentalement et faites-la correspondre aux nouvelles que vous auriez souhaité recevoir. Lisez ensuite la lettre révisée encore et encore dans votre imagination, et un sentiment de naturel se fera jour ; et les actions imaginaires deviennent des faits dès que l'action nous semble naturelle. C'est l'essence même de la révision et la révision entraîne la révocation.

C'est exactement ce que F.B. a fait :

"Fin juillet, j'ai contacté un agent immobilier et lui ai fait part de mon désir de vendre une propriété qui représentait pour moi une charge financière. Dans sa réponse négative, il a énuméré toutes les raisons pour lesquelles les ventes dans ce domaine stagneraient et a prédit une période d'attente jusqu'au début de l'année prochaine au moins.

J'ai reçu sa lettre un mardi, et - dans mon imagination - je l'ai réécrite de telle sorte que le courtier était désireux de m'inclure dans la liste des ventes. J'ai lu et relu cette lettre révisée et j'ai élargi mon drame imaginaire en utilisant votre thème tiré des "Quatre puissants de notre imagination" du livre "Seeding and Harvesting Time" - producteur, auteur, réalisateur et acteur.

Dans ma scène imaginaire de producteur, j'ai proposé le thème "La propriété est vendue à un prix rentable". En tant qu'écrivain, j'ai écrit la scène qui impliquait pour moi qu'elle se réalise : Debout dans le bureau de l'agent, je lui ai tendu la main et lui ai dit "Merci, monsieur", et il m'a répondu "C'était un plaisir de faire affaire avec vous." En tant que réalisateur, je me suis entraîné comme acteur jusqu'à ce que la scène soit complètement réelle pour moi, et j'ai ressenti un sentiment de soulagement, qui serait le mien si le fardeau était réellement enlevé de moi.

Trois jours plus tard, l'agent immobilier m'a appelé pour me dire qu'il avait un acompte pour ma propriété - au prix que j'avais indiqué. J'ai signé les papiers dans son bureau le lendemain, je lui ai tendu la main et lui ai dit : "Merci, monsieur". L'agent immobilier a répondu : "C'était un plaisir de faire des affaires avec vous".

Cinq jours après avoir conçu et joué une scène imaginaire, celle-ci est devenue une réalité physique, et a été rejouée mot pour mot, comme je l'avais entendue dans mon imagination. Le sentiment de soulagement et de joie venait - non pas tant du fait que la propriété était vendue - mais plutôt de la preuve inaltérable que mon drame imaginaire fonctionnait". . . . F.B.

Si l'objectif atteint était tout, comme c'est inutile ! Mais F. B. a découvert le pouvoir en lui-même, qui peut consciemment créer des circonstances.

En déformant mentalement les faits de la vie, l'Homme passe d'une réaction passive à une création active ; cela brise le cycle de la répétition et construit un avenir croissant et en expansion. Si l'Homme ne crée pas toujours au sens propre du terme, c'est uniquement parce qu'il n'est pas fidèle à sa vision ou parce qu'il pense à ce qu'il veut au lieu de penser au souhait réalisé.

L'Homme est une composition extraordinaire, en partie captivée par ses sens, et en partie libre de rêver que ses conflits internes sont récurrents. L'état de conflit chez l'individu s'exprime dans la société.

La vie est une aventure romantique. Vivre de manière créative, imaginer des solutions nobles à des problèmes de plus en plus complexes, est bien plus noble que de freiner ou de tuer notre désir. Tout ce qui est désiré peut être imaginé.

"Serais-tu dans un rêve et ne dormirais-tu toujours pas ?"

Essayez de réviser votre journée chaque soir avant de vous endormir. Essayez de visualiser clairement et d'entrer dans la scène révisée qui serait la solution imaginaire à votre problème. La structure révisée et imaginaire peut avoir un grand impact sur les autres, mais ce n'est pas votre préoccupation. L'"autre" qui a été influencé dans l'histoire suivante est profondément reconnaissant de cette influence. L. S. E. écrit :

"Lors d'un blind date en août dernier, j'ai rencontré l'homme que j'allais épouser. Cela arrive parfois, et c'est ce qui m'est arrivé. Il était tout ce que j'ai toujours voulu chez un homme. Deux jours après cet événement enchanteur, j'ai été obligé de changer de lieu de résidence pour des raisons professionnelles, et la même semaine, l'ami commun qui m'a présenté cet homme a quitté la ville. J'ai réalisé que l'homme que j'avais rencontré ne connaissait probablement pas ma nouvelle adresse et, franchement, je n'étais pas sûre qu'il connaisse mon nom.

Après votre dernière conférence, je vous ai parlé de cette situation. Bien que j'aie eu beaucoup d'autres "rendez-vous", je ne pouvais pas oublier cet homme. Votre exposé portait sur la révision de la journée ; et après vous avoir parlé, j'ai eu l'impression d'être dans un autre lit, dans ma propre maison, en tant que femme mariée - et non en tant que célibataire travaillant et partageant un appartement avec trois autres filles. J'ai mis une bague de mariage imaginaire dans ma main gauche et je me disais : "C'est merveilleux ! Je suis en effet Mme J.E. !" Et je me suis endormi dans ce qui avait été un rêve éveillé un instant auparavant.

J'ai répété cette scène imaginaire pendant un mois, nuit après nuit. La première semaine d'octobre, il m'avait "trouvée". Dès notre deuxième rendez-vous, je savais que mes rêves avaient été bien placés. Leur enseignement nous dit de vivre dans la fin d'un souhait jusqu'à ce que ce souhait devienne un "fait", donc bien que je ne savais pas ce qu'il ressentait pour moi, j'ai continué, nuit après nuit, à vivre dans le sentiment que mon rêve se réalisait. Le résultat ? En novembre, il m'a demandé en mariage. En janvier, nous avons annoncé nos fiançailles ; et en mai, nous nous sommes mariés. Mais le plus beau de tout, c'est que je suis plus heureuse que je n'aurais jamais pu l'imaginer, et dans mon cœur, je sais qu'il l'est aussi. . . ." Mme J.E.

En utilisant son imagination de manière radicale plutôt que conservatrice - en construisant son monde à partir des rêves purs de l'imagination - au lieu d'utiliser des images fournies par le passé, elle a permis la réalisation de votre rêve. Le bon sens aurait utilisé les images fournies par le passé, maintenant ainsi le fait du manque dans sa vie. L'imagination a créé son souhait à partir d'un rêve de fantaisie. Chacun doit vivre complètement au niveau de l'imagination et cela doit devenir une habitude.

"...les amoureux et les fous ont le cerveau qui bout,
de tels fantasmes formateurs, qui visent à comprendre
une santé mentale saine".

Si notre temps de révision est bien utilisé, nous n'avons pas à nous inquiéter des résultats - nos plus grands espoirs seront réalisés.

"Es-tu vraiment, terre ? Le suis-je ?
dans quel rêve existons-nous ? ..."

Il n'y a pas de permanence inévitable pour quoi que ce soit. Le passé et le présent ne continuent d'exister que parce qu'ils sont maintenus à un niveau ou à un autre par "l'imagination" ; et une transformation radicale de la vie est toujours possible pour l'Homme en révisant les parties non désirées de sa vie.

Dans sa lettre, M. R.S. s'interroge sur la question de l'influence :

"Au cours de votre série de conférences actuelle, des problèmes sont apparus concernant les paiements d'un de mes administrateurs. La sécurité, une maison et une parcelle de terrain, a été négligée et délabrée. Les propriétaires ont apparemment dépensé leur argent dans des bars, tandis que leurs deux petites filles, âgées de neuf et onze ans, ont été laissées sans surveillance. Cependant, oubliant l'apparence, j'ai commencé à revoir la situation. Dans mon imagination, j'ai conduit ma femme à la propriété et lui ai dit : "La cour n'est-elle pas magnifique ? Elle est tellement soignée et bien entretenue. Ces personnes montrent un véritable amour pour leur maison. Nous n'avons jamais à nous soucier de cet accord de séquestre". J'ai "vu" la maison et le terrain exactement comme je voulais les voir - si beaux qu'ils m'ont donné un sentiment de plaisir chaleureux. Chaque fois que mes pensées s'égaraient vers la propriété, je répétais ma scène imaginaire.

Après avoir appliqué cette révision pendant un certain temps, la femme qui vivait dans la maison a eu un accident de voiture ; alors qu'elle était à l'hôpital, son mari a disparu. Les enfants étaient pris en charge par les voisins ; et j'étais tentée de rendre visite à la mère à l'hôpital pour l'assurer de mon soutien si nécessaire. Mais comment le pourrais-je, alors que ma scène imaginaire impliquait qu'elle et sa famille étaient heureuses, qu'elles avaient du succès et qu'elles étaient manifestement satisfaites ? Je n'ai donc rien fait d'autre que ma révision quotidienne. Peu après que la femme a quitté l'hôpital, elle a elle aussi disparu avec ses deux filles. Les paiements pour la propriété ont été transférés et quelques mois plus tard, elle est réapparue avec un certificat de mariage et un nouveau mari. Au moment où j'écris ces lignes, tous les paiements ont été reçus à temps. Les deux petites filles sont évidemment heureuses et bien soignées et les propriétaires ont ajouté une pièce à la propriété comme garantie supplémentaire pour notre accord de séquestre.

C'était très bien de résoudre mon problème sans menaces, sans mots vilains, sans expulsion et sans se soucier des petites filles ; mais y avait-il quelque chose dans mon imagination qui avait conduit cette femme à l'hôpital ? . . . " R.S.

Toute activité imaginaire qui augmente en intensité en concentrant notre attention sur l'objectif souhaité pour une meilleure vue d'ensemble tend à déborder dans des régions situées au-delà de l'endroit où nous sommes ; mais nous devons en rester là, en nous occupant nous-mêmes de cette activité imaginaire. Il fait preuve d'une imagination extraordinaire pour créer et diriger des moyens de réalisation de soi. Dès que l'on pense en termes d'influence plutôt qu'en termes de clarté du but recherché, l'effort de l'imagination devient un effort de la volonté et le grand art de l'imagination pervertit à la tyrannie.

Le passé enfoui est généralement plus profond que notre esprit superficiel ne peut le creuser. Mais heureusement, cette dame a rappelé et prouvé que le passé "fait" peut aussi être "défait" par la révision.

"Pendant trente-neuf ans, j'ai souffert d'un dos faible. La douleur a augmenté de plus en plus et de moins en moins, mais elle n'a jamais disparu complètement. Les progrès ont été tels que j'ai reçu un traitement médical presque continu ; le médecin a redressé ma hanche pour le moment, mais la douleur n'a pas disparu. Un soir, je vous ai entendu parler de la révision et je me suis demandée si une maladie qui existait depuis près de quarante ans pouvait être inversée. Je me suis souvenue que je suis tombée d'une balançoire très haute à l'âge de trois ou quatre ans et que j'ai été très malade par la suite en raison d'une grave blessure à la hanche. Depuis lors, je n'ai jamais été complètement libérée de la douleur et j'ai payé beaucoup d'argent pour soulager la maladie, sans succès.

Cette année, au mois d'août, la douleur s'est encore aggravée et j'ai décidé de me tester pour tenter de réviser l'accident précédent qui a causé tant de malheurs dans la douleur et des factures médicales coûteuses - presque toute ma vie. De nombreuses soirées se sont écoulées avant que je puisse me "sentir" revenir à mon enfance. Mais j'ai réussi. Un soir, je me suis vraiment "sentie" sur cette balançoire, sentant les rafales de vent alors que la balançoire s'élevait de plus en plus haut. Lorsque la balançoire a ralenti, j'ai sauté en avant et j'ai atterri fermement sur mes pieds. Dans l'intrigue imaginaire, j'ai couru vers ma mère et j'ai insisté pour qu'elle vienne me voir. Je l'ai refait, j'ai sauté de la balançoire et j'ai atterri en toute sécurité sur mes deux pieds. J'ai répété cette action imaginaire encore et encore jusqu'à ce que je m'endorme pendant l'action.

En deux jours, la douleur dans mon dos et ma hanche a commencé à diminuer et en deux mois, elle n'existait plus. Une maladie qui m'a tourmenté pendant plus de trente-neuf ans, m'a coûté une demi-douzaine de milliers de dollars pour essayer de la guérir - elle n'était plus là...". L. H.

C'est au sécateur de révision que nous devons notre culture principale. L'Homme et son passé sont une structure continue. Cette structure comprend tout ce qui a été préservé du passé et qui fonctionne encore sous le seuil de ses sens pour influencer le présent et l'avenir de sa vie. L'ensemble est porteur de tous ses contenus ; tout changement de contenu entraîne un changement dans le présent et l'avenir. Le premier acte d'amélioration ou de guérison est toujours la "révision". Si le passé peut être restauré dans le présent, le passé révisé peut l'être aussi. Ainsi, le passé révisé apparaît au cœur de sa vie actuelle ; ce n'est pas le destin, mais un passé révisé qui lui a apporté le bonheur.

Soumettez les résultats et les réalisations au test ultime de la véritable imagination, et votre confiance dans le pouvoir de l'imagination de créer la réalité augmentera progressivement grâce à vos expériences de révision, confrontées à l'expérience. Ce n'est qu'à travers ce processus d'expérimentation que vous pouvez réaliser la puissance potentielle de votre imagination éveillée et contrôlée.

"Combien devez-vous à mon maître ?" Il a dit : "Cent tonnes d'huile." Et il lui dit : "Prends une lettre, assieds-toi et écris-en cinquante." Cette parabole du chef de ménage injuste nous pousse à déformer mentalement les faits de la vie, à changer un thème préexistant. Grâce à une telle fausseté imaginative, l'Homme se "fera des amis". Révisez mentalement les faits de la vie, chaque jour, et faites-les coïncider avec les événements qui méritent d'être rappelés ; demain, reprendra le schéma modifié et ira de l'avant jusqu'à ce qu'il se réalise longuement au sommet de l'accomplissement.

Il sera intéressant pour le lecteur de suivre ces indices - la construction imaginaire de scènes qui impliquent que le souhait est réalisé, et la participation imaginative aux scènes jusqu'à ce que les sons de la réalité soient atteints. Il s'agit du mystère de l'imagination, à travers lequel on voit l'Homme s'éveiller dans un monde complètement soumis à son pouvoir d'imagination.

L'Homme peut assez bien comprendre la répétition des événements (la construction du monde à travers les images fournies par le passé) - les choses restent comme elles sont. Cette stabilité des choses lui donne un sentiment de sécurité. Cependant, la présence en lui d'une puissance qui s'éveille et devient ce qu'elle veut, changeant radicalement sa forme, son environnement et les circonstances de la vie, éveille en lui un sentiment d'insécurité, une terrible peur de l'avenir. C'est maintenant "l'heure où vous vous réveillez du sommeil" et où vous mettez fin à tous les travaux désagréables de l'Homme endormi. Révisez la journée.

"Laissez votre forte imagination faire tourner la roue en arrière jusqu'à ce que Troie ne soit plus brûlée."

Chapitre 4 : Il n'y a pas de fiction

"La distinction entre ce qui est réel et ce qui est imaginaire n'en est pas une,
qui peut être maintenue pour toujours... tout ce qui existe,
est, au sens intelligible, imaginaire."
...John S. MacKenzie

Il n'y a pas de fiction. Si une activité imaginaire peut produire un effet physique, alors notre monde physique doit être imaginaire. Pour le prouver, il suffirait d'observer nos activités imaginaires et de voir si elles produisent ou non des effets externes correspondants. S'ils le font, nous devons conclure qu'il n'y a pas de fiction. Le drame imaginaire d'aujourd'hui - la fiction - devient le fait de demain.

Si nous avions cette vision plus large de la causalité - que la cause est mentale et non physique - que nos états mentaux sont la cause des effets physiques, nous reconnaîtrions alors notre responsabilité en tant que créateurs et n'imaginerions que le meilleur imaginable.

Un conte de fées, qui est joué comme une sorte de pièce de théâtre dans l'esprit, est la cause des faits physiques de la vie. L'Homme croit que la réalité se situe dans les objets solides qui l'entourent, que le drame de la vie a son origine dans ce monde, que les événements surgissent soudainement du néant, qu'un instant après l'autre, ils sont créés à partir de faits physiques antérieurs. Mais la cause n'est pas dans le monde extérieur des faits. Le drame de la vie trouve son origine dans l'imagination de l'Homme. Le véritable acte de devenir se produit dans l'imagination de l'Homme, pas à l'extérieur.

Les histoires suivantes pourraient définir la "cause" comme la composition des états mentaux qui, en venant à l'esprit, créent ce que les compositions impliquent.

La préface de "The Last Night of the Titanic" de Walter Lord illustre mon affirmation selon laquelle "l'imagination crée la réalité".

"En 1898, un auteur en difficulté du nom de Morgan Robertson a écrit un roman sur un fabuleux navire de l'Atlantique, le plus grand jamais construit. Robertson a rempli le navire de gens riches et complaisants, puis, par une froide nuit d'avril, il l'a fait s'écraser contre un iceberg. Cela montre en quelque sorte l'absurdité de tout cela, et, en fait, le livre s'appelait "ABSURDITE" lorsqu'il a été publié cette année-là par M. F. Mansfield.

Quatorze ans plus tard, une compagnie maritime britannique, la White Star Line, a construit un navire à vapeur étonnamment similaire à celui du roman de Robertson. Le nouveau navire pesait 66 000 tonnes, le Robertson 70 000 tonnes.

Le vrai navire mesurait 268,9 mètres de long ; le fictif, 240. Les deux pouvaient transporter jusqu'à 3000 passagers, et tous deux n'avaient des canots de sauvetage que pour une fraction de ces personnes. Mais cela n'avait pas l'air de compter, car les deux étaient présentés comme "insubmersibles" !

Le 19 avril 1912, le vrai navire quitte Southampton pour son premier voyage vers New York. Sa cargaison comprenait un exemplaire inestimable du Rubaiyats d'Omar Khayyam et une liste de passagers avec une fortune combinée de 250 millions de dollars. Au cours de leur voyage, ce navire s'est également écrasé contre un iceberg et a coulé par une froide nuit d'avril.

Robertson appelait son navire le Titan ; la White Star Line appelait leur navire le Titanic".

Si Morgan Robertson avait su que l'imagination crée la réalité, que la fiction d'aujourd'hui devient les faits de demain, aurait-il écrit le roman "Sinnlosigkeit" ? "Au moment de la tragique catastrophe", écrit Schopenhauer, "le soupçon est plus que jamais condensé que la vie est un mauvais rêve dont il faut se réveiller". Et le mauvais rêve est causé par l'activité imaginaire de l'humanité endormie.

Les activités imaginaires peuvent être éloignées de leurs manifestations, et les événements non observés ne sont que des phénomènes. La cause, telle qu'on la voit dans cette tragédie, se trouve ailleurs dans l'espace et le temps. Loin du lieu de l'événement, invisible pour tous, l'activité imaginaire de Robertson, tel un scientifique dans une salle de contrôle, guidait son projectile de fusée à travers l'espace et le temps.

Qui peint un tableau, écrit une pièce de théâtre ou un livre
Que d'autres ont lu pendant qu'il était
à l'autre bout du monde, dormant dans son lit -
s'ils négligent son côté, le dormeur
sera aussi mort ; que sait-il de sa lointaine,
vie insensible ? Que sait-il sur
les pensées qui émanent de ses pensées,
la vie que lui donne vie, ou de
la querelle qui le concerne - certains se moquent,
des éloges ?

Mais le plus vivant est celui qui dort
ou son esprit rapide ailleurs,
ou sa position dans d'autres lieux qui
garde l'attention fixe, et dort
de poursuivre d'autres personnes ?

Qu'est-ce que le "il" - le "il" qui dort, ou le "il"
que son propre "il" ne peut ni sentir ni voir ?
...Samuel Butler

Les écrivains imaginatifs ne communiquent pas leur vision du monde, mais leur attitude, qui se traduit par leur vision. Juste avant de mourir, Katherine Mansfield a dit à son ami Orage

"Il y a autant de perspectives dans la vie que d'attitudes à son égard ; et les perspectives changent avec les attitudes... si nous pouvions changer nos attitudes, non seulement nous devrions regarder la vie différemment, mais la vie elle-même apparaîtrait différente. La vie changerait d'apparence parce que nous changerions nous-mêmes d'attitude... la vision d'un nouveau modèle que j'appelle une attitude créative envers la vie."

"Les prophètes," a écrit Blake, "n'ont jamais existé, au sens moderne du terme. Jonas n'était pas un prophète au sens moderne du terme, car sa prophétie contre Ninive ne s'est pas réalisée. Tout honnête homme est un prophète ; il exprime son opinion sur les questions privées et publiques. Ainsi : Si vous continuez ainsi, le résultat est le suivant. Il ne dit jamais que quelque chose va se passer, quoi que vous fassiez. Un prophète est un voyant, pas un dictateur arbitraire." La fonction d'un prophète n'est pas de nous dire ce qui est inévitable, mais de nous dire ce qui peut être construit à partir d'une activité imaginaire constante.

L'avenir est déterminé par les activités imaginaires de l'humanité, les activités dans sa marche créative, les activités qui peuvent être vues dans "vos rêves et les visions de votre tête pendant que vous êtes au lit." "Si seulement tout le peuple du Seigneur Prophète" au sens propre du terme, comme ce danseur qui voit maintenant, au sommet de son idéal réalisé, des sommets à gravir encore plus haut. Après avoir lu cette histoire, vous comprendrez pourquoi il est si sûr de pouvoir prédire l'avenir matériel qu'il veut, et pourquoi il est tout aussi sûr que d'autres donneront une réalité à ce qui ne serait autrement qu'une simple invention de son imagination, qu'en dehors de l'imagination, rien n'existe à un niveau ou à un autre, et que rien ne peut exister. Rien ne reste dans l'être sauf ce qui soutient l'imagination. "...L'esprit peut apporter la substance, et les humains peuvent créer leurs propres planètes, avec des êtres plus brillants que jamais, et respirer le souffle de formes qui peuvent survivre à toute chair. . .“

"Mon histoire commence à l'âge de dix-neuf ans, lorsque j'étais un professeur de danse moyennement doué, et j'ai continué dans cet état statique pendant près de cinq ans encore. À la fin de cette période, j'ai rencontré une jeune femme qui m'a persuadé d'assister à vos conférences. Après vous avoir entendu dire "l'imagination crée la réalité", j'ai pensé que toute cette idée était ridicule. Cependant, j'ai décidé d'accepter votre défi et de réfuter votre thèse. J'ai acheté votre livre "Out of this World" et je l'ai lu plusieurs fois. Toujours pas convaincu, je me suis fixé un objectif plutôt ambitieux. Mon poste actuel était celui d'instructeur au studio de danse Arthur Murray et mon objectif était de posséder un studio franchisé et d'être le patron d'un studio de danse Arthur Murray !

Cela semblait être la chose la plus improbable au monde car les franchises étaient très difficiles à obtenir et, en plus de cela, je n'avais pas les fonds nécessaires pour lancer un tel projet. Néanmoins, j'ai assumé le sentiment d'un souhait réalisé nuit après nuit en allant dormir dans mon imagination, en dirigeant mon propre studio. Trois semaines plus tard, un ami m'a appelé de Reno, dans le Nevada. Il y possédait le studio Murray et disait que cela lui rapportait trop pour lui seul. Il m'a proposé un partenariat et j'ai été ravi ; tellement ravi que je me suis précipité à Reno avec de l'argent emprunté et que j'ai rapidement oublié tout de vous et de votre histoire d'imagination !

Mon partenaire et moi avons travaillé dur et avons eu beaucoup de succès, mais après un an, je n'étais toujours pas satisfait. Je voulais plus. J'ai commencé à réfléchir aux moyens de trouver un autre studio. Tous mes efforts ont été vains. Un soir, en m'allongeant, j'étais très agité et je me suis mis à lire. En regardant ma collection de livres, j'ai remarqué leur format mince, "Out of this world". J'ai pensé aux "bêtises" que j'avais subies l'année dernière pour avoir mon propre studio. POUR AVOIR MON PROPRE STUDIO ! Les mots dans mon esprit m'ont électrisé ! J'ai relu le livre ce soir-là, et plus tard, dans ma tête, j'ai entendu mon superviseur et ses louanges exceptionnelles pour le bon travail que nous avions fait à Reno, et il a suggéré que nous puissions ouvrir un deuxième studio puisqu'il avait un deuxième emplacement disponible au cas où nous voudrions nous agrandir. J'ai répété cette scène imaginaire tous les soirs sans exception. Trois semaines après la première nuit de mon drame imaginaire, il s'est concrétisé - presque mot pour mot. Mon partenaire a accepté le nouveau studio à Bakersfield, et j'avais le Reno Studio pour moi tout seul. J'étais maintenant convaincu de la vérité de votre enseignement et je ne l'oublierai jamais.

Je voulais maintenant partager cette merveilleuse connaissance - partager la connaissance du pouvoir imaginaire avec mes collègues. J'ai essayé de leur parler des merveilles qu'ils pouvaient réaliser, mais je n'ai pas pu en atteindre beaucoup, bien qu'un incident fantastique soit survenu à la suite de ma tentative. Un jeune professeur m'a dit qu'il croyait à mon histoire, mais que cela se serait probablement produit de toute façon. Il a insisté sur le fait que toute cette théorie était absurde, mais il a dit que si je lui disais quelque chose d'incroyable et que cela se passait réellement, et qu'il pouvait en témoigner, alors il croirait. J'ai accepté son défi et j'ai conçu un test vraiment fantastique.

Reno Studio est le moins important dans le système Murray en raison de la faible population de la ville. Il y a plus de trois cents studios Murray dans le pays, avec une population beaucoup plus importante, et donc de plus grandes possibilités d'attirer les clients. Mon test était donc le suivant. J'ai dit au professeur que dans les trois prochains mois, au moment de l'exposition nationale de danse, le petit studio de Reno serait le thème principal de l'exposition. Il a discrètement dit que c'était absolument impossible.

Ce soir-là, quand je me suis allongé, je me suis senti devant un immense public. J'ai parlé de la "performance créative" et j'ai ressenti la nervosité de me tenir devant un public aussi nombreux ; mais j'ai aussi ressenti le merveilleux sentiment d'être accepté par le public. J'ai entendu les acclamations et en quittant la scène, j'ai vu M. Murray venir vers moi et me serrer la main. J'ai répété tout le drame soir après soir. Elle a commencé à prendre les "tons de la réalité" et je savais que j'avais recommencé !

Mon drame imaginaire s'est matérialisé jusque dans les moindres détails.

Mon petit Reno Studio était le "thème n°1" de l'exposition et je suis apparu sur scène comme je l'avais fait dans ma performance. Mais même après cet incroyable mais réel événement, le jeune professeur qui m'a proposé le défi est resté indifférent. Il a dit que tout s'est passé naturellement ! Et il était sûr que cela se serait produit de toute façon !

Je n'avais rien contre son attitude, car son défi m'a donné une autre occasion de me prouver au moins à moi-même que l'imagination crée la réalité. Dès lors, j'ai poursuivi mon ambition de posséder "le plus grand studio de danse Arthur Murray du monde". Nuit après nuit, je me suis entendu, dans mon spectacle, accepter un studio de franchise dans une grande ville. En trois semaines, M. Murray m'a appelé et m'a proposé un studio dans une ville de 1,5 million d'habitants ! Mon objectif est maintenant de faire de mon studio le plus grand et le plus important de tout le système. Et, bien sûr, "Je sais que cela sera accompli - par mon imagination !"" . . . E.O.L., Jr.

"L'imagination, écrit Douglas Fawcett, peut être difficile à saisir, "comme le mercure, elle disparaît dans chacune de ses métamorphoses, affichant ainsi sa magie transformatrice. Nous devons regarder au-delà des faits physiques, vers l'imagination qui les a créés. Pendant un an, E.O.L., Jr. s'est perdu dans ses métamorphoses, mais heureusement, il s'est souvenu des "bêtises" qu'il a subies avant d'avoir son propre studio. . ... et relise le livre.

Les actions imaginaires au niveau humain nécessitent un certain intervalle de temps pour se développer, mais les actions imaginaires, qu'elles soient engagées sous pression ou piégées dans le ventre d'un ermite, se réaliseront au fil du temps. Testez-vous, ne serait-ce que par curiosité. Vous découvrirez que le "prophète" est votre propre imagination, et vous saurez : "Il n'y a pas de fiction".

"On ne peut jamais être sûr que ce n'est pas une femme qui a donné un coup de pied dans le pressoir qui a provoqué ce subtil changement dans l'esprit de l'homme... ou que la passion pour laquelle l'épée a été donnée à tant de terres n'a pas commencé dans l'esprit d'un garçon de berger, ses yeux s'éclairant un instant avant qu'elle ne prenne son chemin".
...William Butler Yeats

Il n'y a pas de fiction. L'imagination se réalise dans ce que devient notre vie. "Je vous le dis maintenant, avant que cela n'arrive, pour que lorsque cela arrivera, vous y croyiez." Les Grecs avaient raison : "Les dieux sont devenus comme les hommes, et sont descendus vers nous !" Mais ils se sont endormis et ne se rendent pas compte du pouvoir qu'ils exercent dans leurs activités imaginaires.

"Réels sont les rêves des dieux, et donnent leur joie
doucement à travers un long rêve immortel".

E.B., écrivain, est consciente que "la fiction d'aujourd'hui peut devenir la réalité de demain". Dans sa lettre, elle écrit :

"Un printemps, j'ai fini un roman, je l'ai vendu et je l'ai oublié. Jusqu'à ce que je m'assoie plusieurs mois plus tard et que, sous l'effet de la nervosité, je compare certains "faits" de ma fiction avec certains "faits" de ma vie ! Veuillez lire un court résumé de l'histoire que j'ai écrite. Ensuite, comparez-le avec mon expérience personnelle.

L'héroïne de mon histoire a fait un voyage de vacances dans le Vermont. A la petite ville de Stowe, dans le Vermont, pour être exact. Lorsqu'elle est arrivée à destination, elle a été confrontée au comportement désagréable de son compagnon. Elle a donc dû soit accepter son schéma d'être dominée par les exigences égoïstes de quelqu'un d'autre, schéma qui a duré toute sa vie, soit le rompre et partir. Elle l'a cassé et est retournée à New York. Lorsqu'elle est revenue (et l'histoire continue), les choses ont suivi leur cours et elle a été demandée en mariage et acceptée avec joie.

Pour ma part, j'ai commencé à me souvenir des spécifications de mon propre stylo, qui étaient en relation significative, au fur et à mesure que les petits événements se déroulaient. C'est ce qui m'est arrivé ! J'ai reçu une invitation d'une amie qui m'a proposé de passer les vacances dans sa maison d'été dans le Vermont. J'ai accepté l'offre et je n'ai pas été choquée au début quand j'ai appris que sa "maison d'été" se trouvait dans la ville de Stowe. À mon arrivée, j'ai trouvé mon hôtesse dans un état de grande nervosité, et j'ai réalisé que je risquais soit de passer un été misérable, soit de la "quitter". Jamais auparavant dans ma vie je n'ai été assez forte pour ignorer ce que je croyais être les exigences et les obligations de l'amitié - mais cette fois-ci, je l'ai fait et je suis retourné à New York. Quelques jours après mon arrivée, j'ai moi aussi reçu une demande en mariage. À ce stade, cependant, la fiction et les faits sont partagés. J'ai rejeté la proposition ! Neville, je sais que la fiction n'existe pas". . . . E.B.

à travers leurs grands souvenirs, les dieux sont inconnus".

Les fins sont fidèles à leur origine imaginaire - Nous récoltons le fruit de la fleur oubliée. Les événements de la vie n'apparaissent pas toujours là où nous avons semé la graine ; il se peut donc que nous ne reconnaissions pas notre propre récolte. Les événements sont l'émergence d'activités cachées et imaginaires. L'Homme est libre d'imaginer ce qui lui plaît. Par conséquent, tous les gens éveillés, indépendamment des fatalistes et des prophètes de malheur malavisés, savent qu'ils sont libres. Ils savent qu'ils créent la réalité. Y a-t-il un passage de la Bible qui étaye cette affirmation ? Oui :

"Et comme il l'a prédit, ainsi il est fait."

W. B. Yeats a dû découvrir qu'"il n'y a pas de fiction", car après avoir décrit certaines de ses expériences d'utilisation consciente de l'imagination, il écrit : "Si tous ceux qui ont décrit de tels événements n'ont pas rêvé, nous devrions réécrire notre histoire, car tout être humain, et certainement tous les êtres humains imaginatifs, doivent laisser la magie, le glamour, les illusions fonctionner à jamais ; et tous les êtres humains, en particulier les personnes pacifiques qui n'ont pas une vie puissante et égoïste, doivent rester à jamais sous leur pouvoir. Nos pensées les plus élaborées, nos intentions les plus élaborées, nos émotions les plus précises, ne sont souvent, je pense, pas vraiment les nôtres, mais sont, d'une certaine manière, apparues soudainement, de l'enfer ou du ciel. .“

"Il n'y a pas de fiction."

Pouvez-vous imaginer quelque chose de mieux que
le mieux que vous sachiez.

Chapitre 5 : Des fils subtils

"...tout ce que vous voyez, bien qu'il apparaisse à l'extérieur,
il est à l'intérieur ; dans votre imagination, d'où
ce monde de mortalité n'est qu'une ombre".
...Blake

Rien n'apparaît ou ne reste en existence par son propre pouvoir. Les événements se produisent parce que des activités imaginaires comparables et stables les ont créés, et ils persisteront grâce au soutien qu'ils reçoivent de ces activités imaginaires. Le rôle que joue l'idée d'un souhait exaucé dans la création consciente des circonstances devient évident dans la série d'histoires.

Vous verrez comment le fait de raconter une histoire sur l'utilisation réussie de l'imagination peut servir d'incitation et de défi pour les autres à "essayer" et "voir".

Un soir, un homme s'est levé dans mon public Il a dit qu'il n'avait pas de question, mais qu'il aimerait me dire quelque chose. Voici son histoire :

Lorsqu'il est sorti de l'armée après la Seconde Guerre mondiale, il a trouvé un emploi avec un revenu hebdomadaire net de 25 dollars. Après dix ans, il gagnait 600 dollars par mois. À l'époque, il a acheté mon livre "Awakened Imagination" et a lu le chapitre "The Vine Shears of Revision". Grâce à l'utilisation quotidienne de la "Révision" telle qu'elle y est présentée, il a pu dire à mon auditoire deux ans plus tard que son revenu était désormais égal à celui du président des États-Unis.

Dans mon auditoire était assis un homme qui, à son avis, était en faillite. Il lisait le même livre, mais il a soudain réalisé qu'il n'avait jamais utilisé son imagination pour résoudre ses problèmes financiers.
Il a décidé de se présenter comme le vainqueur de la poule 5-10 du "Caliente race track". Selon ses propres termes : "Dans cette poule, vous essayez de choisir les gagnants de la 5e à la 10e course. C'est ce que j'ai fait : dans mon imagination, je me suis tenu debout, triant mes billets,

sentant que j'avais les six victoires. J'ai joué cette scène encore et encore dans mon imagination jusqu'à ce que je ressente réellement une "chair de poule". Puis j'ai "vu" le caissier, qui m'a remis une grosse somme d'argent, que j'ai rangée sous ma chemise imaginaire. C'était tout mon drame imaginaire ; j'ai joué cette scène pendant trois semaines, nuit après nuit, et je me suis endormi dans cette scène.

Après trois semaines, je me suis rendu physiquement à l'hippodrome de Caliente, et ce jour-là, tous les détails de mon drame ont été réalisés ; le seul changement a été que le caissier m'a donné non pas du liquide, mais un chèque de 84 000 dollars". . . . T.K.

Après ma conférence du soir où cette histoire a été racontée, un homme dans le public m'a demandé si je pensais qu'il était possible qu'il imite l'expérience de T.K. Je lui ai dit qu'il devrait décider lui-même des circonstances de sa scène imaginaire, mais que quelle que soit la scène qu'il choisirait, il devrait créer un drame qu'il pourrait rendre naturel, et qu'il devrait imaginer la fin intensément avec toutes les émotions qu'il pourrait rassembler ; il ne devrait pas trouver les moyens d'arriver à la fin, mais il devrait vivre avec imagination dans le sentiment d'un souhait réalisé.

Un mois plus tard, il m'a montré un chèque de 16 000 dollars, qu'il avait gagné la veille dans une autre poule de 5 à 10 du même circuit de Caliente.

Cet homme avait une suite de sa plus intéressante imitation du bonheur de T.K. Sa première victoire a résolu ses problèmes financiers immédiats, mais il voulait plus d'argent pour la sécurité future de la famille. Et, plus important encore pour lui, il voulait prouver que ce n'était pas une "coïncidence". Il a fait valoir que si son bonheur pouvait se produire une deuxième fois de suite, la soi-disant "loi des probabilités" devrait céder la place à la preuve que ses structures imaginaires créeraient effectivement cette merveilleuse "réalité". Il a donc osé soumettre son imagination à une deuxième épreuve. Il continue :

"Je voulais un compte bancaire substantiel et cela signifiait "voir une grosse somme d'argent sur mon relevé bancaire". J'ai donc fait une scène dans mon imagination qui m'a amené à deux banques. Dans chaque banque, j'ai "vu" un sourire appréciatif du directeur de la banque dès mon entrée et j'ai "entendu" l'accueil chaleureux de l'employé de banque. J'ai demandé mon relevé bancaire. Dans une banque, j'ai "vu" un solde de 10 000 dollars. Dans l'autre banque, j'ai "vu" un solde créditeur de 15 000 dollars.

Ma scène imaginaire ne s'est pas arrêtée là. Dès que j'ai vu mes relevés bancaires, je me suis intéressé à mon système de courses de chevaux, qui, grâce à une progression en dix étapes, m'a rapporté un bénéfice de 11 533 dollars - avec un capital de départ de 200 dollars. J'ai divisé les gains sur ma table en douze piles. En comptant l'argent dans mes mains imaginaires, j'ai rempli onze piles de 1000 dollars et la douzième pile de trente-trois dollars. Ma comptabilité imaginaire comptait désormais 36 533 dollars, y compris mes soldes bancaires.

J'ai joué cette scène imaginative tous les matins, après-midi et soirs pendant moins d'un mois et, le 2 mars, je suis retourné sur la piste de Caliente. J'ai résolu mes lots, mais bizarrement, et sans savoir pourquoi je l'ai fait, j'ai dupliqué six autres lots, exactement comme les six déjà résolus, mais le dixième, j'ai fait une "erreur" et j'ai copié deux lots deux fois. Lorsque les gains sont arrivés, j'en ai tenu deux dans mes mains, chacun d'une valeur de 16 423,50 dollars. J'avais également six prix de consolation, d'une valeur de 656,80 dollars chacun. Les gains combinés s'élèvent à 36 788 dollars. Ma comptabilité imaginaire, un mois plus tôt, comptait 36 533 dollars. Deux points intéressants, les plus profonds pour moi, étaient que j'ai marqué deux billets gagnants de façon identique par une erreur apparente, et qu'à la fin de la neuvième course (qui était l'un des principaux prix) l'entraîneur a essayé de "caresser" le cheval, mais les commissaires ont rejeté la demande". . . . A.J.F.

Les fils qui ont conduit à cet objectif étaient-ils subtils ? Les résultats doivent témoigner de notre imagination, sinon nous n'imaginons pas la véritable fin. A.J.F. avait consciencieusement imaginé la fin, et tout avait conspiré pour aider sa récolte. Son "erreur" de copier deux fois un billet gagnant, et le rejet des dossiers à la demande du car étaient des événements créés par le drame imaginaire pour amener le plan à son but. "La probabilité", écrivait Belfort Bax, "peut être décrite comme l'élément du changement de la réalité - c'est-à-dire de la synthèse fluide des événements - qui ne peut être réduit à une loi ou à une causalité".

Pour vivre sagement, nous devons être conscients de nos activités imaginaires, ou du moins de la fin vers laquelle elles tendent. Nous devons nous assurer que c'est la fin que nous souhaitons. L'imagination sage ne s'identifie qu'aux activités qui ont de la valeur ou qui sont prometteuses. Peu importe à quel point l'Homme semble être impliqué dans un monde matériel, il vit en fait dans un monde d'imagination. Lorsqu'il découvrira que ce n'est pas le monde physique des faits mais les activités imaginaires qui façonnent sa vie, alors le monde physique ne sera plus la réalité et le monde de l'imagination ne sera plus le rêve.

"Le vent va-t-il jusqu'au bout ?
Oui, jusqu'à la fin. Le voyage du jour
dure toute la journée ?
Du matin au soir, mon ami".

Chapitre 6 : Fantasme visionnaire

"La nature de l'imagination visionnaire, ou prévision, est très inconnue, & la nature extérieure et l'exécution de ses images toujours existantes sont considérées comme moins durables que celles de nature végétative & générative ; et pourtant le chêne meurt comme la laitue, mais ses images & individualités éternelles ne meurent jamais, mais renouvellent leurs graines ; de même l'image imaginative revient par la graine de la pensée contemplative".
...Blake

Les images de notre imagination sont des réalités dont chaque manifestation physique n'est qu'une ombre. Si nous restons fidèles à la vision, les images créeront pour et par elles-mêmes la seule manifestation physique à laquelle elles ont droit. On parle de la "réalité" d'une chose lorsqu'elle a une substance matérielle. C'est exactement ce qu'une personne imaginative entend par "irréel" ou ombre.

L'imagination est une perception spirituelle. Entrez dans le sentiment d'un souhait réalisé. Grâce à la perception spirituelle - par l'application de la vue, du son, du goût et du toucher imaginaires - vous donnerez à votre image la vitalité sensuelle nécessaire pour créer cette image dans votre monde extérieur ou votre monde de l'ombre.

Voici l'histoire de quelqu'un qui est resté fidèle à sa vision. F.B., une personne vraiment imaginative, s'est souvenu de ce qu'il avait entendu dans son imagination. Il écrit donc :

"Un ami qui connaît mon amour passionné pour l'opéra a essayé de m'obtenir l'enregistrement complet de "Tristan et Iseult" de Kirsten Flagstad comme cadeau de Noël. On lui a dit la même chose dans plus d'une douzaine de magasins de disques : RCA Victor ne réédite pas cet enregistrement, et depuis le 1er juin, aucune copie n'est disponible. Le 27 décembre, j'ai décidé de prouver une fois de plus votre principe en obtenant l'album que j'attendais tant. Je me suis allongé dans mon salon et je suis entré mentalement dans un magasin de disques où je suis client. J'ai demandé au seul vendeur dont je pouvais appeler le visage et la voix : "Avez-vous l'Isolde complet de Flagstad ?" Il a dit : "Oui, je l'ai." Ici, la scène s'est terminée et je l'ai répétée jusqu'à ce qu'elle soit "réelle" pour moi.

En fin d'après-midi, je suis allé chez ce disquaire pour jouer physiquement la scène. Pas un seul détail fourni par mes sens ne m'a incité à croire que je pouvais quitter le magasin avec cet enregistrement. Le même vendeur m'avait dit en septembre la même chose que ce qu'on avait dit à mon ami avant Noël.

En m'approchant du vendeur que j'avais vu dans mon imagination ce matin-là, j'ai dit : "Avez-vous l'Isolde complet de Flagstad ? Il a dit : "Non, nous ne le faisons pas." Sans rien lui dire de compréhensible, j'ai dit à l'intérieur : "Ce n'est pas ce que je t'ai entendu dire !" Lorsque je me suis retourné pour quitter le magasin, j'ai remarqué quelque chose sur une étagère du haut que j'ai pris pour une publicité pour cet album et j'ai dit au vendeur : "Si vous n'avez pas l'album, vous ne devriez pas en faire la publicité". "C'est vrai", a-t-il répondu, et quand il a été sur le point de le retirer, il s'est avéré que c'était un album complet, avec les cinq enregistrements ! La scène n'a pas été jouée exactement comme je l'avais construite, mais le résultat était conforme à ce qu'impliquait ma scène imaginaire. Comment puis-je vous remercier ?" . . . F.B.

Après avoir lu la lettre de F.B., nous devons être d'accord avec Anthony Eden pour dire qu'"une hypothèse, même si elle est fausse, se transformera, si on s'y attarde avec persistance, en un fait." L'imagination de F.B., fusionnant avec le champ de perception du magasin de disques, en faisait partie et en faisait "sienne" - ce qu'il percevait.

Notre avenir, c'est notre imagination dans sa marche créative. F.B. a utilisé son imagination dans le but conscient de représenter la vie comme il le souhaitait, et ce faisant, il a influencé la vie plutôt que de simplement y réfléchir. Il était tellement sûr que son drame imaginaire était la réalité - et l'action physique n'était qu'une ombre - que lorsque le vendeur lui a dit "Non, nous ne l'avons pas fait", il a dit mentalement "Ce n'est pas ce que je vous ai entendu dire !" Il ne se rappelait pas seulement de ce qu'il avait entendu, non, il s'en souvenait encore. L'idée d'un souhait exaucé est la recherche qui trouve, la demande qui reçoit, le coup qui s'ouvre. Il a vu et entendu ce qu'il souhaitait voir et entendre, et n'a pas accepté un "Non, nous n'avons pas" comme réponse.

L'Homme imaginatif rêve pendant qu'il est éveillé. Il n'est pas le serviteur de sa vision, mais le maître de la direction de son attention. La permanence imaginative contrôle la perception des événements dans l'espace et le temps.

Malheureusement, la plupart des gens le sont. . .

"en constante évolution, comme un œil sans joie
qui ne trouve aucun objet digne de sa permanence. . ."

Mme G.R. a également entendu avec imagination ce qu'elle voulait entendre physiquement, et elle savait que le monde extérieur devait le confirmer.

Voici son histoire :

"Il y a quelque temps, nous avons mis notre maison en vente, car il était nécessaire d'acheter un terrain plus grand pour lequel nous avions versé un acompte. Plusieurs personnes auraient acheté notre maison immédiatement, mais nous avons été obligés de déclarer que nous ne pourrions pas conclure l'achat avant de savoir si notre offre pour notre parcelle convoitée avait été acceptée ou non. À l'époque, un agent immobilier a appelé et supplié officiellement de faire visiter la maison à un de ses clients qui était très désireux et même heureux de payer plus que ce que nous avions demandé. Nous avons expliqué notre situation au courtier et à son client ; tous deux ont clairement fait savoir qu'ils n'avaient pas d'objection à attendre que l'affaire soit conclue. Le courtier nous a demandé de signer un document qui, selon lui, n'était pas contraignant mais lui donnerait la priorité pour l'achat une fois que notre autre affaire serait conclue. Nous avons signé le document et avons appris par la suite que rien dans le droit immobilier californien n'aurait pu être plus contraignant. Quelques jours plus tard, notre accord pour la nouvelle propriété est tombé à l'eau, alors nous avons informé cet agent immobilier, et sa réponse verbale a été : "Eh bien, oubliez ça." Deux semaines plus tard, il a porté plainte contre nous, y compris pour des honoraires d'agent immobilier de 1 500 dollars. La date du procès a été fixée et nous avons demandé un procès avec jury.

Notre avocat nous a assuré qu'il ferait tout ce qui est en son pouvoir, mais que la loi était si stricte sur ce point explicite qu'il ne voyait aucun moyen de gagner l'affaire. Le jour du procès, mon mari était à l'hôpital et n'a pas pu se présenter pour notre défense. Je n'avais pas de témoins, mais le courtier a fait venir trois avocats et un certain nombre de témoins contre nous dans la salle d'audience. Notre avocat m'a alors dit que nous n'avions aucune chance de gagner.

Je suis retournée vers mon imagination, et c'est ce que j'ai fait. En ignorant complètement tout ce que les avocats, les témoins et le juge qui semblait être en faveur de la plaignante ont dit, je n'ai pensé qu'aux mots que je voulais entendre. Dans mon imagination, j'ai écouté intensément et j'ai entendu le président du jury dire : "Nous déclarons les accusés non coupables !" Le jury a délibéré du déjeuner jusqu'à 16h30, et pendant tout ce temps, j'étais assise dans la salle d'audience et j'ai entendu ces mots encore et encore dans mon imagination. Lorsque le jury est revenu, le juge a demandé au contremaître de se lever et de rendre le verdict. Le président du tribunal s'est levé et a dit : "Nous déclarons les accusés non coupables !" . . . Mme G.R.

"Si les rêves étaient à vendre,
qu'achèteriez-vous ?

N'achèteriez-vous pas le souhait que vous avez réalisé ? Vos rêves n'ont pas de prix et n'ont pas besoin d'argent. En incluant le jury dans son imagination - n'entendant que ce qu'elle voulait entendre - elle a fait appel au jury en sa faveur à l'unanimité. L'imagination est la réalité de tout ce qui existe, et avec elle, la dame a réalisé son souhait.

L'affirmation de Hebbel selon laquelle "le poète crée à partir de la contemplation" est tout aussi vraie pour les personnes imaginatives. Ils savent comment utiliser leurs hallucinations vidéo et audio pour créer la réalité. Rien n'est plus fatal que la docilité. Nous ne devons pas laisser la fixation des faits nous encercler. Changez l'image et donc changez le fait. R.O. a utilisé l'art de voir et d'entendre pour créer sa vision dans l'imagination.

"Il y a un an, j'ai emmené mes enfants en Europe et j'ai laissé mon appartement meublé aux soins de ma bonne. Lorsque nous sommes rentrés aux États-Unis quelques mois plus tard, la femme de chambre et tous mes meubles avaient disparu. L'administration du logement m'a expliqué que la bonne avait déplacé mes meubles "sur demande". Je ne pouvais rien faire à ce moment-là, alors j'ai pris mes enfants et je me suis installée dans un hôtel. J'ai signalé l'incident à la police, bien sûr, et j'ai également mis des détectives privés sur l'affaire. Les deux organisations ont enquêté sur toutes les entreprises de déménagement et les entrepôts de New York, mais sans succès. Il semblait n'y avoir absolument aucune trace de mes meubles ou de ma bonne.

Fatigué de tout l'argent emprunté, je me suis souvenue de votre enseignement et j'ai décidé de faire preuve d'imagination en la matière. Alors que j'étais assise dans ma chambre d'hôtel, j'ai fermé les yeux et je me suis imaginée assise dans mon propre appartement, dans mon fauteuil préféré, entourée de tous mes meubles. J'ai regardé le piano à travers le salon, qui contenait des photos de mes enfants. J'ai laissé mon regard sur le piano jusqu'à ce que toute la pièce devienne bien réelle pour moi. Je pouvais voir les photos de mes enfants et sentir le rembourrage de la chaise sur laquelle j'étais assis dans mon imagination.

Quand je suis sortie de la banque le lendemain, au lieu d'aller à l'hôtel, j'ai commencé à marcher vers mon appartement vide. Lorsque je suis arrivée au coin de la rue, j'ai remarqué mon "erreur" et j'ai voulu me retourner dès que mon attention a été attirée par une cheville très familière. Oui, c'était les chevilles de ma bonne. J'ai couru vers elle et je l'ai tenue par le bras. Elle était assez effrayée, mais je lui ai assuré que je voulais seulement récupérer mes meubles. J'ai appelé un taxi et elle m'a emmenée à l'endroit où ses amis avaient entreposé les meubles. En un jour, mon imagination avait trouvé ce que toute la police d'une grande ville et les détectives privés n'avaient pas pu trouver en quelques semaines". . . . R.O.

Cette dame connaissait le secret de la représentation avant d'alerter la police, mais la représentation - malgré son importance - avait été oubliée, l'attention étant fixée sur les faits. Ce que la raison ne pouvait pas trouver par la force, la performance le trouvait sans effort. Rien ne se produit - y compris le sentiment de perte - sans le soutien imaginaire. En imaginant qu'elle était assise sur sa propre chaise, dans son propre salon, entourée de tous ses propres meubles, elle a retiré le soutien imaginaire qu'elle avait apporté à son sentiment de perte ; et grâce à ce changement imaginaire, elle a retrouvé ses meubles perdus et a meublé sa maison à nouveau.

Votre imagination est à son maximum lorsque vous imaginez les choses comme vous le souhaitez, en construisant une nouvelle expérience à partir d'un rêve fantaisiste. Pour construire un tel rêve dans son imagination, F.G. a fait appel à tous ses sens : la vue, le son, le toucher, l'odorat et même le goût. Voici son histoire :

"Depuis mon enfance, je rêve de visiter des endroits lointains. Les Antilles, en particulier, ont enflammé mon imagination et j'ai eu le sentiment d'y être vraiment. Les rêves sont merveilleusement peu coûteux et, adulte, j'ai continué à rêver mes rêves parce que je n'avais ni l'argent ni le temps de les "réaliser". L'année dernière, j'étais à l'hôpital et j'ai dû subir une opération. J'ai écouté vos enseignements et, en me rétablissant, j'ai décidé d'intensifier mon rêve favori pendant que j'avais le temps. J'ai écrit à la Alcoa Steamship Line et j'ai demandé des documents de voyage gratuits, que j'ai passés en revue toutes les heures, en sélectionnant le navire, la cabine et les sept ports que je voulais le plus voir. J'ai fermé les yeux et, dans mon imagination, j'ai remonté la jetée jusqu'au navire et j'ai senti le mouvement de l'eau alors que le grand navire à vapeur se dirigeait vers l'océan. J'ai entendu le fracas des vagues sur les côtés du navire, j'ai senti la chaleur fumante du soleil tropical sur mon visage et j'ai senti et goûté le sel dans l'air alors que nous naviguions tous dans les eaux bleues.

Pendant une semaine, allongé sur un lit d'hôpital, j'ai vécu l'expérience libre et heureuse d'être réellement sur ce navire. Puis, la veille de ma sortie de l'hôpital, j'ai rangé les documents de voyage colorés et je les ai oubliés. Deux mois plus tard, j'ai reçu un télégramme d'une agence de publicité m'annonçant que j'avais gagné un concours. Je me suis souvenu que quelques mois plus tôt, j'avais participé à un concours dans un supermarché voisin, que j'avais alors complètement oublié. J'avais gagné le premier prix et - miracle oh miracle - cela m'a donné droit à une croisière dans les Caraïbes, sponsorisée par Alcoa Steamship Line. Mais le miracle ne s'est pas arrêté là. On m'a assigné la cabine dans laquelle j'avais imaginé vivre alors que j'étais attaché à un lit d'hôpital. Et pour rendre l'histoire encore plus incroyable, j'ai navigué sur le seul navire que j'avais choisi - qui n'a pas accosté dans un seul port, mais dans les sept ports que je souhaitais visiter !" . . . F.G.

"Voyager n'est pas le privilège du riche, mais de l'imaginatif."

Chapitre 7 : Les réglages

"C'est un âge où l'humeur décide du sort des hommes, et non pas le destin qui décide de l'humeur des hommes."
...Sir Winston Churchill

Les gens considèrent trop leurs humeurs comme des effets et pas assez comme des causes. Les humeurs sont des activités imaginaires, sans lesquelles aucune création n'est possible. Nous disons que nous sommes heureux parce que nous avons atteint notre objectif ; nous ne réalisons pas que le processus fonctionne tout aussi bien dans l'autre sens - que nous atteindrons notre objectif parce que nous avons accepté le sentiment heureux d'un souhait réalisé.

Les humeurs ne sont pas seulement le résultat des circonstances de notre vie, elles en sont aussi la cause. Dans "La psychologie des émotions", le professeur Ribot écrit : "Une idée qui n'est qu'une idée ne produit rien et n'a aucun effet ; elle n'agit que lorsqu'elle est ressentie, lorsqu'elle est accompagnée d'un état effectif, lorsqu'elle éveille des tendances, c'est-à-dire des éléments moteurs. "

La dame de l'histoire suivante a ressenti le sentiment d'un vœu exaucé avec un tel succès qu'elle a fait de son humeur le personnage de la nuit - figé dans un rêve merveilleux.

"La plupart d'entre nous lisent et aiment les contes de fées, mais nous savons tous que les histoires d'une incroyable richesse et d'un grand bonheur servent à ravir les très jeunes. Mais est-ce vrai ? Je veux vous dire quelque chose d'incroyablement merveilleux qui m'est arrivé par la puissance de mon imagination - et je ne suis plus "jeune" depuis des années. Nous vivons à une époque où l'on ne croit ni aux contes de fées ni à la magie, et pourtant on m'a donné tout ce que j'aurais pu souhaiter dans mes rêves les plus fous - par la simple application de ce que vous enseignez - que "l'imagination crée la réalité" et que "le sentiment" est le secret de l'imagination.

Au moment où cette chose merveilleuse m'est arrivée, j'étais au chômage et je n'avais pas de famille sur laquelle compter. J'avais besoin d'à peu près tout. Pour trouver un emploi décent, j'avais besoin d'une voiture, j'en avais une, mais elle était si usée qu'elle a failli tomber en panne. J'avais des arriérés de loyer, je n'avais pas de vêtements corrects pour chercher un emploi, et de nos jours, il n'est pas facile pour une femme de cinquante-cinq ans de postuler à un quelconque emploi. Mon compte en banque était presque épuisé et je n'avais pas d'ami vers qui me tourner.

Cependant, j'ai assisté à vos conférences pendant près d'un an et mon désespoir m'a obligé à mettre mon imagination à l'épreuve. En fait, je n'avais rien à perdre. Il était naturel pour moi, je suppose, de commencer mon imagination en disant que j'avais tout ce dont j'avais besoin. Cependant, j'avais besoin de tant de choses en si peu de temps que je me suis retrouvée épuisée lorsque j'ai passé en revue la liste finale, et à ce moment-là, j'étais si nerveuse que je ne pouvais pas dormir. Au cours d'une conférence, je vous ai entendu parler d'un artiste qui a capté le "sentiment" ou le "mot", comme vous l'avez appelé, de "N'est-ce pas merveilleux ! J'ai commencé à appliquer cette idée à mon cas. Au lieu de penser à tout ce à quoi j'avais besoin de penser, j'ai essayé de capturer le "sentiment" que quelque chose de merveilleux m'arrive - pas demain, pas la semaine prochaine - mais maintenant. En m'endormant, je me disais sans cesse : "N'est-ce pas merveilleux ! Quelque chose de merveilleux m'arrive maintenant". Et en m'endormant, j'ai ressenti ce que je m'attendais à ressentir dans ces circonstances.

J'ai répété cette action et ce sentiment imaginaires pendant deux mois, nuit après nuit, et un jour, début octobre, j'ai rencontré un ami que je n'avais pas vu depuis des mois et qui m'a informé qu'il partait en voyage à New York. J'avais vécu à New York de nombreuses années auparavant et nous avons donc parlé de la ville pendant un moment jusqu'à ce que nous nous séparions. J'ai complètement oublié l'incident. Exactement un mois plus tard, cet homme est venu à mon appartement et m'a remis un chèque certifié de deux mille cinq cents dollars, libellé à mon nom. Après avoir digéré le choc initial de voir mon nom sur un chèque d'une telle somme, l'histoire qui a suivi m'a semblé être un rêve.

Il s'agissait d'un ami que je n'avais pas vu ni entendu depuis plus de vingt-cinq ans. J'ai appris que cet ami du passé était devenu très riche au cours de ces vingt-cinq années. Notre ami commun qui m'a apporté le chèque l'avait rencontré par hasard lors de son voyage à New York le mois précédent. Au cours de leur conversation, ils ont parlé de moi et, pour des raisons que j'ignore (car à ce jour, je n'ai jamais eu de nouvelles de lui personnellement et je n'ai jamais essayé de le contacter), ce vieil ami a décidé de partager avec moi une partie de sa grande richesse.

Pendant les deux années qui ont suivi, j'ai reçu des chèques mensuels du cabinet de son avocat, d'un montant si généreux qu'ils couvraient non seulement tous les besoins de la vie quotidienne, mais laissaient assez pour toutes les choses chères à la vie : une voiture, des vêtements, un appartement spacieux - et, surtout, pas besoin de gagner mon pain quotidien.

Le mois dernier, j'ai reçu une lettre avec des documents légaux qui doivent être signés et qui m'assurent que ce revenu mensuel se maintiendra pour le reste de ma vie naturelle !" . . . T.K.

"Si le fou persistait dans sa folie,
il deviendrait sage".

Sir Winston nous invite à agir en partant du principe que nous possédons déjà ce que nous cherchons, à "assumer une vertu" alors que nous n'en avons pas. N'est-ce pas là le secret des miracles ? Par conséquent, on a dit à l'Homme paralysé de se lever, de prendre son lit et de partir - qu'il devait agir mentalement comme s'il était guéri ; et lorsque les actions de son imagination correspondaient aux actions qu'il accomplirait physiquement s'il était guéri - il était guéri.

"C'est une histoire dont certains diront "ça se serait passé de toute façon", mais ceux qui la liront attentivement trouveront de quoi s'émerveiller. Tout a commencé il y a un an, lorsque j'ai quitté Los Angeles pour rendre visite à ma fille à San Francisco. Au lieu de la gaieté qu'elle a toujours été, je l'ai trouvée dans une profonde tristesse. Ne connaissant pas la raison de son désespoir, et comme je ne voulais pas demander, j'ai attendu qu'elle me dise qu'elle avait de gros problèmes financiers et qu'elle avait besoin de trois mille dollars immédiatement. Je ne suis pas une femme pauvre, mais je n'ai pas eu immédiatement une somme aussi importante sous la main. Connaissant ma fille, je savais qu'elle n'accepterait pas un non comme réponse. Je lui ai proposé d'emprunter l'argent pour elle, mais elle a refusé et m'a demandé de l'aider à "ma façon"... Elle voulait dire en utilisant mon imagination, car je lui avais souvent parlé de vos enseignements et certains d'entre eux ont dû lui rester.

J'ai immédiatement accepté le plan, à condition qu'elle m'aide à l'aider. Nous avons choisi une scène imaginaire commune dans laquelle nous avons "vu" l'argent lui parvenir. Nous avions l'impression que l'argent lui arrivait de partout jusqu'à ce qu'elle se retrouve au milieu d'une "mer" d'argent, mais nous avons toujours fait cela avec un sentiment de "joie" pour toutes les personnes impliquées, et sans penser aux moyens, juste une satisfaction pour tout le monde.

L'idée a semblé allumer un feu en elle et je sais qu'elle est responsable de ce qui s'est passé quelques jours plus tard. Elle est redevenue comme avant, joyeuse et d'humeur confiante, comme c'était sa nature - bien qu'à l'époque, il n'y ait aucune preuve d'argent réel. Je suis retournée à Los Angeles.

Lorsque je suis arrivée à la maison, j'ai appelé ma mère (une jeune femme aimante de 91 ans) qui m'a immédiatement demandé de lui rendre visite. Je voulais me reposer un jour, mais elle ne pouvait pas attendre, il fallait que ce soit maintenant. Bien sûr, je suis allée la voir, et après m'avoir salué, elle m'a présenté un chèque de trois mille dollars au nom de ma fille ! Avant que je ne puisse dire quoi que ce soit, elle m'a remis trois autres chèques d'un montant total de quinze mille dollars - pour les enfants de ma fille. Sa raison ? Elle a expliqué que la veille, elle avait soudainement décidé de donner son argent à ses proches alors qu'elle était encore "ici" pour qu'elle puisse être témoin de leur joie !

Cela se serait produit de toute façon ? Non - pas comme ça. Pas en quelques jours, après que ma fille ait été dans un état de détresse agité, puis ait subi une soudaine transformation vers le bonheur. Je sais que son acte imaginaire a provoqué ce merveilleux changement - apportant une grande joie non seulement au destinataire, mais aussi à celui qui donne.

P.S. ... J'ai presque oublié de mentionner que parmi ces chèques généreux, il y en avait un pour moi, un chèque de trois mille dollars !" . . M.B.

Les possibilités illimitées offertes par le changement d'orientation de la performance sont sans commune mesure. Il n'y a pas de limites. Le drame de la vie est une activité imaginaire qui dépend de nos humeurs, et non de nos actions physiques. Les humeurs nous conduisent si habilement à ce qu'elles affirment qu'on peut dire qu'elles créent les circonstances de la vie et déterminent les événements. L'humeur d'un souhait exaucé est la marée qui nous porte simplement au-delà de la barre de nos sens où nous sommes habituellement bloqués. Lorsque nous sommes conscients de l'humeur et que nous connaissons ce secret de l'imagination, nous pouvons proclamer que tout ce que nos humeurs affirment se produira.

L'histoire suivante est celle d'une mère qui a réussi à maintenir une humeur apparemment "enjouée", avec des résultats étonnants.

"Vous connaissez sûrement toutes ces histoires de vieilles femmes sur les verrues : qu'une verrue disparaît quand on l'achète ? Je connaissais cette histoire depuis mon enfance, mais ce n'est qu'après avoir écouté vos conférences que j'ai compris la vérité cachée dans les vieux contes de fées. Mon garçon, un garçon de dix ans, avait de nombreuses grosses et laides verrues sur les jambes, causées par une irritation de la peau qui l'avait tourmentée pendant de nombreuses années. J'ai décidé que je pouvais utiliser ma soudaine "perspicacité" à son profit. Un garçon a beaucoup de confiance en sa mère, alors je lui ai demandé s'il voulait se débarrasser de ses verrues. Il a rapidement répondu "Oui", mais il ne voulait pas voir de médecin. Je lui ai demandé de jouer un petit jeu avec moi dans lequel je lui verserais une somme d'argent pour chaque verrue. Cela lui convenait bien ; il a dit - "il ne voyait pas comment il pouvait perdre dans cette affaire !" Nous

nous sommes mis d'accord sur ce qu'il pensait être un prix équitable, et puis j'ai dit : "Eh bien, je paie bien pour vos verrues ; elles ne sont plus à vous. On ne peut pas posséder ce qui appartient à quelqu'un d'autre, donc on ne peut pas garder ses verrues. Elles vont disparaître. Cela peut prendre un jour, peut-être deux jours ou un mois ; mais n'oubliez pas que je les ai achetés et qu'ils m'appartiennent".

Mon fils a beaucoup apprécié notre jeu et les résultats ressemblent à la lecture de vieux livres de magie moisis. Mais, croyez-moi, en dix jours, les verrues ont commencé à s'effacer et, à la fin du mois, toutes les verrues de son corps avaient complètement disparu ! Il y a une suite à cette histoire, parce que j'ai acheté des verrues à beaucoup de gens. Eux aussi ont pensé que ce serait très amusant et ont accepté mes cinq, sept ou dix cents par verrue. Dans chaque cas, la verrue a disparu - mais honnêtement - une seule personne me croit quand je dis que seule son imagination a enlevé les verrues. Cette seule personne est mon petit fils". . . J.R.

L'Homme lui-même, qui se met dans un état d'esprit dans son imagination, apporte les résultats de cet état d'esprit. S'il ne se met pas de bonne humeur, les résultats sont toujours incertains. Le grand mystique irlandais, A.E., a écrit dans "The Candle of Vision" : "J'ai pris conscience d'un écho ou d'une réaction rapide à mes propres humeurs à travers des circonstances qui auparavant semblaient immuables dans leur indifférence... Je pouvais prophétiser, par l'émergence de nouvelles humeurs en moi, que sans chercher, je rencontrerais bientôt des gens d'un certain caractère, et c'est ainsi que je les ai rencontrés. Même les choses inanimées étaient sous l'influence de ces affinités". Mais l'Homme n'a pas besoin d'attendre que de nouvelles humeurs se manifestent en lui ; il peut créer des humeurs heureuses à volonté.

Chapitre 8 : À travers le miroir

"Un homme qui se regarde dans un miroir peut garder un œil sur cela ;
ou, s'il le souhaite, passer par lui, et ensuite
...pour voir le ciel".
...George Herbert

Pour être perçus, les objets doivent d'abord pénétrer notre cerveau d'une manière ou d'une autre, mais nous ne sommes pas imbriqués dans notre environnement. Bien que la conscience normale se concentre sur les sens, et soit généralement limitée par eux, il est possible pour un être humain de passer par la fixation de ses sens et d'entrer dans toute structure imaginaire qu'il conçoit et de l'occuper si complètement qu'elle est plus vivante et plus sensible que ce que ses sens "surveillent". Si cela n'était pas vrai, l'Homme serait une machine qui reflète la vie sans jamais l'influencer. L'Homme, qui est une pure imagination, n'est pas un locataire mais un propriétaire de son cerveau ; il n'a pas à se contenter de l'apparence des choses ; il peut aller au-delà de la conscience perceptuelle pour atteindre la conscience conceptuelle.

Cette capacité à dépasser la structure mécanique et réfléchissante des sens est la découverte la plus importante que l'Homme puisse faire. Elle révèle l'Homme comme le centre de l'imagination, avec un pouvoir d'influence qui lui permet de changer le cours des événements observés, de passer de succès en succès, par une série de transformations mentales en lui-même. L'attention, fer de lance de l'imagination, peut être attirée soit de l'extérieur, par ce que les sens "surveillent", soit, "s'il le souhaite", elle peut être guidée de l'intérieur, par les sens, vers le souhait réalisé.

Afin de nous détourner de la conscience perceptive ou des choses telles qu'elles semblent être, pour nous tourner vers la conscience conceptuelle ou les choses telles qu'elles devraient être, nous imaginons une représentation aussi vivante que possible de ce que nous voulons voir, entendre et faire si nous étions physiquement présents et si nous faisions l'expérience physique des choses telles que nous voulons les vivre, et nous participons à la scène imaginative.

L'histoire suivante raconte l'histoire d'une personne qui est passée "à travers le miroir" et a brisé les chaînes qui la retenaient.

"Il y a deux ans, j'ai été hospitalisé pour un grave caillot de sang qui affectait tout le système vasculaire, provoquant un durcissement des artères et de l'arthrite. Un nerf de ma tête a été endommagé et ma glande thyroïdale a grossi. Les médecins n'ont pas pu en trouver la cause et tous leurs traitements ont été totalement non concluants. J'ai été forcé d'abandonner toutes mes activités bien-aimées et suis resté au lit la plupart du temps. Mon corps, des hanches aux orteils, était comme enveloppé et attaché par des fils de fer tendus, et je ne pouvais pas poser mes pieds sur le sol sans porter de lourds bas élastiques.

Je connaissais un peu votre enseignement et j'ai essayé de mettre en pratique ce que j'avais entendu, mais au fur et à mesure que ma maladie s'est aggravée et que je ne pouvais plus assister à vos conférences, mon découragement a grandi. Un jour, un ami m'a envoyé une carte postale représentant une belle plage au bord de la mer. L'image était si belle que je la regardais constamment et me rappelais les jours d'été passés sur la côte avec mes parents. Pendant un instant, l'image de la carte postale a semblé s'animer et mon esprit était inondé de souvenirs de course le long de la plage complètement libre. J'ai senti l'impact de mes pieds nus sur le sable dur et humide ; j'ai senti l'eau glacée couler sur mes orteils et j'ai entendu les vagues s'écraser contre le rivage. Cette activité imaginaire était si satisfaisante lorsque j'étais allongé dans mon lit que j'ai imaginé cette scène jour après jour, pendant environ une semaine.

Un matin, je suis passé de mon lit à mon canapé, et lorsque je me suis redressé, j'ai été saisi par une douleur insupportable qui a paralysé tout mon corps. Je ne pouvais ni me lever ni me coucher. Cette terrible douleur a duré plus d'une minute, mais quand elle s'est arrêtée - j'étais libre ! C'était comme si tous les fils qui avaient lié mes jambes avaient été brisés. Un moment j'étais attaché, le moment suivant j'étais libre. Pas progressivement, mais immédiatement". . . . F.Y.I.

"Car nous marchons par la foi, et non par la vue."

Lorsque nous entrons en regardant, nous connaissons notre chemin à travers les objets que nos yeux voient. Lorsque nous marchons dans la foi, nous organisons notre vie à travers des scènes et des actions qui ne sont vues que par l'imagination. L'Homme perçoit à travers l'œil de l'imagination ou à travers les sens. Cependant, les deux sont des attitudes mentales à l'égard de la perception, l'effort créatif et imaginatif qui rencontre une réaction imaginative, et le "regard" non imaginatif qui ne fait que refléter.

L'Homme porte en lui le principe de la vie et le principe de la mort. L'un est l'imagination, qui construit ses structures imaginaires à partir des rêves généreux de la fantaisie. L'autre est l'imagination, qui construit ses structures imaginaires à partir de ces images reflétées par le vent froid des faits. On crée. L'autre perçoit. L'Homme doit accepter soit le chemin de la foi, soit le chemin de la vue. Il est vivant dans la mesure où il se construit à partir des rêves de l'imagination ; ainsi, développer la capacité de passer à travers le miroir réfléchissant des sens est une amélioration de la vie. Il s'ensuit que la limitation de l'imagination par "l'apparence" du miroir réfléchissant des sens signifie une détérioration de la vie. La surface trompeuse des faits reflète, plutôt que de révéler, "l'œil de l'imagination" qui détourne de la vérité qui libère l'Homme. "L'œil de l'imagination", à moins d'être distrait, regarde ce qui devrait être, et non ce qui est. Aussi familière que soit la scène sur laquelle repose la vue, "l'œil de l'imagination" peut regarder une scène qui n'a jamais été vue auparavant. Seul l'"œil de l'imagination" peut nous libérer de la fixation des sens sur les choses extérieures qui dominent complètement notre existence ordinaire et garder notre regard sur le miroir réfléchissant des faits.

Il est possible de passer de la réflexion à la pensée ; la chose décisive est de penser, c'est-à-dire de faire l'expérience de l'état, car cette expérience signifie l'union ; alors que dans la pensée, il y a toujours un sujet et un objet - l'individu qui pense et la chose à laquelle on pense.

L'abnégation. C'est le secret. Nous devons nous abandonner à l'état dans notre amour pour lui et ainsi vivre la vie de l'état, et non plus la vie de notre état actuel. L'imagination prend la vie de l'état et donne une expression à cette vie.

Foi plus amour, c'est un engagement de soi. Nous ne pouvons pas nous engager dans quelque chose que nous n'aimons pas. "Tu n'aurais jamais rien fait si tu n'aimais pas ça." Et pour faire vivre cet État, il faut devenir cet État. "Et ce n'est plus moi qui vis, c'est Christ qui vit en moi. Ma vie présente dans la chair, je le vis dans la foi au Fils de Dieu, qui m'a aimé et qui s'est livré lui-même pour moi". Dieu a aimé l'Homme, sa création, et ainsi il est devenu Homme, dans la croyance que cet acte d'engagement de soi transformerait la création en créateur.

Nous devons être des "imitateurs de Dieu en tant qu'enfants bien-aimés" et nous engager envers ce que nous aimons, tout comme Dieu qui nous a aimés s'est engagé envers nous. Nous devons ÊTRE l'état pour vivre l'état.

Le centre de l'imagination consciente peut être déplacé et ce qui n'est plus que des désirs - des activités imaginaires modérées - peut être déplacé vers un foyer pénétrant et y entrer. L'entrée nous engage envers l'état. Les possibilités de ces déplacements du centre de l'imagination sont étonnantes. Les activités concernées sont entièrement psychologiques. Le déplacement du centre du spectacle n'est pas dû au déplacement spatial, mais à un changement de ce dont nous sommes conscients. La frontière du monde des sens est une barrière subjective. Tant que les sens sont en alerte, l'œil de l'imagination est distrait de la vérité. Nous n'irons pas loin si nous ne lâchons pas prise.

Cette dame a "lâché prise", avec des résultats immédiats et miraculeux.

"Merci pour la clé d'or. Il a fait sortir mon frère de l'hôpital, l'a soulagé de ses douleurs et l'a sauvé d'une mort possible, alors qu'il s'apprêtait à subir sa quatrième grande opération, avec peu d'espoir de guérison. J'étais très inquiète et j'ai essayé d'appliquer ce que j'avais appris sur mon imagination. Je me suis d'abord demandé ce que mon frère souhaitait vraiment : "Veut-il continuer dans ce corps ou veut-il en être libéré ?" La question me revenait sans cesse à l'esprit et j'ai soudain senti qu'il aimerait reconstruire sa cuisine comme il l'avait prévu avant son séjour à l'hôpital. Je savais que ma question avait reçu une réponse, alors c'est là que j'ai commencé à imaginer.

J'ai essayé de "voir" mon frère pendant que je reconstruisais la cuisine, et je me suis soudain vue atteindre la chaise de cuisine, que j'avais souvent utilisée lorsque "quelque chose" s'était produit, et puis je me suis soudain retrouvée à côté du lit de mon frère à l'hôpital. C'était le dernier endroit où je voulais être, physiquement ou mentalement, mais j'étais là et mon frère a tendu sa main et l'a serrée dans la mienne quand je l'ai entendu dire : "Je savais que tu viendrais, Jo." C'était une poignée de main ferme et sûre, et la joie m'a rempli et a jailli de moi quand je me suis entendu dire : "Tout va mieux maintenant". Vous le savez." Mon frère n'a pas répondu, mais il a entendu une voix claire me dire : "Souviens-toi de ce moment". J'ai eu l'impression de me réveiller après, de retour dans ma propre maison. Cela s'est produit la nuit suivant son transfert à l'hôpital. Le lendemain, sa femme m'a appelé et m'a dit : "C'est incroyable ! Le médecin ne peut pas l'expliquer Jo, mais aucune opération n'est nécessaire. Son état s'est tellement amélioré que les médecins veulent le faire sortir demain". Le lundi suivant, mon frère est retourné au travail, et depuis ce jour, il est en parfaite santé". . . . J.S.

Ce ne sont pas les faits, mais les rêves de fantaisie qui façonnent nos vies. Elle n'avait pas besoin de boussole pour retrouver son frère, pas de matériel chirurgical, juste "l'œil de l'imagination". Dans le monde des sens, nous voyons ce que nous avons besoin de voir ; dans le monde de l'imagination, nous voyons ce que nous voulons voir ; et en le voyant, nous le créons pour que le monde des sens puisse le voir là. Nous voyons automatiquement le monde extérieur. Pour voir ce que nous voulons voir, il faut un effort d'imagination volontaire et conscient. Notre avenir est notre propre activité imaginative dans sa marche créative. Le bon sens nous assure que nous vivons dans un monde solide et tangible, mais ce monde apparemment solide est - en réalité - imaginaire de bout en bout. L'histoire suivante prouve qu'il est possible pour un individu de transférer le centre de son imagination, dans une plus ou moins grande mesure, dans un environnement éloigné, non seulement sans se déplacer physiquement, mais aussi de telle sorte qu'il soit visible pour les autres personnes présentes à ce point dans l'espace et le temps. Et, si c'est un rêve, alors,

"Est-ce que tout ce que nous voyons ou semblons être
est juste un rêve dans un rêve ?"

"Assise dans mon salon à San Francisco, j'ai imaginé que j'étais dans le salon de ma fille à Londres. Je me suis tellement entourée de l'espace qui m'était si familier que je me suis soudain retrouvée là. Ma fille se tenait devant sa cheminée, dos à moi. Un instant plus tard, elle s'est retournée et nos regards se sont croisés. J'ai vu sur son visage une expression de peur et de désarroi telle que j'ai été moi aussi bouleversée et me suis immédiatement retrouvée dans mon propre salon à San Francisco.

Cinq jours plus tard, j'ai reçu une lettre par avion de ma fille, écrite le jour de mon expérience du voyage imaginaire. Dans la lettre, elle écrit qu'elle m'a "vue" aujourd'hui dans son salon, aussi réelle que si j'avais été là en chair et en os. Elle a admis qu'elle était très effrayée et que j'avais disparu avant qu'elle ne puisse parler. Le moment de cette "visite", qu'elle avait indiqué dans sa lettre, était exactement le moment où j'avais commencé la scène imaginaire, en tenant compte des différents fuseaux horaires, bien sûr. Elle a expliqué qu'elle avait parlé à son mari de cette expérience incroyable et qu'il avait insisté pour qu'elle m'écrive immédiatement, en soulignant que "ta mère doit être morte ou est en train de mourir". Cependant, je n'étais pas "morte" ou "mourante", mais bien vivante et enthousiaste de cette merveilleuse expérience". . . . M.L.J.

"Rien ne peut agir sauf là où il se trouve :
du fond de mon cœur ; seulement où est-il ?"
...Thomas Carlyle

L'Homme est une pure imagination. C'est pourquoi l'Homme doit être là où il se trouve dans son imagination, car son imagination, c'est lui-même. L'imagination est active dans et à travers tous les états dont elle est consciente. Si nous prenons au sérieux le changement de conscience, des possibilités incroyables se présentent. Les sens sont liés à l'être humain par un mariage forcé et impi qui, s'il était éveillé par l'imagination, serait mis en pièces. Nous n'avons pas à alimenter l'information des sens. Déplacez le centre de gravité de la conscience et voyez ce qui se passe. Quelle que soit l'ampleur du mouvement mental, nous devrions percevoir le monde sous un angle légèrement différent. La conscience se déplace généralement dans l'espace par le mouvement d'un organisme physique, mais elle n'a pas besoin d'être aussi limitée. Il peut être déplacé en changeant ce dont nous sommes conscients.

L'Homme manifeste le pouvoir de l'imagination, dont il ne peut définir les limites. Le plus important est de réaliser que le vrai soi - l'imagination - n'est pas quelque chose qui est emprisonné dans les limites du corps spatial. L'histoire précédente prouve que lorsque nous rencontrons une personne en chair et en os, son vrai moi n'a pas besoin d'être présent dans l'espace où son corps est présent. Il montre également que la perception sensorielle peut fonctionner au-delà des capacités des moyens physiques, et que les informations produites par les sens sont les mêmes que celles qui sont produites lors d'une perception normale. L'idée dans l'esprit de la mère qui a lancé tout le processus était l'idée définitive d'être là où vivait sa fille. Et si la mère était vraiment à cet endroit, et que la fille était présente, alors elle devrait être perceptible pour sa fille.

Nous ne pouvons comprendre cette expérience qu'à travers des modalités imaginaires, et non à travers des modalités mécaniques ou matérielles. La mère imaginait qu'"ailleurs" était simplement "ici". Londres était "ici" pour la fille parce qu'elle vivait "là-bas", tandis que San Francisco était "ici" pour la mère parce qu'elle vivait "là-bas".

Il ne nous vient guère à l'esprit que ce monde pourrait être substantiellement différent de ce que le bon sens nous dit si évident.

Blake écrit : "Je ne questionne pas plus mon œil physique ou végétatif que je ne questionnerais une fenêtre concernant sa vision. Je vois à travers lui, pas avec lui". Ce regard à travers l'œil déplace la conscience non seulement vers d'autres parties de "ce monde", mais aussi vers "d'autres mondes".

Les astronomes souhaiteraient en savoir plus sur ce "regard à travers l'œil", ces voyages mentaux que les mystiques pratiquent si facilement.

"J'ai voyagé dans un pays d'hommes
un pays d'hommes et de femmes,
et j'ai entendu et vu des choses si terribles
que les randonneurs ne connaissaient pas".
...William Blake

Les voyages mentaux ont été pratiqués par des hommes et des femmes éveillés dès les premiers jours. Paul dit : "Je connais un homme en Christ, qui fut, il y a quatorze ans, ravi jusqu'au troisième ciel si ce fut dans son corps je ne sais, si ce fut hors de son corps je ne sais" 2 Corinthiens 12 Paul nous dit qu'il est cet Homme et qu'il a voyagé par la puissance de son imagination, ou le Christ. Dans sa lettre suivante aux Corinthiens, il écrit : "Examinez-vous ! N'apprenez-vous pas par vous-mêmes que le Christ Jésus est en vous ?" Il n'est pas nécessaire d'être "mort" pour bénéficier de privilèges spirituels. "L'homme est une pure imagination et Dieu est l'homme." Testez-vous, comme l'a fait cette mère.

Sir Arthur Eddington a déclaré que la seule chose que l'on puisse dire sur le monde extérieur est qu'il s'agit d'une "expérience partagée". Les choses sont plus ou moins "réelles" selon la mesure dans laquelle elles peuvent être partagées avec d'autres, ou avec nous-mêmes à un autre moment. Mais il n'y a pas de frontière nette.

Si l'on accepte la définition d'Eddington de la réalité comme une "expérience partagée", alors l'histoire ci-dessus est aussi "réelle" que la terre ou une couleur, car elle a été vécue à la fois par la mère et la fille. Le champ de l'imagination est si vaste que je dois avouer que je ne connais pas les limites de la capacité à créer la réalité, si tant est qu'il y en ait.

Toutes ces histoires nous montrent une chose : une activité imaginaire qui implique la réalisation du souhait doit commencer dans l'imagination, indépendamment de l'évidence des sens - dans ce voyage qui mène à la réalisation du souhait.

Chapitre 9 : Entrée

"Si le spectateur entrait ces images dans son imagination,
s'approchant d'elles sur le char ardent de ses pensées
contemplatives,
s'il pouvait trouver... un ami & compagnon dans une de ces
photos de miracles,
qui le supplie toujours de quitter les choses mortelles (comme il
doit le savoir),
puis il se relèverait de sa tombe, puis il dirait au Seigneur dans les
airs
et il serait heureux".
...Blake

Il semble que l'imagination ne fasse rien tant que nous n'entrons pas dans l'image du souhait réalisé. Cette entrée dans l'image du souhait réalisé ne ressemble-t-elle pas au "vide hors de l'existence" de Blake, qui, lorsqu'il y entre, s'entoure lui-même et devient le giron ? N'est-ce pas là la véritable interprétation de l'histoire mystique d'Adam et Eve ? L'Homme et son envoi ? Les rêves de l'imagination de l'Homme ne sont-ils pas son envoi, sa Eve, dans laquelle "il se plante dans tous ses nerfs, comme un mari plante sa forme ; et elle devient sa demeure et son jardin, féconde au septuple" ?

Le mystère de la création est le mystère de l'imagination - d'abord souhaiter, puis accepter le sentiment d'un souhait réalisé, jusqu'à ce que le rêve de l'imagination, "le vide hors de l'existence", "soit entré et s'entoure et devienne le giron", "une demeure et un jardin, fécond au centuple." Réalisez que Blake nous encourage à entrer dans ces images. Cette entrée dans l'image fait que celle-ci "s'entoure et devient le tour de piste". La personne qui entre dans un état imprègne cet état et lui fait créer ce que l'union implique. Blake nous dit que ces images sont "obscures pour ceux qui n'y habitent pas, de simples possibilités ; mais pour ceux qui y entrent, elles semblent être la seule substance..."

En route vers la côte ouest, je me suis arrêté à Chicago pour passer la journée avec des amis. Mon hôte se remettait d'une grave maladie et son médecin lui a conseillé de déménager dans une maison à un étage. Prenant le conseil à cœur, il a acheté une maison de plain pied, adaptée à ses besoins ; mais maintenant il était confronté au fait qu'il semblait n'y avoir aucun acheteur pour sa grande maison de trois étages. Quand je suis arrivé, il était très découragé. En essayant d'expliquer la loi de l'imagination constructive à mon hôte et à sa femme, je leur ai raconté l'histoire d'une femme très connue de New York qui voulait me voir pour louer son appartement. Elle possédait un bel appartement en ville et une maison de campagne, mais il était absolument nécessaire qu'elle loue son appartement lorsqu'elle et sa famille passaient l'été dans sa maison de campagne.

Les années précédentes, l'appartement était loué au début du printemps. Lorsqu'elle est venue me voir, la saison estivale était presque terminée. Bien que l'appartement ait été entre les mains de bons agents immobiliers, personne ne semblait intéressé à le louer. Je lui ai dit ce qu'elle devait faire dans son esprit. Elle l'a fait, et en moins de vingt-quatre heures, son appartement a été loué.

J'ai expliqué comment, grâce à l'utilisation constructive de son imagination, elle avait loué son appartement. Sur ma recommandation, elle a imaginé cette nuit-là, dans son appartement en ville, qu'elle serait au lit dans sa maison de campagne. Dans son imagination, elle regardait le monde depuis la maison de campagne, et non depuis l'appartement de la ville. Elle sentait l'air frais de la campagne. Elle l'a rendu si réel qu'elle s'est endormie avec le sentiment d'être à la campagne. C'était un jeudi soir. Le samedi suivant, à neuf heures du matin, elle m'a appelé de sa maison de campagne et m'a dit que le vendredi, un locataire très désirable qui remplissait toutes les conditions louait non seulement l'appartement, mais à la seule condition qu'il puisse emménager le même jour.

J'ai suggéré à mes amis de former une structure imaginaire, comme cette femme l'avait fait, et c'était de dormir, en imaginant qu'ils étaient physiquement présents dans leur nouvelle maison, en ayant le sentiment d'avoir vendu leur ancienne maison. Je leur ai expliqué la grande différence entre penser à l'image de la nouvelle maison et ne pas penser à l'image de la nouvelle maison. Y réfléchir, c'est admettre qu'ils ne sont pas dans le tableau ; y réfléchir, c'est prouver qu'ils y sont. Entrer dans le tableau donnerait de la substance au tableau. L'occupation physique de la nouvelle maison suivra automatiquement.

J'ai expliqué que l'apparence du monde dépend entièrement de l'endroit où la personne se trouve lorsqu'elle fait son observation. Et l'Homme, étant "pure imagination", doit être là où il se trouve dans son imagination. Le concept de causalité les inquiétait, car il ressemblait à de la magie ou à une superstition, mais ils ont promis de le tester. Je suis parti pour la Californie ce soir-là et le lendemain soir, le conducteur du train dans lequel je me trouvais m'a remis un télégramme. Il était écrit : "Maison vendue à minuit". Une semaine plus tard, ils m'ont écrit et m'ont dit que la nuit où j'ai quitté Chicago, ils se sont endormis physiquement dans leur ancienne maison mais mentalement dans leur nouvelle, regardant le monde depuis leur nouvelle maison et imaginant comment les choses "sonneraient" si c'était vrai. Ils ont été réveillés la même nuit par la nouvelle que la maison avait été vendue.

Ce n'est que lorsque l'on entre dans l'image, lorsque l'on connaît Eve, que l'événement se répand dans le monde entier. Le souhait réalisé doit être conçu dans l'imagination humaine avant que l'événement puisse se dérouler à partir de ce que Blake a appelé "le vide".

L'histoire suivante montre qu'en déplaçant le centre de son imagination, Mme A. F. est entrée physiquement là où elle est restée avec son imagination.

"Après notre mariage, mon mari et moi avons décidé que notre plus grand désir commun était de passer un an en Europe. Cet objectif peut sembler approprié pour beaucoup, mais pour nous - avec les contraintes financières - il nous a semblé non seulement inapproprié mais complètement fou. L'Europe aurait tout aussi bien pu se trouver sur une autre planète. Mais j'avais entendu parler de vos enseignements, alors je m'endormais constamment en Angleterre ! Je ne peux pas dire pourquoi exactement en Angleterre, sauf que j'avais vu un film récent qui se passait dans le quartier de Buckingham Palace et je suis rapidement tombée amoureuse du paysage. Tout ce que j'ai fait dans mon imagination a été de me tenir silencieusement devant les Portes de Fer et de sentir les barres de métal froides dans mes mains en regardant le Palais.

Pendant de très nombreuses soirées, j'ai ressenti une joie intense d'"être" là et je me suis endormie dans cet état de bonheur. Peu de temps après, mon mari a rencontré un inconnu lors d'une fête qui, en l'espace d'un mois, a permis à mon mari d'obtenir une bourse d'enseignement dans une grande université. Imaginez mon enthousiasme lorsque j'ai appris que l'université était en Angleterre ! Des difficultés financières ? En un mois, nous avons traversé l'Atlantique et nos difficultés attendues et insurmontables se sont évanouies comme si elles n'avaient jamais existé. Nous avons passé notre année en Europe, l'une des plus belles années de ma vie". - M.F.

La façon dont le monde apparaît dépend entièrement de l'endroit où se trouve la personne lorsqu'elle fait son observation. Et l'Homme, étant "pure imagination", doit être là où il se trouve dans son imagination.

"La pierre que les constructeurs ont rejetée
est devenu la pierre angulaire".

Cette pierre, c'est l'imagination. Je vais vous faire connaître ce secret et vous laisser le soin d'agir ou de réagir.

C'est la pierre bien connue
qui transforme tout en or :
parce que ce que Dieu touche
et possède, ne peut être pour
moins expliqué.
...George Herbert

"Ma maison est vieille, mais c'est la mienne. Je voulais qu'elle soit peinte à l'extérieur et redécorée à l'intérieur, mais je n'avais pas d'argent pour le faire non plus. Ils nous ont dit de "vivre" comme si notre souhait était déjà une réalité, et c'est ce que j'ai commencé à faire

- j'ai imaginé ma vieille maison avec une toute nouvelle couche de peinture, de nouveaux meubles, une nouvelle décoration et toutes les garnitures. Je me suis promené, dans mon imagination, à travers les pièces nouvellement décorées. Je me suis promené dans la maison et j'ai admiré la nouvelle peinture ; et, à la fin de mon acte imaginaire, j'ai remis à l'entrepreneur un chèque pour le paiement intégral. Je suis entré consciencieusement dans cette scène imaginaire aussi souvent que j'ai pu pendant la journée, et chaque soir avant de m'endormir.

En deux semaines, j'ai reçu une lettre recommandée de la Lloyds de Londres me disant que j'avais hérité de sept mille dollars d'une femme que je n'avais jamais rencontrée ! J'ai connu son frère fugitivement il y a près de quarante ans, et j'ai soutenu cette dame il y a un peu plus de quinze ans, lorsque ce frère est mort dans notre pays, et elle m'a écrit pour me demander si je pouvais donner des détails sur sa mort - ce que j'ai fait. Depuis lors, je n'ai plus jamais eu de nouvelles d'elle.

Voici le chèque de sept mille dollars - plus que suffisant pour couvrir le coût de ma restauration, plus beaucoup, beaucoup d'autres choses que j'aurais aimé avoir". - E.C.A.

"Celui qui n'imagine pas de traits meilleurs et plus forts
et une lumière meilleure et plus forte que celle que sa mort et son
...yeux, n'imagine même pas"... Blake

Tant que l'individu ne s'imagine pas être quelqu'un d'autre, ou être ailleurs, ses circonstances actuelles et les circonstances de sa vie resteront en place et ses problèmes reviendront, car tous les événements se renouvellent à travers ses images constantes. Par lui, ils ont été faits ; par lui, ils restent dans l'Être ; et par lui, ils peuvent tomber.

Le secret de la causalité réside dans les images composites - mais un mot d'avertissement : la composition doit avoir un sens ; elle doit impliquer quelque chose ou elle ne formera pas l'activité créatrice. . . Le mot.

Chapitre 10 : Les choses qui n'apparaissent pas

"...que ce qu'on voit n'a pas été fait de choses visibles."
...Hébreux 11:3

"L'histoire de l'humanité, avec ses formes et ses gouvernements, ses révolutions, ses guerres, et même avec la montée et la chute des nations, pourrait être écrite en termes de montée et de chute des idées implantées dans l'esprit des hommes."
...Herbert Hoover

"Le mystère de l'imagination est le plus grand de tous les problèmes que le mysticisme s'efforce de résoudre.
Le pouvoir suprême, la sagesse suprême, la joie suprême se trouvent dans la solution lointaine de ce mystère".
...Douglas Fawcett

Refuser de reconnaître la puissance créatrice de l'activité invisible et imaginaire de l'Homme, c'est trop discuter. Par son activité imaginaire, l'Homme appelle "ce qui n'est pas, ce qui est" - au sens propre du terme. Par l'activité imaginaire de l'Homme, toutes les choses sont devenues, et sans cette activité "rien de ce qui est devenu n'est devenu".

Cette activité causale pourrait être définie comme une composition imaginaire d'images qui font inévitablement se produire un événement physique. C'est à nous d'assembler des images de happy end, puis de les tenir à l'écart de toute perturbation. L'événement ne doit pas être forcé, mais autorisé à se produire.

Si l'imagination est la seule chose qui agit dans les êtres existants ou l'Homme, ou est, comme le croyait Blake, la seule chose qui agit dans les êtres existants ou l'Homme, alors nous ne pourrons jamais être sûrs que ce n'est pas une femme qui a donné un coup de pied dans le pressoir qui a provoqué le changement subtil de l'esprit de l'Homme.

Cette grand-mère foule le pressoir quotidiennement pour sa petite fille. Elle écrit :

"C'est une de ces choses que ma famille et mes amis disent que "nous ne comprenons pas." Kim a maintenant deux ans et demi. Je me suis occupée d'elle pendant un mois après sa naissance, puis je ne l'ai vue qu'une fois il y a un an, et ce n'était que pendant deux semaines. Quoi qu'il en soit, au cours de l'année écoulée, je l'ai prise sur mes genoux tous les jours - dans mon imagination - et je l'ai câlinée et lui ai parlé.

Dans ces actions imaginaires, je passe en revue toutes les choses merveilleuses concernant Kim : "Dieu grandit à travers moi ; Dieu aime à travers moi", etc. J'ai d'abord eu la réponse d'un très jeune enfant. Quand j'ai commencé avec "Dieu grandit à travers moi", elle a répondu "Moi". Maintenant - quand je commence, elle finit toute la phrase. Une autre chose qui s'est produite au fil des mois est que lorsque je la prends - dans mon imagination - sur mes genoux, elle devient de plus en plus grosse et lourde.

Kim n'a même pas vu une seule photo de moi l'année dernière. Tout ce que je pouvais être pour elle, c'était un nom. Sa famille me dit qu'elle parle de moi pendant la journée - personne en particulier - elle ne fait que parler. Parfois, cela dure une heure ; ou bien elle décroche le téléphone et fait semblant d'être au téléphone. Dans son monologue, c'est quelque chose comme : "Ma grand-mère m'aime. Ma grand-mère vient me voir tous les jours".

"Bien que je sache ce que j'ai fait dans mon imagination,
il m'a également étonné". . . U.K.

Tous les hommes et femmes imaginatifs jettent des sorts pour toujours, et tous les hommes et femmes passifs qui n'ont pas une vie imaginative puissante restent constamment sous le charme de leur pouvoir.

Dans la nature, il n'y a pas de forme qui ne soit pas créée et maintenue par une activité imaginaire. Par conséquent, toute modification de l'activité imaginaire doit entraîner un changement de forme correspondant. Imaginer une image de substitution pour un contenu non désiré ou erroné, c'est la créer. Si nous ne restons que dans notre activité imaginaire idéale et ne nous contentons pas de moins, la victoire devient notre être.

"Alors que je lisais l'histoire dans "Seeding and Harvest Time" de l'enseignante qui, par son imagination, en révision quotidienne, a transformé une élève en retard en une fille aimante, j'ai décidé de "faire quelque chose" à propos d'un garçon de l'école de mon mari.

Énumérer tous les problèmes remplirait des pages, car mon mari n'a jamais eu un enfant aussi difficile ni une situation parentale aussi difficile. Le garçon était trop petit pour être expulsé et pourtant les professeurs ont refusé de lui donner des cours. Pour aggraver les choses, la mère et la grand-mère du garçon ont "campé" sur le terrain de l'école, causant des ennuis à tout le monde.

Je voulais aider le garçon, mais je voulais aussi aider mon mari. Le soir, j'ai donc construit deux scènes dans mon imagination : dans l'une, j'ai "vu" un enfant parfaitement normal et heureux ; dans l'autre, j'ai "entendu" mon mari dire : "Je ne peux pas le croire, chérie, mais "R" se comporte maintenant comme un garçon normal, et c'est divin de ne pas avoir ces deux femmes autour de moi." Après deux mois à rester constamment dans ma pièce, nuit après nuit, mon mari est rentré à la maison et a dit : "C'est paradisiaque à l'école" - pas exactement les mêmes mots, mais assez semblables pour moi. La grand-mère a été impliquée dans une affaire qui l'a obligée à quitter la ville, et la mère a dû l'accompagner.

Au même moment, un nouveau professeur avait accueilli le défi de "R" et il faisait de merveilleux progrès dans tout ce que j'avais imaginé pour lui". . . . G.B.

Il est inutile de s'en tenir aux lignes directrices si vous ne les appliquez pas. Comme Portia, qui a dit : "Je peux enseigner à vingt à faire ce qu'il est bon de faire plus facilement que d'être l'un des vingt qui suivent mon propre enseignement".

G.B. a suivi son propre enseignement. Il est désastreux de faire de l'acceptation d'une foi imaginaire un simple substitut à la vie.

"Il m'a envoyé pour guérir ceux qui ont le cœur brisé, pour proclamer aux captifs la délivrance, et aux aveugles le recouvrement de la vue, pour renvoyer libres les opprimés..."

Chapitre 11 : Le potier

"Lève-toi et descends dans la maison du potier ; et là, je te ferai entendre mes paroles. Et je descendis dans la maison du potier, et voici, il faisait son ouvrage sur son tour. Et le vase qu'il faisait fut gâté comme de l'argile dans la main du portier ; et il en fit un autre vase, comme il plut aux yeux du potier de le faire."

...Jérémie 18:2-4

Le mot "potier" signifie imagination traduite. A partir d'un matériau que d'autres auraient rejeté comme inutile, un imaginaire éveillé le transforme en ce qu'il devrait être. "Cependant, ô ETERNEL, tu es notre père ; nous sommes l'argile, et c'est toi qui nous a formés ; nous sommes tous l'ouvrage de toutes tes mains."

Cette conception de la création comme une œuvre d'imagination, et du Seigneur notre Père comme notre imagination, nous conduira plus loin dans le mystère de la création que tout autre panneau indicateur. La seule raison pour laquelle les gens ne croient pas en cette identité de Dieu et de l'imagination humaine est qu'ils ne veulent pas accepter la responsabilité de leur horrible mauvais usage de l'imagination. L'imagination divine est descendue au niveau de l'imagination humaine, de sorte que l'imagination humaine peut s'élever jusqu'à l'imagination divine.

Le huitième psaume dit que l'Homme a été fait un peu plus bas que Dieu - pas un peu plus bas que les anges - comme la version du roi Jacques l'a traduit de façon erronée. Les anges sont l'esprit émotionnel de l'Homme et donc ses serviteurs - et non pas ses supérieurs - comme nous le dit l'auteur des Hébreux.

L'imagination est le véritable Homme et ne fait qu'un avec Dieu.

L'imagination crée, préserve et transforme.

L'imagination est fondamentalement créative lorsque toutes les activités imaginatives basées sur la mémoire disparaissent. L'imagination est conservatrice lorsque son activité imaginative est alimentée par des images qui sont principalement fournies par la mémoire. L'imagination est transformatrice lorsqu'elle change un sujet déjà en devenir ; lorsqu'elle modifie mentalement un fait de la vie ; lorsqu'elle laisse le fait en dehors de l'expérience mémorisée ou le remplace par quelque chose s'il perturbe l'harmonie qu'elle désire.

En utilisant son imagination, cette jeune et talentueuse artiste a réalisé son rêve.

"Depuis que j'ai commencé l'art, j'ai toujours aimé faire des dessins et des peintures pour les chambres d'enfants. Néanmoins, j'ai été découragé par des conseillers et des amis qui étaient beaucoup plus expérimentés que moi dans le "domaine". Ils ont aimé mon travail, admiré mon talent, mais m'ont dit que je ne recevrais ni reconnaissance ni rémunération pour ce genre de travail.

D'une certaine manière, j'ai toujours pensé que je le ferais - mais comment ? Puis, l'automne dernier, j'ai entendu vos conférences et lu vos livres et j'ai décidé de laisser mon imagination créer la réalité que je voulais. C'est ce que je faisais tous les jours : j'imaginais que j'étais dans une galerie - il y avait beaucoup d'excitation autour de moi - sur les murs était accroché mon "art" - seulement le mien (une exposition personnelle) - et je voyais des étoiles rouges sur beaucoup de tableaux. Cela signifie qu'ils ont été vendus.

Voici ce qui s'est passé : juste avant Noël, j'ai fabriqué un mobile pour un ami qui l'a montré à son tour à un ami qui possède un magasin d'importation d'art à Pasadena. Il a exprimé le souhait de me rencontrer - j'ai donc pris quelques échantillons de travaux avec moi. Quand il a regardé le premier tableau, il a dit qu'il aimerait me donner "une exposition personnelle" au printemps.

Le soir du vernissage, le 17 avril, un architecte d'intérieur m'a approché et m'a demandé de réaliser un collage pour la chambre d'un petit garçon, qui paraîtra dans le numéro de septembre de Good Housekeeping pour la maison de l'année 1961.

Plus tard dans l'exposition, un autre décorateur est venu me voir et a tellement admiré mon travail qu'il m'a demandé s'il pouvait s'arranger pour que je rencontre les "bons" décorateurs d'intérieur et les "bons" galeristes qui achèteraient mon art et l'exposeraient correctement. D'ailleurs, l'exposition a été un succès financier, tant pour le propriétaire de la galerie que pour moi.

Ce qui est intéressant, c'est que ces trois hommes semblaient venir à moi "de nulle part". Bien sûr, pendant la durée de ma "performance", je n'ai fait aucun effort pour contacter qui que ce soit ; et maintenant, j'obtiens une reconnaissance et j'ai un marché pour mon travail. Et je sais maintenant sans le moindre doute qu'il n'y a pas de "non" si l'on applique sérieusement ce principe selon lequel "l'imagination crée la réalité"". . . . G.L.

Elle a testé le potier et a prouvé son pouvoir créatif en pratique. Seul l'esprit indolent ne serait pas à la hauteur du défi. Paul proclame : "Ne savez-vous pas que vous êtes le temple de Dieu, et que l'Esprit de Dieu habite en vous ?" Maintenant, "testez-vous. N'éprouvez-vous pas en vous-mêmes que le Christ Jésus est en vous ? Sauf si vous êtes inapte. Mais j'espère que vous vous rendez compte que nous ne sommes pas inefficaces."

Si "toutes choses ont été faites par la Parole, et rien de ce qui a été fait n'a été fait sans elle", alors il ne devrait pas être difficile pour l'Homme de s'examiner pour savoir qui est ce Créateur en lui-même. Le test prouvera à l'Homme que son imagination est celle "qui donne la vie aux morts et qui appelle les choses qui ne sont point comme si elles étaient".

La présence du potier en nous est déduite de ce qu'il y fait. Nous ne pouvons pas le voir là comme quelqu'un qui n'est pas nous-mêmes. La nature du potier - Jésus-Christ - est de créer, et il n'y a pas de création sans lui.

Chaque histoire écrite dans ce livre est autant un test que celui que Paul a demandé aux Corinthiens. Dieu existe bel et bien dans l'Homme - dans chaque être humain. Dieu devient entier pour nous. Il n'est pas notre vertu, mais notre vrai moi - notre imagination.

Les illustrations suivantes du monde des minéraux nous aideront à comprendre comment l'imagination suprême et l'imagination humaine peuvent être une seule et même force, mais complètement différentes dans leur pouvoir créatif. Le diamant est le minéral le plus dur au monde. Le graphite, tel qu'il est utilisé dans les crayons, est l'un des plus doux. Et pourtant, ces deux minéraux sont du carbone pur. On pense que la grande différence entre les propriétés de ces deux formes de carbone est due à des arrangements différents des atomes. Mais que la différence soit due ou non à une disposition différente des atomes, il y a un consensus sur le fait que le diamant et le graphite sont une seule substance, le carbone pur.

Le sens de la vie est la réalisation créative du désir. Une personne qui manque de désir ne pourrait pas exister efficacement dans un monde de problèmes permanents qui exigent des solutions permanentes. Un souhait est une prise de conscience de quelque chose qui nous manque ou dont nous avons besoin pour rendre la vie plus agréable. Les souhaits ont toujours un avantage personnel à l'esprit. Plus l'avantage escompté est grand, plus le souhait est intense. Il n'existe pas de souhait totalement désintéressé. Même si notre souhait est pour quelqu'un d'autre, nous nous efforçons toujours de le satisfaire. Afin de réaliser notre souhait, nous devons imaginer une scène qui implique l'accomplissement et jouer cette scène dans notre imagination, ne serait-ce que pour un instant, avec suffisamment de joie ressentie pour rendre le souhait naturel. Elle est comparable à un enfant qui se déguise et joue à la "reine". Nous devons imaginer que nous sommes ce que nous aimerions être. Nous devons d'abord la jouer dans notre imagination - pas en tant que spectateurs - en tant qu'artistes.

Cette dame a joué la "reine" en étant là où elle voulait être dans son imagination. Elle était la véritable actrice dans cette pièce.

"Mon souhait était d'assister à la représentation de l'après-midi d'une célèbre pantomime, qui est actuellement jouée dans l'un des plus grands théâtres de notre ville. En raison de la nature intime de cet art, je voulais m'asseoir en orchestre, mais je n'avais même pas l'argent pour une place dans la loge. Le soir où j'ai décidé de prendre ce plaisir, je me suis endormie dans la représentation de l'artiste miraculeux. Dans mon numéro imaginaire, j'étais assise sur un siège au milieu de l'orchestre, j'ai entendu les applaudissements lorsque le rideau s'est levé et que l'artiste est entré en scène, et j'ai ressenti l'intense excitation de cette expérience.

Le lendemain - le jour de la représentation en matinée - ma situation financière n'avait pas changé. J'avais exactement un dollar et trente-sept cents dans mon portefeuille. Je savais que je devrais utiliser ce dollar pour faire le plein de ma voiture, ce qui me laisserait trente-sept cents, mais je savais aussi que je m'étais endormie consciencieusement en me sentant comme si j'étais à la représentation, alors je me suis habillée pour le théâtre. En rangeant des choses d'un sac à main à l'autre, j'ai trouvé un dollar et quarante-cinq cents cachés dans mon sac à main d'opéra, moins souvent utilisé. Je souriais en moi-même, en réalisant que l'on venait de me donner l'argent de l'essence ; de la même façon, l'argent manquant me serait donné pour mon billet de théâtre. Sans me soucier de rien, j'ai continué à m'habiller et je me suis rendue au théâtre.

Alors que je me tenais devant la vitrine pour la vente des billets, ma confiance a diminué en regardant les prix, trois dollars soixante-quinze cents pour une place dans l'orchestre. Avec un sentiment de consternation, je me suis vite retournée et j'ai traversé la rue en courant vers un café pour acheter une tasse de thé. J'ai dépensé seize cents pour le thé avant de me souvenir du prix d'une place dans la loge, qui se trouvait sur la fenêtre du guichet. J'ai compté mon argent à la hâte et j'ai trouvé un dollar soixante-six cents. J'ai couru au théâtre et j'ai acheté la place la moins chère disponible, qui m'a coûté un dollar cinquante-cinq cents. Avec un centime dans mon portefeuille, j'ai traversé l'entrée, le placeur a déchiré ma carte au milieu et a dit : "En haut, puis à gauche, s'il vous plaît". Le spectacle a rapidement commencé, mais en ignorant les instructions, je suis allé aux toilettes du bas. Toujours déterminée à m'asseoir dans l'orchestre, je me suis assise, j'ai fermé les yeux et j'ai gardé ma "vue" intérieure orientée vers la scène, depuis la direction de l'orchestre. Au même moment, un groupe de femmes est venu aux toilettes, toutes parlant en même temps, mais je n'ai entendu qu'une seule conversation lorsqu'une femme a dit à son compagnon : "J'ai attendu le dernier moment. Puis elle a appelé et a dit qu'elle ne pouvait pas venir. Je donnerais bien sa carte, mais il est trop tard pour cela maintenant. J'ai accidentellement remis les deux cartes à l'ouvreur, et avant que je ne puisse dire quoi que ce soit, il les a déchirées en deux". J'ai presque commencé à rire tout haut. Je me suis levée, je suis allée voir cette dame et je lui ai demandé si je pouvais utiliser sa carte supplémentaire, car je n'ai qu'un siège pour la loge. Elle était charmante et m'a invitée à rejoindre son groupe. Le billet qu'elle m'a donné était pour l'orchestre, un siège au milieu, à six rangées de la scène. Quelques instants après m'être assise, le rideau s'est levé sur une représentation à laquelle j'avais assisté la veille depuis ce siège - dans mon imagination". . . . J.R.

Nous devons en fait ÊTRE dans notre imagination. C'est une chose de penser à la fin, et une autre de penser à la fin. Penser à la fin ; réaliser la fin, c'est créer la réalité. Les actions intérieures doivent correspondre aux actions que nous ferions physiquement "après que ces choses se soient produites".

Pour vivre sagement, nous devons prendre conscience de notre activité imaginaire et veiller à ce qu'elle forme fidèlement la fin que nous désirons. Le monde est de l'argile, notre imagination est le potier. Nous devrions toujours imaginer des fins qui sont précieuses ou prometteuses.

"Celui qui veut mais n'agit pas, engendre la peste."

Ce qui a été fait découle de ce qui a été imaginé. Les formes extérieures révèlent l'imagination de l'Homme.

"L'homme est le tireur d'élite, et à sa recherche et à sa traversée
sinueuse
qui se profile, Dieu a ordonné de bouger, mais n'a pas prévu de
repos".

"Je dirige une petite entreprise en tant qu'unique propriétaire, et il y a quelques années, il semblait que mon projet allait échouer. Pendant quelques mois, les ventes n'ont cessé de chuter et je me suis retrouvé dans un "embouteillage" financier - comme des milliers d'autres petits entrepreneurs lorsqu'une petite récession a balayé notre pays. J'étais très endetté et j'avais besoin d'au moins trois mille dollars - immédiatement. Mes comptables m'ont conseillé de fermer les portes et de sauver ce qui pouvait l'être. Au lieu de cela, je me suis tourné vers mon imagination. Je connaissais vos enseignements, mais je n'avais jamais essayé de résoudre un problème de cette façon. Franchement, j'étais sceptique à l'idée que l'imagination puisse créer la réalité, mais j'étais aussi désespéré ; et le désespoir m'a forcé à tester votre enseignement.

J'imaginais que je recevrais quatre mille dollars pour des dettes inattendues, échues et payables. Cet argent devrait provenir de nouvelles commandes car mes créances commerciales sont pratiquement inexistantes, mais cela semble tiré par les cheveux car je n'ai pas eu autant de ventes au cours des quatre derniers mois. Néanmoins, pendant trois jours, je suis resté fidèle à mon image imaginaire de recevoir cette somme d'argent. Tôt le matin du quatrième jour, j'ai reçu un appel d'un client dont je n'avais pas eu de nouvelles depuis des mois. Il m'a demandé de venir le rencontrer personnellement. Il m'a demandé de lui apporter un devis que je lui avais précédemment donné pour des machines dont il avait besoin pour son travail. Le document datait de plusieurs mois, mais je l'ai extrait de mes dossiers et je n'ai pas perdu de temps pour lui rendre visite au bureau le jour même. J'ai noté la commande qu'il a signée, mais je n'ai pas vu de soulagement immédiat pour moi, car les machines qu'il voulait avaient un délai de livraison de quatre à six mois, et mon client ne devait bien sûr payer qu'à réception. Je l'ai remercié pour la commande et je me suis levé. Il m'a arrêté à la porte et m'a remis un chèque d'un peu plus de quatre mille dollars, en me disant : "Je veux payer maintenant, à l'avance - à des fins fiscales, voyez-vous. Si cela ne vous dérange pas ?" Non, ça ne m'a pas dérangé. J'ai réalisé ce qui s'était passé lorsque j'ai pris le chèque dans mes mains. En trois jours, mon acte imaginaire a accompli ce que je n'avais pas pu faire pendant des mois de désespoir financier. Maintenant, je sais que l'imagination aurait pu tout aussi bien rapporter quarante mille dollars à mon entreprise - aussi facilement que quatre mille". - L.N.C.

"Cependant, ô ETERNEL, tu es notre père ;
nous sommes l'argile, et c'est toi qui nous a formés ;
"nous sommes tous l'ouvrage de tes mains."

Chapitre 12 : Les postures

"Les choses mentales sont réelles en elles-mêmes ; ce qu'on appelle le corps, personne ne sait où il vit : c'est une illusion, et son existence est une fraude.
Où est l'existence en dehors de l'esprit ou des pensées ?
Où est-elle sinon dans l'esprit d'un idiot ?"
...Blake

La mémoire, bien qu'elle soit une capacité, a gagné la réputation de similitude. Lorsque nous nous souvenons d'un autre tel que nous l'avons connu, nous le recréons à cette image, et le passé est reconnu dans le présent. L'imagination crée la réalité. S'il est possible de l'améliorer, nous devrions le reconstruire avec un nouveau contenu ; nous le visualisons comme nous aimerions l'avoir, au lieu de le laisser porter le fardeau de notre mémoire sur lui. "Tout ce que l'on peut croire est une image de la vérité."

L'histoire suivante est celle d'une personne qui croit que l'imagination crée la réalité et qui, agissant selon ses convictions, a changé d'attitude envers un étranger et a témoigné de ce changement de réalité.

"Il y a plus de vingt ans, alors que j'étais encore "vert derrière les oreilles", j'étais un garçon de ferme qui venait d'arriver à Boston pour aller à l'école. Un mendiant m'a demandé de l'argent pour un repas. Bien que mon argent soit pitoyable et insuffisant pour mes propres besoins, je lui ai donné ce que j'avais dans ma poche. Quelques heures plus tard, le même homme, cette fois-ci incroyablement ivre, m'a arrêté et m'a demandé de l'argent. J'étais tellement en colère à l'idée d'avoir gaspillé de cette façon cet argent si nécessaire, et je me suis fait la promesse de ne plus jamais écouter un mendiant. Au fil des ans, j'ai tenu ma promesse, mais chaque fois que j'ai refusé la demande de quelqu'un, ma conscience s'est emparée de moi. Je me sentais tellement coupable que j'ai même développé de fortes douleurs à l'estomac, mais je n'arrivais pas à les surmonter.

Au début de cette année, un homme m'a arrêté alors que je promenais mon chien et m'a demandé de l'argent pour qu'il puisse manger. Fidèle à ma vieille promesse, j'ai refusé. Il a réagi très gentiment et a accepté mon refus. Il a même admiré mon chien et a parlé d'une famille de New York qu'il connaissait et qui élevait des cockers anglais. Cette fois, ma conscience m'a poignardé ! Comme il faisait son chemin, j'ai décidé de recréer la scène comme je l'aurais souhaité, alors je me suis arrêté, j'ai fermé les yeux un instant et j'ai recréé la scène. Dans mon imagination, le même homme s'est approché de moi, mais cette fois il a ouvert la conversation en admirant mon chien.

Après avoir discuté un moment, je lui ai fait dire : "Je ne veux pas vraiment vous demander ça, mais j'ai vraiment besoin de manger. Je commence un nouveau travail demain, mais j'ai été au chômage et j'ai faim". Puis j'ai pris mon sac à main imaginaire et j'en ai sorti un billet de cinq dollars imaginaire, que je lui ai donné avec joie. Cet acte imaginaire a immédiatement fait disparaître le sentiment de culpabilité et la douleur.

Je sais par vos enseignements qu'un acte imaginaire est un fait, je savais donc que je pouvais accorder à chacun ce qu'il demande, et qu'en croyant à l'acte imaginaire, il devient sa réalité.

Quatre mois plus tard, je promenais à nouveau mon chien quand le même homme s'est approché de moi et la conversation a commencé avec l'admiration de mon chien. "C'est un beau chien", a-t-il dit. "Jeune homme, je crois que vous ne vous souvenez pas de moi, mais il y a quelque temps, je vous ai demandé de l'argent et vous avez heureusement dit "non". Je dis "heureusement" parce que si vous m'aviez donné l'argent, je serais encore en train de demander de l'argent. Au lieu de cela, j'ai un travail qui commence demain, je suis seul et j'ai retrouvé un peu d'estime de moi."

Quand je l'ai imaginé quatre mois plus tôt, je savais que ce travail était un fait, mais je ne nierai pas qu'il était très satisfaisant quand il est apparu en chair et en os pour le confirmer". . . . F.B.

"Je n'ai ni argent ni or, mais ce que j'ai, je te le donne"...Actes 3:6.

Personne ne doit être rejeté, tous doivent être sauvés, et notre imagination, qui remodèle la mémoire, est le processus par lequel ce salut est obtenu. Condamner l'Homme pour s'être écarté du chemin, c'est punir celui qui est déjà puni. "Ô de qui aurais-je pitié si je n'ai pas pitié du pécheur égaré ?" Ce n'est pas ce que l'Homme était, mais ce qu'il pourrait devenir, qui devrait être notre activité imaginaire.

"Tu ne te souviens pas de la charmante Alice, Ben Bolt -
La douce Alice, aux cheveux si bruns,
qui a pleuré de joie quand vous lui avez donné un sourire,
a tremblé de peur à cause de votre froncement de sourcils ?"

Si nous n'imaginons rien de pire de lui que ce qu'il fait de lui-même, alors il passerait pour excellent. Ce n'est pas l'Homme au mieux de sa forme, mais l'Homme imaginatif, exerçant l'esprit de pardon, qui provoque le miracle. L'imagination de nouveaux contenus a transformé à la fois l'Homme qui demande et l'Homme qui donne. L'idée n'a pas encore trouvé sa justification dans les systèmes des moralistes et des éducateurs. Le moment venu, elle "proclamera la liberté aux captifs".

Rien n'a d'existence pour nous si ce n'est le souvenir que nous en avons. Nous ne devons donc pas nous souvenir de ce qui s'est passé - à moins bien sûr que cela ne soit souhaitable - mais de ce que nous souhaitons être. Dans la mesure où notre imagination est créative, notre mémoire d'un autre la favorise ou l'entrave, et rend son ascension ou sa descente plus rapide et plus facile. "Il n'y a pas de charbon si mort de caractère qu'il ne brillerait pas et ne flamberait pas s'il n'était que légèrement tordu."

L'histoire suivante montre que l'imagination peut fabriquer des bagues et des maris, et faire bouger les gens "en Chine" !

"Mon mari, un enfant issu d'un foyer brisé et élevé par une grand-mère aimante, n'a jamais été "proche" de sa mère - et elle non plus. Femme de soixante-trois ans, divorcée il y a trente-deux ans, elle était seule et amère ; et ma relation avec elle était tendue parce que j'étais "entre deux chaises". Son plus grand souhait, de son propre aveu, était de se remarier, mais elle pensait qu'à son âge, ce serait impossible. Mon mari m'a souvent parlé de l'espoir qu'elle se remarie et, comme il l'a exprimé avec ferveur, "peut-être vivre en dehors de la ville !"

J'avais le même souhait, et je me suis dit : "Peut-être la Chine ?" Méfiant de mon propre motif pour ce souhait, je savais que je devais changer mes sentiments envers elle dans mon drame imaginaire, et lui "donner" ce qu'elle voulait. J'ai commencé à la voir dans mon imagination comme une personnalité complètement changée - une femme heureuse, joyeuse, sûre et désirée dans une nouvelle relation. Chaque fois que je pensais à elle, je la voyais mentalement comme une "nouvelle" femme.

Environ trois semaines plus tard, elle est venue nous rendre visite à la maison et a amené avec elle un ami qu'elle avait rencontré quelques mois auparavant. L'homme était récemment devenu veuf ; il avait son âge, était financièrement stable et avait élevé des enfants et des petits-enfants. Nous l'aimions bien et j'étais très excitée parce qu'il était évident que les deux s'aimaient bien. Mon mari, cependant, pensait toujours que "c'était" impossible. Pas moi.

Depuis ce jour, je l'ai "vue" tendre sa main gauche vers moi chaque fois que son image me venait à l'esprit ; et j'ai admiré la "bague" à son doigt. Un mois plus tard, elle est venue me rendre visite avec son ami, et lorsque je l'ai saluée, elle m'a fièrement tendu la main gauche. La bague était à son doigt.

Deux semaines plus tard, elle était mariée - et nous ne l'avons pas revue depuis. Elle vit dans une nouvelle maison. . . "loin en dehors de la ville" et comme son nouveau mari n'aime pas la longue marche pour venir chez nous, elle aurait aussi bien pu "déménager en Chine" !" . . . J.B.

Il y a une grande différence entre la volonté de résister à une activité et la décision de la changer. Celui qui la change agit ; tandis que celui qui y résiste réagit. L'un crée, l'autre perçoit.

Rien n'a de réalité au-delà des modèles imaginatifs que nous en faisons. La mémoire ressemble, non moins qu'un souhait, à un rêve éveillé. Pourquoi en faire un cauchemar ? L'Homme ne peut pardonner que s'il traite la mémoire comme un rêve éveillé et la façonne selon le désir de son cœur.

R.K. a réalisé que nous pouvons priver les autres de leurs chances par notre attitude envers eux. Il a changé d'attitude et a donc changé un fait.

"Je ne suis pas un prêteur, ni un investisseur, mais un ami de soixante ans qui connaît bien le monde des affaires est venu me voir pour me demander un prêt important pour agrandir son usine. En raison de notre amitié, j'ai accepté le prêt à un taux d'intérêt raisonnable et j'ai donné à mon ami le droit de renouveler le contrat après un an. À la fin du premier mandat, il était en retard dans ses paiements et a demandé un délai supplémentaire de trente jours pour le paiement. J'ai accepté, mais au bout des trente jours, il n'était toujours pas en mesure de payer les échéances et a demandé une nouvelle prolongation.

Comme je l'ai déjà mentionné, je ne suis pas actif dans le domaine du crédit. En vingt jours, j'avais besoin d'un paiement complet pour régler mes propres factures. Néanmoins, j'ai accepté une nouvelle prolongation, bien que mon propre crédit soit maintenant en grave danger. La chose la plus sensée à faire serait d'engager une action en justice et c'est exactement ce que j'aurais fait il y a quelques années. Au lieu de cela, je me suis souvenu de votre avertissement "de ne pas priver les autres de leurs opportunités", et j'ai réalisé que j'avais privé mon ami de sa capacité à payer ses dettes.

Pendant trois soirs, j'ai construit une scène dans mon spectacle dans laquelle j'ai entendu mon ami dire que des commandes inattendues avaient inondé son bureau, de sorte qu'il pouvait maintenant me rembourser intégralement. Le quatrième jour, j'ai reçu un appel téléphonique de sa part. Il m'a dit que par ce qu'il a appelé un "miracle", il avait reçu tant de commandes, de grosses commandes, qu'il pouvait maintenant payer la dette, y compris les intérêts. Il m'a en fait envoyé un chèque du montant total". . . . R.K.

Il n'y a rien de plus crucial pour le mystère de l'imagination que la distinction entre l'imagination et l'état imaginé.

"Les choses mentales sont réelles en elles-mêmes..." "Tout ce que l'on peut croire, c'est une image de la vérité."
...Blake

Chapitre 13 : Toutes les petites choses

"La connaissance générale est une connaissance à distance ; elle est dans les détails,
dans lesquels il y a de la sagesse et du bonheur".

Nous devons faire preuve d'imagination pour atteindre certains buts, certains objectifs, même si les fins sont toutes des futilités. Parce que l'Homme ne définit pas clairement certaines fins et n'imagine pas certaines fins, les résultats sont incertains, bien qu'ils puissent être absolument certains. Imaginer certaines fins, c'est les distinguer clairement. "Comment distinguer le chêne du hêtre, le cheval du bœuf, sinon par un contour bien défini ?" La définition affirme la réalité de la chose définie, contre les généralisations sans forme qui inondent l'esprit.

La vie sur terre est un jardin d'enfants de la fabrication d'images. La taille ou l'insignifiance d'un objet à créer n'est pas importante en soi. "La grande règle d'or de l'art, ainsi que celle de la vie", a déclaré Blake, "est celle-ci : Que plus la ligne de démarcation est claire, nette et tortueuse, plus l'œuvre d'art est parfaite, et moins les traces d'une faible imitation sont fines et nettes. Qu'est-ce qui construit une maison et plante un jardin, si ce n'est le définitif et le définitif ? Omettez cette ligne, et vous omettez la vie elle-même".

Les histoires suivantes traitent de l'appropriation de choses apparemment petites, ou "jouets" comme je les appelle, mais elles sont importantes en raison des images imaginaires claires que ces jouets ont créées. L'auteur de la première histoire est quelqu'un dont on dit qu'elle a tout. C'est vrai. Elle bénéficie d'une sécurité financière, sociale et intellectuelle.

Elle écrit :

"Comme vous le savez, j'ai complètement changé ma vie et moi-même, par votre enseignement et par mon application de cet enseignement. Il y a deux semaines, quand vous avez parlé de "jouets", j'ai réalisé que je n'avais jamais utilisé mon imagination pour obtenir des "choses" et j'ai décidé que ce serait très amusant. Vous m'avez parlé d'une jeune femme à qui on a donné un chapeau simplement en le portant dans son imagination. La dernière chose dont j'avais besoin était un chapeau, mais je voulais tester mon imagination pour "obtenir des choses". J'ai donc choisi un chapeau d'un magazine de mode. J'ai découpé l'image et l'ai collée sur le miroir de ma coiffeuse. J'ai étudié le tableau avec attention. Puis j'ai fermé les yeux et, dans mon imagination, j'ai mis le chapeau sur ma tête et je l'ai "porté" quand j'ai quitté la maison. Je ne l'ai fait qu'une fois. La semaine suivante, j'ai rencontré quelques amis pour déjeuner et l'une d'entre eux portait "le" chapeau. Nous l'admirions tous. Le lendemain, j'ai reçu un colis par livraison spéciale. "Le" chapeau était dans le paquet. L'amie qui l'avait porté la veille m'avait envoyé le chapeau avec une note jointe disant qu'elle n'avait pas besoin du chapeau et qu'elle ne savait pas pourquoi elle l'avait acheté au départ, mais pour une raison quelconque, elle pensait qu'il m'irait très bien - et je l'accepterais volontiers !" . . . G.L.

Le mouvement de "Rêver jusqu'au bout" est le pouvoir de faire avancer l'humanité.

"Nous devons vivre entièrement au niveau de l'imagination. Et cela doit être fait consciemment".

"Toute ma vie, j'ai aimé les oiseaux. J'aime les regarder - écouter leur gazouillis - les nourrir ; j'aimais particulièrement le petit moineau. Pendant de nombreux mois, je leur ai donné des miettes de pain, des graines pour oiseaux et tout ce que je pensais qu'ils mangeraient.

Et pendant tous ces mois, j'ai été frustré par les plus gros oiseaux - surtout les pigeons - qui dominaient la région, dévoraient la bonne nourriture et ne laissaient que les cosses pour mes moineaux.

Utiliser mon imagination pour ce problème semblait amusant au début, mais plus j'y pensais, plus l'idée devenait intéressante. Un soir, j'ai donc décidé de "voir" les petits oiseaux venir chercher leur nourriture quotidienne et j'ai "dit" à ma femme que les pigeons ne dérangeaient plus mes moineaux mais qu'ils partageaient gentiment la nourriture, puis j'ai quitté la région. J'ai répété cette action imaginaire pendant près d'un mois. Puis, un matin, j'ai remarqué que les pigeons avaient disparu. Les moineaux ont pris leur petit-déjeuner seuls pendant quelques jours ; aucun oiseau plus grand n'est venu dans la région pendant ces jours-là. Ils sont finalement revenus, mais à ce jour, ils n'ont pas touché à la nourriture de mes moineaux. Ils restent ensemble, mangent ce que je leur donne et laissent leur nourriture à mes petits amis. Et vous savez... je pense que les moineaux comprennent ; ils ne semblent plus effrayés quand je suis près d'eux"... R.K.

Cette dame prouve que si notre cœur n'est pas à la tâche, si nous n'entrons pas dans le sentiment d'un souhait réalisé, nous ne sommes pas arrivés - parce que nous sommes pure imagination, et devons être là, et être ce que nous sommes dans notre imagination.

"Début février, mon mari et moi venions de passer un mois dans notre nouvelle maison - une belle maison, située sur une falaise, avec l'océan devant notre jardin, le vent et l'horizon pour les voisins, et les mouettes pour les invités - nous étions en extase. Quiconque a vécu la joie et la souffrance de construire sa propre maison sait combien on est rempli de joie et combien son sac est vide : tant de choses aimantes devaient pour être achetées pour la maison, mais la chose que nous voulions le plus, et qui était la plus inutile - était un tableau. Pas n'importe quelle peinture, mais une scène de mer sauvage et merveilleuse, dominée par un grand clipper blanc. Cette image était dans notre esprit pendant tous ces mois et nous avons laissé un mur dans le salon pour qu'il soit couvert par le tableau. Mon mari a monté des lanternes de bateau décoratives en rouge et vert sur le mur pour encadrer notre photo, mais la photo - la photo elle-même - a dû attendre. Les rideaux, les tapis - toutes les choses pratiques devaient passer en premier. Mais cela ne nous a pas empêchés de "voir" l'image sur le mur dans notre imagination.

Un jour, alors que je faisais des courses, je passais devant une petite galerie d'art, et en entrant par la porte, je me suis arrêtée si soudainement qu'un homme derrière moi m'a claqué la porte au nez.

Je me suis excusée et j'ai montré du doigt un tableau accroché à l'envers à l'autre bout de la pièce. "C'est ce que c'était ! Je n'ai jamais rien vu d'aussi merveilleux !" Il s'est présenté comme le propriétaire de la galerie et a déclaré : "Oui, un original du plus grand peintre anglais de bateaux que le monde ait jamais vu". Il m'en a dit plus sur l'artiste, mais je n'ai pas écouté. Je ne pouvais pas détacher mes yeux de ce merveilleux navire ; et soudain, j'ai vécu une chose très étrange. Ce n'était que pour un bref instant, mais la galerie d'art s'est effacée et j'ai "vu" le tableau sur mon mur. J'avais peur que le propriétaire pense que j'étais étourdie, et c'était le cas, mais j'ai finalement pu diriger mon attention vers sa voix lorsqu'il a mentionné le prix astronomique. J'ai souri et j'ai dit : "Peut-être un jour..." Il m'a ensuite parlé du peintre, et aussi d'un artiste américain qui était le seul lithographe vivant à pouvoir copier ce grand maître anglais. Il a dit : "Si vous êtes très chanceuse, vous pourriez obtenir une de ses reproductions. J'ai vu son travail. Il est parfait jusque dans les moindres détails. Beaucoup de gens préfèrent les gravures aux peintures".

"Imprimer ou peindre", je ne savais rien de la valeur de l'un ou de l'autre, et de toute façon, tout ce que je voulais, c'était cette scène. Lorsque mon mari est rentré à la maison ce soir-là, je n'ai parlé que du tableau et je l'ai supplié de visiter la galerie et d'y jeter un coup d'œil. "On peut peut-être en trouver une empreinte. L'homme a dit..." "Oui," m'a-t-il interrompu, "mais tu sais qu'on ne peut pas se permettre un tableau en ce moment..." Notre conversation s'est terminée là, mais après le dîner, je suis restée dans notre salon et j'ai "vu" la photo sur notre mur. Le lendemain, mon mari avait un rendez-vous avec un client qu'il ne voulait pas respecter. Mais le rendez-vous a été tenu, et mon mari n'est rentré à la maison que lorsqu'il faisait déjà nuit. Lorsqu'il a franchi la porte, j'étais occupée dans une autre partie de la maison et je l'ai salué de loin. Quelques minutes plus tard, j'ai entendu un martèlement et j'ai couru dans le salon pour voir ce qu'il faisait. Sur notre mur, mon tableau était accroché. Dans le premier moment de joie intense, je me suis souvenu que l'homme dans la galerie disait : "Si vous avez beaucoup de chance, vous pourriez obtenir une de ses estampes..." La chance ? Eh bien, voici la partie de l'histoire qui concerne mon mari :

En prenant ce rendez-vous, mon mari est entré dans l'une des maisons les plus pauvres et les plus misérables qu'il ait jamais fréquentées. Le client s'est présenté et a conduit mon mari dans une petite pièce sombre, où ils étaient tous les deux assis à une table vide. Lorsque mon mari a posé sa mallette sur la table, il a levé les yeux et a découvert le tableau sur le mur. Il m'a avoué qu'il avait eu une conversation très bâclée parce qu'il ne pouvait pas quitter la photo des yeux. Le client a signé le contrat et a remis un chèque à titre d'acompte, dont mon mari pensait à l'époque qu'il manquait dix dollars.

En communiquant ce fait au client, celui-ci a répondu que ce chèque était tout ce qu'il pouvait se permettre, mais a ajouté... "J'ai remarqué votre intérêt pour le tableau. Il était déjà accroché là quand j'ai emménagé. Je ne sais pas de qui il provient, mais je n'en veux pas. Si vous me libérez des dix dollars, je vous donnerai le tableau."

Lorsque mon mari est revenu au bureau de sa société, il s'est rendu compte qu'il s'était trompé de montant. Il n'a pas été facturé 10 $. Le tableau est sur notre mur. Et cela ne nous a rien coûté". . . . A.A.

De R.L., qui écrit la lettre suivante, il faut dire

"En effet, ma dame, vous avez un coeur joyeux."

"Un jour, pendant une grève des bus, j'ai dû aller en ville et marcher dix pâtés de maisons de chez moi jusqu'au bus le plus proche en service. Avant de quitter la maison, j'ai remarqué qu'il n'y avait pas de supermarché sur cette nouvelle route, donc je ne pouvais pas aller faire des courses pour le dîner. J'en avais assez pour faire quelque chose avec les restes, mais j'avais besoin de pain. Après avoir fait des courses toute la journée, les dix pâtés de maisons de l'arrêt de bus suffisaient, et il était hors de question de marcher encore plus loin pour acheter du pain.

Je me suis arrêtée un moment et j'ai laissé une vision du pain "danser dans ma tête". Puis je suis partie pour la maison. Quand je suis montée dans le bus, j'étais si fatiguée que j'ai pris le premier siège disponible et je me suis presque assise sur un sac en papier. Eh bien, dans un bus bondé de passagers fatigués, les gens se regardent rarement, alors, naturellement curieux, j'ai regardé à l'intérieur du sac. Bien sûr, c'était une miche de pain - pas n'importe laquelle, mais le genre de pain que j'achète toujours". . . R.L.

Petites choses : toutes les petites choses - mais ils ont produit leurs petites choses sans paiement. L'idée a rempli ces choses sans les moyens généralement considérés comme nécessaires pour le faire. L'Homme apprécie la richesse d'une manière disproportionnée par rapport aux vraies valeurs.

"Venez, achetez du vin et du lait, sans argent, sans rien payer."

Chapitre 14 : Le moment de la création

"Mais l'homme animal ne reçoit pas les choses de l'Esprit de Dieu, car elles sont une folie pour lui, et il ne peut les connaître parce que c'est spirituellement qu'on en juge."
...1 Corinthiens 2:14

"Il y a un moment dans chaque jour que Satan ne peut pas trouver,
Ses amis voyants ne peuvent pas non plus le trouver ; mais ceux qui le peuvent trouvent ce moment &
et il se multiplie, & une fois trouvé, il se renouvelle à chaque instant de la journée,
s'il est placé correctement".

Chaque fois que nous imaginons les choses comme elles devraient être plutôt que comme elles semblent être, c'est "le moment". Car à ce moment-là, le travail de l'Homme spirituel est terminé et tous les grands événements de l'époque commencent à former un monde en harmonie avec les modèles changeants du moment.

Satan, écrit Blake, est un "réacteur". Il n'agit jamais, il réagit simplement. Et si notre attitude face aux événements du jour est "réactionnaire", ne jouons-nous pas le rôle de Satan ? L'Homme ne réagit que dans son état naturel, l'état de Satan ; il n'agit jamais et il ne crée jamais ; il ne fait que réagir et créer à nouveau. Un moment vraiment créatif, un vrai sentiment de désir comblé, vaut plus que toute la vie naturelle de réaction. À ce moment-là, l'œuvre de Dieu est accomplie. Une fois de plus, nous pouvons le dire avec les mots de Blake,

"Dieu seul agit et est, dans les êtres existants ou dans l'homme."

Il y a un passé imaginaire et un avenir imaginaire. Si le passé est recréé dans le présent, par réaction, alors le futur peut aussi être amené dans le présent en jouant avec nos rêves d'imagination.

"Et ivre, je vois l'avenir se réaliser !"

L'Homme spirituel agit : tout ce qu'il veut faire, il peut le faire, immédiatement - dans son imagination - et sa devise est toujours : "Le moment est venu". "Voici le temps de la bienvenue, voici le jour du salut !"

Rien ne s'oppose à la réalisation du rêve de l'Homme, si ce n'est les faits : et les faits sont le fruit de l'imagination. Si l'Homme change son imagination, il changera les faits. Ce récit raconte l'histoire d'une jeune femme qui a trouvé le moment et, en jouant avec son rêve d'imagination, elle a amené le futur dans le présent, jusqu'à la scène finale sans réaliser ce qu'elle avait fait.

"L'incident ci-dessous doit sembler une coïncidence pour ceux qui n'ont jamais été exposés à vos enseignements - mais je sais que j'ai observé un acte imaginaire qui a pris forme solide en l'espace de quatre minutes. Je pense que vous serez intéressés par cette transcription de l'événement. C'est exactement ce qui s'est passé, et cela a été noté quelques minutes après l'événement d'hier matin.

Je conduisais ma voiture vers l'est sur Sunset Boulevard, sur la voie centrale, en freinant lentement à cause d'un feu rouge à un carrefour à trois voies, lorsque mon attention a été attirée par une dame âgée, habillée tout en gris, qui traversait la rue en courant, juste devant ma voiture. Son bras a été levé pour attirer l'attention d'un chauffeur de bus qui s'apprêtait à quitter l'arrêt de bus. Elle courait manifestement devant le bus pour l'arrêter. Le chauffeur a ralenti et j'ai pensé qu'il lui permettrait de monter à bord.

Au lieu de cela, le bus est parti alors qu'elle marchait sur le trottoir, la laissant en train de baisser lentement le bras. Elle s'est retournée et a marché d'un pas rapide vers une cabine téléphonique voisine.

Quand mon feu est passé au vert et que j'ai mis ma voiture en marche, j'ai souhaité être derrière le bus pour lui proposer de la conduire. Son agitation extrême était évidente, même à distance. Mon souhait s'est immédiatement réalisé dans un drame imaginaire, et en rentrant chez moi, le fantasme s'est réalisé dans la scène suivante...

...j'ai ouvert la portière de la voiture et une dame habillée en gris est entrée, souriant avec soulagement et me remerciant. Elle était essoufflée par la course et a dit : "Je n'ai plus qu'à marcher quelques pâtés de maisons. Je vais retrouver des amis et j'avais tellement peur qu'ils partent sans moi si je ratais le bus". J'ai laissé sortir ma dame imaginaire à quelques pâtés de maisons et elle était très heureuse de voir que ses amis l'attendaient toujours. Elle m'a encore remercié et s'est enfuie...

Toute la scène mentale était liée au temps qu'il faut pour dépasser un bloc à une vitesse normale. La fantaisie a satisfait mes sentiments sur le "vrai" incident et je l'ai immédiatement oublié. Quatre blocs plus loin, j'étais toujours dans la voie du milieu et j'ai dû m'arrêter à nouveau à cause d'un feu rouge. Cette fois-ci, mon attention était tournée vers l'intérieur, vers quelque chose que j'avais maintenant oublié, lorsque soudain quelqu'un a frappé contre la vitre fermée de ma voiture. J'ai levé les yeux pour voir une dame âgée aux cheveux gris, d'apparence affectueuse, habillée de gris. En souriant, elle m'a demandé si elle pouvait faire quelques pâtés de maisons parce qu'elle avait raté le bus. Elle était essoufflée, comme si elle avait couru, et j'ai été tellement stupéfaite par son apparition soudaine à ma fenêtre, au milieu d'une rue très fréquentée, que pendant un instant je n'ai pas pu réagir physiquement. Sans répondre, je me suis penchée et j'ai ouvert la porte. Elle est montée et a dit : "C'est tellement ennuyeux de se dépêcher et de rater quand même le bus. Je ne me serais pas imposée comme ça, mais je veux rencontrer des amis à quelques rues d'ici, et si je devais marcher maintenant, je les manquerais". À six pâtés de maisons, elle a dit : "Oh, génial ! Ils m'attendent toujours." Je l'ai laissée sortir, elle m'a remercié à nouveau et s'est enfuie.

Je crains que par réflexe automatique, je me sois rendue à ma véritable destination, car j'avais pleinement réalisé que je venais d'observer une rêverie, une forme qui prenait forme dans l'action physique. J'ai réalisé ce qui s'était passé pendant que cela se passait. Dès que j'ai pu, j'ai noté chaque partie de cet incident, et j'ai trouvé une correspondance effrayante entre le "rêve éveillé" et la "réalité" qui s'en est suivie. Les deux femmes étaient plus âgées, gracieuses, vêtues de gris et essoufflées d'avoir essayé d'attraper le bus. Toutes deux voulaient rencontrer des amis (qui, pour des raisons inconnues, ne pouvaient plus attendre) et tous deux ont quitté ma voiture quelques pâtés de maisons plus tard après avoir vu leurs amis.

Je suis étonnée, confuse et ravie ! S'il n'y a pas de coïncidences ou d'accidents - alors je suis témoin que l'imagination devient "réalité" presque immédiatement". . . J.R.B.

"Il y a un moment dans chaque jour que Satan ne peut pas trouver, ni ses amis voyants le trouver ; mais celui qui peut trouver ce moment & et il se multiplie, & une fois trouvé, il renouvelle chaque moment de la journée, s'il est placé correctement".

"Depuis que j'ai lu votre livre "La Quête" pour la première fois, j'ai eu envie de vivre une vision. Depuis que vous nous avez parlé de la "promesse", ce désir s'est intensifié. Je voudrais vous parler de ma vision, qui a été une merveilleuse réponse à ma prière ; mais je suis sûr que je n'aurais pas eu cette expérience s'il n'y avait pas eu un événement qui s'est produit il y a deux semaines.

Il m'a fallu garer ma voiture à une certaine distance du bâtiment de l'université où je devais donner mon cours. Quand je suis sorti de la voiture, j'étais conscient du silence qui m'entourait. La rue était déserte, personne n'était en vue.

Soudain, j'ai entendu une terrible voix de malédiction. J'ai vu un homme se balancer avec une canne et, entre plusieurs mots horribles, il a dit : "Je vais te tuer. Je te tuerai". J'ai continué alors qu'il s'approchait de moi, car je me disais : "Maintenant, je peux tester ce que je suis censé croire, si je crois que nous sommes un, le Père, cet abandonné et moi, alors aucun mal ne peut m'arriver. À ce moment-là, je n'avais pas peur. Au lieu de voir un homme venir vers moi, j'ai senti une lumière. Il s'est arrêté de crier, a lâché son bâton et a marché tranquillement alors que nous nous croisions avec moins d'un pied entre nous.

Mettant ma foi à l'épreuve à ce moment-là, tout autour de moi semblait plus vivant qu'auparavant - les fleurs plus éclatantes et les arbres plus verts. J'avais un sentiment de paix et d'"unité" de la vie que je n'avais jamais connu auparavant.

Vendredi dernier, je me suis rendu en voiture à notre maison de campagne - rien d'inhabituel ce jour-là ou ce soir-là. Je travaillais sur un manuscrit et comme je n'étais pas fatigué, je ne me suis pas couché avant deux heures du matin le lendemain. Puis j'ai éteint la lumière et j'ai dérivé dans cette sensation de flottement, non pas endormi, mais assoupi, ou comme je l'appelle, à moitié éveillé et à moitié endormi.

Dans cet état, des visages aimants et inconnus défilent souvent devant moi - mais ce matin, l'expérience a été différente. Le visage parfait d'un enfant m'est apparu en vue de côté - puis il s'est tourné et m'a souri. Il était inondé de lumière et semblait remplir ma propre tête de lumière.

J'étais lumineux et excité et je pensais : "Ce doit être le Christ" ; mais quelque chose en moi, sans son, a dit : "Non, c'est toi. Je pense que je ne serai plus jamais le même, et un jour je connaîtrai la "promesse""...G.B.

Nos rêves sont tous réalisés à partir du moment où nous savons que l'imagination crée la réalité - et agit. Mais l'imagination cherche en nous quelque chose de plus profond et de plus fondamental que la création des choses : rien de moins que la reconnaissance de sa propre unité avec Dieu ; que ce qu'elle fait est en vérité Dieu-Même, qui le fait dans et à travers l'Homme, qui est l'imagination pure.

Chapitre 15 : "La promesse" : quatre expériences mystiques

"Dans tout ce que j'ai évoqué jusqu'à présent - à l'exception de la vision de l'enfant de G.B. - l'imagination a été utilisée consciemment. Des hommes et des femmes ont créé des pièces dans leur imagination, des pièces qui impliquent la réalisation de leurs souhaits. Puis, en imaginant qu'ils participaient à ces drames, ils ont créé ce que leurs actes imaginaires impliquaient. C'est l'utilisation judicieuse de la loi de Dieu.

Mais, "afin que nul ne soit justifié devant Dieu par la loi".
...les Galates 3.11

"Beaucoup de gens s'intéressent à l'imaginisme comme mode de vie, mais ne s'intéressent en aucun cas à son fondement de foi, une foi qui conduit à la réalisation de la promesse de Dieu.

"Je ferai surgir après toi ton descendant... Je serai pour lui un père, et il sera pour moi un fils."
...2 Samuel 7:12-14

La promesse que Dieu fera naître de notre corps un fils "né non du sang humain ni de la volonté de la chair ni de la volonté de l'homme, mais de Dieu" ne les concerne pas. Ils veulent connaître la loi de Dieu, et non sa promesse. Cependant, cette naissance miraculeuse a été clairement proclamée comme une nécessité pour toute l'humanité depuis les premiers jours de la communauté chrétienne.

"Il faut que vous naissiez de nouveau."
...Jean 3:7

Mon intention ici est de proclamer à nouveau, et de le proclamer dans cette langue et avec cette référence à mes propres expériences mystiques, afin que le lecteur voie que cette naissance "de nouveau" est bien plus qu'une partie d'une superstructure superflue, qu'elle est le but exclusif de la création de Dieu.

Mon intention en enregistrant ces quatre expériences mystiques est, en particulier, de montrer ce que "Jésus-Christ, le témoin fidèle, le premier-né des morts" (Apocalypse 1:5) a essayé d'exprimer sur cette naissance de nouveau. "Mais comment prêcheraient-ils là où ils ne sont pas envoyés ?"

Il y a de nombreuses années, j'ai été emmené en esprit dans une société divine, une société de personnes dans laquelle Dieu s'est éveillé. Bien que cela puisse paraître étrange, les dieux se rencontrent. Lorsque je suis entré dans cette société, le premier à me saluer a été l'incarnation du pouvoir infini. Son pouvoir était inconnu des mortels. J'ai ensuite été initié à l'Amour Infini. Il m'a demandé : "Quelle est la plus grande chose au monde ?" Je lui ai répondu par les mots de Paul : "Foi, espérance, amour, ces trois-là ; mais l'amour est le plus grand d'entre eux". À ce moment, il m'a embrassé, nos corps se sont unis et sont devenus un seul corps. J'étais lié à lui et je l'aimais comme ma propre âme. Les mots "amour de Dieu", qui n'étaient souvent qu'une phrase, étaient désormais une réalité d'une importance capitale. Rien de ce que l'Homme avait imaginé ne pouvait être comparé à cet amour que l'Homme ressent à travers son union avec l'amour. La relation la plus intime sur terre est comme vivre dans des cellules séparées par rapport à cette union. Alors que j'étais dans cet état de joie suprême, une voix extérieure a crié : "A bas le sang bleu !" Dans cette onde de choc, je me suis retrouvé devant celui qui m'avait salué le premier, celui qui incarnait la puissance infinie. Il m'a regardé dans les yeux, et sans utiliser de mots ou sa bouche, j'ai entendu ce qu'il m'a dit : "Il est temps d'agir". J'ai été soudainement arraché à cette compagnie divine et je suis retourné sur terre. J'étais tourmenté par mes limites de compréhension, mais je savais que ce jour-là, la Société Divine m'avait choisi et envoyé comme compagnon pour prêcher le Christ - la promesse de Dieu à l'Homme.

Mes expériences mystiques m'ont amené à accepter littéralement l'affirmation selon laquelle le monde est une scène. Et de croire que Dieu joue tous les rôles. Le but de la pièce ? Transformer l'Homme, le créé, en Dieu le Créateur. Dieu a aimé l'Homme, Sa création, et est devenu Homme dans la conviction que cet acte d'abandon de soi allait transformer l'Homme - le créé, en Dieu - le Créateur.

Le jeu commence par la crucifixion de Dieu sur l'Homme - en tant qu'Homme - et se termine par la résurrection de l'Homme - en tant que Dieu. Dieu devient ce que nous sommes afin que nous puissions être comme lui. Dieu se fait Homme pour que l'Homme puisse devenir, d'une part, un être vivant et, d'autre part, un esprit qui donne la vie.

"J'ai été crucifié avec Christ ; et si je vis, ce n'est plus moi qui vis, c'est Christ qui vit en moi ; si je vis maintenant dans la chair, je vis dans la foi au Fils de Dieu, qui m'a aimé et qui s'est livré lui-même pour moi."

Dieu a pris la forme de l'Homme et est devenu obéissant jusqu'à la mort - jusqu'à la mort sur la croix de l'Homme - et est crucifié sur le Golgotha, le crâne de l'Homme. Dieu lui-même entre dans la porte de la mort - le crâne humain - et se place dans la tombe de l'Homme pour faire de l'Homme un être vivant. La miséricorde de Dieu a transformé la mort en sommeil. C'est alors qu'a commencé la merveilleuse et inimaginable métamorphose de l'Homme, la transformation de l'Homme en Dieu.

Aucun Homme ne pourrait, sans l'aide de la crucifixion de Dieu, franchir le seuil qui permet la vie consciente, mais maintenant nous avons l'union avec Dieu dans son moi crucifié. Il vit en nous comme notre merveilleuse imagination humaine. "L'Homme est une pure imagination, et Dieu est l'homme, et il existe en nous et nous en lui. Le corps éternel de l'Homme est son imagination, c'est-à-dire Dieu lui-même". S'Il ressuscite en nous, nous serons comme Lui, et Il sera comme nous. Alors, toutes les impossibilités en nous s'effaceront sous la touche de l'Exaltation, qui révélera Sa résurrection en nous, notre nature.

Voici le mystère du monde : Dieu est mort pour donner la vie à l'Homme, non pour libérer l'Homme, car si Dieu est clairement conscient de sa création, il ne s'ensuit pas que l'Homme, créé de façon imaginative, soit conscient de Dieu. Pour accomplir ce miracle, Dieu a dû mourir, puis se relever en tant qu'Homme, et personne ne l'a jamais exprimé aussi clairement que William Blake. Blake dit - ou plutôt Jésus a dit - "Si je ne meurs pas, vous ne pouvez pas vivre ; mais si je meurs, je ressusciterai, et vous avec moi. Aimerez-vous quelqu'un qui n'est jamais mort pour vous, ou mourrez-vous un jour pour quelqu'un qui n'est pas mort pour vous ? Et si Dieu ne meurt pas pour l'homme et ne se donne pas éternellement pour l'homme, l'homme ne pourrait pas exister".

Ainsi, Dieu meurt - c'est-à-dire que Dieu s'est donné volontairement pour l'Homme. Il s'est consciemment fait Homme et a oublié qu'Il est Dieu, dans l'espoir que l'Homme, ainsi créé, s'élèvera finalement en tant que Dieu. Dieu a offert à l'Homme son propre moi si complètement qu'il crie sur la croix de l'Homme : "Mon Dieu, mon Dieu, pourquoi m'as-tu abandonné ?" Il a complètement oublié qu'il est Dieu. Mais après la résurrection de Dieu dans un être humain, cet être humain dira à ses frères : "Pourquoi sommes-nous là, tremblants, à appeler Dieu à l'aide et non pas nous-mêmes, en qui Dieu habite ?"

Le premier homme à ressusciter d'entre les morts est connu sous le nom de Jésus-Christ - le premier des endormis, le premier né des morts. Jésus-Christ ressuscite son père mort en devenant son père. Dieu dort en Adam, l'Homme général. Dieu s'éveille en Jésus-Christ, le Dieu individualisé. Au réveil, l'Homme créé est devenu Dieu le Créateur, et peut vraiment dire : "Avant que le monde ne soit, je suis." De même que Dieu, dans son amour pour l'Homme, s'est identifié si complètement à l'Homme qu'il a oublié qu'il était Dieu, de même l'Homme, dans son amour pour Dieu, doit aussi s'identifier complètement à Dieu, afin de vivre la vie de Dieu, c'est-à-dire de manière imaginative.

Le jeu de Dieu, qui transforme l'Homme en Dieu, nous est révélé dans la Bible. Elle est totalement cohérente dans ses images et sa symbolique. Le Nouveau Testament est caché dans l'Ancien Testament, et l'Ancien se manifeste dans le Nouveau. La Bible est une vision de la loi de Dieu et de sa promesse. Elle n'a jamais eu pour but d'enseigner l'histoire, mais de conduire l'Homme dans la foi à travers les fourneaux de la souffrance, d'accomplir la promesse de Dieu, de réveiller l'Homme de ce profond sommeil et de le réveiller en tant que Dieu. Les personnages de la Bible n'ont pas de vie dans le passé, mais dans une éternité imaginative. Ce sont des personnifications des états éternels et spirituels de l'âme. Ils marquent le voyage de l'Homme à travers la mort éternelle et son éveil à la vie éternelle.

L'Ancien Testament nous parle de la promesse de Dieu. Le Nouveau Testament nous dit non pas comment cette promesse s'est réalisée, mais comment elle se réalise. Le thème central de la Bible est l'expérience directe, individuelle et mystique de la naissance de l'enfant, l'enfant dont les prophètes ont parlé "...un enfant nous est né, un fils nous est donné, et la domination reposera sur son épaule ; on l'appellera Admirable, Conseiller, Dieu puissant, Père éternel, Prince de la Paix ; donner à l'empire de l'accroissement, et une paix sans fin...".

Lorsque l'enfant nous est révélé, nous le voyons, nous le vivons, et la réponse à cette révélation peut être proclamée dans les mots de Job : "Mon oreille avait entendu parler de toi, mais maintenant mon œil t'as vu." L'histoire de l'Incarnation n'est pas un conte de fées, un symbole ou une fiction soigneusement conçue pour asservir l'esprit des hommes, mais un fait mystique. C'est une expérience mystique personnelle de la naissance du soi à partir de son propre crâne, symbolisée par la naissance d'un enfant, enveloppé dans un pantalon de couche et couché sur le sol.

Il y a une différence entre entendre parler de cette naissance d'un enfant sorti de votre propre crâne - une naissance qu'aucun scientifique ou historien ne pourrait jamais expliquer - et l'expérience réelle de la naissance - tenir le merveilleux enfant dans vos propres mains et le voir de vos propres yeux - un enfant né d'en haut, de votre propre crâne, une naissance contraire à toutes les lois de la nature. La question telle qu'elle est posée dans l'Ancien Testament : "Demandez et voyez si un homme a jamais donné naissance à des enfants. Pourquoi est-ce que je vois tous les hommes avec leurs mains sur les hanches comme une femme qui accouche ? Chaque visage est ahuri et pâle comme un cadavre". Le mot hébreu "chalats", qui a été mal traduit par "longes", signifie "se retirer, délivrer, battre en retraite". S'extraire de son propre crâne était exactement ce que les prophètes ont prédit comme la naissance nécessaire d'en haut, une naissance qui permet à l'Homme d'entrer dans le Royaume de Dieu et une perception réfléchie au plus haut niveau de l'être. Avec le temps, "la profondeur des profondeurs appelle à... Réveille-toi ! Pourquoi dors-tu SEIGNEUR ? Réveille-toi !"

L'événement, tel qu'il est consigné dans les évangiles, se produit réellement chez l'Homme. Mais jusqu'au jour ou à l'heure où le moment de l'envoi de l'individu arrive, personne ne le sait, sauf le Père. "Ne t'étonne pas que je t'aie dit : il faut que vous naissiez de nouveau. Le vent souffle où il veut, et tu en entends le bruit ; mais tu ne sais d'où il vient, ni où il va. Il en est ainsi de tout homme qui est né de l'Esprit."

Cette révélation dans l'évangile de Jean est vraie. Voici mon expérience de la naissance par le haut. Comme Paul, je ne l'ai pas reçue d'un homme - et on ne me l'a pas enseignée. Elle est issue de l'expérience mystique réelle d'être né d'en haut. Personne ne peut parler de cette naissance mystique d'en haut sans en avoir fait l'expérience. Je n'avais aucune idée que cette naissance par le haut était littéralement vraie. Qui pourrait croire, avant l'expérience, que l'enfant, l'admirable, le conseiller, le Dieu puissant, le Père éternel, le Prince de la Paix, était tissé dans son propre crâne ? Qui pourrait, avant l'expérience, comprendre que son créateur est son mari et que le Seigneur des armées est son nom ? Qui croirait que le Créateur est entré dans Sa propre création, l'homme, et qu'il savait qu'Il était Lui-même, et que cette entrée dans le crâne de l'Homme - cette union de Dieu et de l'Homme - a abouti à la naissance d'un Fils, du crâne de l'Homme ; la naissance qui a donné à l'Homme la vie éternelle et l'union avec Son Créateur pour toujours ?

Quand je vous raconte ce que j'ai vécu cette nuit-là, je ne le fais pas pour imposer mes idées aux autres, mais pour donner de l'espoir à ceux qui, comme Nicodème, se demandent comment un Homme peut naître quand il est vieux ? Peut-il marcher à nouveau dans le ventre de sa mère et naître ? Comment est-ce possible ? C'est ainsi que cela m'est arrivé. Alors maintenant, je vais "écrire la prophétie" ; et "grave-la sur des tables afin qu'on la lise couramment. Car c'est une prophétie dont le temps est déjà fixé. Elle marche vers son terme et elle ne mentira pas ; si elle tard, attends-la, car elle s'accomplira, elle s'accomplira certainement. Voici, son âme s'est enflée, elle n'est pas droite en lui ; mais le juste vivra par sa foi."

Au petit matin du 20 juillet 1959, dans la ville de San Francisco, un rêve céleste dans lequel les arts s'épanouissaient a été soudainement interrompu par la vibration la plus intense à la base de mon crâne. Puis un drame a commencé à se dérouler, aussi réel que ceux que je vis lorsque je suis pleinement éveillé. Je me suis réveillé d'un rêve pour me retrouver complètement enterré dans mon crâne. J'ai essayé de forcer la sortie par la base. Quelque chose a cédé et je me suis senti descendre la tête à la base du crâne. Je me suis frayé un chemin, pouce par pouce. Quand j'étais presque sorti, je me suis accroché à ce que je croyais être le pied du lit et j'ai sorti la partie restante de mon crâne. Là, sur le sol, je me suis allongé quelques secondes.

Puis je me suis levé et j'ai regardé mon corps sur le lit. Le visage pâle, allongé sur le dos, il s'est jeté d'un côté à l'autre, comme quelqu'un qui se remet d'une grande épreuve. En le contemplant, en espérant qu'il ne tomberait pas du lit, je me suis rendu compte que la vibration qui a déclenché tout le drame n'était pas seulement dans ma tête mais qu'elle venait maintenant du coin de la pièce. En regardant dans le coin, je me suis demandé si la vibration pouvait être causée par un vent très fort, un vent assez fort pour faire vibrer la fenêtre. Je n'avais pas réalisé que la vibration que je ressentais encore dans ma tête était liée à ce qui semblait venir du coin de la pièce.

En regardant le lit, j'ai découvert que mon corps avait disparu et que mes trois frères aînés étaient maintenant assis à sa place. Mon frère aîné était assis à la place de la tête. Mes deuxième et troisième frères étaient assis là où se trouvaient les pieds. Aucun d'entre eux ne semblait être conscient de moi, bien que je sois conscient d'eux et que je puisse percevoir leurs pensées. J'ai soudain pris conscience de la réalité de ma propre invisibilité. J'ai remarqué qu'eux aussi étaient perturbés par les vibrations qui venaient du coin de la pièce. Mon troisième frère était très perturbé et il est allé voir la cause de cette perturbation. Son attention a été attirée par quelque chose sur le sol, et en regardant en bas, il a annoncé : "C'est le bébé de Neville". Mes deux autres frères ont demandé d'une voix très incrédule : "Comment Neville peut-il avoir un bébé ?"

Mon frère a pris le bébé, l'a enveloppé dans des couches et l'a étendu sur le lit. Puis, avec mes mains invisibles, j'ai soulevé le bébé du lit et lui ai demandé : "Comment va mon bien-aimé ?" Il m'a regardé dans les yeux et a souri, et je me suis réveillé dans ce monde - pour réfléchir à la plus grande de mes nombreuses expériences mystiques. Tennyson décrit la mort comme un guerrier - un squelette "haut sur un cheval noir de la nuit", émergeant à minuit. Mais quand l'épée de Gareth a traversé le crâne, il y a eu...

"le visage le plus lumineux d'un garçon en fleur, frais comme une fleur nouveau-né." (Idylles du roi)

Je vais raconter deux autres visions parce qu'elles prouvent la véracité de mon affirmation selon laquelle la Bible est un fait mystique, que tout ce qui est écrit dans la loi de Moïse, les prophètes et les psaumes au sujet de l'enfant promis doit être vécu mystiquement dans l'imagination de l'individu. La naissance de l'enfant est un signe et un présage, signalant la résurrection de David, l'Oint du Seigneur, dont Il a dit : "Tu es mon fils ; je t'ai engendré aujourd'hui !"

Cinq mois après la naissance de l'enfant, le matin du 6 décembre 1959, dans la ville de Los Angeles, une vibration a commencé dans ma tête, semblable à celle qui avait précédé sa naissance. Cette fois, son intensité était centrée sur le haut de ma tête. Puis il y a eu une explosion soudaine et je me suis retrouvé dans une chambre modestement meublée. Là, appuyé contre le côté d'une porte ouverte, mon fils David était de gloire biblique. Il était un garçon dans sa prime jeunesse. Ce qui m'a violemment frappé chez lui, c'est la beauté inhabituelle de son visage et de sa silhouette. Il était - comme décrit dans le premier livre de Samuel - rougeâtre, avec de beaux yeux et une silhouette bien faite.

Pas un seul instant je n'ai eu l'impression d'être quelqu'un d'autre que celui que je suis maintenant. Et pourtant, je savais que ce garçon, David, était mon fils, et il savait que j'étais son père, car "la sagesse d'en haut est sans ambiguïté". Alors que j'étais assis là, à contempler la beauté de mon fils, la vision s'est évanouie et je me suis réveillé.

"Moi et les enfants que l'Éternel m'a donnés, nous sommes des signes et des présages en Israël, de la part de l'Éternel des armées, qui habite sur la montagne de Sion." Dieu m'a donné David comme mon propre fils. "J'élèverai ta postérité après toi, celui qui sera sorti de tes entrailles... Je serai son père, et il sera mon fils." Dieu n'est pas connu autrement que par le Fils.

"Personne ne connaît le Fils, si ce n'est le Père, personne non plus ne connaît le Père, si ce n'est le Fils et celui à qui le Fils veut le révéler." L'expérience d'être le père de David est la fin du pèlerinage de l'Homme sur terre. Le but de la vie est de trouver le Père de David, l'Oint du Seigneur, le Christ. "De qui ce jeune homme est-il fils, Abner ? Abner répondit : aussi brai que ton âme est vivante, ô roi ! Je l'ignore. Informe-toi donc de qui ce jeune homme est fils, dit le roi. Et quand David fut de retour après avoir tué le Philistin, Abner le prit et le mena devant Saül. David avait à la main la tête du Philistin. Saül lui dit : de qui es-tu fils, jeune homme ? Et David répondit : je suis fils de ton serviteur Isaï, Bethléhémite" Isaï est toute forme du verbe "être". En d'autres termes, je suis le Fils de Celui que je suis, je suis auto-engendré, je suis le Fils de Dieu le Père. Le Père et moi sommes unis. Je suis l'image du Dieu invisible. Celui qui m'a vu a vu le Père.

"Le fils de qui... ?" Il ne s'agit pas de David, mais du père de David, à qui le roi a promis d'être libre en Israël. Note : dans tous ces passages, l'interrogatoire du roi ne porte pas sur David, mais sur le père de David. "J'ai trouvé mon serviteur David ; lui il m'invoquera : "Tu es mon père, mon Dieu, et le rocher de mon salut. Et moi, je ferai de lui le premier-né, le plus élevé des rois de la terre."

L'individu né d'en haut trouvera David et saura qu'il est son propre fils. Puis il demandera aux Pharisiens - qui sont toujours avec nous - "Que pensez-vous du Christ ? De qui est-il fils ?" Et quand ils lui disent : "De David". Leur dira-t-il : "Comment donc David, animé par l'Esprit, l'appelle-t-il Seigneur... Si donc David l'appelle Seigneur, comment est-il son fils ?" L'incompréhension du rôle du fils - qui n'est qu'un signe et un présage - a fait du fils une idole. "Enfants, méfiez-vous des idoles." Dieu se réveille ; et l'homme en qui il se réveille devient un père pour son père. Celui qui était le fils de David, "Jésus-Christ, le fils de David", est devenu le père de David.

Je ne crierai plus : "Notre père David, ton fils". "J'ai trouvé David." Il m'a crié : "Tu es mon père." Je sais maintenant que je suis un des Elohim, le Dieu qui s'est fait Homme, pour que l'Homme puisse devenir Dieu. "Et il est reconnu que le mystère de la piété est grand." Si la Bible était de l'histoire, ce ne serait pas un secret. "Attendez la promesse du Père." C'est-à-dire David, le fils de Dieu, qui se révélera à vous comme le Père. Cette promesse, cette promesse, dit Jésus, vous l'avez entendue de ma part, et de l'accomplissement en ce moment où il plaît à Dieu de vous donner son Fils - comme "votre progéniture, qui est le Christ".

Un idiome est utilisé pour attirer l'attention sur la réalité du sens littéral, pour le souligner et l'intensifier. La vérité est littérale, les mots sont figurés. "Ensuite, le rideau du temple a été déchiré en deux de haut en bas. La terre a tremblé et les rochers se sont fendus". Le matin du 8 avril 1960 - quatre mois après qu'on ait révélé que j'étais le père de David - un éclair de lumière provenant de mon crâne m'a coupé en deux, du sommet du crâne à la colonne vertébrale. J'étais fendu comme un arbre frappé par la foudre. Puis je me suis senti et je me suis vu comme une lumière dorée liquide se déplaçant en serpent le long de ma colonne vertébrale ; quand je suis entré dans mon crâne, elle a vibré comme un tremblement de terre. "Toute la parole de Dieu est purifiée, il est un bouclier pour ceux qui cherchent refuge auprès de lui. N'ajoutez pas à ses paroles qu'il ne vous demandera pas de rendre des comptes et que vous serez trouvé menteur". "Et comme Moïse éleva le serpent dans le désert, ainsi le Fils de l'Homme doit être élevé."

Ces expériences mystiques aideront à sauver la Bible de l'apparition de l'histoire, des personnes et des événements, et à lui redonner son véritable sens dans la vie de l'Homme. L'Écriture doit s'accomplir "en" nous. La promesse de Dieu s'accomplira. Ils feront ces expériences : "Et vous serez mes témoins à Jérusalem, dans toute la Judée et la Samarie, et jusqu'aux extrémités de la terre."

Le cercle élargi - Jérusalem ... La Judée ... ... La Samarie, la fin de la terre - est le plan de Dieu.

La promesse mûrit encore pour son temps, pour l'heure prévue, mais il serait long de dire combien les épreuves sont longues, vastes et sévères avant que vous ne trouviez David votre fils, qui vous révélera comme Dieu le Père ; mais elle se hâte vers une fin, elle n'échouera pas. Alors attendez, car il n'y aura pas de retard.

"Y a-t-il rien qui soit étonnant de la part de l'ETERNEL ? Au temps fixé, je reviendrai vers toi, à cette même époque, et Sarah aura un fils."

Ici, le livre se termine - mais votre voyage continue.

Dans un effort pour vous encourager à tester et à appliquer les connaissances écrites ici, je reste avec la citation mentionnée ci-dessus concernant l'intention de ce livre et vous souhaite un bon moment !

A la prochaine fois,
Hamid Al Sino

PS : Comme ce travail me tient particulièrement à cœur, j'apprécierais vraiment un commentaire sur Amazon :-)

"Vous amener à appliquer la "loi" de manière constructive dans votre propre vie - tel est le but de ce livre. “
...Neville Goddard

Printed in Poland
by Amazon Fulfillment
Poland Sp. z o.o., Wrocław
25 August 2023

6a6dc462-767a-4008-b122-1202afff5c2aR01